U0129360

滿文原檔
《滿文原檔》選讀譯注

太祖朝（十五）

莊 吉 發譯注

滿 語 叢 刊
文史哲出版社印行

國家圖書館出版品預行編目資料

滿文原檔《滿文原檔》選讀譯注：太祖朝.
十五 / 莊吉發譯注. -- 初版. -- 臺北市：
文史哲出版社, 民 112.06
面：公分 --（滿語叢刊；54）
ISBN 978-986-314-640-7（平裝）

1.CST:滿語 2.CST:讀本

802.918 112007752

滿 語 叢 刊 54

滿文原檔《滿文原檔》選讀譯注

太祖朝（十五）

譯 注 者：莊 吉 發
出 版 者：文 史 哲 出 版 社
http:// www.lapen.com.tw
e-mail:lapen@ms74.hinet.net
登記證字號：行政院新聞局版臺業字五三三七號
發 行 人：彭 正 雄
發 行 所：文 史 哲 出 版 社
印 刷 者：文 史 哲 出 版 社
臺北市羅斯福路一段七十二巷四號
郵政劃撥帳號：一六一八〇一七五
電話886-2-23511028・傳真886-2-23965656

實價新臺幣七六〇元

二〇二三年（一一二）八月初版

ISBN 978-986-314-640-7 65154

滿文原檔
《滿文原檔》選讀譯注

太祖朝(十五)

目 次

《滿文原檔》選讀譯注

導　讀

內閣大庫檔案是近世以來所發現的重要史料之一，其中又以清太祖、清太宗兩朝的《滿文原檔》以及重抄本《滿文老檔》最為珍貴。明神宗萬曆二十七年（1599）二月，清太祖努爾哈齊為了文移往來及記注政事的需要，即命巴克什額爾德尼等人以老蒙文字母為基礎，拼寫女真語音，創造了拼音系統的無圈點老滿文。清太宗天聰六年（1632）三月，巴克什達海奉命將無圈點老滿文在字旁加置圈點，形成了加圈點新滿文。清朝入關後，這些檔案由盛京移存北京內閣大庫。乾隆六年（1741），清高宗鑒於內閣大庫所貯無圈點檔冊，所載字畫，與乾隆年間通行的新滿文不相同，諭令大學士鄂爾泰等人按照通行的新滿文，編纂《無圈點字書》，書首附有鄂爾泰等人奏摺[1]。因無圈點檔年久𪒠舊，所以鄂爾泰等人奏請逐頁托裱裝訂。鄂爾泰等人遵旨編纂的無圈點十二字頭，就是所謂的《無圈點字書》，

1 張玉全撰，〈述滿文老檔〉，《文獻論叢》（臺北，臺聯國風出版社，民國五十六年十月），論述二，頁 207。

但以字頭釐正字蹟，未免逐卷翻閱，且無圈點老檔僅止一分，日久或致擦損，乾隆四十年（1775）二月，軍機大臣奏准依照通行新滿文另行音出一分，同原本貯藏[2]。乾隆四十三年（1778）十月，完成繕寫的工作，貯藏於北京大內，即所謂內閣大庫藏本《滿文老檔》。乾隆四十五年（1780），又按無圈點老滿文及加圈點新滿文各抄一分，齎送盛京崇謨閣貯藏[3]。自從乾隆年間整理無圈點老檔，托裱裝訂，重抄貯藏後，《滿文原檔》便始終貯藏於內閣大庫。

近世以來首先發現的是盛京崇謨閣藏本，清德宗光緒三十一年（1905），日本學者內藤虎次郎訪問瀋陽時，見到崇謨閣貯藏的無圈點老檔和加圈點老檔重抄本。宣統三年（1911），內藤虎次郎用曬藍的方法，將崇謨閣老檔複印一套，稱這批檔冊為《滿文老檔》。民國七年（1918），金梁節譯崇謨閣老檔部分史事，刊印《滿洲老檔祕錄》，簡稱《滿洲祕檔》。民國二十年（1931）三月以後，北平故宮博物院文獻館整理內閣大庫，先後發現老檔三十七冊，原按千字文編號。民國二十四年（1935），又發現三冊，均未裝裱，當為乾隆年間托裱時所未見者。文獻館前後所發現的四十冊老檔，於文物南遷時，俱疏遷於後方，

2《清高宗純皇帝實錄》，卷 976，頁 28。乾隆四十年二月庚寅，據軍機大臣奏。

3《軍機處檔・月摺包》（臺北，國立故宮博物院），第 2705 箱，118 包，26512 號，乾隆四十五年二月初十日，福康安奏摺錄副。

臺北國立故宮博物院現藏者，即此四十冊老檔。昭和三十三年（1958）、三十八年（1963），日本東洋文庫譯注出版清太祖、太宗兩朝老檔，題為《滿文老檔》，共七冊。民國五十八年（1969），國立故宮博物院影印出版老檔，精裝十冊，題為《舊滿洲檔》。民國五十九年（1970）三月，廣祿、李學智譯注出版老檔，題為《清太祖老滿文原檔》。昭和四十七年（1972），東洋文庫清史研究室譯注出版天聰九年分原檔，題為《舊滿洲檔》，共二冊。一九七四年至一九七七年間，遼寧大學歷史系李林教授利用一九五九年中央民族大學王鍾翰教授羅馬字母轉寫的崇謨閣藏本《加圈點老檔》，參考金梁漢譯本、日譯本《滿文老檔》，繙譯太祖朝部分，冠以《重譯滿文老檔》，分訂三冊，由遼寧大學歷史系相繼刊印。一九七九年十二月，遼寧大學歷史系李林教授據日譯本《舊滿洲檔》天聰九年分二冊，譯出漢文，題為《滿文舊檔》。關嘉祿、佟永功、關照宏三位先生根據東洋文庫刊印天聰九年分《舊滿洲檔》的羅馬字母轉寫譯漢，於一九八七年由天津古籍出版社出版，題為《天聰九年檔》。一九八八年十月，中央民族大學季永海教授譯注出版崇德三年（1638）分老檔，題為《崇德三年檔》。一九九〇年三月，北京中華書局出版老檔譯漢本，題為《滿文老檔》，共二冊。民國九十五年（2006）一月，國立故宮博物院為彌補《舊滿洲檔》製作出版過程中出現的失真問題，重新出版原檔，分訂十巨冊，印刷精緻，裝幀典雅，為凸顯檔冊的原始性，反映初創滿文字體的特色，並避免與《滿文老檔》重抄本的混淆，正名為《滿文原檔》。

二〇〇九年十二月，北京中國第一歷史檔案館整理編譯《內閣藏本滿文老檔》，由瀋陽遼寧民族出版社出版。吳元豐先生於「前言」中指出，此次編譯出版的版本，是選用北京中國第一歷史檔案館保存的乾隆年間重抄並藏於內閣的《加圈點檔》，共計二十六函一八〇冊。採用滿文原文、羅馬字母轉寫及漢文譯文合集的編輯體例，在保持原分編函冊的特點和聯繫的前提下，按一定厚度重新分冊，以滿文原文、羅馬字母轉寫、漢文譯文為序排列，合編成二十冊，其中第一冊至第十六冊為滿文原文、第十七冊至十八冊為羅馬字母轉寫，第十九冊至二十冊為漢文譯文。為了存真起見，滿文原文部分逐頁掃描，仿真製版，按原本顏色，以紅黃黑三色套印，也最大限度保持原版特徵。據統計，內閣所藏《加圈點老檔》簽注共有 410 條，其中太祖朝 236 條，太宗朝 174 條，俱逐條繙譯出版。為體現選用版本的庋藏處所，即內閣大庫；為考慮選用漢文譯文先前出版所取之名，即《滿文老檔》；為考慮到清代公文檔案中比較專門使用之名，即老檔；為體現書寫之文字，即滿文，最終取漢文名為《內閣藏本滿文老檔》，滿文名為“dorgi yamun asaraha manju hergen i fe dangse”。《內閣藏本滿文老檔》雖非最原始的檔案，但與清代官修史籍相比，也屬第一手資料，具有十分珍貴的歷史研究價值。同時，《內閣藏本滿文老檔》作為乾隆年間《滿文老檔》諸多抄本內首部內府精寫本，而且有其他抄本沒有的簽注。《內閣藏本滿文老檔》首次以滿文、羅馬字母轉寫和漢文譯文合集方式出版，確實對清朝開國史、民族史、東北地方史、滿學、八旗制度、滿文古籍版本等領域的研究，提供比較原始的、系統的、基礎的第一手資料，其次也有助於準確解讀用老滿文書寫《滿文老檔》原本，以及深入系統地研究滿文的創制與改革、滿語的發展變化[4]。

臺北國立故宮博物院重新出版的《滿文原檔》是《內閣藏本滿文老檔》的原本，海峽兩岸將原本及其抄本整理出版，確實是史學界的盛事，《滿文原檔》與《內閣藏本滿文老檔》是同源史料，有其共同性，亦有其差異性，都是探討清朝前史的珍貴史料。為詮釋《滿文原檔》文字，可將《滿文原檔》與《內閣藏本滿文老檔》全文併列，無圈點滿文與加圈點滿文合璧整理出版，對辨識費解舊體滿文，頗有裨益，也是推動滿學研究不可忽視的基礎工作。

以上節錄：滿文原檔：《滿文原檔》選讀譯注導讀 — 太祖朝（一）全文 3-38 頁。

4 《內閣藏本滿文老檔》（瀋陽，遼寧民族出版社，2009 年 12 月），第一冊，前言，頁 10。

一、宴請兵士

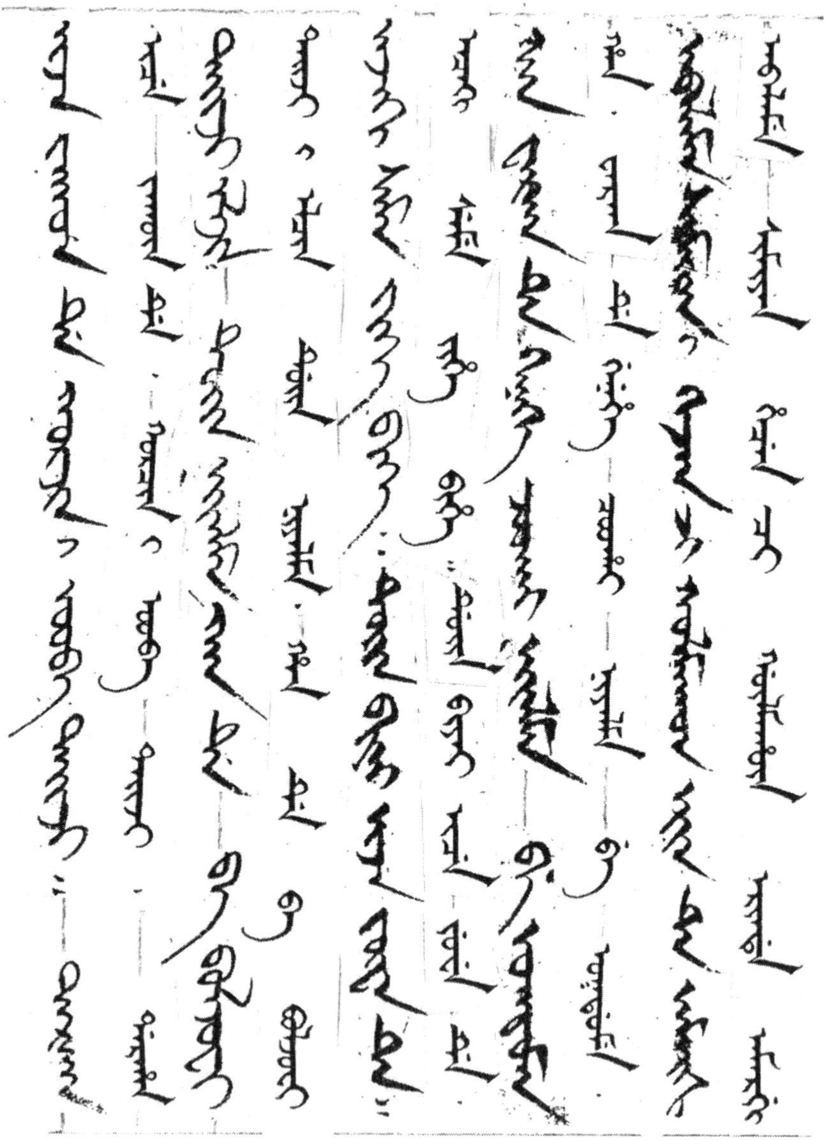

ice jakūn de, korcin i ooba taiji, darhan taiji i elcin duin niyalma, han de ba boljofi acaki seme jihe bihe. duin biyai ice juwe de, han, warka de genehe coohai niyalma be okdome, abalame simiyan hecen ci gūlmahūn erinde amargi

---

初八日，科爾沁之奧巴台吉、達爾漢台吉之使者四人前來，與汗約地欲相見。四月初二日，汗行圍，往迎征瓦爾喀之兵丁，卯時出瀋陽城北門，

初八日，科尔沁之奥巴台吉、达尔汉台吉之使者四人前来，与汗约地欲相见。四月初二日，汗行围，往迎征瓦尔喀之兵丁，卯时出沈阳城北门，

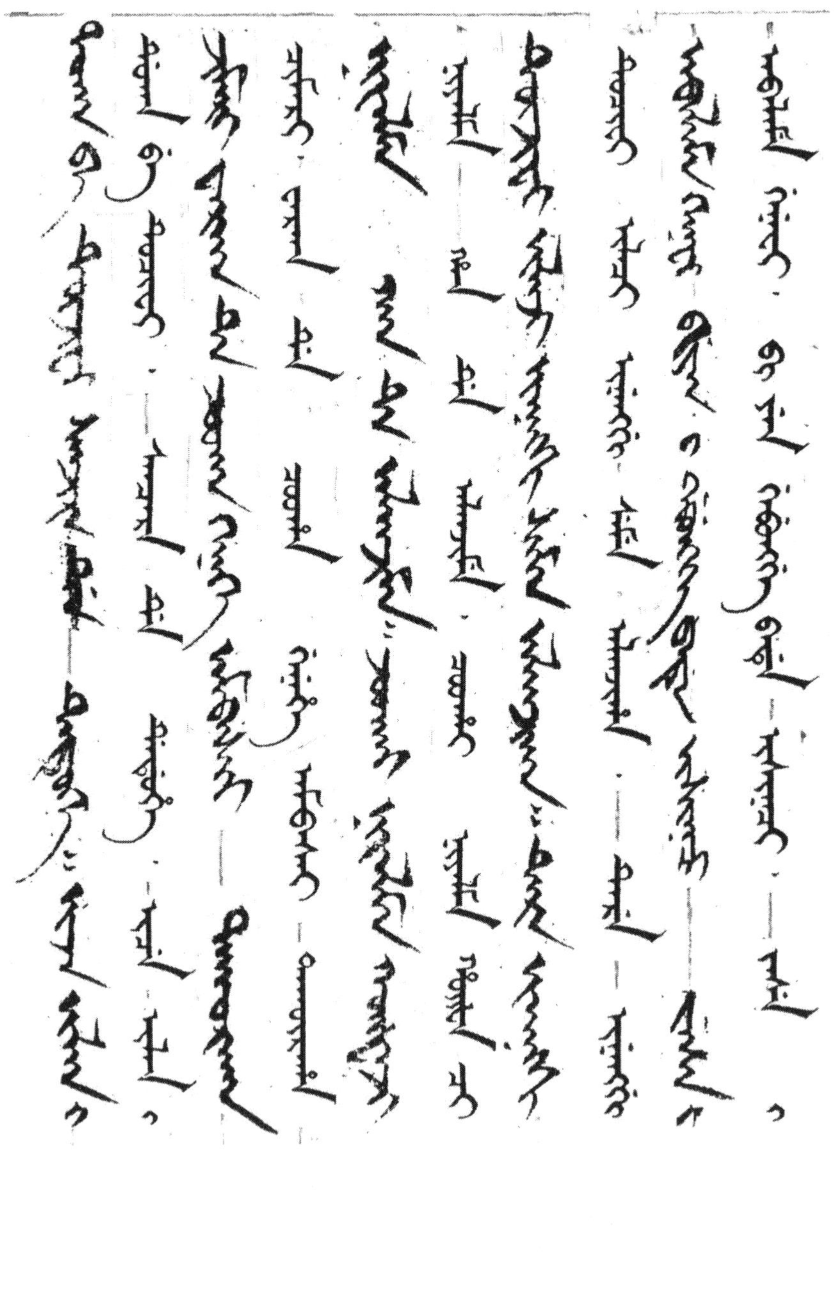

duka be tucifi, sancara de deduhe, ice ilan i cimari, warka de cooha genehe ambasai takūraha niyalma han de alanjime, coohai niyalma hoifa ci tucifi ilaci inenggi seme alanjiha, tere inenggi abalame genefi, bi yen gebungge bade isinaci, jase i

---

宿於三岔兒。初三日，出兵往征瓦爾喀眾大臣遣人來報汗曰：「兵丁出輝發第三日。」是日，去行圍，至名避蔭地方，

宿于三岔儿。初三日，出兵往征瓦尔喀众大臣遣人来报汗曰：「兵丁出辉发第三日。」是日，去行围，至名避荫地方，

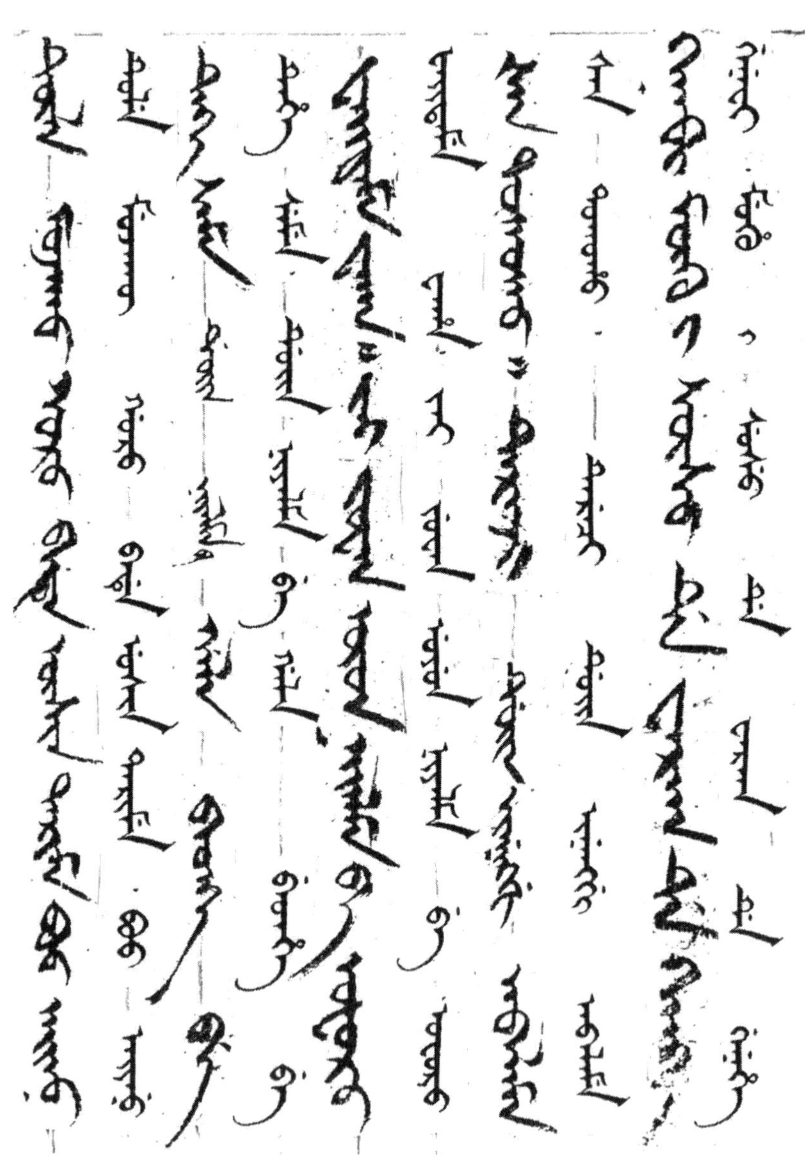

tule mujakū goro bade usin tarime, boo ainu tehe seme, duin niyalma be gala, bethe be faitame waha. jai juwan uyun niyalma be oforo šan tokoho. tereci duin inenggi abalame genefi, muhu i susu de warka de genehe

---

為何於邊外極遠地方種田、蓋屋、居住，而將四人剮割手足而殺之，又將十九人刺戳耳、鼻。自此去行圍四日，於木虎故地

为何于边外极远地方种田、盖屋、居住，而将四人剐割手足而杀之，又将十九人刺戳耳、鼻。自此去行围四日，于木虎故地

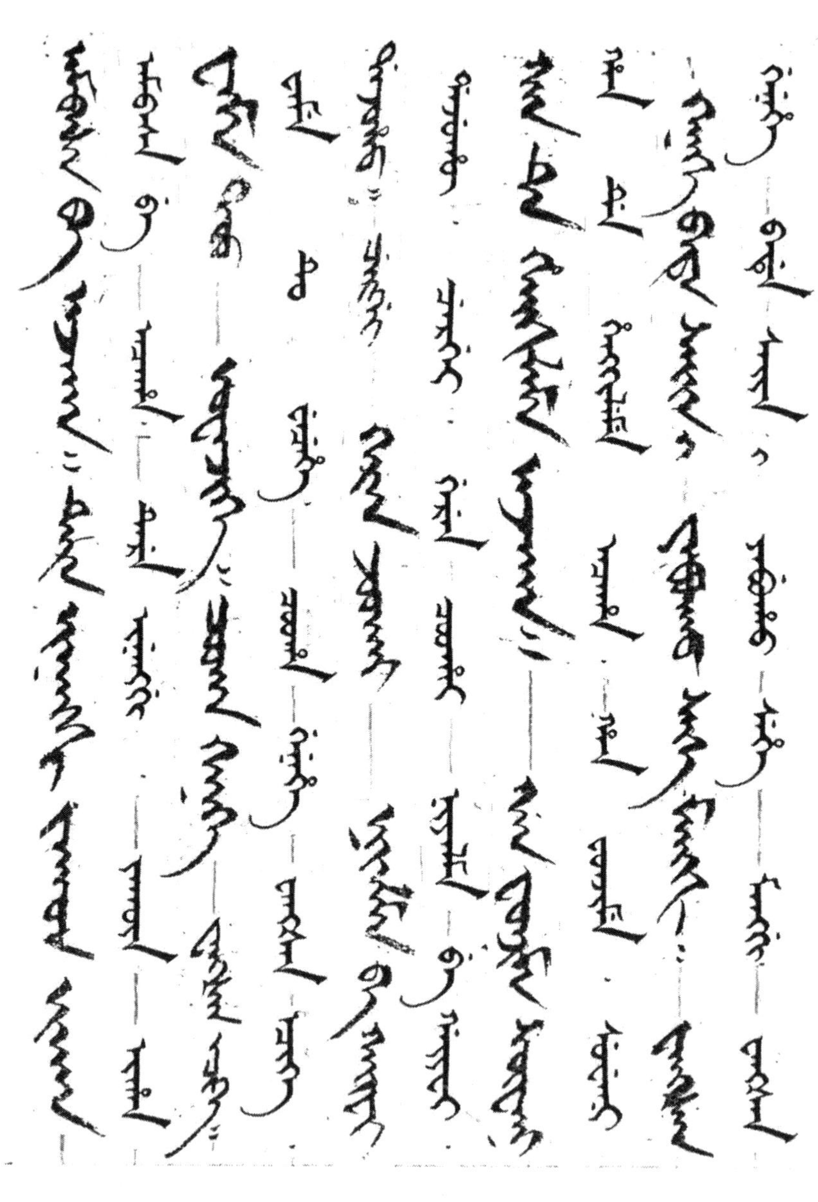

ambasa be acaha. tere inenggi, jakūn ihan wame tu wecehe. cooha genehe wangšan ecike, dajuhū, cergei, geren coohai niyalma be gaifi, han de hengkileme acaha. han fonjime, suweni genehe bade sain i yabuhao sehe manggi, wangšan

---

與前往瓦爾喀之眾大臣相會。是日，殺八牛祭纛。出征之汪善叔父、達柱虎、車爾格依率眾兵丁叩見汗。汗問曰：「爾等前往之處，此行皆好麼？」

与前往瓦尔喀之众大臣相会。是日，杀八牛祭纛。出征之汪善叔父、达柱虎、车尔格依率众兵丁叩见汗。汗问曰：「尔等前往之处，此行皆好么？」

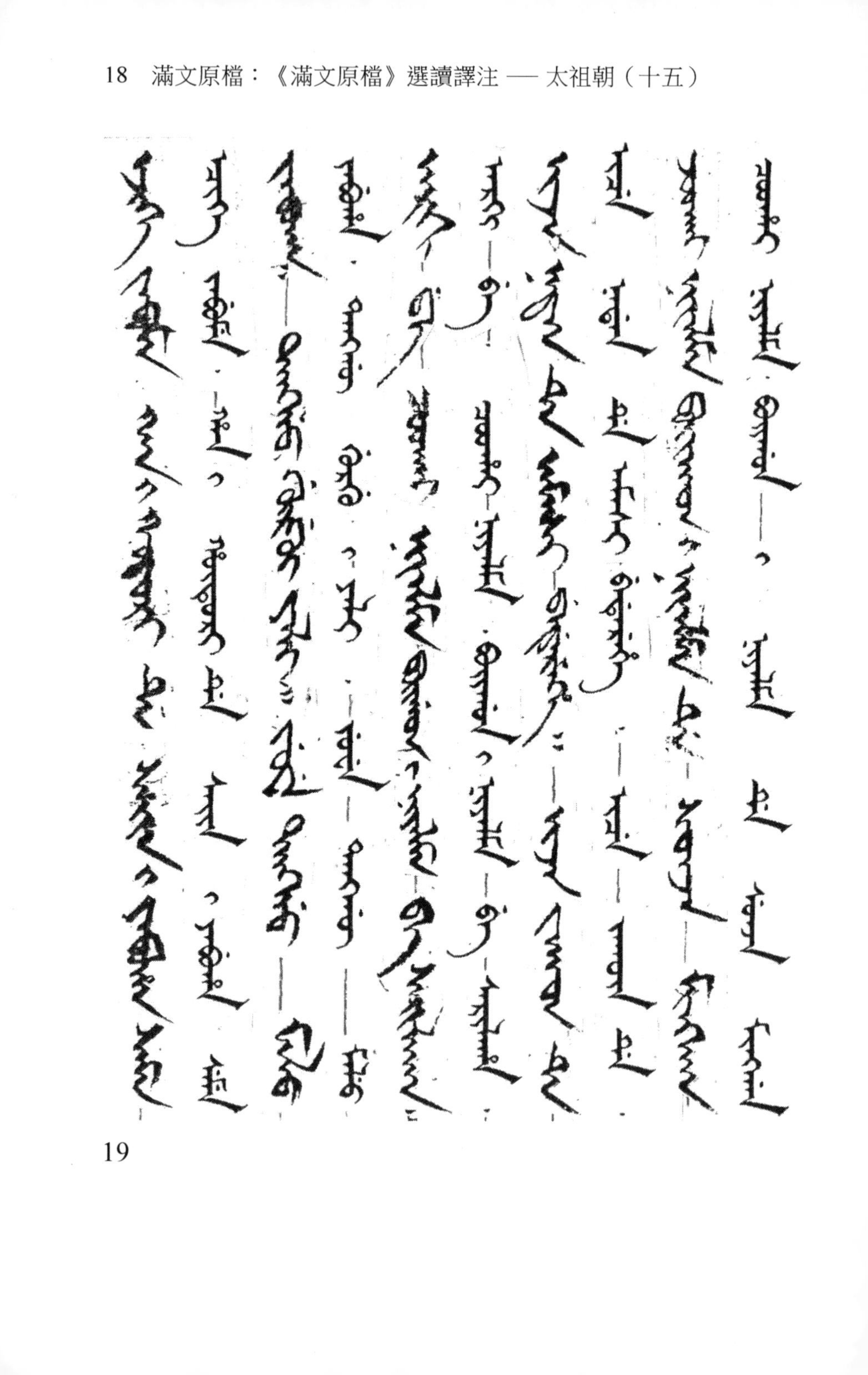

19

ecike jabume, han i hūturi de sain i yabuha seme jabuha. tanggū gurgu i yali, juwe tanggū malu arki be, coohai niyalma, boigon i niyalma be sarilaha. ice nadan de amasi bederehe. ice jakūn de, coohai niyalma, boigon i niyalma de sunja minggan

---

汪善叔父對曰：「托汗之福，此行甚好。」遂以獸肉百份、酒二百瓶，宴請兵丁及戶人。初七日返回。初八日，留給兵丁及戶人紙五千。

汪善叔父对曰：「托汗之福，此行甚好。」遂以兽肉百份、酒二百瓶，宴请兵丁及户人。初七日返回。初八日，留给兵丁及户人纸五千。

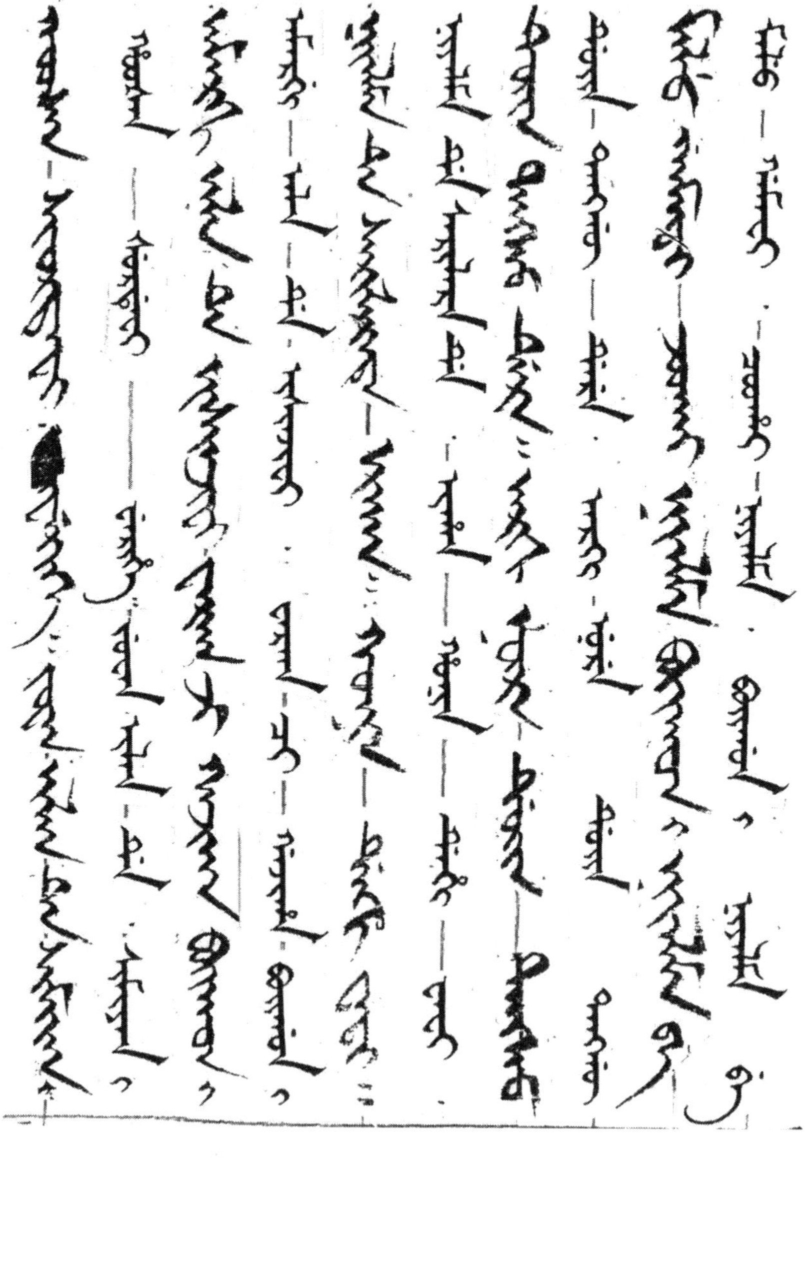

hoošan šurdefi werihe. juwan ilan de, simiyan i amargi ala de isinjifi, warka ci gajiha boigon i niyalma de sarilara de, ihan, honin dehi wafi, duin tanggū dere, arki nure duin tanggū malu gamafi, coohai niyalma, boigon i niyalma be

---

十三日，至瀋陽北崗。為宴請由瓦爾喀帶來之戶人，殺牛、羊四十隻，設席四百桌，備酒四百瓶，筵宴兵丁及戶人，

十三日，至沈阳北岗。为宴请由瓦尔喀带来之户人，杀牛、羊四十只，设席四百桌，备酒四百瓶，筵宴兵丁及户人，

二、曉諭侍衛

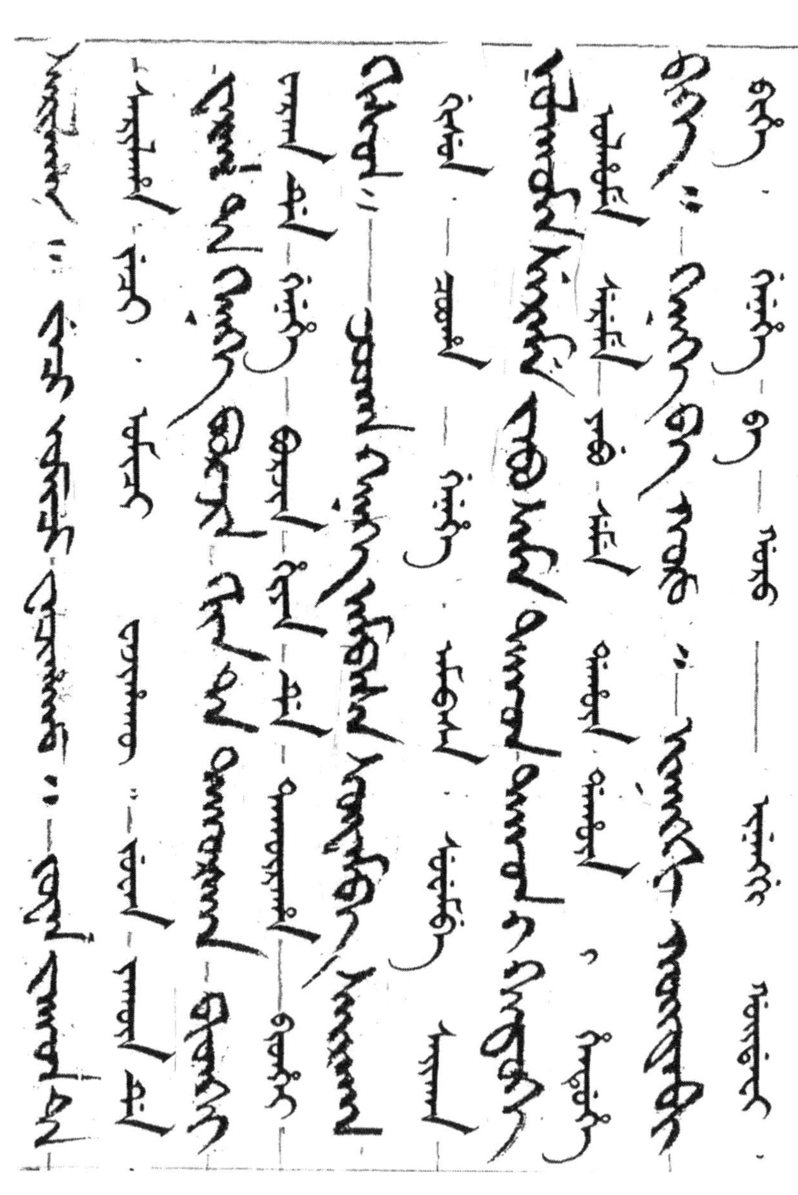

sarilaha, jeci, omici wajihakū. juwan jakūn de, warka de genehe borjin hiya de takūraha bithei gisun, cooha genehe ambasa, suwembe saikan olhome sereme yabu seme dahūn dahūn i henduhe bihe. genehe ba goro inenggi goidafi,

---

飲食未盡。十八日，致書前往瓦爾喀之博爾晉侍衛曰：「出征眾大臣，我曾再三再四諭令爾等妥善謹慎警覺行事，因前往之處路遠日久，

饮食未尽。十八日，致书前往瓦尔喀之博尔晋侍卫曰：「出征众大臣，我曾再三再四谕令尔等妥善谨慎警觉行事，因前往之处路远日久，

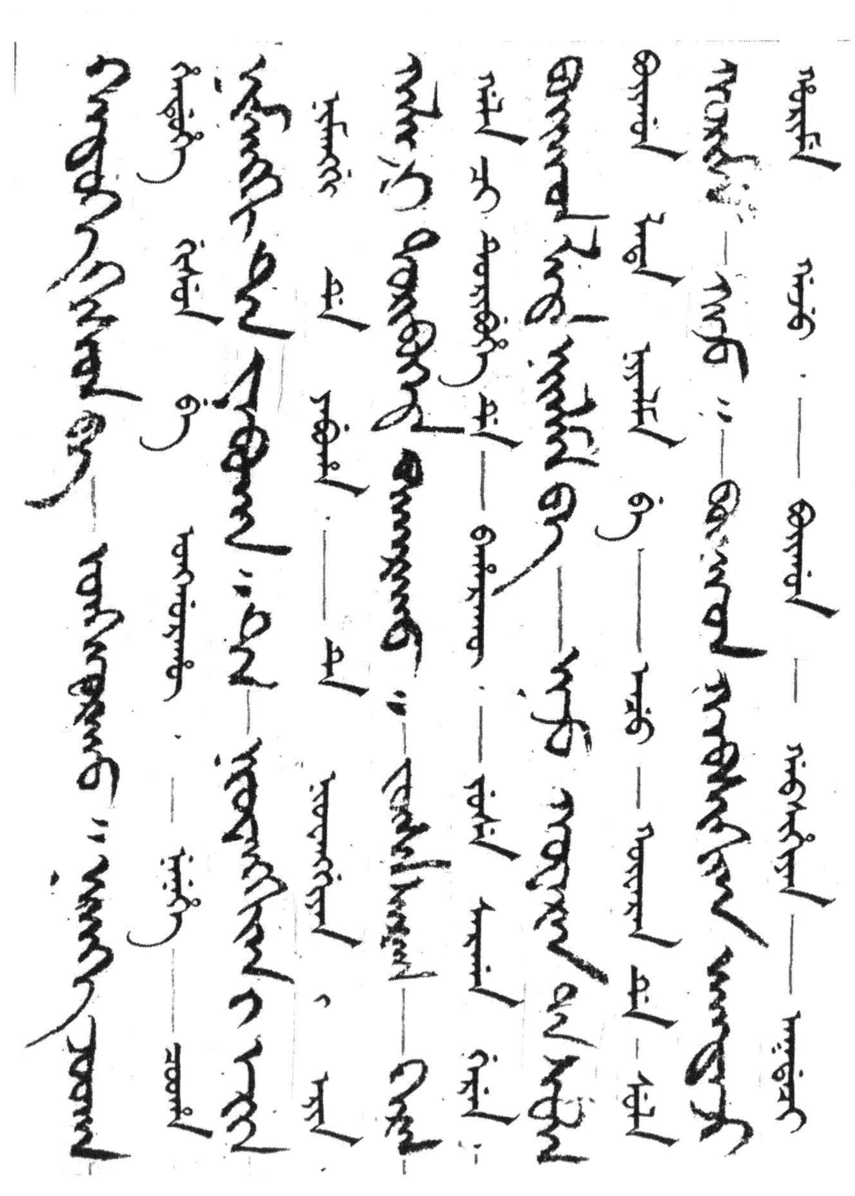

henduhe gisun be onggorahū, nenehe cooha nimanggi de yabuha, te niowanggiyan i erin, gala ci turibuhe de baharakū. juse sargan geren boigon lata niyalma be, encu kūwaran de sula horime gaju. boigon gabsihiyan akdaci

---

恐忘所諭誡之言，先前冰天雪地時行軍，而今綠草如茵之時，從手中脫落時，無以覓得。須將妻孺眾多家口懦弱之人，另為一營閒散圈禁帶來。其家口捷健

恐忘所谕诫之言，先前冰天雪地时行军，而今绿草如茵之时，从手中脱落时，无以觅得。须将妻孺众多家口懦弱之人，另为一营闲散圈禁带来。其家口捷健

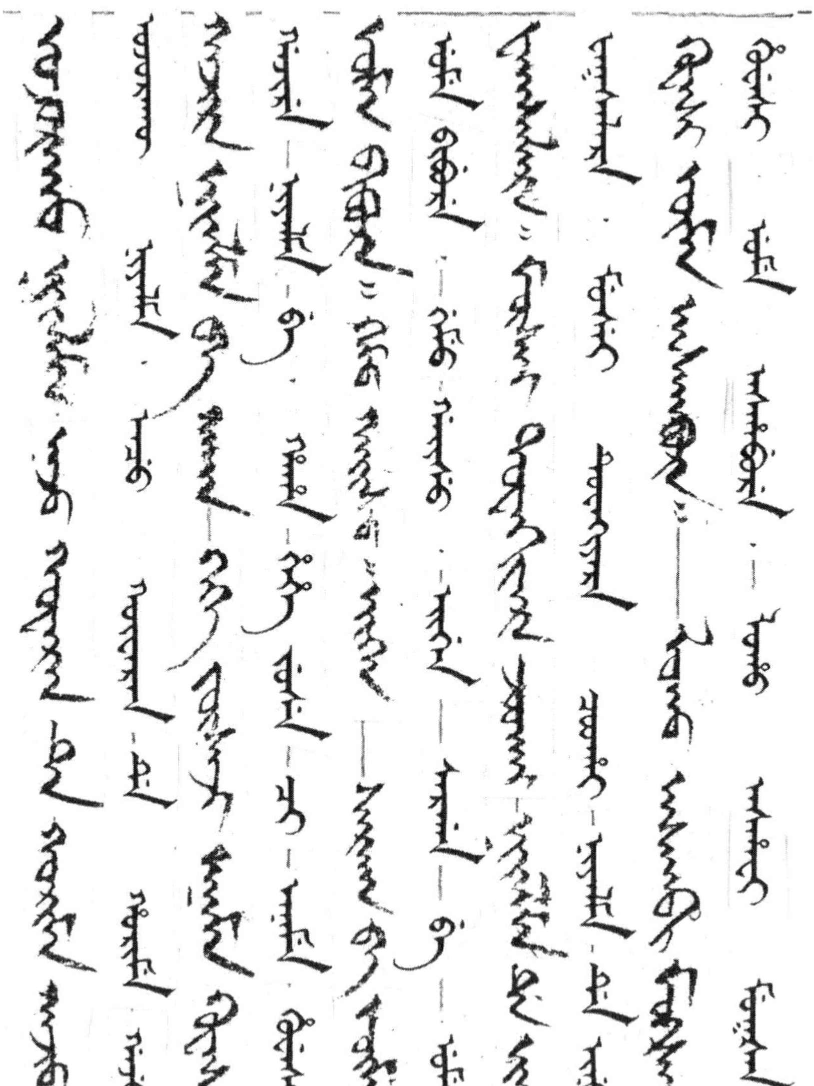

ojorakū niyalma, encu kūwaran de horime gaju. gajire niyalma be, haha hehe juse ci aname huwesi ume bibure, gemu gaisu. eigen sargan be ume faksalara. musei tuwakiyara coohai niyalma de inu huwesi ume ashabure, loho ashafi mukšan

---

不可靠之人，須另為一營圈禁帶來，帶來之人，不論男女老少，皆不准有小刀，有則皆收取。勿拆散夫妻。我看守之兵丁，亦不得佩帶小刀，只佩帶腰刀，或持木棍

不可靠之人，须另为一营圈禁带来，带来之人，不论男女老少，皆不准有小刀，有则皆收取。勿拆散夫妻。我看守之兵丁，亦不得佩带小刀，只佩带腰刀，或持木棍

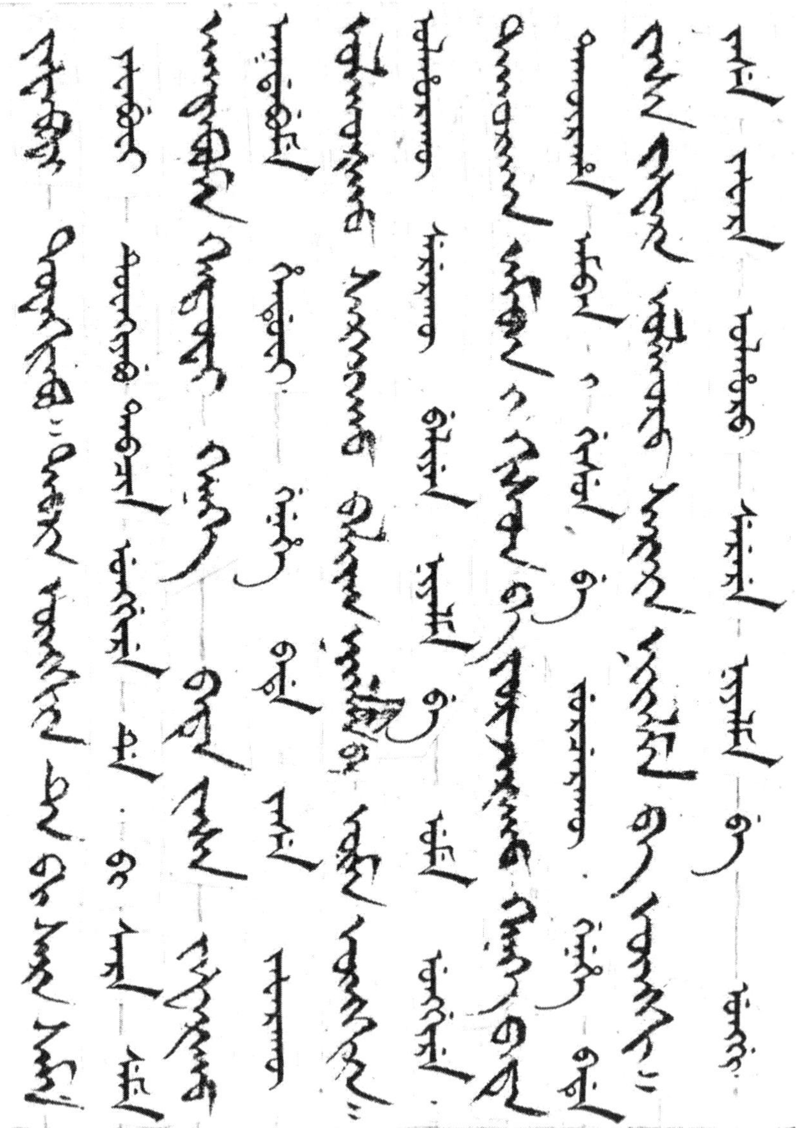

jafabufi tuwakiyabu. tabcin unggire de, bi sara seme akdabume hendufi, genehe bade jase jafarakū olhorakū sererakū beliyen niyalma be ume unggire. takūraha amban i gisun be jurcerakū, genehe bade jase jafara olhoro serere niyalma be unggi.

看守。遣人搶掠時，信口稱我已知道，卻不於前往地方設邊，不謹慎、不警覺、愚昧之人，切勿差遣。不違悖所遣大臣之言，於前往地方設邊、謹慎、警覺之人，則遣之。

看守。遣人抢掠时，信口称我已知道，却不于前往地方设边，不谨慎、不警觉、愚昧之人，切勿差遣。不违悖所遣大臣之言，于前往地方设边、谨慎、警觉之人，则遣之。

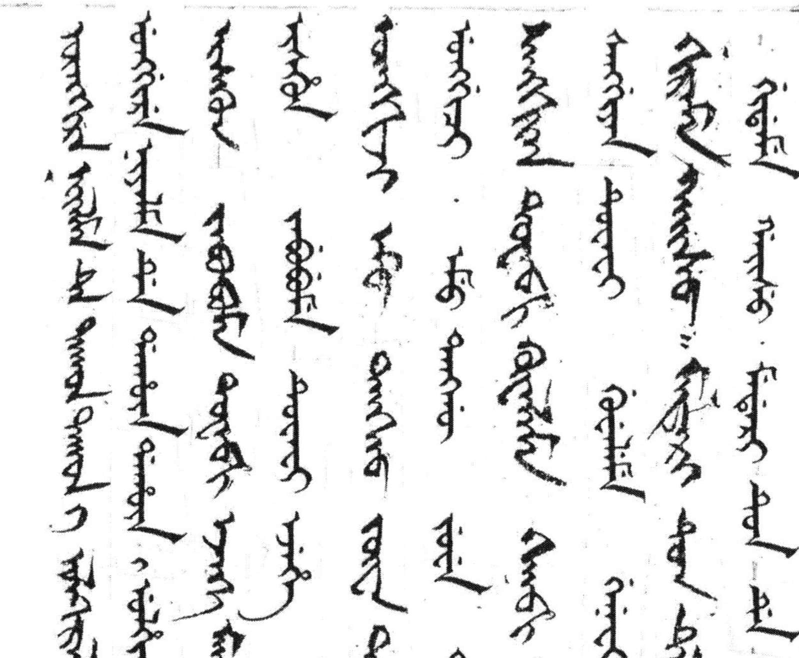

unggire niyalma de dahūn dahūn i ulhitele ejebume hendufi, imbe ishun jabubume tuwafi ejehe manggi unggi. tabcin unggici, emu tanggū juwe tanggū i unggi, neneme šanggiyan tuwafi guweleme genefi imbe jabduburakū gidame gaisu. mederi tun de ambula bihe de, ubaci

---

務令所遣之人再三再四牢記曉諭，相互應答觀看，牢記後遣之。若行搶掠，則遣一、二百人。先觀煙火，窺探潛行而去，趁其湊手不及，襲而奪之。若多在海島，

务令所遣之人再三再四牢记晓谕，相互应答观看，牢记后遣之。若行抢掠，则遣一、二百人。先观烟火，窥探潜行而去，趁其凑手不及，袭而夺之。若多在海岛，

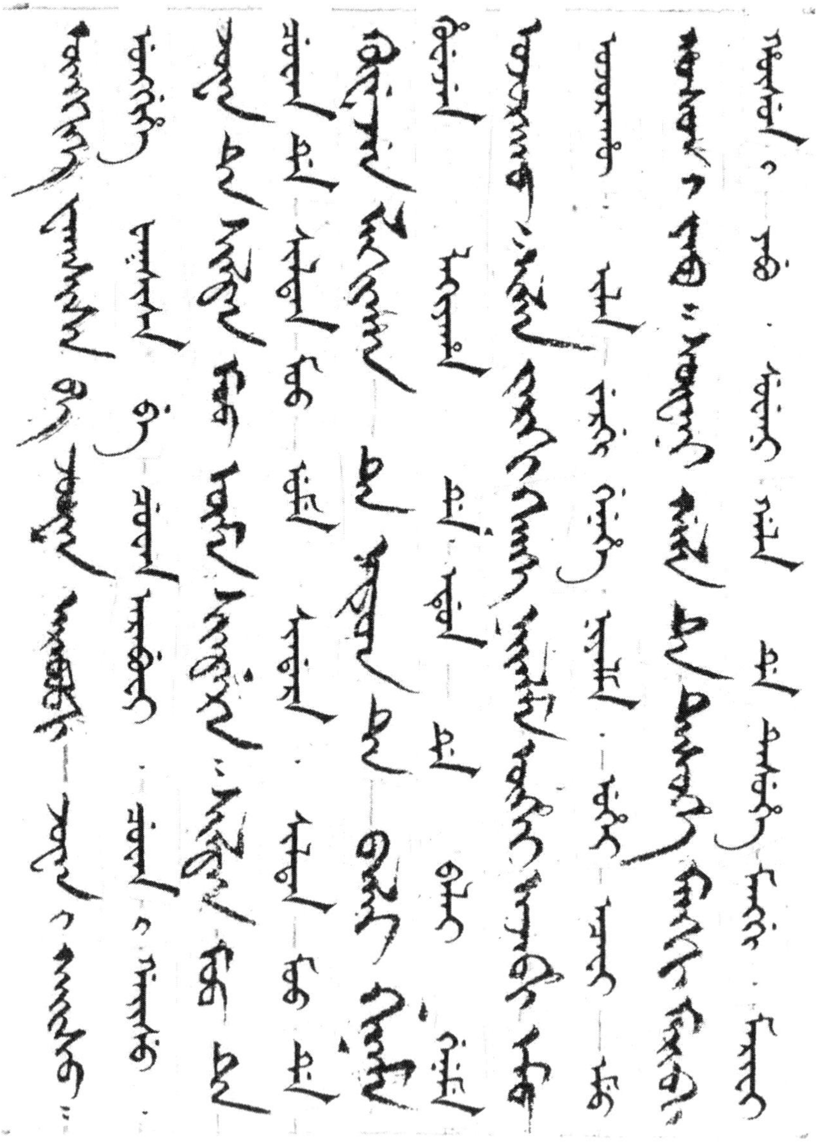

unggihe faksisa be cuwan arabufi, cuwan i gaisu. cuwan de siltan moo ume sindara, siltan moo de huwejen lakiyaha de, edun de balai geneme ojorahū. ilan jergi genehe niyalma, uhei acafi emu hūsun i yabu, suweni gala de tesuhe manggi, marifi

---

則令由此處所遣匠人造船，以船取之。船上勿放桅杆，恐在桅杆上掛帆被風亂吹，而迷失方向。三次前往之人，共同合為一股力量而行，爾等得手後即返回。

则令由此处所遣匠人造船，以船取之。船上勿放桅杆，恐在桅杆上挂帆被风乱吹，而迷失方向。三次前往之人，共同合为一股力量而行，尔等得手后即返回。

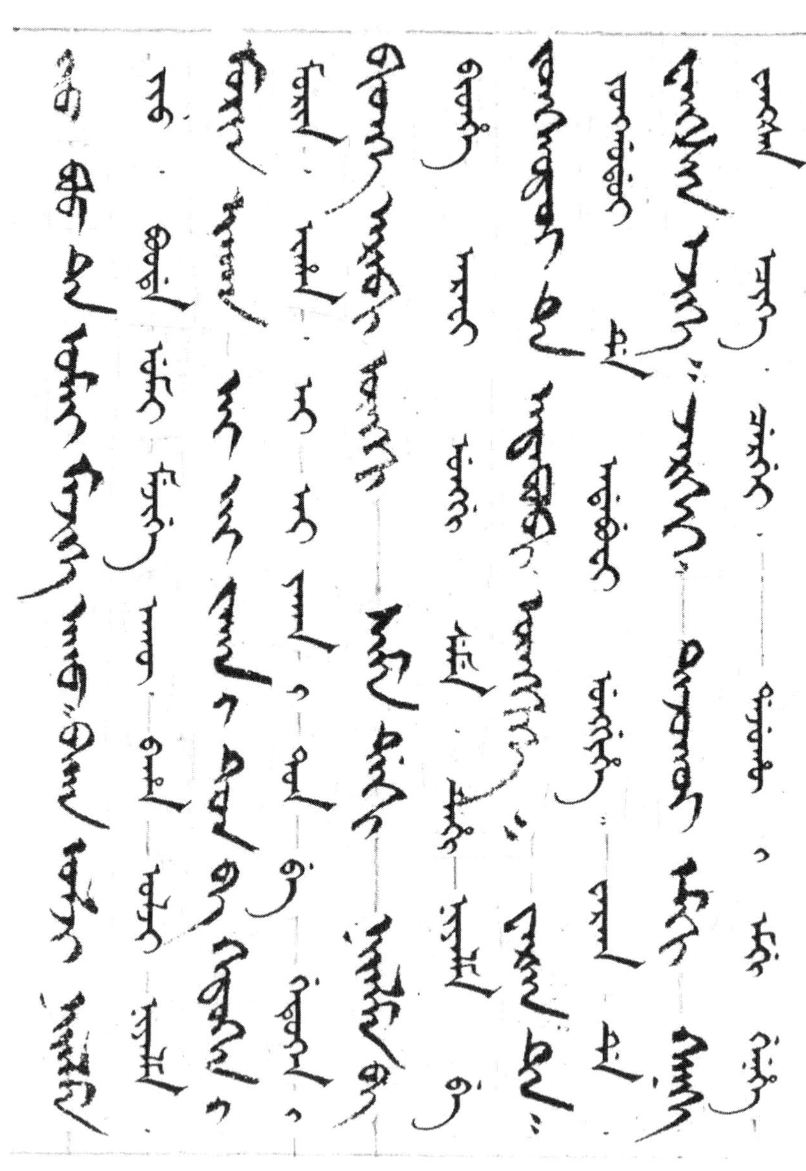

jio. boode umai mejige akū, baha olji niyalma, morin, ihan, ai ai jaka i ton be getuken i bithe arafi unggi seme, dehi niyalma be jonggodoi de adabufi unggihe. warka de, wangšan ecike, cergei, dajuhū i emgi genehe

---

家中並無信息，著將所獲擄來人口、馬、牛及各樣物件之數，明白繕具清單送來。」遂遣四十人陪伴鐘果多依前往。賞賜隨同汪善叔父、車爾格依、達柱虎往征瓦爾喀之兵丁，

家中并无信息，着将所获掳来人口、马、牛及各样对象之数，明白缮具清单送来。」遂遣四十人陪伴钟果多依前往。赏赐随同汪善叔父、车尔格依、达柱虎往征瓦尔喀之兵丁，

三、曉諭貝勒

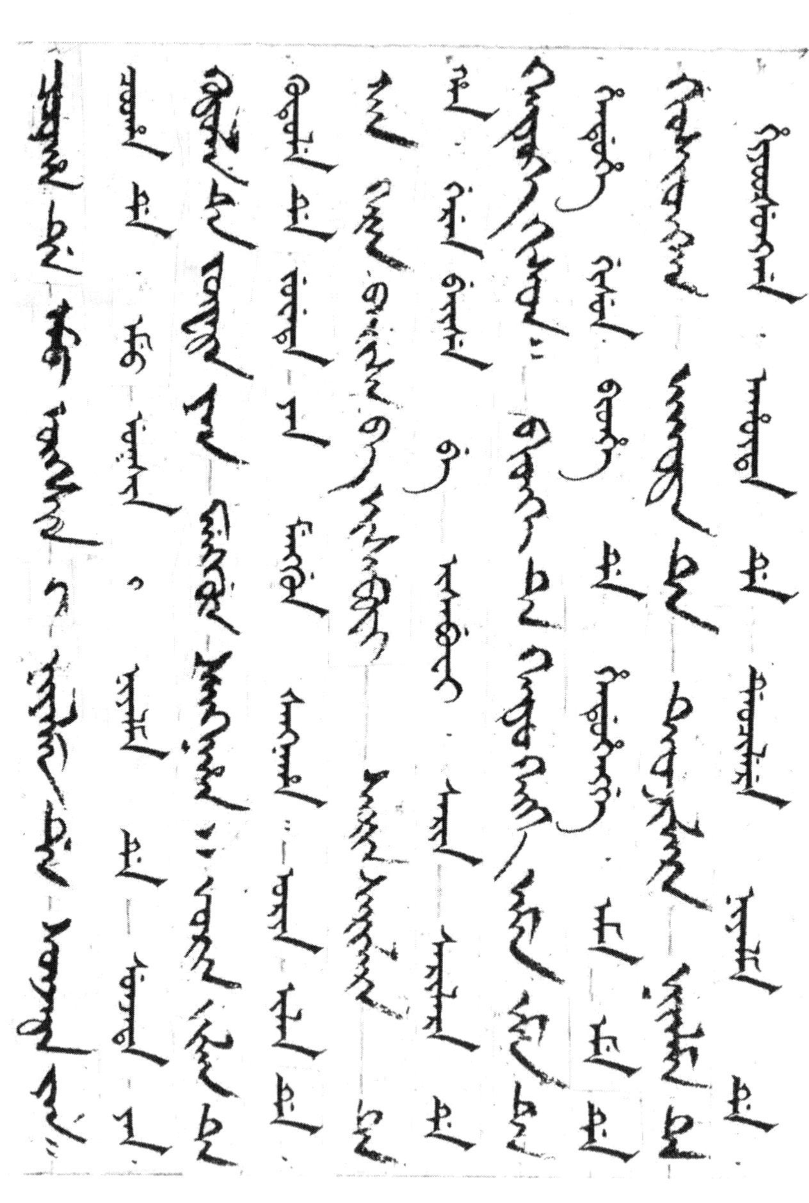

cooha de, emu uksin i niyalma de sunjata yan, kutule de juwete yan menggun šangnaha. orin ilan de, han, geren beise be isabufi, sarin sarilara de henduhe gisun, bithe de henduhengge, ama eme de hiyoošungga, ahūta de deocilere niyalma de,

---

披甲每人銀各五兩，跟役每人銀各二兩。二十三日，汗召集諸貝勒筵宴時諭曰：「書云：對父母孝順，對眾兄友悌，

披甲每人银各五两，跟役每人银各二两。二十三日，汗召集诸贝勒筵宴时谕曰：「书云：对父母孝顺，对众兄友悌，

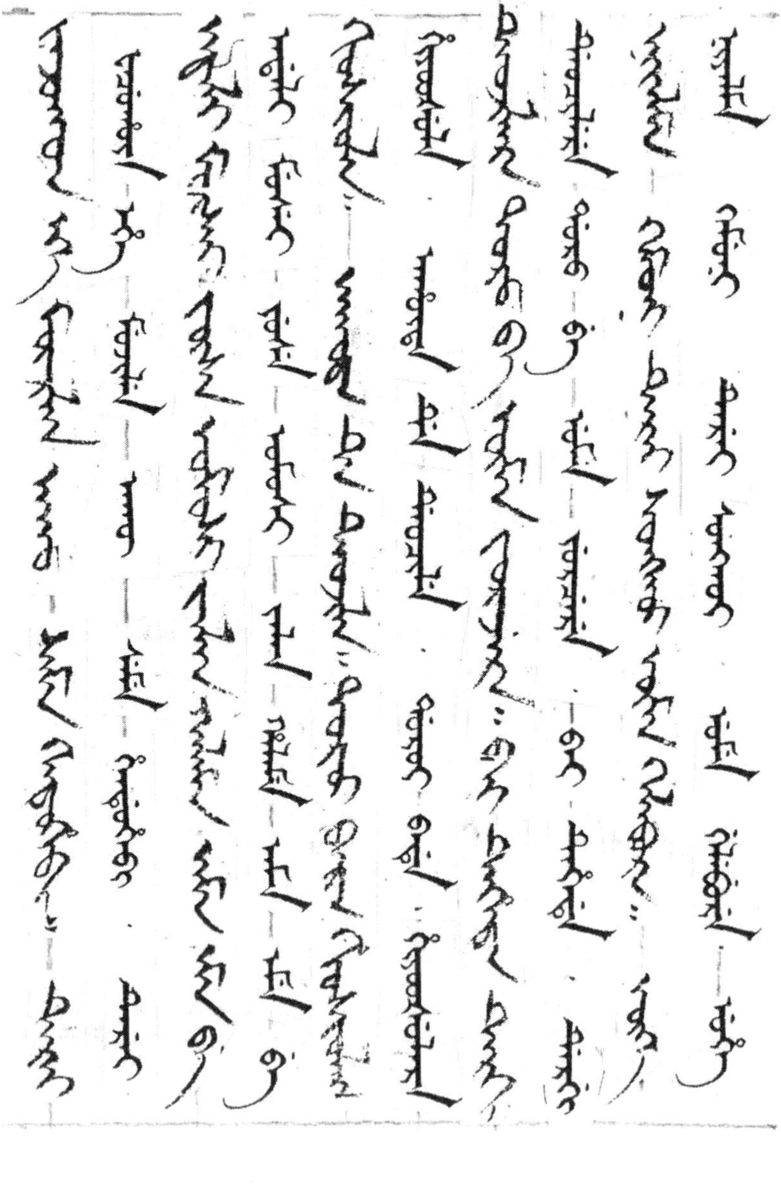

facuhūn ehe mujilen akū seme henduhebi. terei adali musei juse omosi jalan halame ama eme be hiyoošula, ahūta de deocile. doroi bade, hiyoošulara deocilere doro be ume jurcere. bai tehede, dergi niyalma kemuni terei songkoi ume gelebure, uhe

無惡亂之心。我之子孫亦當如此世代孝順父母，友悌眾兄，於禮儀之處，勿違悖[5]孝悌之道；閒居之時，上頭之人仍按其禮，勿令人畏懼，

无恶乱之心。我之子孙亦当如此世代孝顺父母，友悌众兄，于礼仪之处，勿违悖孝悌之道；闲居之时，上头之人仍按其礼，勿令人畏惧，

[5] 違悖，《滿文原檔》寫作“jorjara”，《滿文老檔》讀作“jurcere”。按滿文“jurcembi”，與蒙文“ǰöričekü”係同源詞(根詞“jurce-”與“ǰörče-”相仿)，意即「違背」。

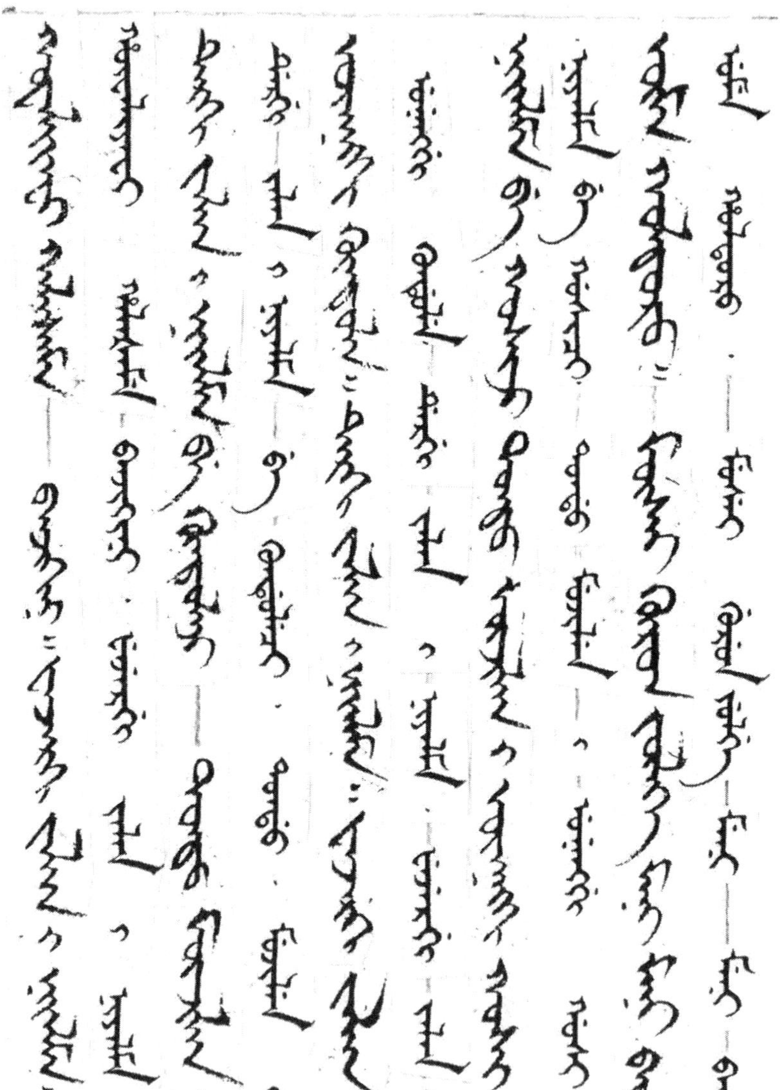

hūwaliyafi halašame banjikini. fejergi jalan i niyalma, dergi jalan i niyalma be kunduleci, tondo mujilen i unenggi kundule. dergi jalan i niyalma, fejergi jalan i niyalma be gosici, tondo mujilen i unenggi gosi, ume holtoro. musei gurun julge meni meni bade

---

和藹相處；下輩之人，尊敬上輩之人，忠心誠意敬之；上輩之人，憐愛下輩之人，忠心誠意愛之，勿相欺也。古時我國之人各居其地，

和蔼相处；下辈之人，尊敬上辈之人，忠心诚意敬之；上辈之人，怜爱下辈之人，忠心诚意爱之，勿相欺也。古时我国之人各居其地，

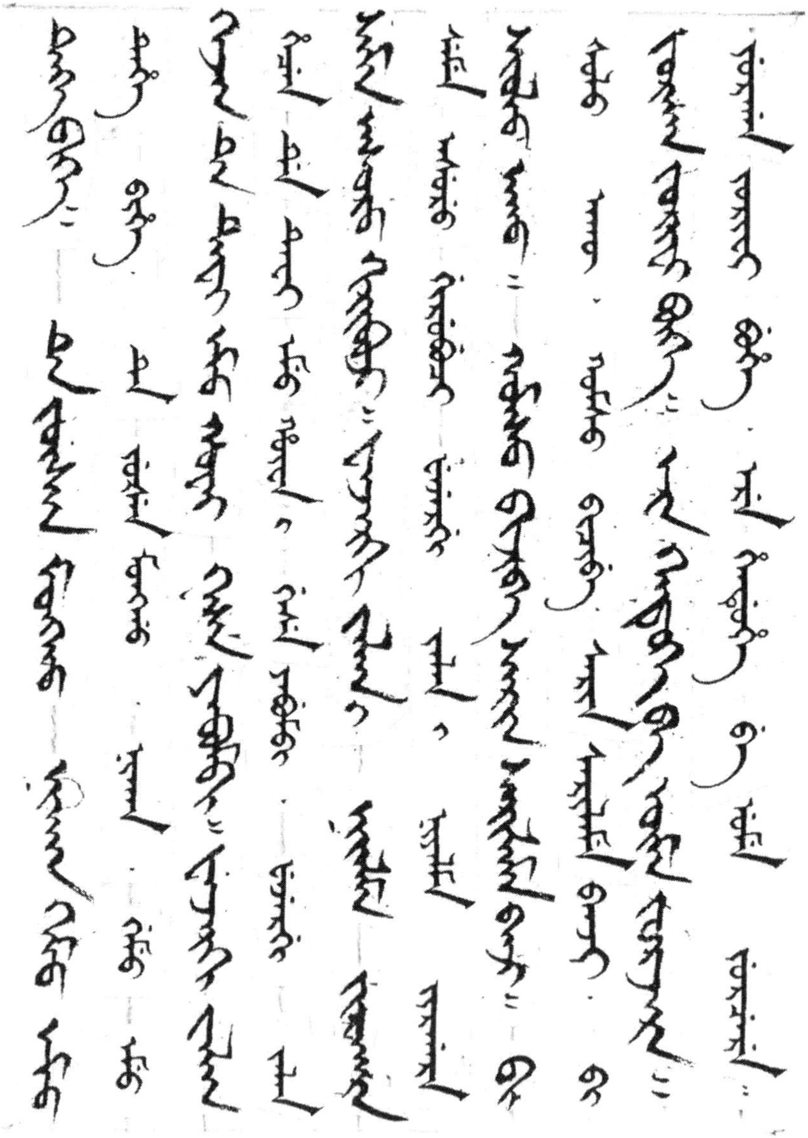

tehe bihe, te jušen, monggo, nikan gemu emu hecen de tefi, emu hūwa i gese yabumbi. fejergi jalan seme asuru girubuci, fejergi jalan i niyalma jirgara šolo akū. komso bicibe, sarin sarilame banji. bi jurgan jorifi buhe, ere henduhe be ume jurcere.

如今諸申、蒙古、漢人皆同住一城，猶如一庭院而行。倘因係下輩而大加羞辱，則下輩之人將無安逸之時。雖然不富，亦當筵宴以待之。所行之道，我已指示，勿違此訓。」

如今诸申、蒙古、汉人皆同住一城，犹如一庭院而行。倘因系下辈而大加羞辱，则下辈之人将无安逸之时。虽然不富，亦当筵宴以待之。所行之道，我已指示，勿违此训。」

四、生活規範

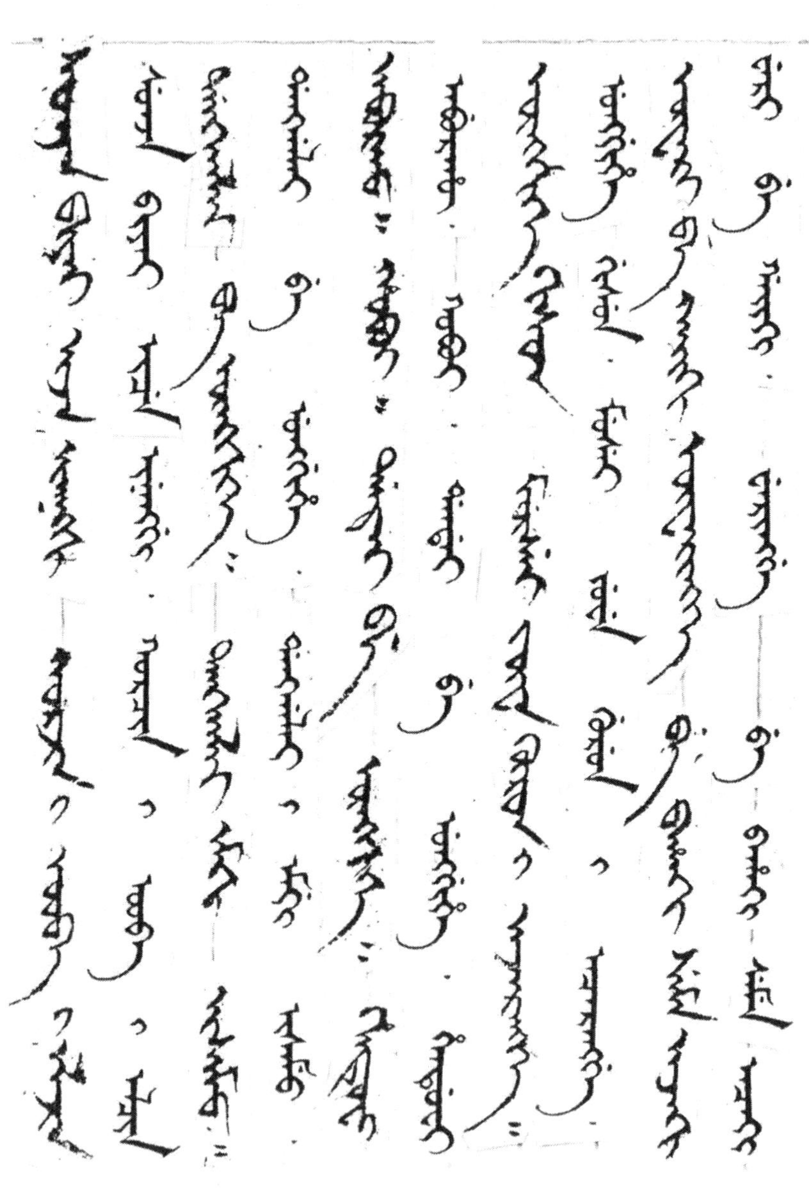

sunja biyai ice inenggi, korcin i ooba i elcin danggalai be unggihe, danggalai i emgi isamu, aburhū, koboi, dandai be unggihe, hendufi unggihe gisun, musei juwe gurun i acarangge, weri be gaiki, weringge be bahaki seme acaki

---

五月初一日，遣科爾沁奧巴之使者黨阿賴、與黨阿賴同行之伊薩穆、阿布爾虎、科貝、旦岱返回時曰：「我二國之和，非欲取他人，或欲得他人之物而和。

五月初一日，遣科尔沁奥巴之使者党阿赖、与党阿赖同行之伊萨穆、阿布尔虎、科贝、旦岱返回时曰：「我二国之和，非欲取他人，或欲得他人之物而和。

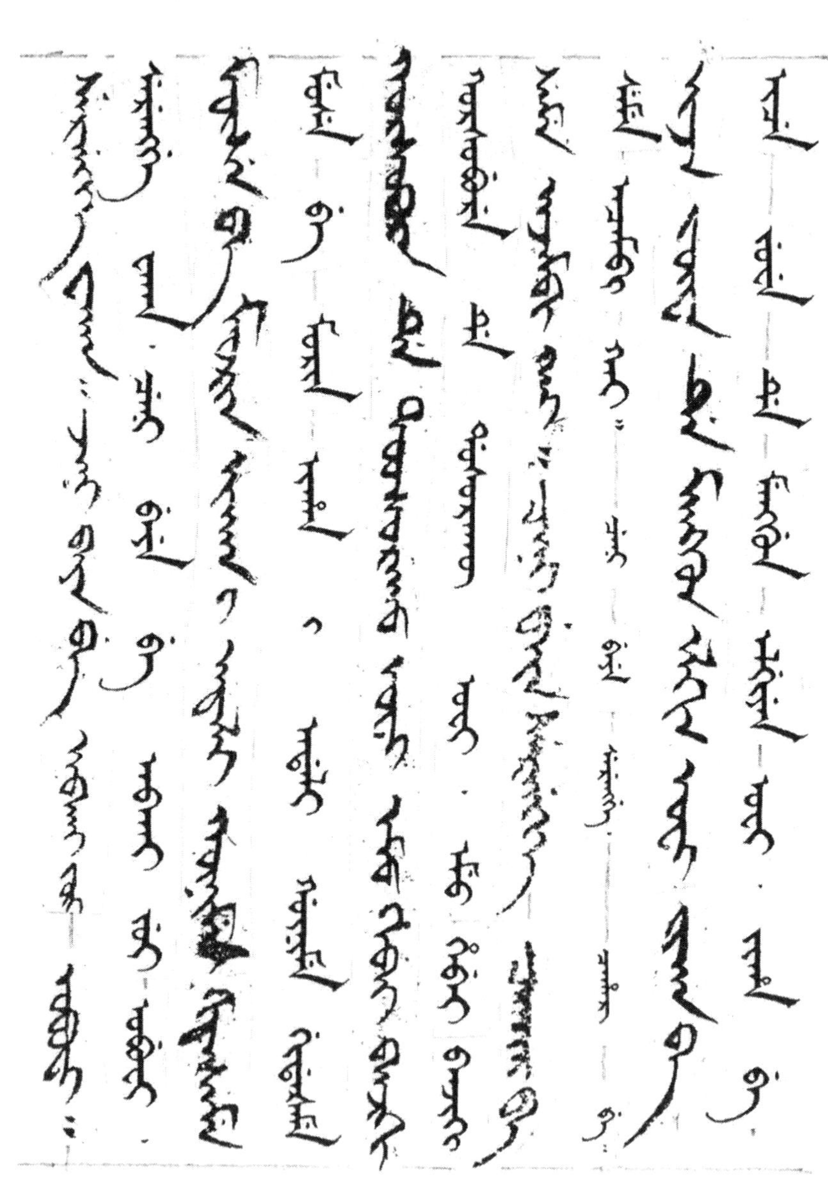

serengge waka. ceni beye be abkai jui obufi, muse be morin, ihan i adali gūnime, gidašame korsobure de dosorakū ofi, emu hebei banjiki seme acambi kai. (ceni beye serengge, cahar be.) ice juwe de, menggun elgiyen ofi, jiha be

---

乃因彼等自身以為天子，以我等如同牛馬，不堪其欺凌，而同謀修好也。」（原注：所謂彼等自身者，乃察哈爾也。）初二日，因告稱：銀子豐盈，錢不流通，

乃因彼等自身以为天子，以我等如同牛马，不堪其欺凌，而同谋修好也。」（原注：所谓彼等自身者，乃察哈尔也。）初二日，因告称：银子丰盈，钱不流通，

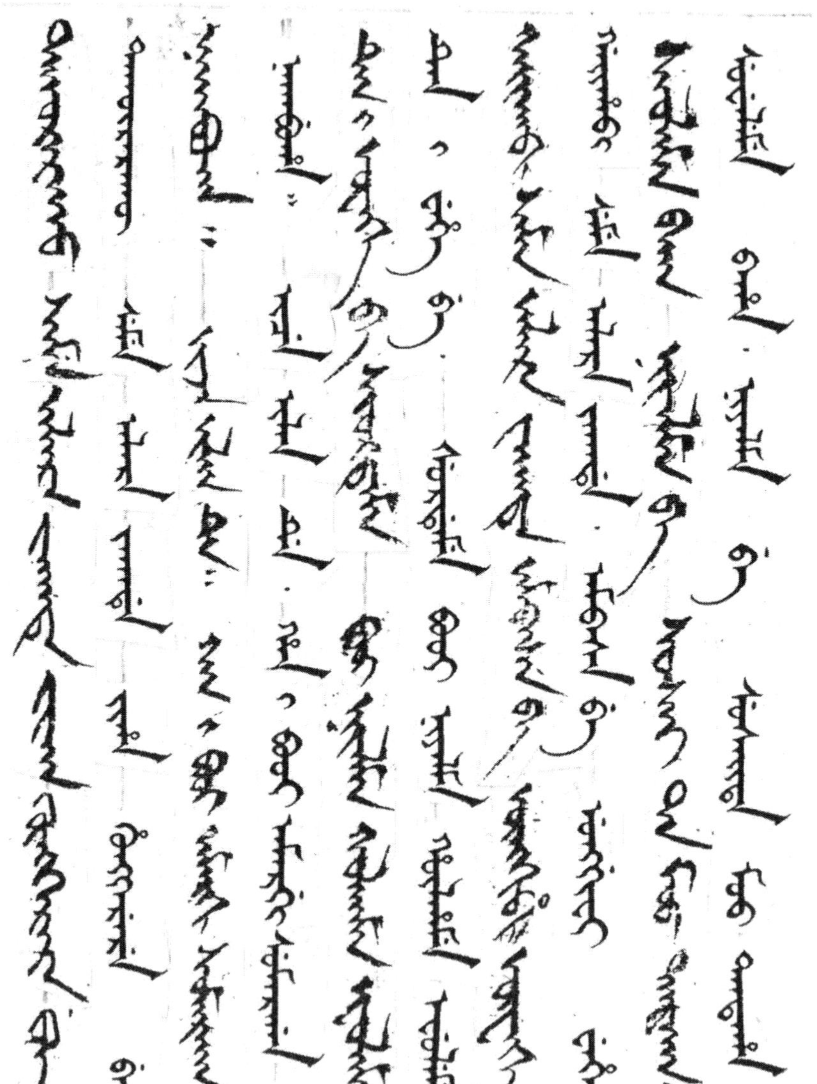

takūrarakū seme alara jakade, jiha hungkerere be nakabuha. ice ilan de, han i booi amargi sumargan i ten i wehe be, šurdeme booi niyalma hūlhame efuleme gaihabi seme alara jakade, ambasa be unggifi wehe suweleme baha, niyalma be susaita moo tantaha.

故停止鑄錢。初三日，汗家北塔[6]之基石，被周圍家人竊取燬壞。稟告後，遣眾大臣搜得[7]基石，將查獲之人責打各五十杖。

故停止铸钱。初三日，汗家北塔之基石，被周围家人窃取毁坏。禀告后，遣众大臣搜得基石，将查获之人责打各五十杖。

---

6 北塔，句中「塔」，《滿文原檔》寫作“somarkan”，《滿文老檔》讀作“sumargan”；規範滿文讀作“subarhan”。按滿文“subarhan”，係蒙文“suburɤ-a(n)”借詞，意即「塔」。

7 搜得，《滿文原檔》寫作“saolama”，讀作“seoleme”，意即「思慮」，訛誤；《滿文老檔》讀作“suweleme”，意即「搜索」，改正。

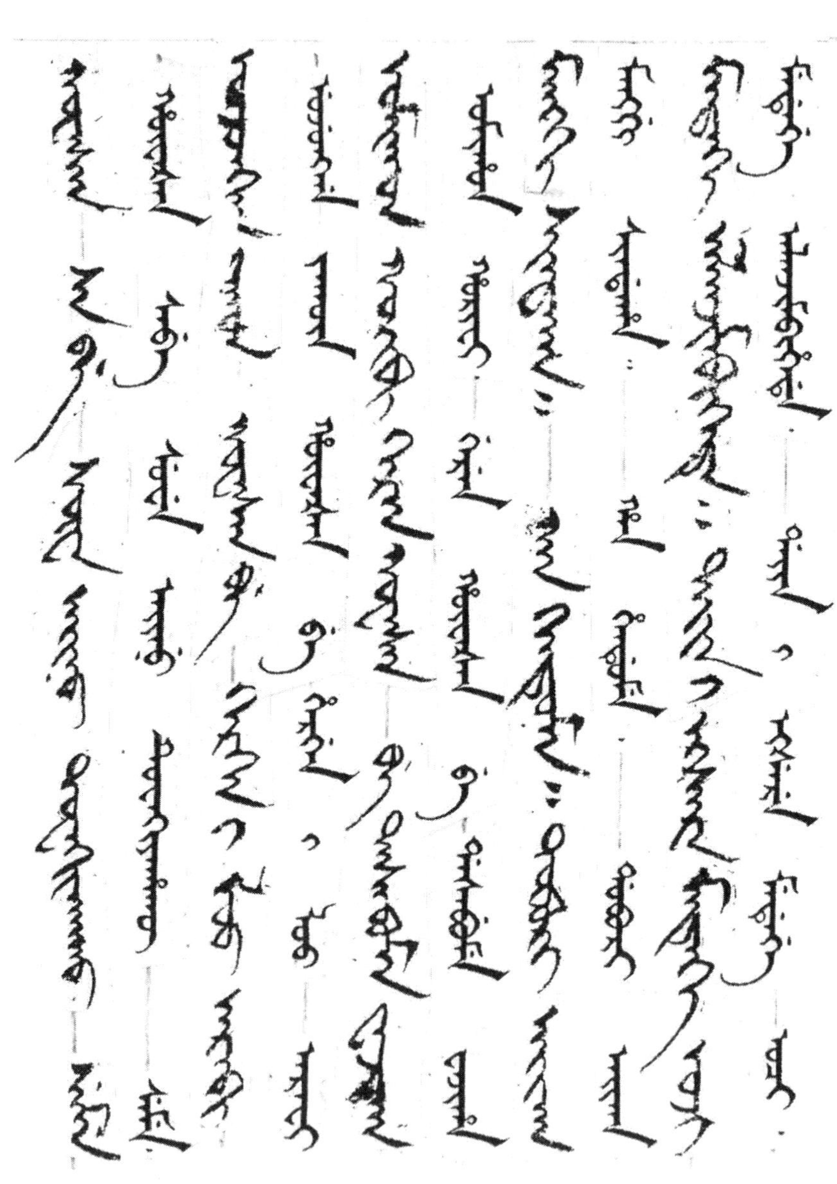

hūwašan sabe suwe ainu tuwakiyahakū seme, ujungga jakūn hūwašan be hergen i loo arafi omihon horifi, geren hūwašan be dasabume wajiha manggi sindaha. han hendume, dobori aika medege alanjimbihede, dain i ekšere medege oci,

---

眾和尚爾等為何未看守？遂將為首八和尚畫牢餓囚，令諸和尚修復完竣後釋放。汗定曰：「夜間若是有信息來告，若是征戰急忙信息，

众和尚尔等为何未看守？遂将为首八和尚画牢饿囚，令诸和尚修复完竣后释放。汗定曰：「夜间若是有信息来告，若是征战急忙信息，

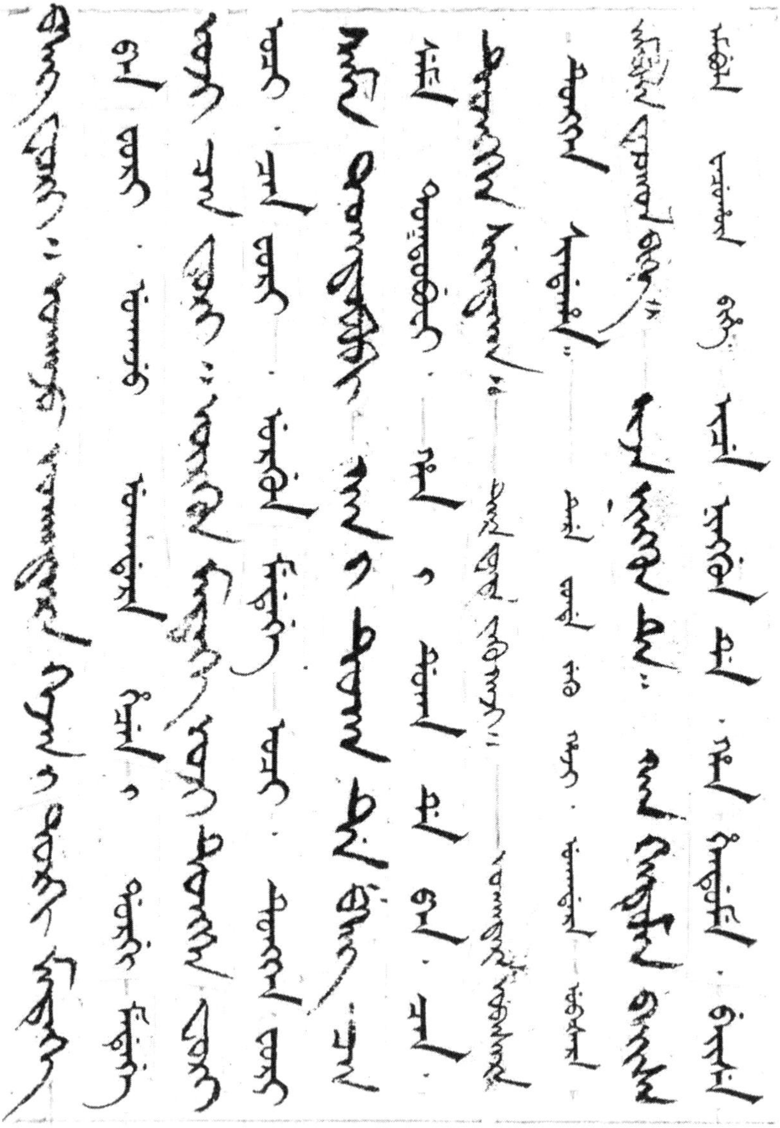

pan fori. ukanju ukandara hecen i dorgi medege oci, can fori. urgun medege oci, tungken fori seme toktobufi, han i duka de pan, can, tungken sindaha. (tere fonde jeku haji, ukandara ubašara ambula facuhūn bihe.) ice ninggun de, han hendume, beise

---

則擊雲牌；若是逃人逃走、城內信息，則敲鑼；若是喜信，則打鼓。」汗之門上置放雲牌、鑼、鼓。（原注：是時糧荒，逃叛者甚紛亂。）初六日，汗曰：

则击云牌；若是逃人逃走、城内信息，则敲锣；若是喜信，则打鼓。」汗之门上置放云牌、锣、鼓。（原注：是时粮荒，逃叛者甚纷乱。）初六日，汗曰：

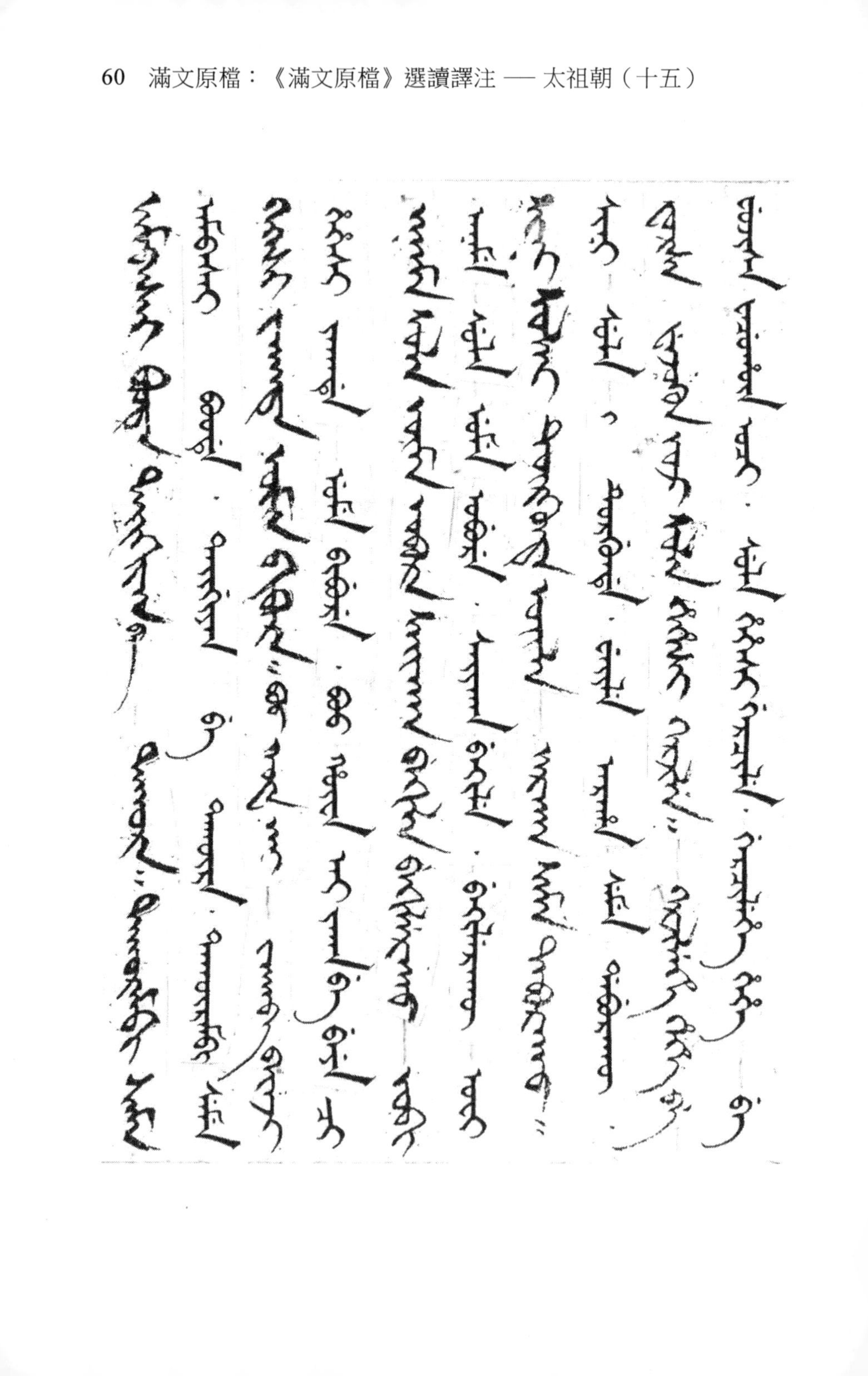

ambasai boode, taigiyan be takūra, takūrambi seme hehesi jakade ume bibure. boo hūwa ai jaka be beye ci aname sula ume obure, saikan bekile. bekilerakū ofi sini sula i turgunde, weile araha seme daburakū. fujisa facuhūn oci, sula hehesi gercile, gercilehe hehe be

「諸貝勒眾大臣家中差遣太監，雖可差遣，但勿留於婦女跟前。家院中諸物，自身勿懶惰鬆散，妥善固守。因爾之懈怠不固守，雖治罪，亦不寬貸。福晉若亂行[8]，准閑散婦人舉發，將舉發之婦人

「诸贝勒众大臣家中差遣太监，虽可差遣，但勿留于妇女跟前。家院中诸物，自身勿懒惰松散，妥善固守。因尔之懈怠不固守，虽治罪，亦不宽贷。福晋若乱行，准闲散妇人举发，将举发之妇人

[8] 亂行，《滿文原檔》寫作"fajükün"，讀作"facukun"，訛誤；《滿文老檔》讀作"facuhūn"，改正。

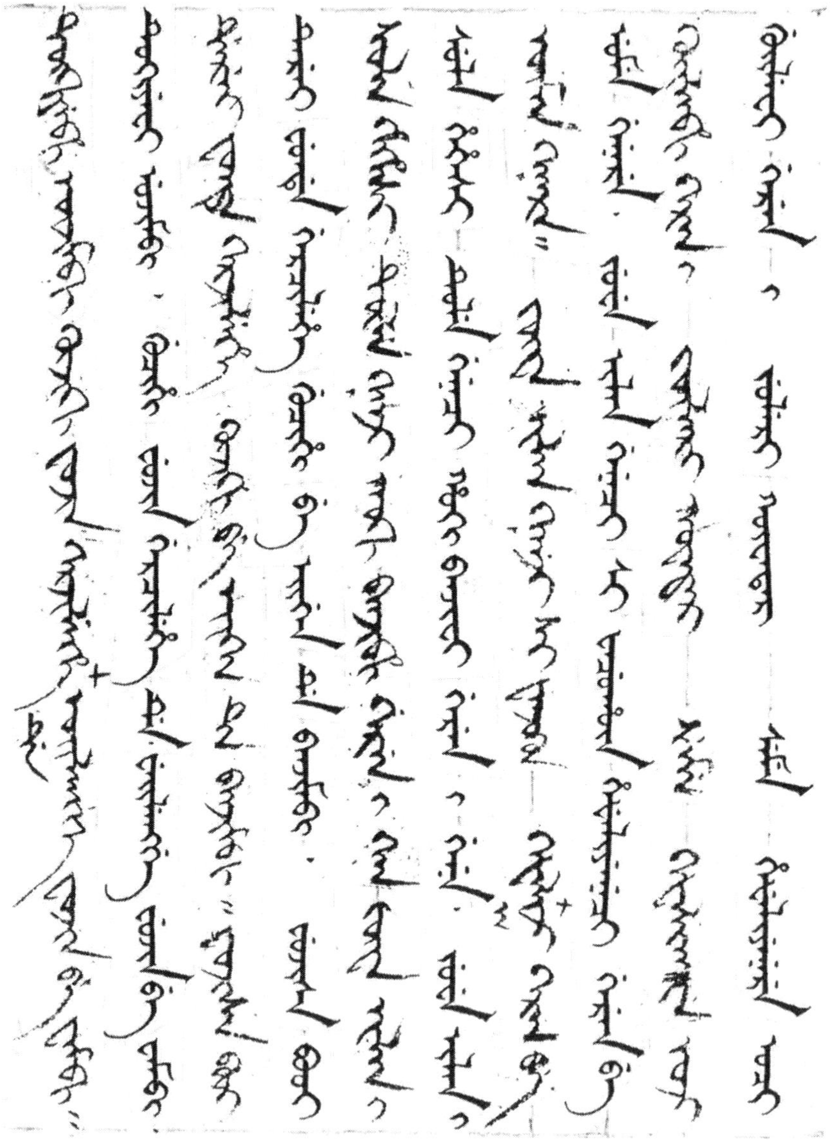

tukiyefi ujimbi. gucihi fujin gercilehe de, weilengge fujin be wambi, terei funde gercilehe gucihi be eigen de banjimbi. fujisa booi sula hehesi tule geneci, hoki banjifi geren i gene, juwe ilan i ume genere. juwe ilan geneci, si facuhūn. hefeliyeneci, geren be guilefi geren i juleri kūwatar seme hefeliyenere oci

---

表揚豢養。妾舉發福晉，則殺有罪之福晉，代以舉發之妾與夫過日子。眾福晉家之閑散婦人入廁，結夥後眾人同往，二、三人勿前往。倘若二、三人前往，則為爾亂也。倘若腹瀉，則邀集眾人，在眾人之前驚跑而腹瀉時，

表扬豢养。妾举发福晋，则杀有罪之福晋，代以举发之妾与夫过日子。众福晋家之闲散妇人入厕，结伙后众人同往，二、三人勿前往。倘若二、三人前往，则为尔乱也。倘若腹泻，则邀集众人，在众人之前惊跑而腹泻时，

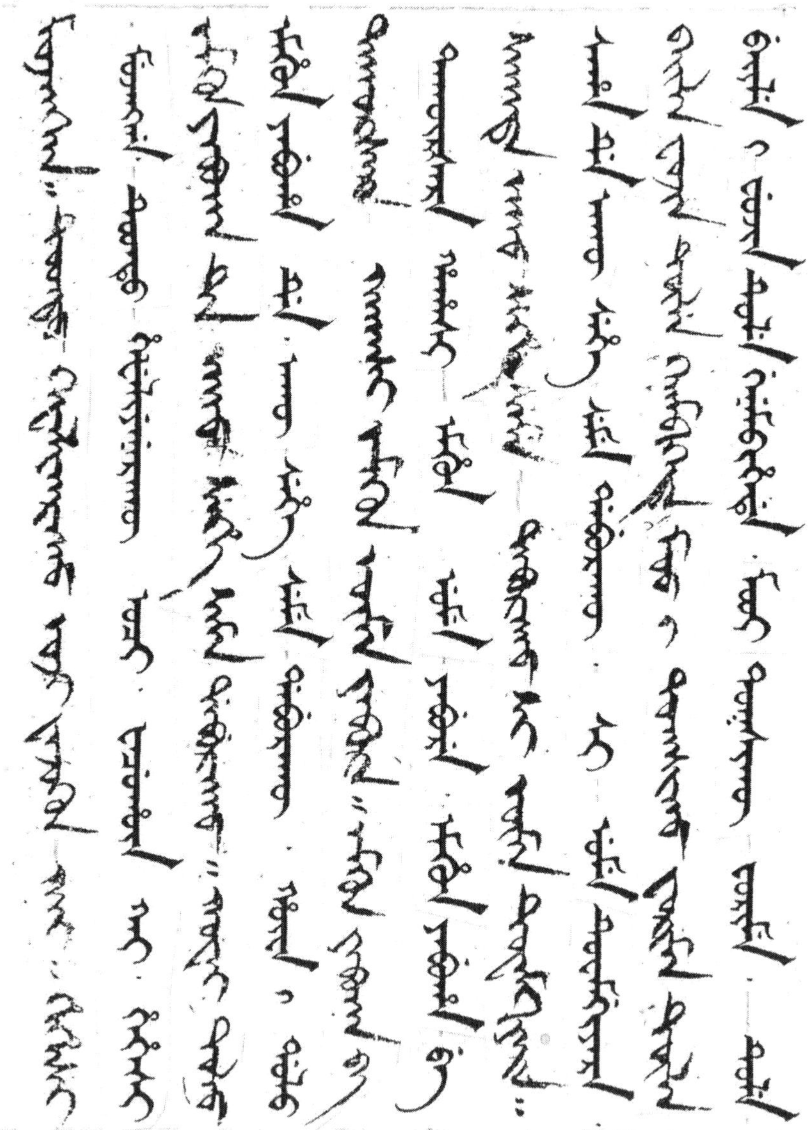

mujangga. tuttu hefeliyenerakū oci, facuhūn kai. hehesi emhun yabuha de, akū sehe seme daburakū. hūwa i dolo takūršara hahasi emhun ume yabure, emhun yabuha be saha de, akū sehe seme daburakū, si ume tuwamgiyara. beile i fujin tule genembihede, mooi toksikū forime, tule

---

則果然屬實；若不腹瀉，即為亂也。婦人獨行，口稱未行，不算。院內差遣之男丁勿獨行，已知獨行，口稱未行，不算，爾勿辯解。貝勒之福晉入廁時，擊打木梆，

则果然属实；若不腹泻，即为乱也。妇人独行，口称未行，不算。院内差遣之男丁勿独行，已知独行，口称未行，不算，尔勿辩解。贝勒之福晋入厕时，击打木梆，

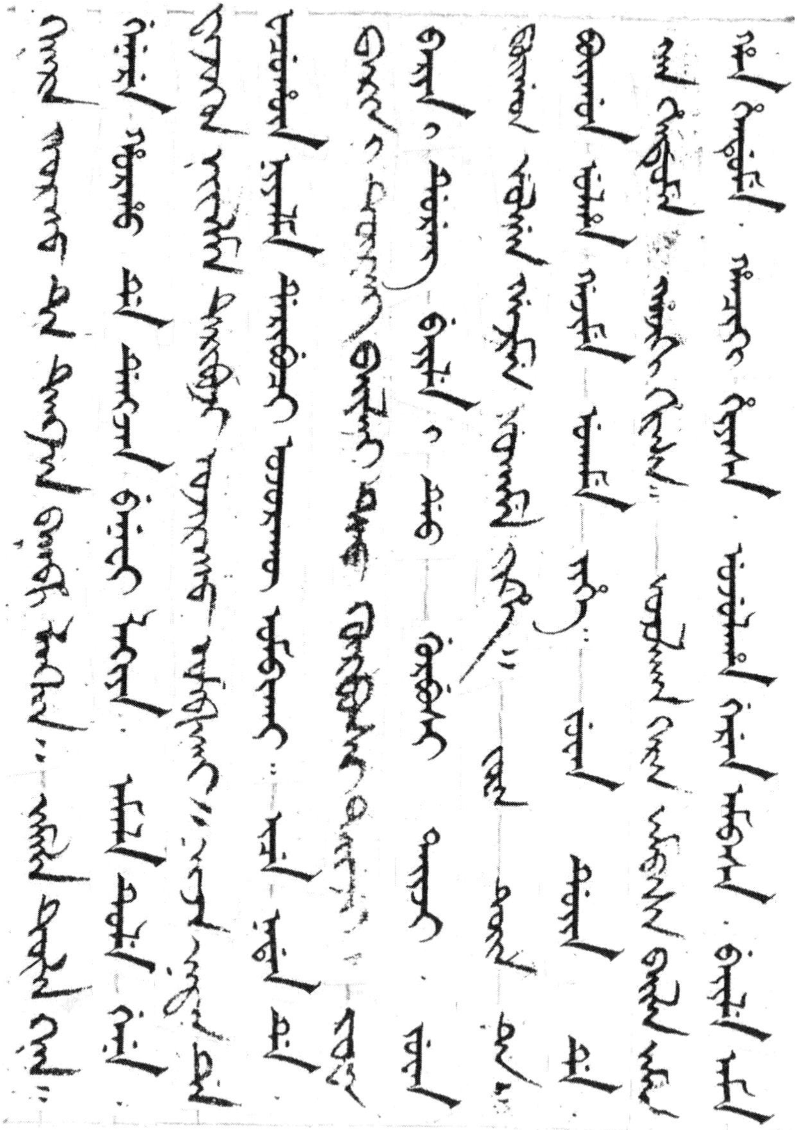

genere horho de dengjan benefi lakiya, amala tule gene, facuhūn niyalma deribuci ojorakū ombikai. ice nadan de, barin i dureng beile i deo gurbusi taiji, juwan boigon ulha gajime ukame jihe. juwan duin de, han hendume, hanciki hiyasa, ujulaha geren ambasa, beile ama

---

俟送來之燈掛在廁所豎櫃後如廁，如此可免作亂之人不致滋事[9]也。」初七日，巴林杜楞貝勒之弟固爾布什台吉攜十戶及牲畜逃來。十四日，汗曰：「准近身侍衛及為首眾大臣稱『父貝勒』，

俟送来之灯挂在厕所竖柜后如厕，如此可免作乱之人不致滋事也。」初七日，巴林杜楞贝勒之弟固尔布什台吉携十户及牲畜逃来。十四日，汗曰：「准近身侍卫及为首众大臣称『父贝勒』，

---

[9] 不致滋事，《滿文原檔》讀作 “deribuci ojirakū”，《滿文老檔》讀作 “deribuci ojorakū”。

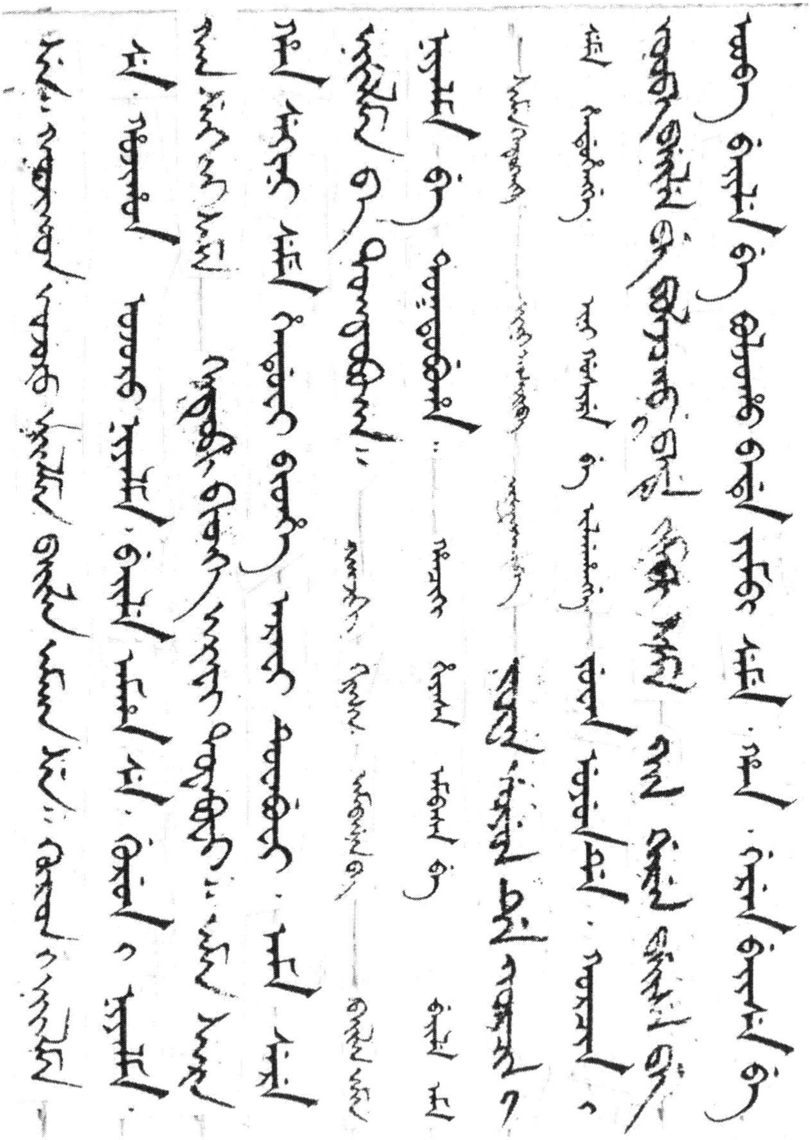

se, hojihon ojoro niyalma, beile amha se, gurun i niyalma, han sekini seme hendufi, bithe arafi tuwabufi, ama sere niyalma be toktobuha. (hanciki hiyasa, ambasa be beile ama seme henduhengge, ini gosire be ilgahangge.) juwan uyun de, korcin i ooba beile be boljoho bade jimbi seme, han, geren beise be

---

為婿之人稱『岳父貝勒』，國人稱「汗」，並繕文公告，以定稱父之人。（原注：准近身侍衛、眾大臣稱父貝勒者，乃為辨其憐愛也。）十九日，科爾沁奧巴貝勒將前來約會之地，汗率諸貝勒

为婿之人称『岳父贝勒』，国人称「汗」，并缮文公告，以定称父之人。（原注：准近身侍卫、众大臣称父贝勒者，乃为辨其怜爱也。）十九日，科尔沁奥巴贝勒将前来约会之地，汗率诸贝勒

五、心平氣和

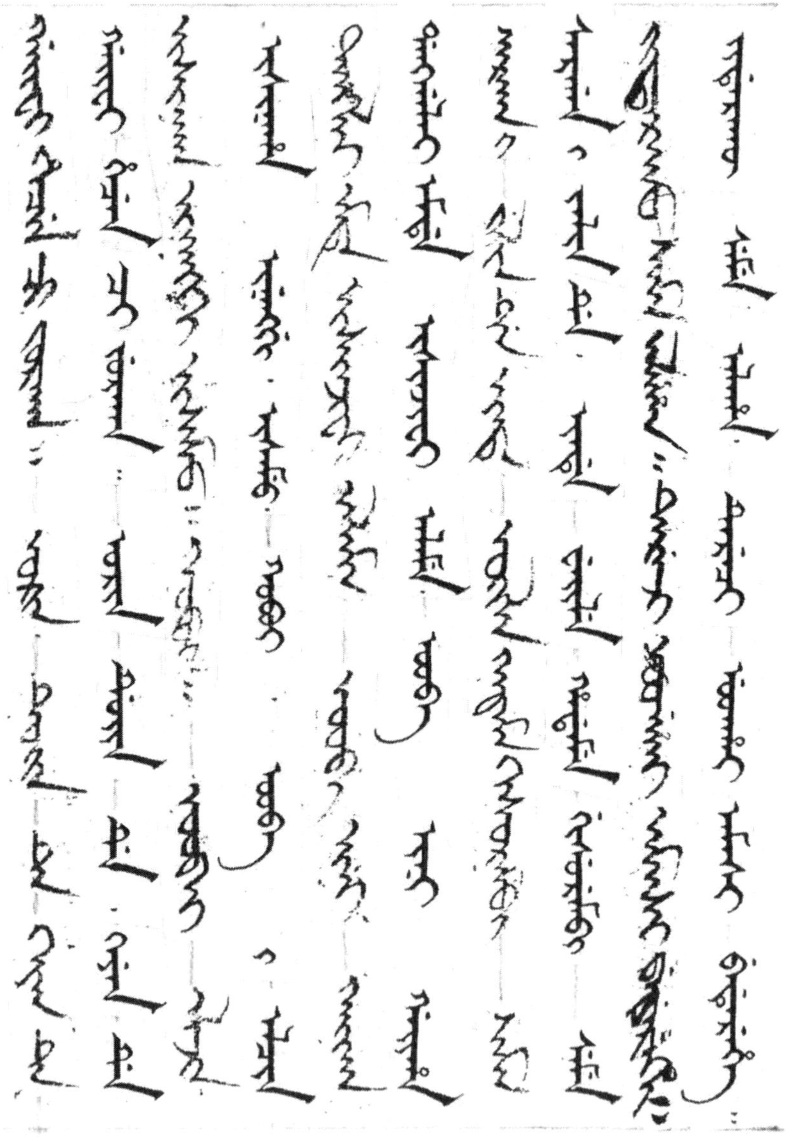

gaifi hecen ci juraka. orin duin de, keyen de isinaha inenggi, isamu, koboi, ooba i elcin danggalai emde isinjifi alame, ooba ini gaiha sargan i jalin de, inde weile hadame gisurembi seme jiderakū seme alaha, tereci uthai amasi bederehe.

由京城啟程。二十四日，抵達開原之日，伊薩穆、科貝同奧巴之使者黨阿賴一同前來，告曰：「奧巴為其所娶之妻而負罪自責，故未前來。」即由此返回。

由京城启程。二十四日，抵达开原之日，伊萨穆、科贝同奥巴之使者党阿赖一同前来，告曰：「奥巴为其所娶之妻而负罪自责，故未前来。」即由此返回。

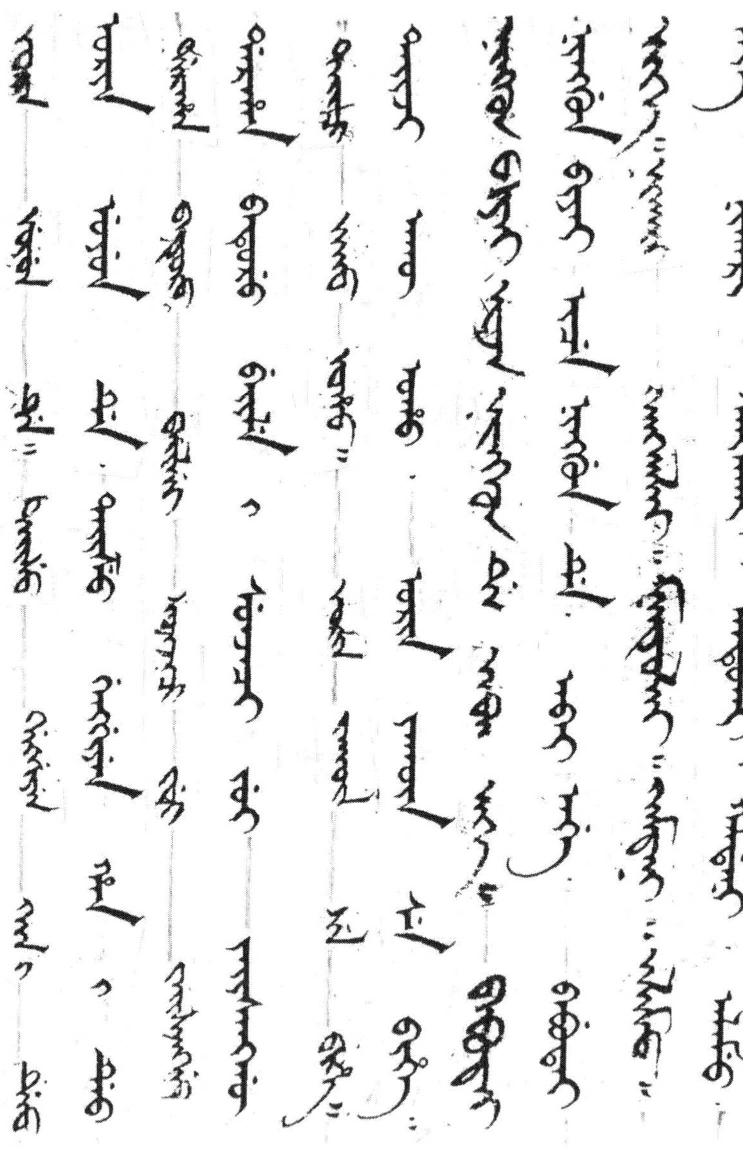

orin uyun de, taidzu genggiyen han i deo darhan baturu beile i sunjaci jui jaisanggū taiji akū oho, orin jakūn se bihe. ninggun biyai ice ninggun de, abai age, babutai age, nikari, kangkalai, mandulai, kamdani, alamu,

---

二十九日，太祖英明汗[10]之弟達爾漢巴圖貝勒之第五子齋桑古台吉身故，享年二十八歲。六月初六日，阿拜阿哥、巴布泰阿哥、尼喀里、康喀賴、滿都賴、喀木達尼、阿拉木、

二十九日，太祖英明汗之弟达尔汉巴图贝勒之第五子斋桑古台吉身故，享年二十八岁。六月初六日，阿拜阿哥、巴布泰阿哥、尼喀里、康喀赖、满都赖、喀木达尼、阿拉木、

---

10 「太祖英明汗」等字樣，蓋非太祖年間所記，乃太宗年間所補記也。

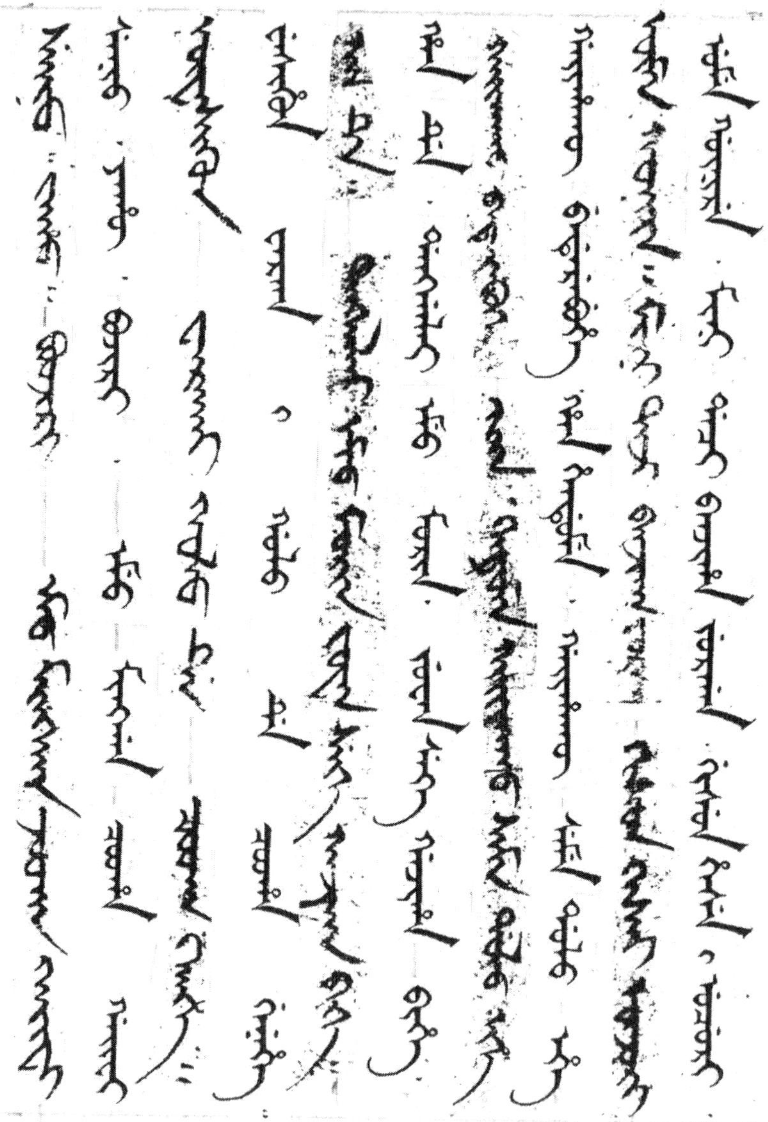

senio, yahū, bojiri, emu minggan cooha gaifi wesihun warka i golo de cooha genehe. han de, danggalai emu morin, juwan seke gajiha bihe, gaihakū bederebuhe. han hendume, gaihakū seme dolo ehe ume gūnire, mini daci banjiha jurgan, gisun hese i ucuri,

---

色紐、雅虎、博濟里率兵一千名，東征瓦爾喀路。黨阿賴攜來馬一匹、貂十隻獻給汗，未收退回。汗致書曰：「勿以未收而心懷惡意，我素來奉行為生之道，在言談之際，已經闡明，

色纽、雅虎、博济里率兵一千名，东征瓦尔喀路。党阿赖携来马一匹、貂十只献给汗，未收退回。汗致书曰：「勿以未收而心怀恶意，我素来奉行为生之道，在言谈之际，已经阐明，

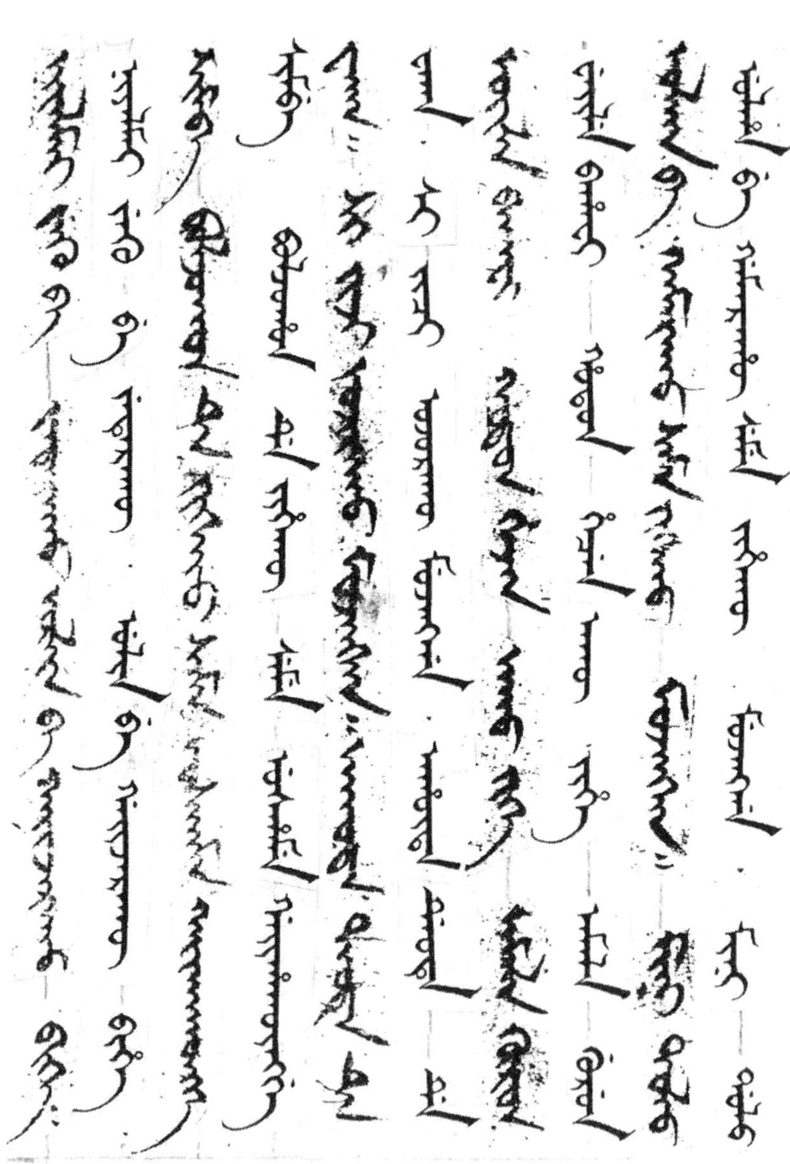

niyalmai jeku be jeterakū, ulin be gaijarakū bihe. simbe boljohon de jihekū seme ushame gaihakūngge waka, si jici ojorakū mujangga. ahūta deote de weile bahafi hoton hecen akū, jihe amala gurun ulha be gamarahū seme jihekū mujangga, mini dolo

---

即不食他人之糧，不受他人之財，並非因怒爾負約未來。爾之不可來，乃實情也。得罪於諸兄弟，又無城池，恐來後國人牲畜被掠去而未來之實情，

即不食他人之粮，不受他人之财，并非因怒尔负约未来。尔之不可来，乃实情也。得罪于诸兄弟，又无城池，恐来后国人牲畜被掠去而未来之实情，

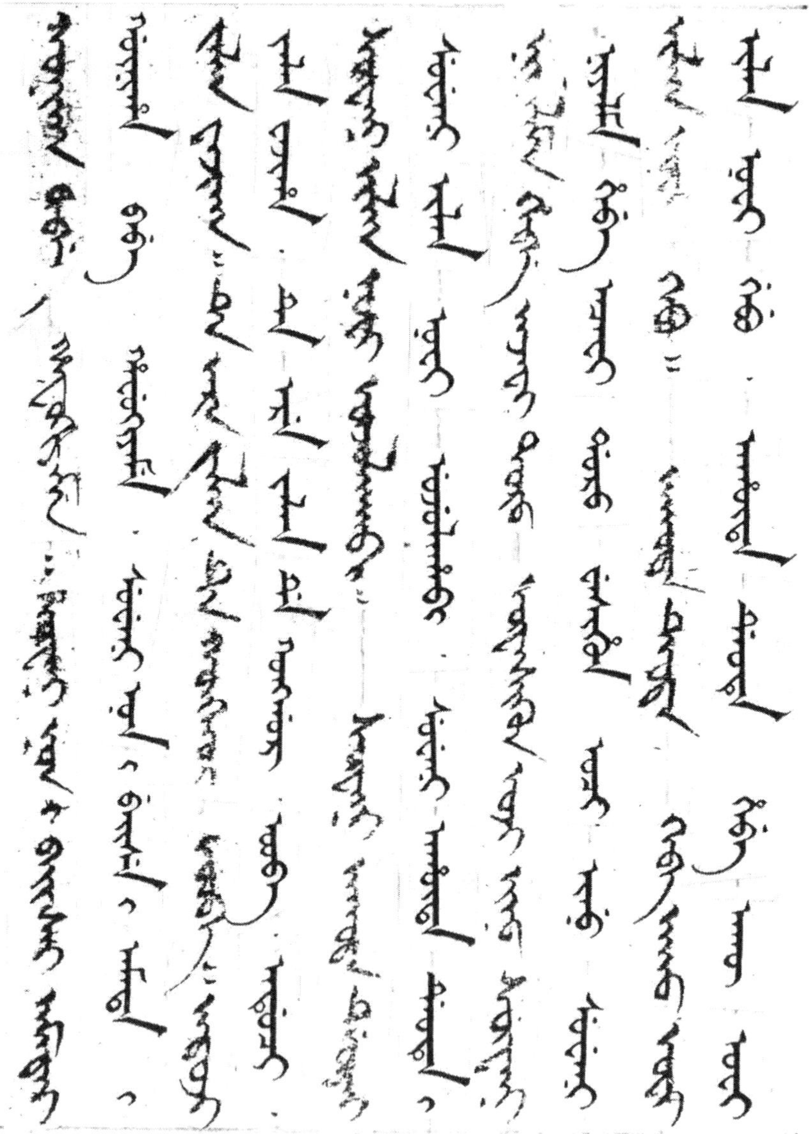

gūniha babe hafukiyame, suweni non i beise i amata i jalan wajiha, te ere jalan de konggor, ooba, aduci, suweni ilan nofi ujulahabi. suweni ahūta deote i niyalma hebe acafi doro wesihun oci, inu suweni ilan nofi gebu. ahūta deote hebe akū ofi

---

我心內已想通。爾等嫩江諸貝勒之父輩已歿，現今此輩由孔果爾、奧巴、阿都齊爾等三人為首。爾等兄弟若會商崇道，亦譽在爾等三人；爾等兄弟若因不能會商

我心内已想通。尔等嫩江诸贝勒之父辈已殁，现今此辈由孔果尔、奥巴、阿都齐尔等三人为首。尔等兄弟若会商崇道，亦誉在尔等三人；尔等兄弟若因不能会商

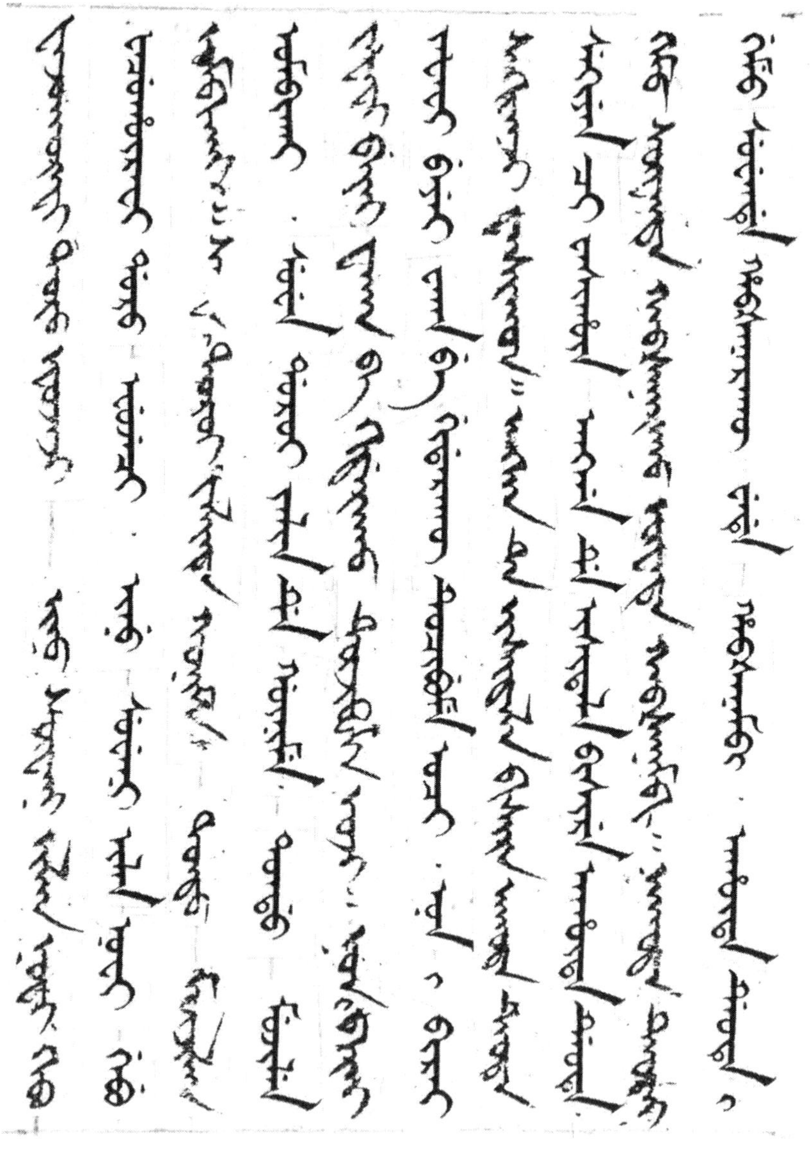

facuhūrafi doro efujeci, inu suweni ilan nofi gebu ombikai. suwe doroi jalin de gūnime, tondo mujilen jafafi beyei waka be gidarakū tucibume oci, non i birai sekiyen ci wasihūn angga de isitala bisire ahūta deote, gemu suwende habšanarakū wede habšanambi, ahūta deote i

---

亂政毀道，亦恥在爾等三人也。爾等若能用心於政道，秉持公心，不掩飾自己過錯，直陳不諱，則嫩江河源直至下游出口，所有兄弟皆不訴於爾等，又將訴於誰？

乱政毁道，亦耻在尔等三人也。尔等若能用心于政道，秉持公心，不掩饰自己过错，直陈不讳，则嫩江河源直至下游出口，所有兄弟皆不诉于尔等，又将诉于谁？

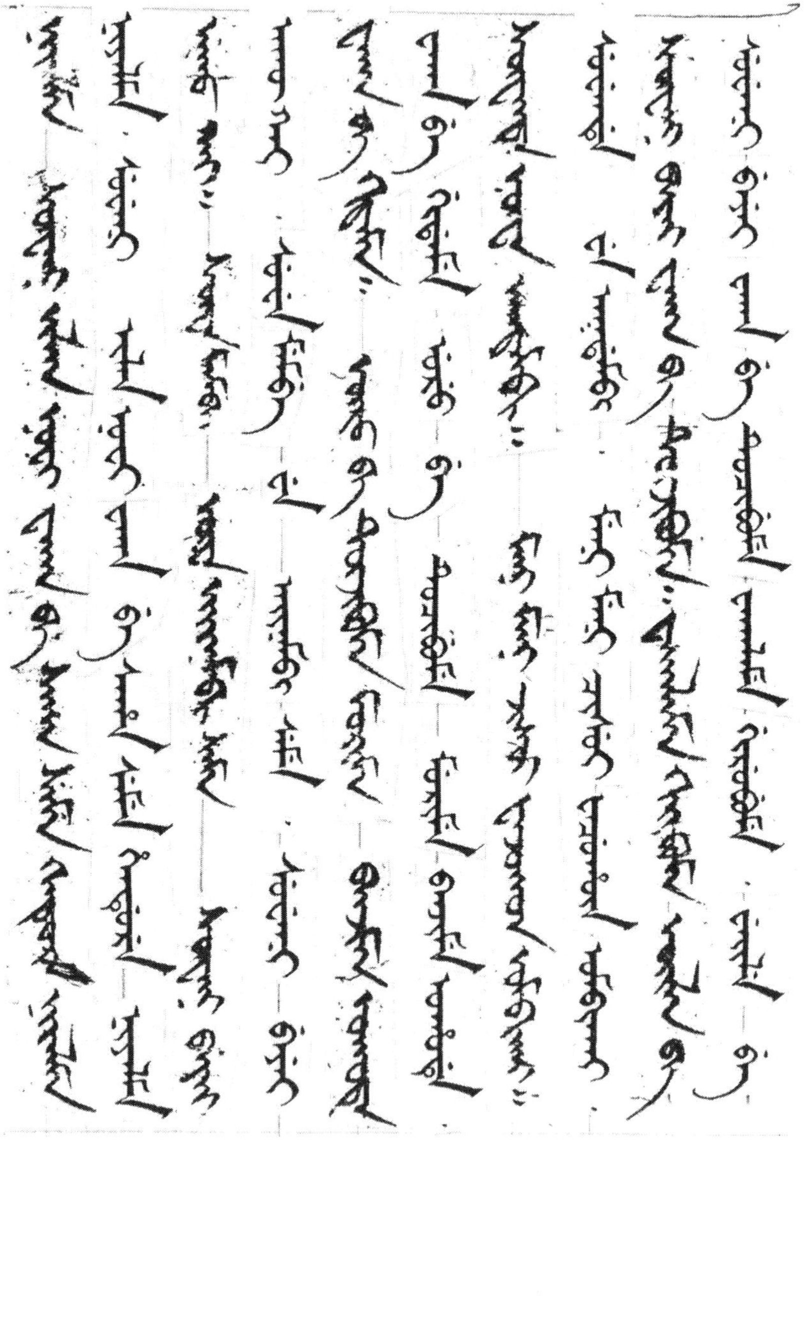

niyalma, suweni ilan nofi waka be saha seme hendure niyalma akū kai. suwe membe we ainambi seme, suweni beyei waka be gidame uru be tucibume murime banjime ohode, suwende we akdambi. meni meni cisui facuhūn ombikai. suweni beyei waka be tucibume wakalame girubume, weile be

---

眾兄弟明知爾等三人之非，而無進言之人也。爾等以為誰能奈何我等，而掩飾自身之過，揚言自身之是，執拗而行時，則何人信服爾等？實乃自取其亂也。倘若爾等自身之過，果能痛改前非，

众兄弟明知尔等三人之非，而无进言之人也。尔等以为谁能奈何我等，而掩饰自身之过，扬言自身之是，执拗而行时，则何人信服尔等？实乃自取其乱也。倘若尔等自身之过，果能痛改前非，

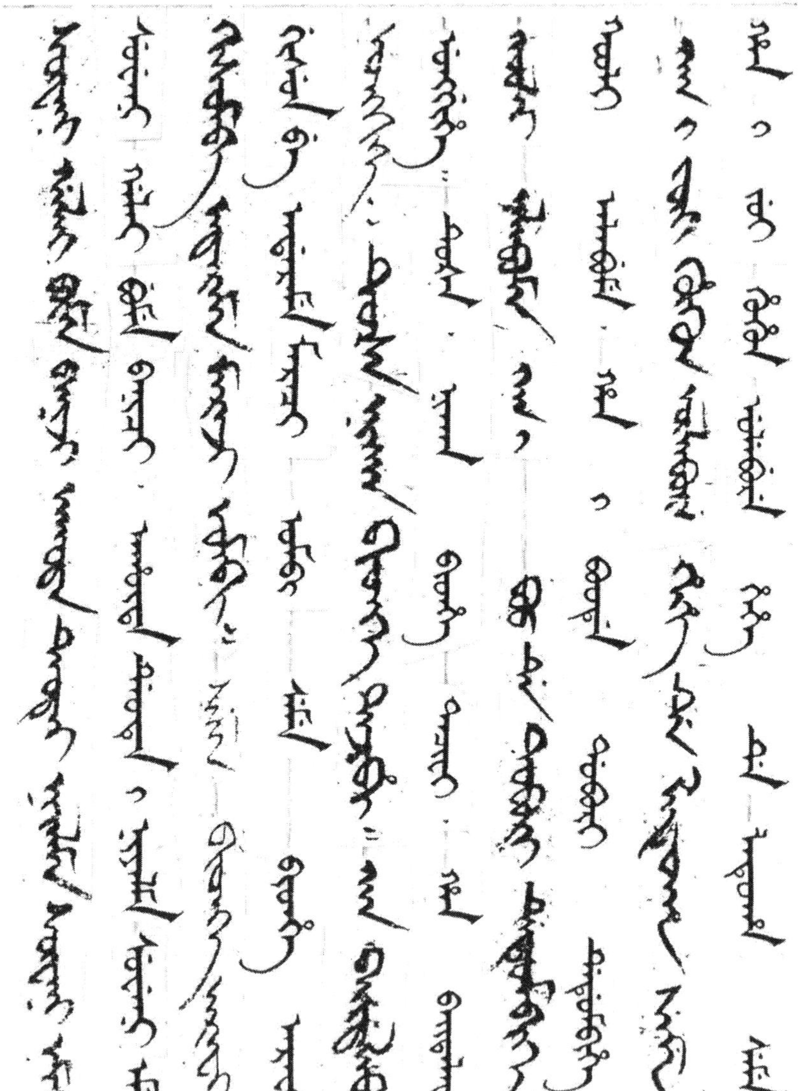

suweni galai bume banici, ahūta deote i niyalma, suweni emu gisun be adarame maraci ombi seme bithe arafi unggihe. tuša, nikan bithe tacifi, han baitalafi kooli alabume, han i boode dobori dedumbihe. han i jui huhun ulebure hehe de latuha seme

---

則眾兄弟，焉能違爾等之一言耶？」圖沙學習漢文，汗用之，令告以為例，夜宿於汗之家。因與汗子乳母通姦而誅之。

则众兄弟，焉能违尔等之一言耶？」图沙学习汉文，汗用之，令告以为例，夜宿于汗之家。因与汗子乳母通奸而诛之。

六、裙婦驅敵

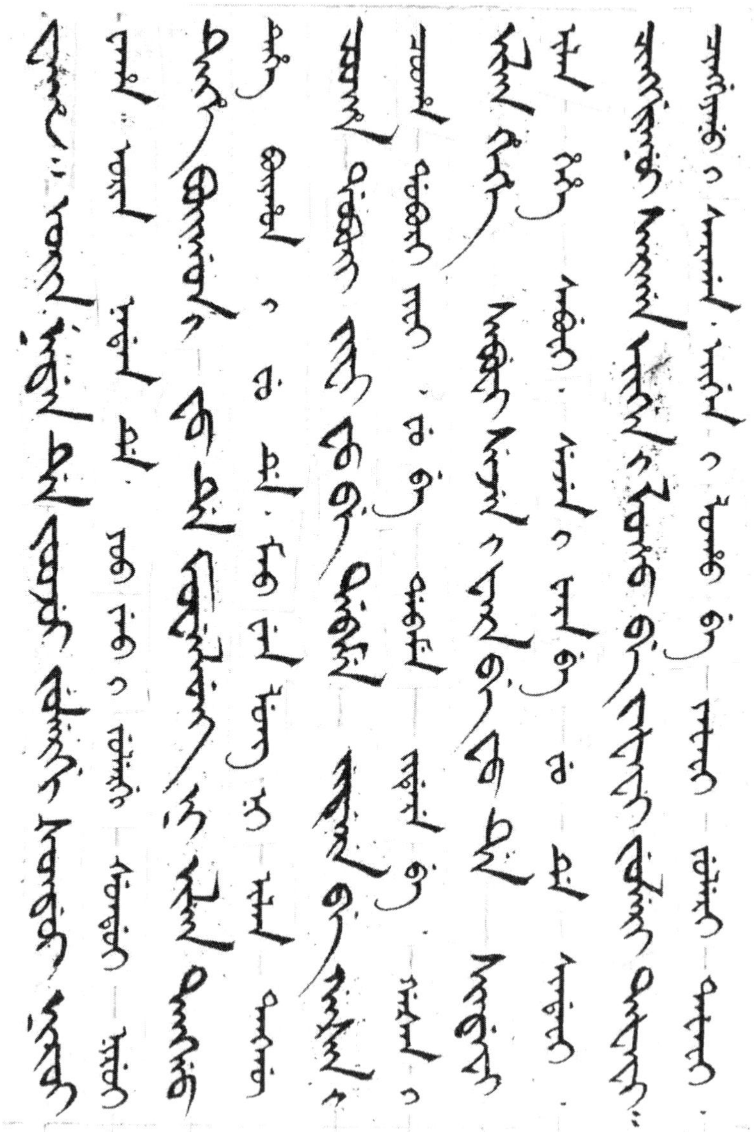

waha. orin nadan de, yoo jeo i julergi šundoi nirui tehe boigon i fu de, mao wen lung ni ilan tanggū cooha dobori jifi, fu be dabame jidere be, gašan i ilan hehe sabufi, sejen i fara be fu de sindafi, cinggiyanu i sargan, eigen i loho be jafafi juleri tafafi,

---

二十七日，毛文龍之三百兵乘夜前來，至耀州之南順堆牛彔住戶之土牆下，越牆而來，被屯中三婦人看見後，即將車轅轉靠於牆，青佳努之妻，執其夫之刀在前登上，

二十七日，毛文龙之三百兵乘夜前来，至耀州之南顺堆牛彔住户之土墙下，越墙而来，被屯中三妇人看见后，即将车辕转靠于墙，青佳努之妻，执其夫之刀在前登上，

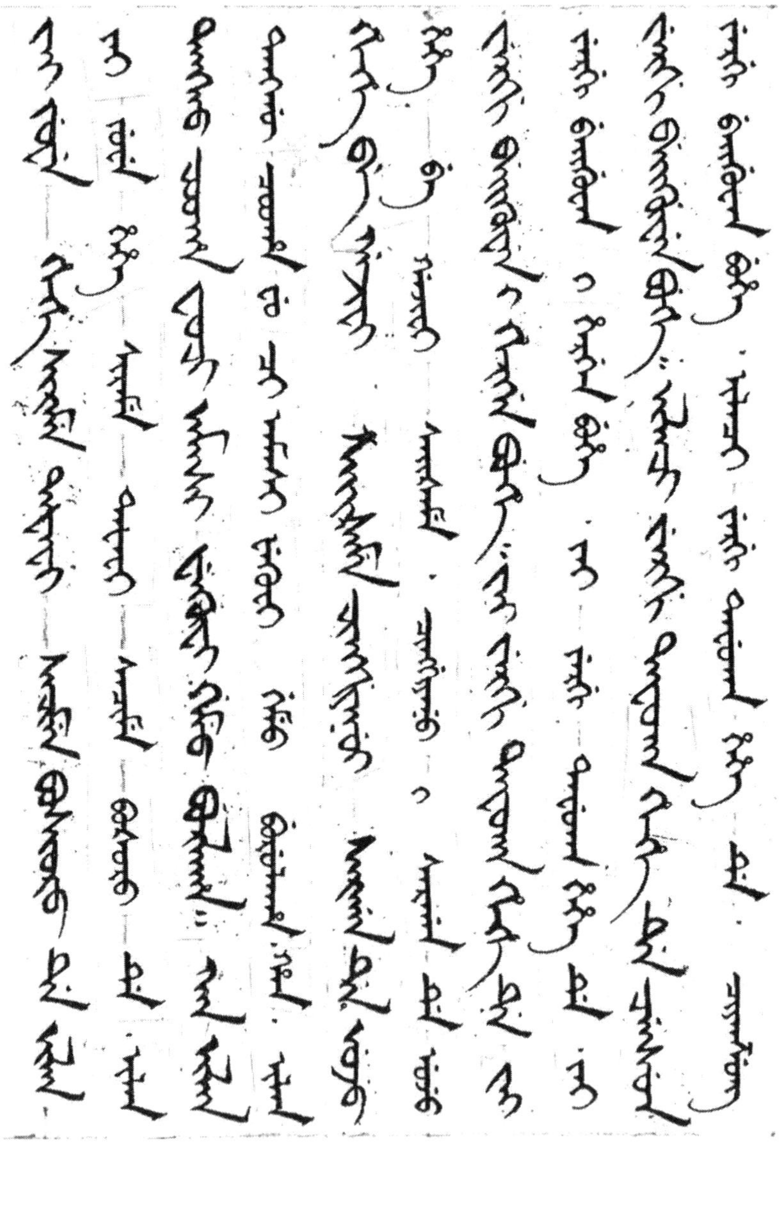

jai juwe hehe sirame tafafi sacime bošoro de, ilan tanggū cooha fu ci amasi fekufi gemu burulaha. han, ilan hehe be gajifi saišame, cinggiyanu i sargan de uju jergi beiguwan i hergen buhe. jai jergi tafuka hehe de, jai jergi beiguwan buhe. ilaci jergi tafuka hehe de, ciyandzung

---

其次二婦相繼登上，砍殺驅逐，敵兵三百名自牆上往後跳下，皆已敗逃。汗召三婦嘉獎，賜青佳努之妻頭等備禦官之職，賜其次登上之婦二等備禦官，賜第三次登上之婦千總，

其次二妇相继登上，砍杀驱逐，敌兵三百名自墙上往后跳下，皆已败逃。汗召三妇嘉奖，赐青佳努之妻头等备御官之职，赐其次登上之妇二等备御官，赐第三次登上之妇千总，

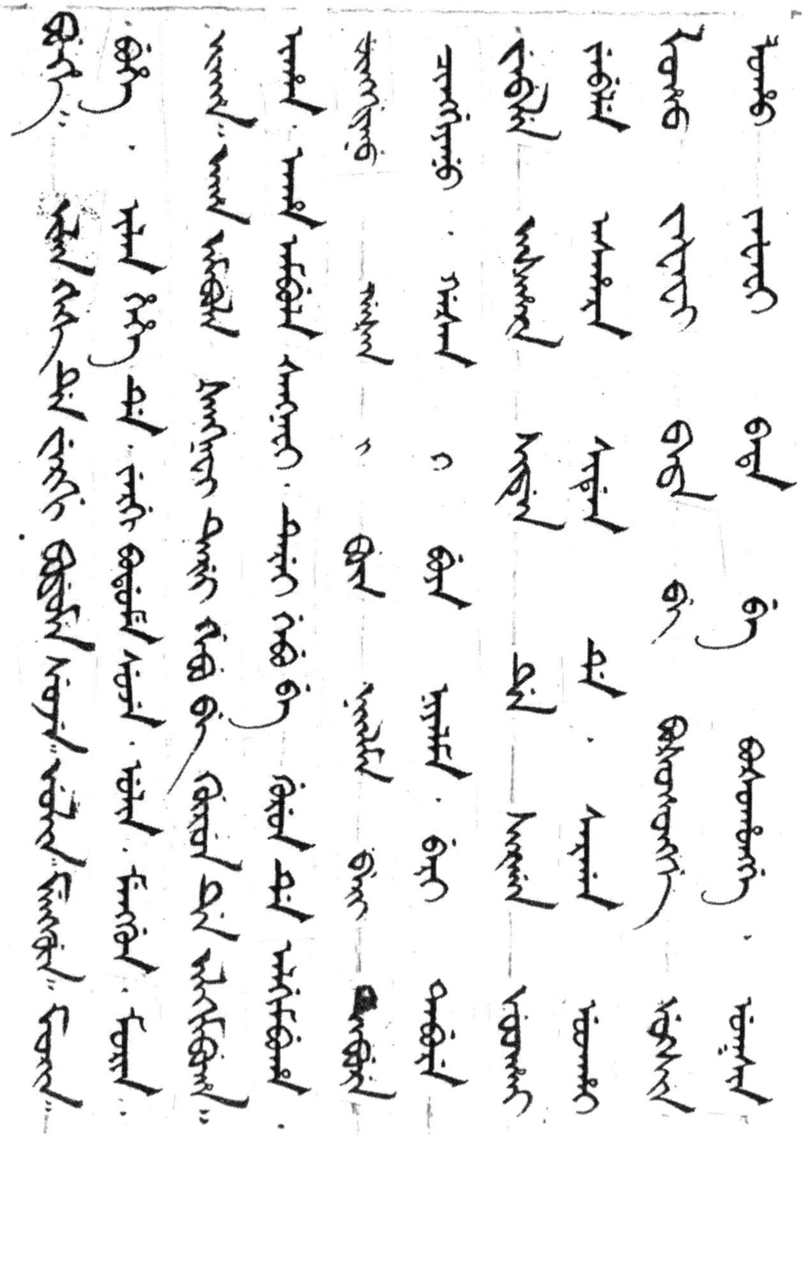

buhe. ilan hehe de, jergi bodome suje, ulin, menggun, morin, ihan, aha ambula šangnafi, terei gebu be gurun de algimbuha. cinggiyanu, gašan i buya niyalma, beri tabure jebele ashara siden de, sargan uthai loho jafafi bata be bošohongge, uksin

---

按等次賞給三婦緞、財貨、銀、馬、牛、奴僕甚多，並宣揚其名於國中。青佳努命屯中小人上弓、佩撒袋之際，其妻即執刀驅敵，

按等次赏给三妇缎、财货、银、马、牛、奴仆甚多，并宣扬其名于国中。青佳努命屯中小人上弓、佩撒袋之际，其妻即执刀驱敌，

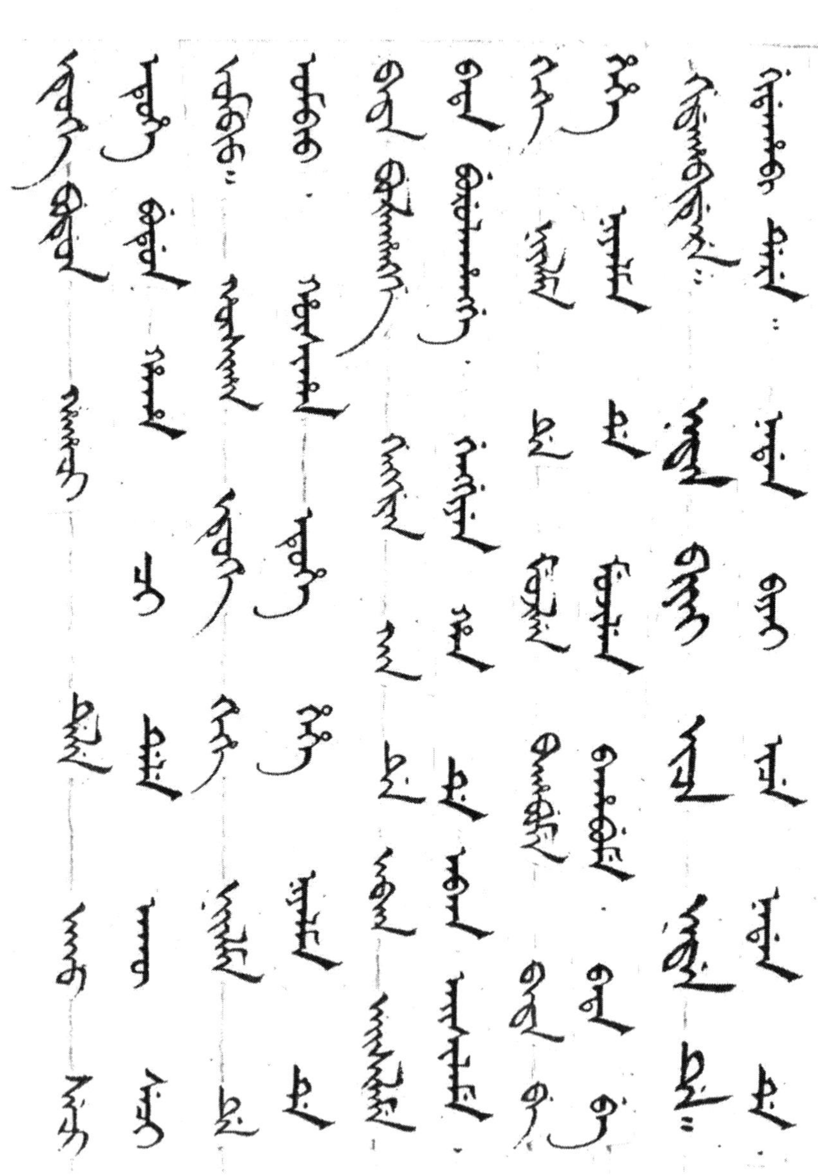

etuhe budun haha ci dele akū seci ombio. hūsihan etuhe hehe niyalma de bata burulahangge, genggiyen han de abka aisilame, hehe niyalma de mujilen bahabume, bata be gidahabi dere. nadan biyai ice nadan de,

---

豈可謂不勝於披甲之懦夫乎？穿裙之婦人尚能驅敵，乃天佑英明汗，想是婦人有得於心而敗敵耳。七月初七日，

岂可谓不胜于披甲之懦夫乎？穿裙之妇人尚能驱敌，乃天佑英明汗，想是妇人有得于心而败敌耳。七月初七日，

七、引見名冊

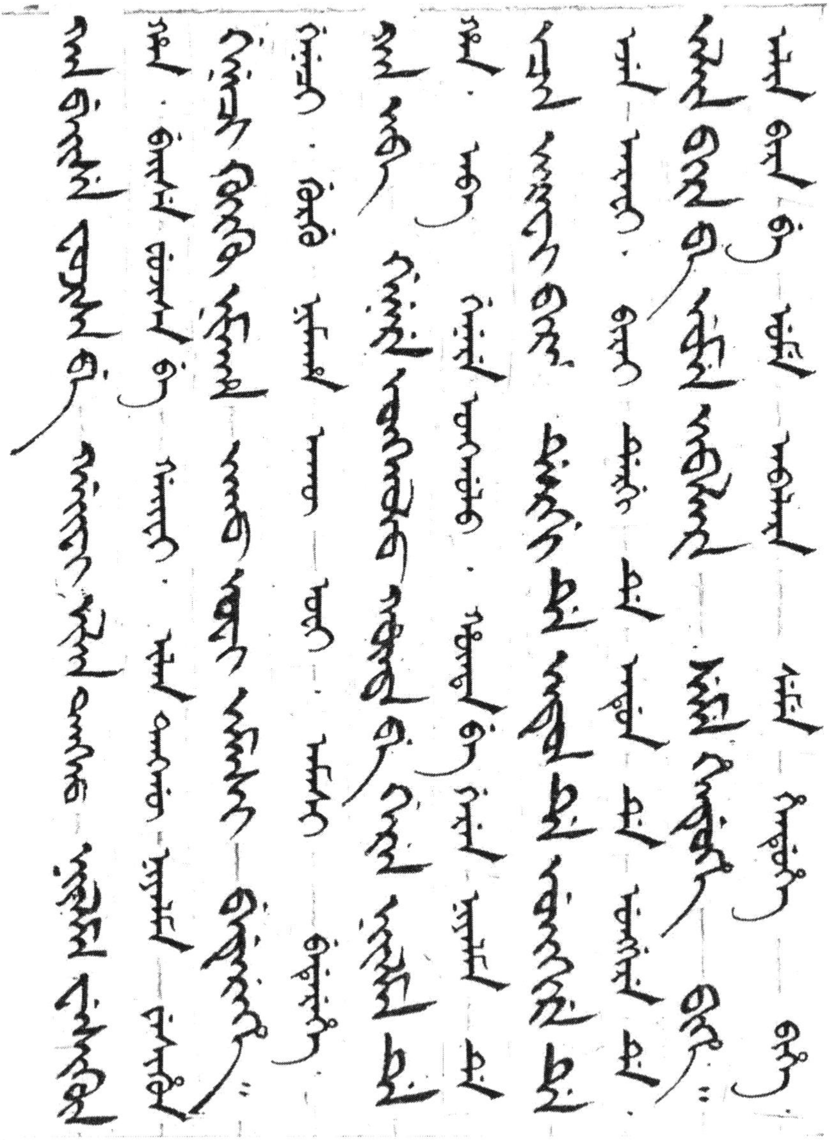

han, beise fujisa be gaifi, ilan tanggū niyalma wesihun geneci, gurgu, nimaha akū ofi, amasi bederehe. han, aba genere onggolo, hūnta be geren niyalma de ejen arafi, birai dergi de adun de unggire de, alin bira be ume abalara seme henduhe bihe.

汗率諸貝勒、福晉及三百人東巡，因無魚獸而返回。汗前往行圍之前，以琿塔為主率眾人遣往河東牧場[11]時曰：「勿於山河行圍」。

汗率诸贝勒、福晋及三百人东巡，因无鱼兽而返回。汗前往行围之前，以珲塔为主率众人遣往河东牧场时曰：「勿于山河行围」。

---

[11] 牧場，《滿文原檔》、《滿文老檔》俱讀作 “adun”，意即「牧羣」；規範滿文讀作“adun i ongko”，意即「牧場」。

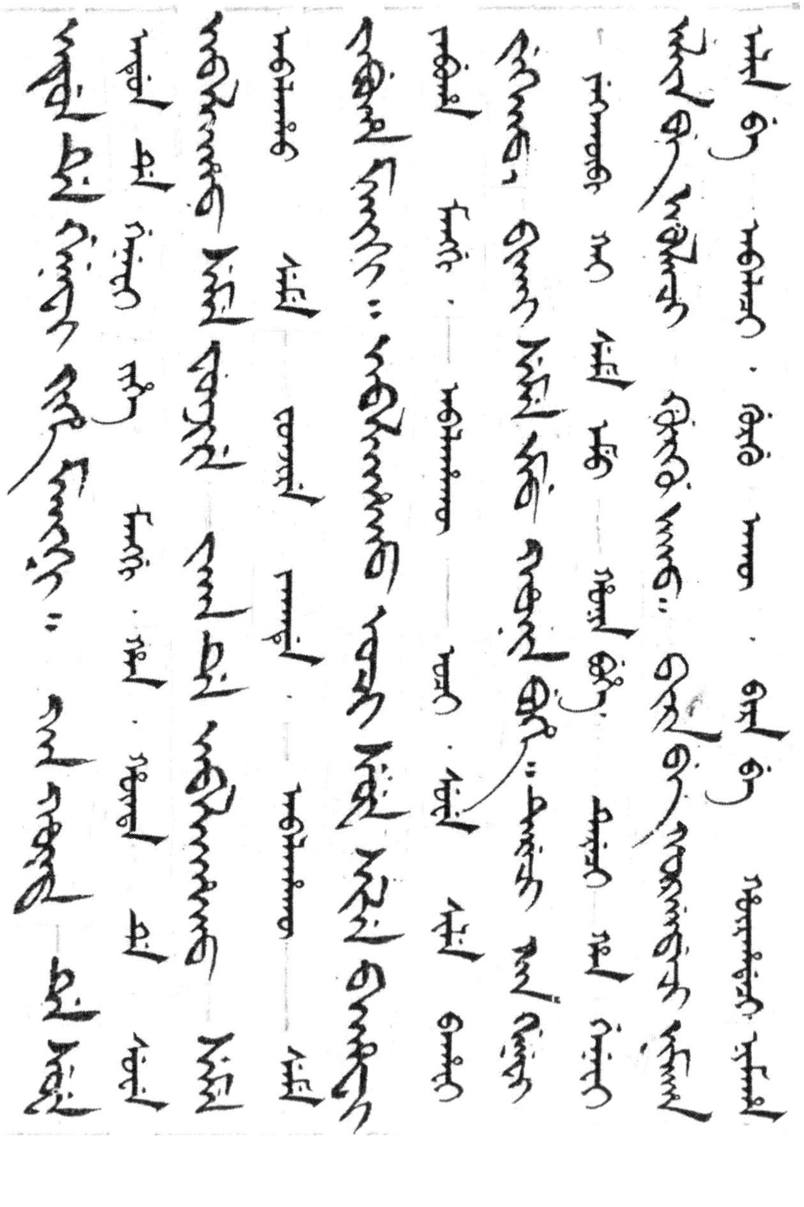

adun de genefi jihe manggi, han, hūnta de suwe abalahao seme fonjire jakade, abalahakū seme jabuha manggi, abalahakū oci, suwe sile bahafi jekekūbi kai seme emu honin buhe. tereci han genefi alin be abalaci, gurgu akū, bira be hūrhadaci, nimaha

---

前往牧場回來後，汗問琿塔曰：「爾等行圍乎？」回答：「未行圍」後，「若未曾行圍，則爾等未得食肉湯矣。」遂賜羊一隻。其後汗前往，獵於山時無獸，捕於河時無魚。

前往牧场回来后，汗问珲塔曰：「尔等行围乎？」回答：「未行围」后，「若未曾行围，则尔等未得食肉汤矣。」遂赐羊一只。其后汗前往，猎于山时无兽，捕于河时无鱼。

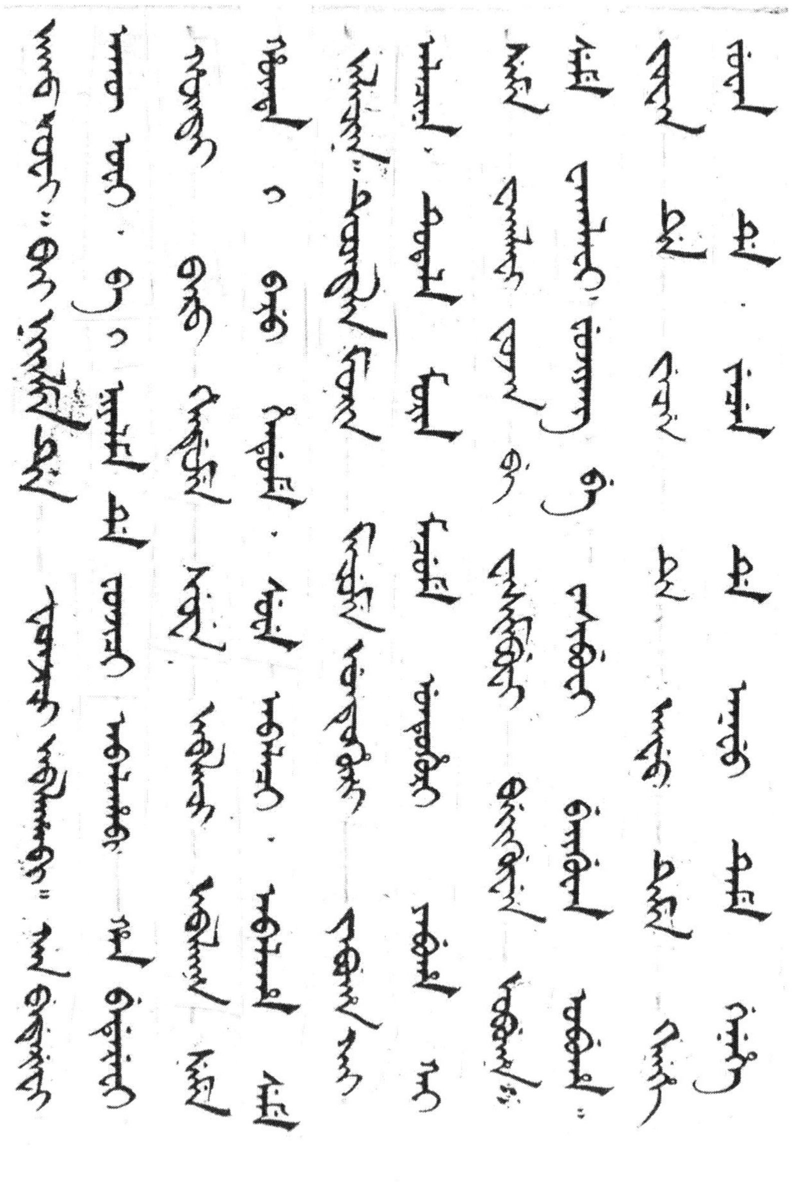

akū ofi, ba i niyalma de fonjici abalahabi, han bederefi hūnta i baru hendume, suwe abalaci, abalaha seme alacina. tutala morin macume untuhuri yabuha kai seme wakalafi, fujiyang be wasibufi beiguwan obuha. juwan de, jecen de anafu teme genehe

---

詢問地方之人，已經圍獵。汗歸後，責琿塔曰：「爾等若圍獵，則應告知已圍獵。今竟使如此眾多馬匹疲瘦，徒然往返也。」遂革其副將，降為備禦官。初十日，為遣往更換戍守邊境之

询问地方之人，已经围猎。汗归后，责珲塔曰：「尔等若围猎，则应告知已围猎。今竟使如此众多马匹疲瘦，徒然往返也。」遂革其副将，降为备御官。初十日，为遣往更换戍守边境之

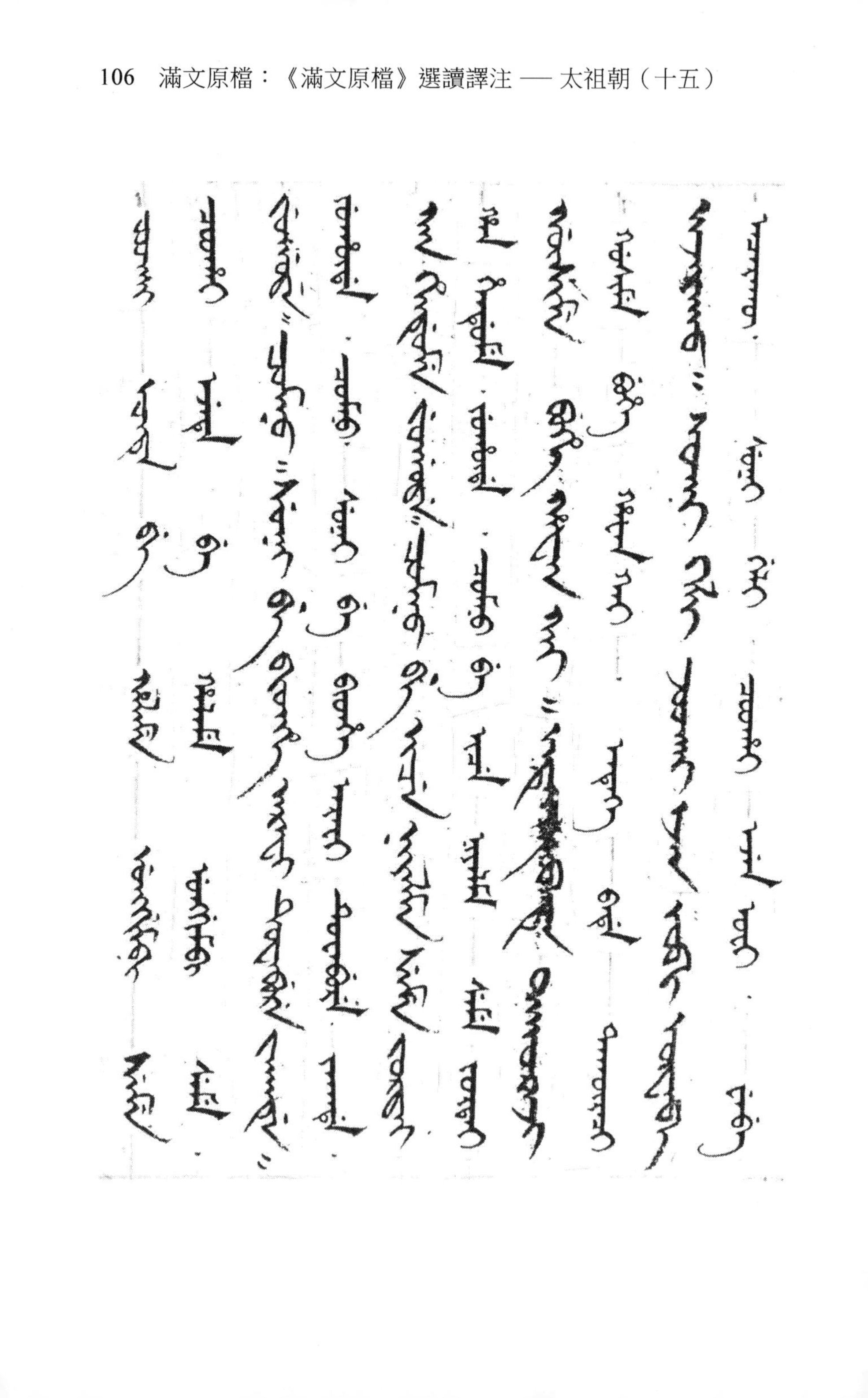

coohai ejete be halame unggimbi seme, juhūda, comno, sunai be bithe arafi tuwabure jakade, han hendume, juhūda, comno be ice niyalma seme jortai gosime buhe hafan kai. enteke bade takūraci acarakū. sunai geli coohai ejen ofi, webe

---

軍中各主將，繕寫朱戶達、綽木諾、蘇鼐等名冊引見。汗曰：「朱戶達、綽木諾係新附之人，而特意表示眷愛賜以官也，不應遣往如此地方。蘇鼐又因係武將，

军中各主将，缮写朱户达、绰木诺、苏鼐等名册引见。汗曰：「朱户达、绰木诺系新附之人，而特意表示眷爱赐以官也，不应遣往如此地方。苏鼐又因系武将，

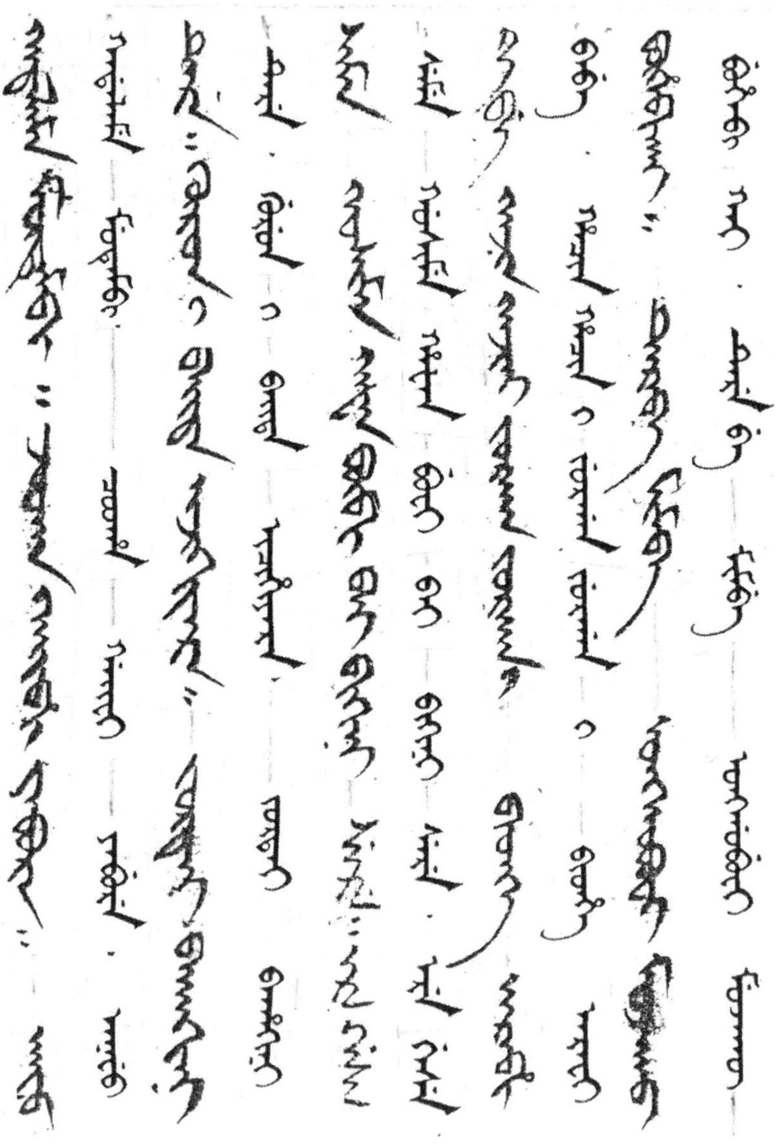

kadalame mutembi. cooha gaifi yabure, anafu tere, gurun i baita icihiyara, jortai bahakini seme gosime hafan bufi bai bikini sere. ere gese babe, hacin hacin i jurgan jurgan i bithe arafi buhebi kai. tere be mimbe onggobufi mujakū

又能管轄誰？僅能領兵行走，戍守、辦理國事，特意表示眷愛而賜以虛職。似此之處，皆已逐項逐條繕冊頒下曉諭也。為何忘我之言

又能管辖谁？仅能领兵行走，戍守、办理国事，特意表示眷爱而赐以虚职。似此之处，皆已逐项逐条缮册颁下晓谕也。为何忘我之言

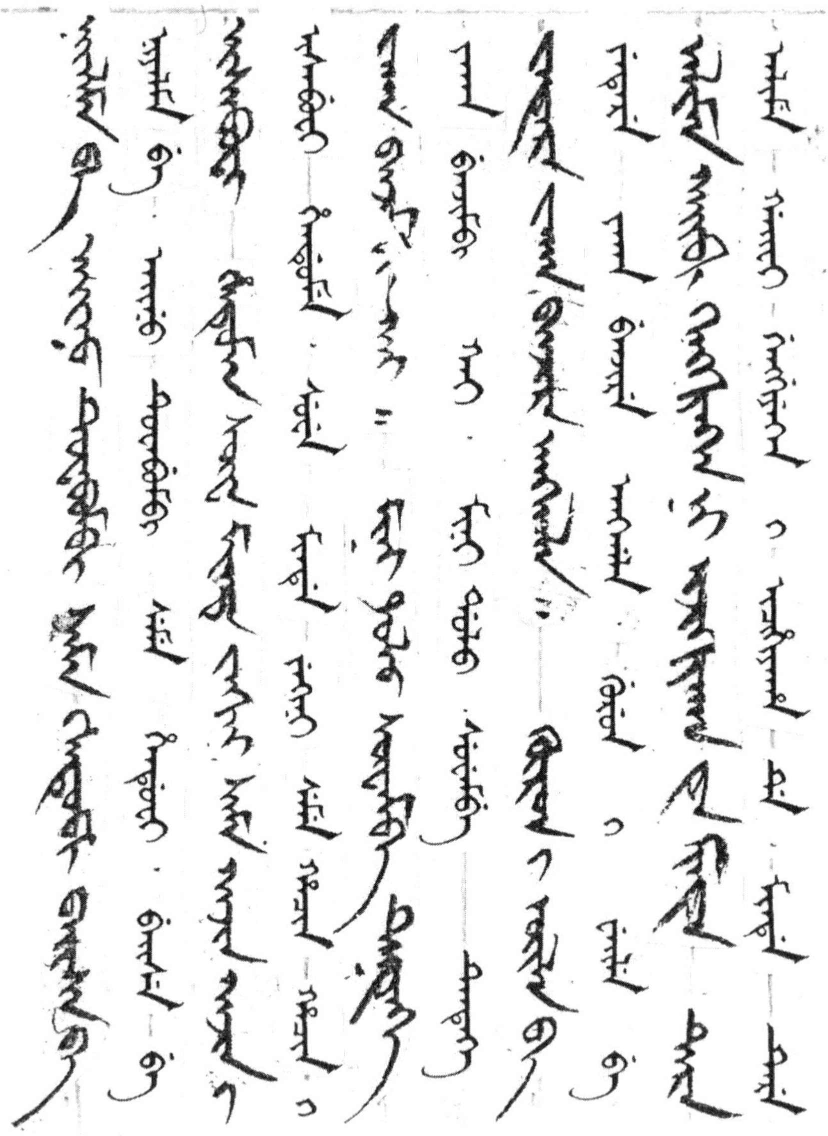

niyalma be, ainu tuwabumbi seme hendufi, beise be isabufi hendume, suwe minde jekini seme hacin hacin i jaka benjimbi kai. mini dolo, suwembe tenteke jetere jaka benjire anggala, gurun i weile be alime gaifi, genggiyen i icihiyaha de, minde tere

---

而引見此等不當之人？」遂召集諸貝勒曰：「爾等為給我食物，而進獻各種物品也。我認為爾等與其進獻各種食物，不如受理國事，清明辦理。為何忘我之言

而引见此等不当之人？」遂召集诸贝勒曰：「尔等为给我食物，而进献各种物品也。我认为尔等与其进献各种食物，不如受理国事，清明办理。为何忘我之言

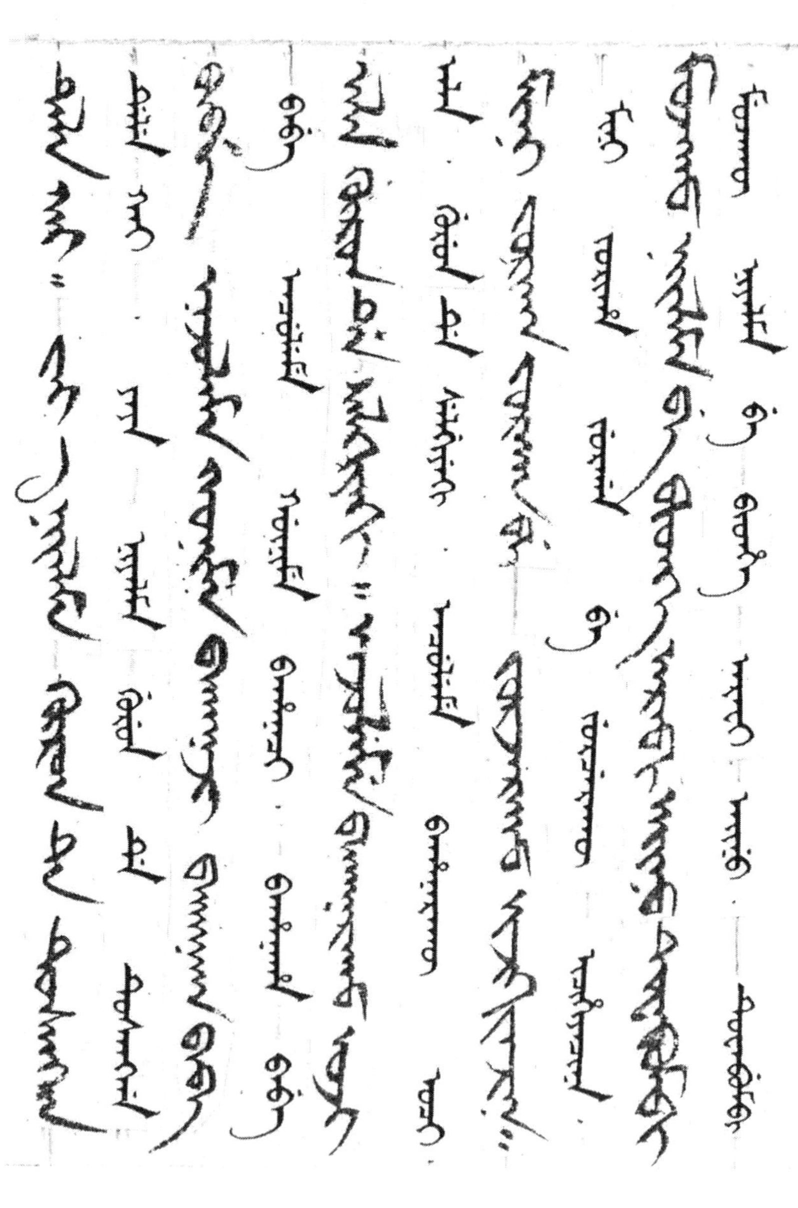

dele kai. yaya niyalma gurun de tusangga babe, enculeme gūnime bahanaci, bahanaha babe ala, gurun de selgiyeki. enculeme bahanarakū oci, mini joriha jurgan be jurcerakū icihiyacina. mujakū niyalma be bithe arafi ainu tuwabumbi

---

此於我方為上也。凡人將有益於治國之處，若有遠見卓識，將卓識之處稟告，可宣示於國中。若無遠見卓識，當遵我指令辦理，不得有違。為何將此等不當之人具文繕冊引見耶？」

此于我方为上也。凡人将有益于治国之处，若有远见卓识，将卓识之处禀告，可宣示于国中。若无远见卓识，当遵我指令办理，不得有违。为何将此等不当之人具文缮册引见耶？」

八、殺牛祭纛

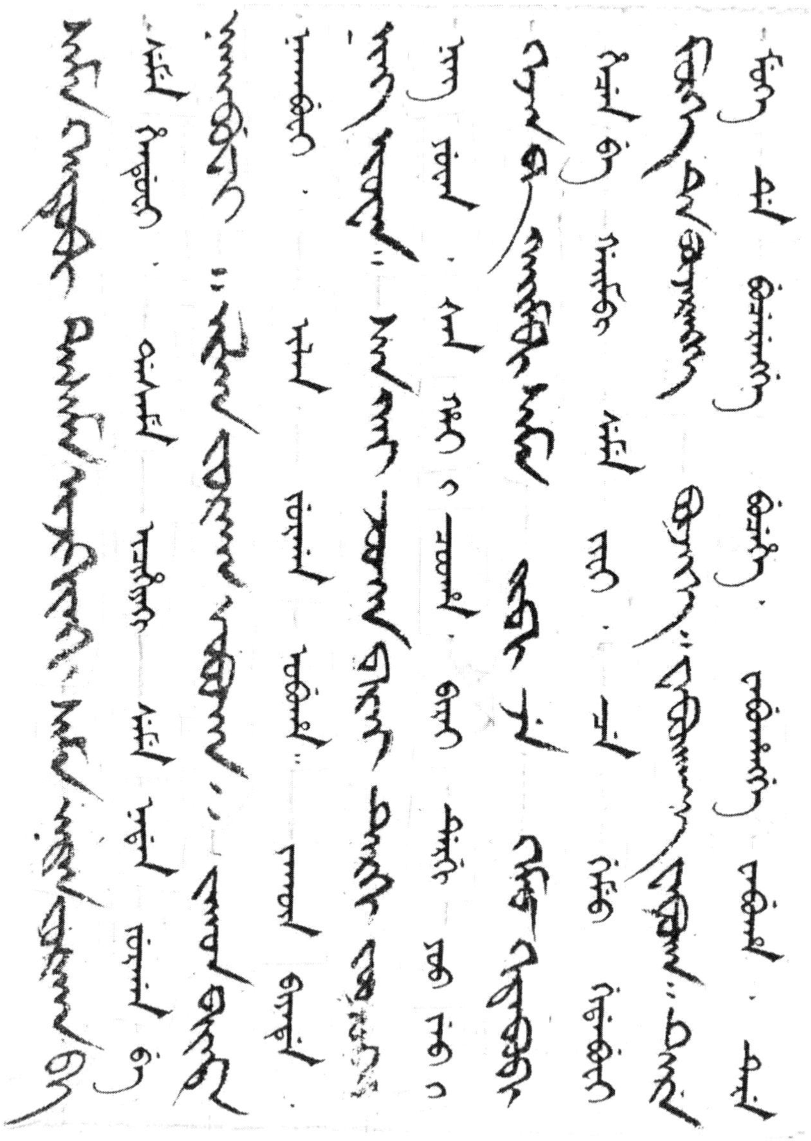

seme hendufi, dasame icihiyaki seme nadan jurgan be nakabufi, ilan jurgan obuha. jakūn biyade, ning yuwan, šan hai i cooha, birai dergi yoo jeo i hecen be gaimbi seme jifi, ce gemu gidabufi muke de bucerengge bucehe, wabuhangge wabuha. tere

---

諭畢，欲重新辦理，裁七條為三條。八月間，寧遠、山海關之軍來取河東之耀州城，彼等皆被擊敗，落水者淹死，被殺者被殺死。

谕毕，欲重新办理，裁七条为三条。八月间，宁远、山海关之军来取河东之耀州城，彼等皆被击败，落水者淹死，被杀者被杀死。

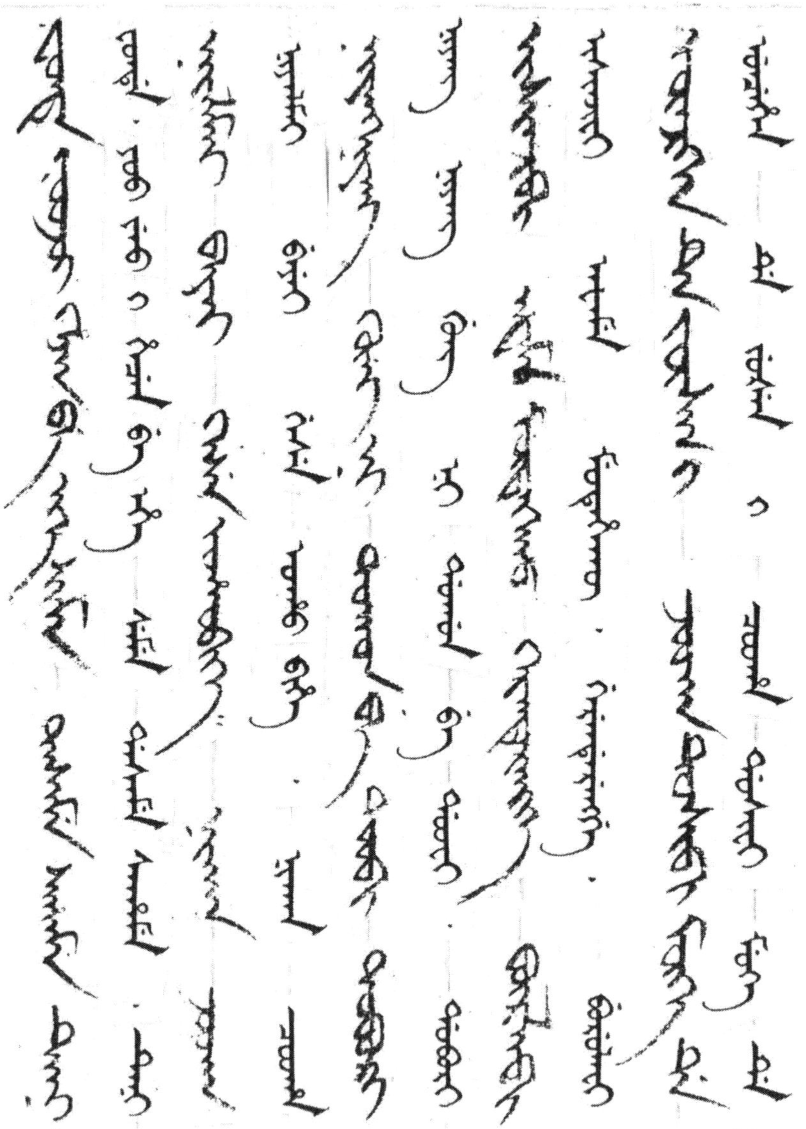

fonde, yoo jeo i hecen be ehe seme dasame sahame, teni niyalmai beyei gese oho bihe. nikan cooha niyang niyang gung ni dogon be doofi, dobori isinjifi afame mutehekū. gerenderengge, burulafi uncehen de jušen i cooha dosifi muke de

---

其時，因耀州之城殘破而修砌，僅如一人高。明軍渡娘娘宮[12]渡口，夜至，未能攻下。天將明，敗走，諸申軍進襲其後尾，

其时，因耀州之城残破而修砌，仅如一人高。明军渡娘娘宫渡口，夜至，未能攻下。天将明，败走，诸申军进袭其后尾，

---

[12] 娘娘宮，《滿文原檔》寫作"niyangniyang küng"，《滿文老檔》讀作"niyang niyang gung"。按《盛京輿圖》（原名《盛京吉林黑龍江等處標注戰蹟輿圖》），乾隆四十三年（1778）銅版印本，滿文讀作"niyang niyang gung"，漢文讀作「天妃宮」。

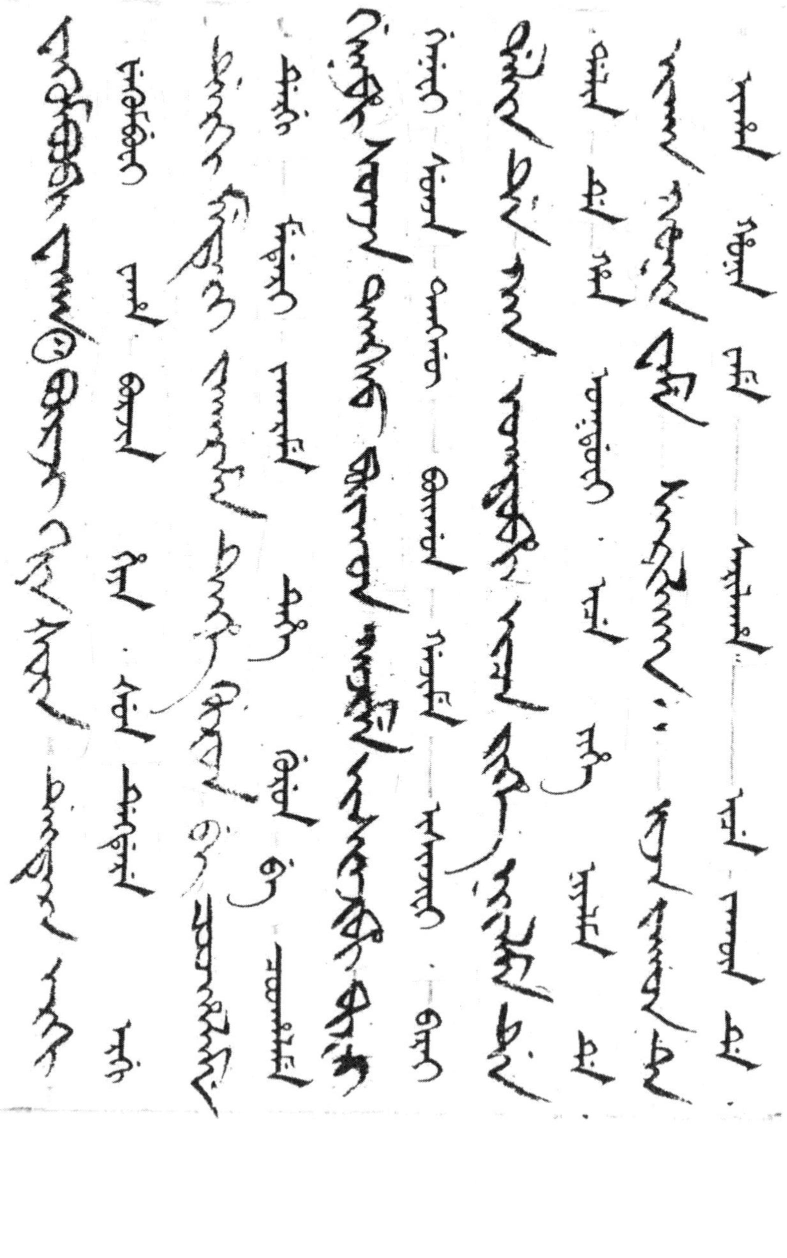

fekumbufi waha. borjin hiya, šun dekdere ergi dergi mederi jakarame tehe gurun be coohalame genefi, sunja tanggū boigon gajime isinjifi, birai dalin de han okdofi, ice jihe niyalma de, ihan, honin wame sarilaha. ice jakūn de,

---

迫其跳水溺死。侍衛博爾晉往征東方沿東海居住之國人，攜五百戶而歸，汗迎於河岸，殺牛、羊以宴新附之人。初八日，

迫其跳水溺死。侍卫博尔晋往征东方沿东海居住之国人，携五百户而归，汗迎于河岸，杀牛、羊以宴新附之人。初八日，

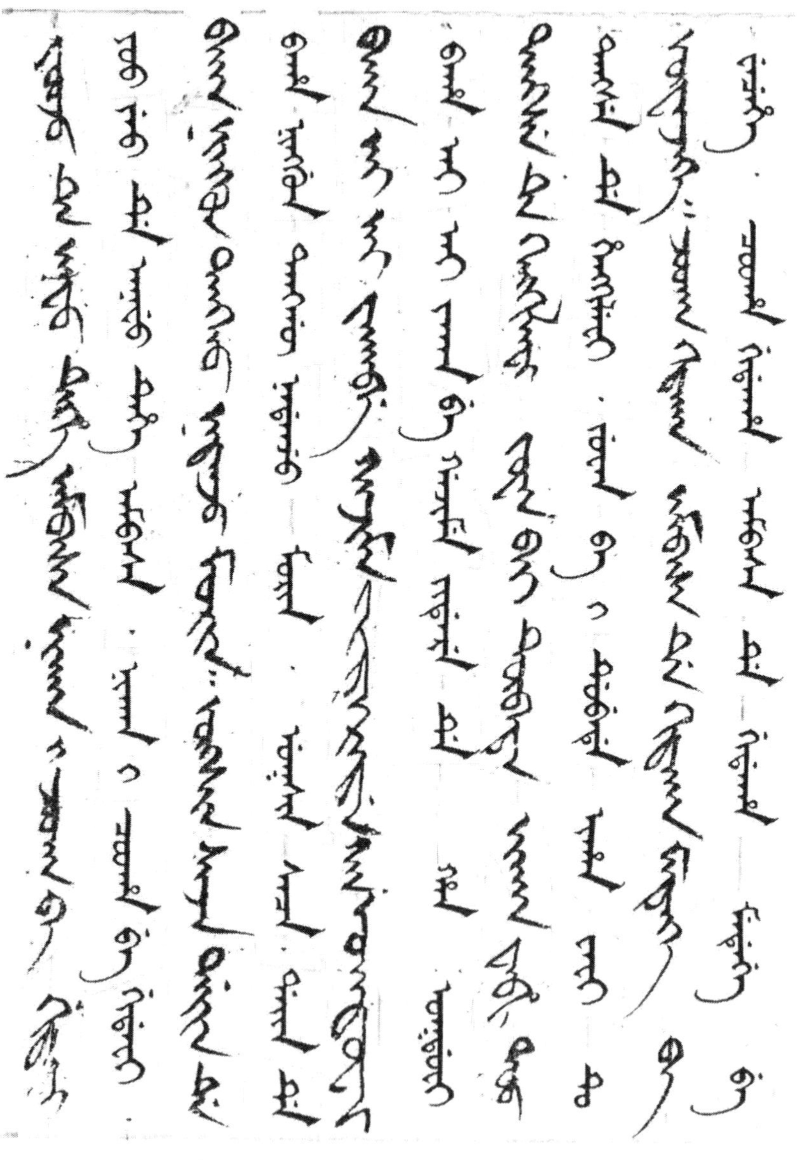

yoo jeo de anafu tehe ambasa, nikan i cooha be gidafi, baha ninggun tanggū nadanju morin, uksin saca, dain de baha ai ai jaka be gajime jidere de, han okdofi, tangse de hengkilefi, juwan ba i dubede ihan wafi tu wecehe. cooha gidaha ambasa de gidaha medege be

---

戍守耀州之眾大臣擊敗明兵，將所獲之馬六百七十匹、甲冑及陣上所獲諸物解送前來時，汗迎之，叩拜堂子後，於十里外殺牛祭纛。詢問擊敗明兵眾大臣破敵信息，

戍守耀州之众大臣击败明兵，将所获之马六百七十匹、甲胄及阵上所获诸物解送前来时，汗迎之，叩拜堂子后，于十里外杀牛祭纛。询问击败明兵众大臣破敌信息，

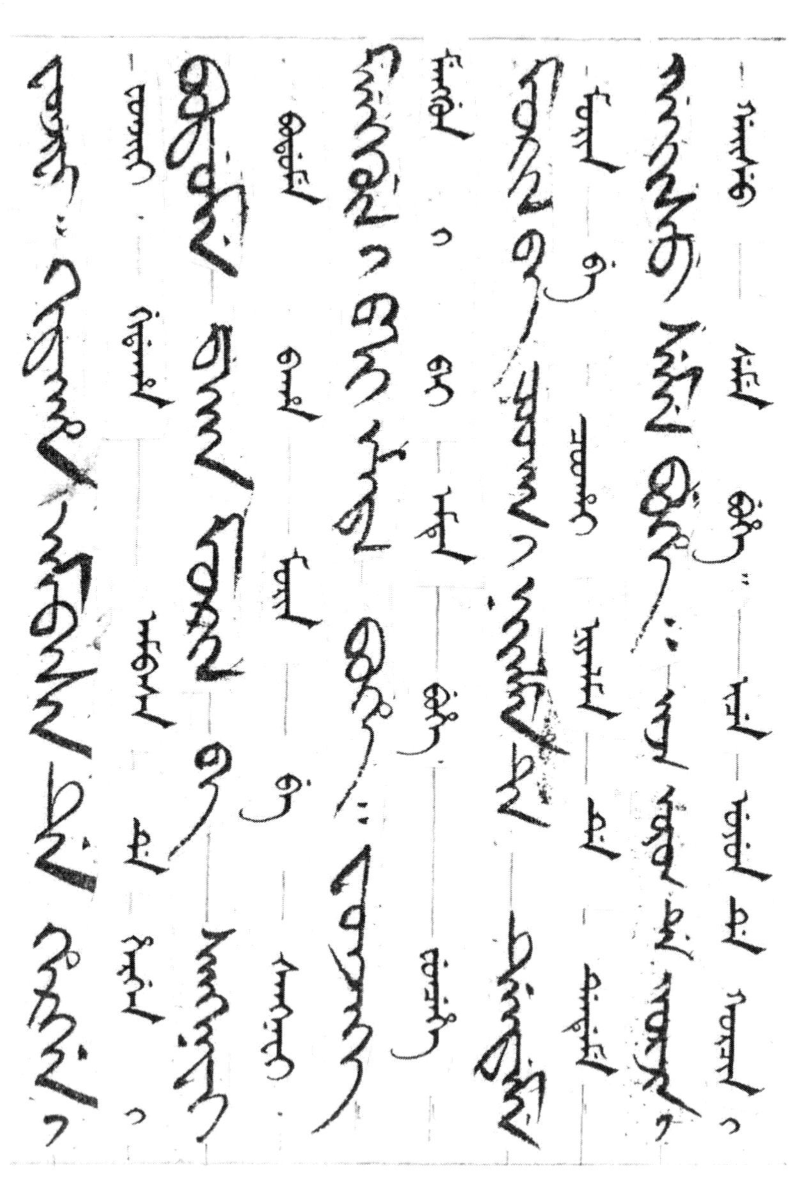

fonjifi, gidaha ambasa de hergen i bodome baha morin be šangnafi, menggun i pai emte buhe, funcehe morin be coohai niyalma de dendeme gaisu seme buhe. ice uyun de, korcin i

---

將所獲馬匹按職等賞給破敵眾大臣，並賜銀牌各一塊，餘剩馬匹分別賞給兵丁。初九日，

将所获马匹按职等赏给破敌众大臣，并赐银牌各一块，余剩马匹分别赏给兵丁。初九日，

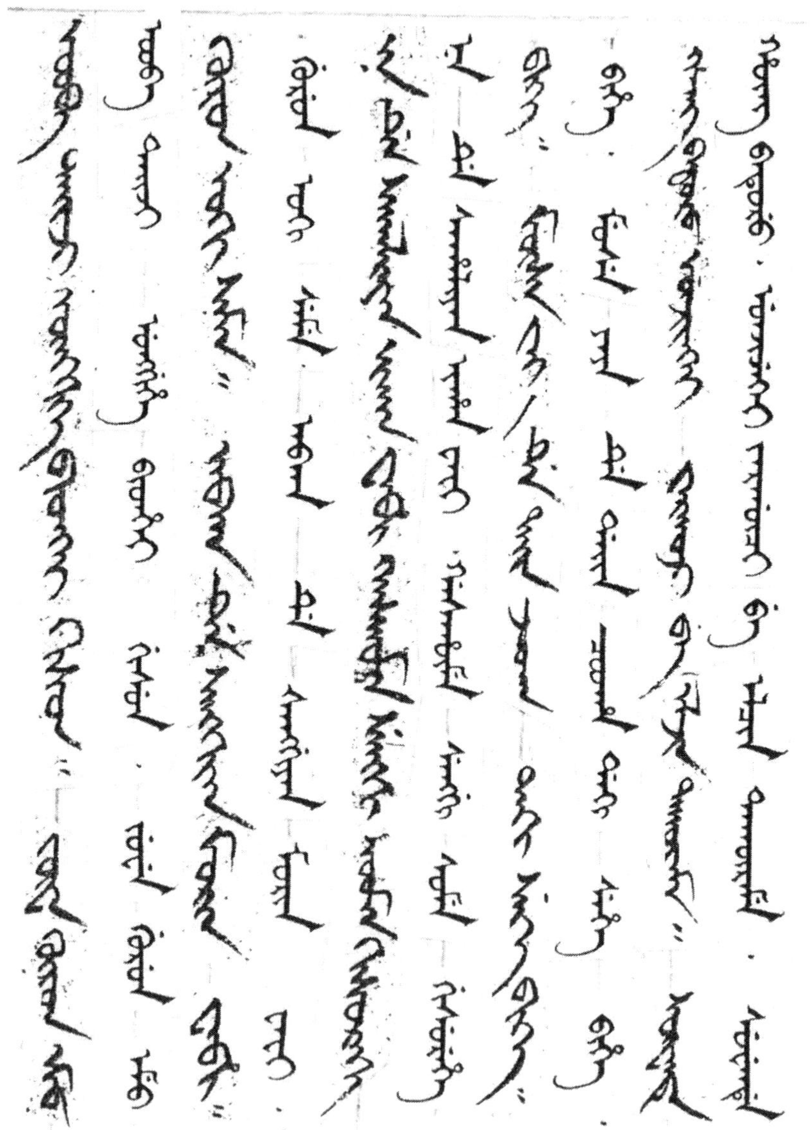

ooba taiji unggihe bithei gisun, juwe gurun emu gurun oki seme, abka de šanggiyan morin wafi, na de sahaliyan ihan wafi, gashūme senggi some gisurehe bihe, muse yaya de dain cooha daki sehe bihe. hūng baturu, unjijekei jargūci be elcin takūrame, suwende

---

科爾沁奧巴台吉致書曰：「我兩國曾欲合為一國，刑白馬於天，刑烏牛於地，歃血盟誓，我等凡有兵事，相互救援。據洪巴圖魯遣溫吉哲克依扎爾固齊為使告稱：

科尔沁奥巴台吉致书曰：「我两国曾欲合为一国，刑白马于天，刑乌牛于地，歃血盟誓，我等凡有兵事，相互救援。据洪巴图鲁遣温吉哲克依扎尔固齐为使告称：

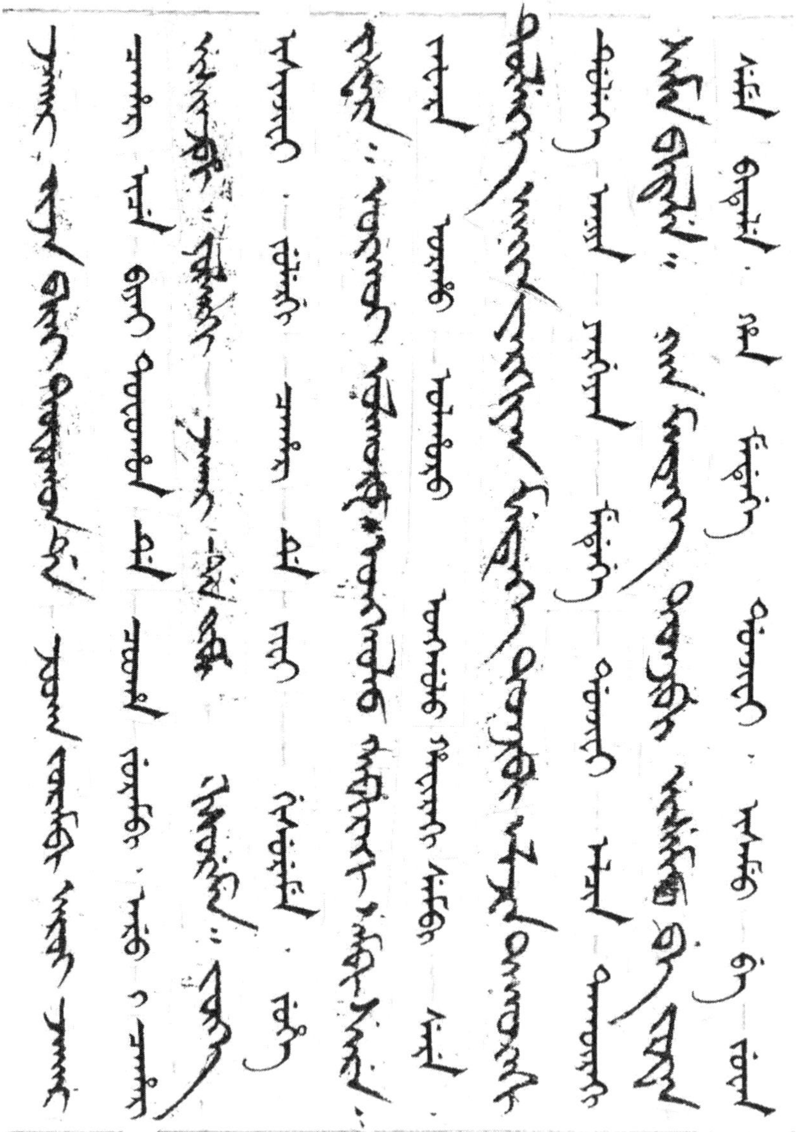

cahar ice biyai tofohon de cooha jurambi, aru i cahar isinjifi, julergi cahar de jifi gisureme, juhe jafara orho olhoro onggolo hafiraki sembi sere. duleke aniya yargiyan medege donjifi elcin takūraki seme bitele, han medege donjifi, isamu be juwan

---

察哈爾將於下月十五日起兵往爾處，又傳阿魯之察哈爾來至南察哈爾，欲於結冰草枯之前夾擊等語。去年聞有確信，正欲遣使，汗聞信後，曾遣伊薩穆以十馬

察哈尔将于下月十五日起兵往尔处，又传阿鲁之察哈尔来至南察哈尔，欲于结冰草枯之前夹击等语。去年闻有确信，正欲遣使，汗闻信后，曾遣伊萨穆以十马

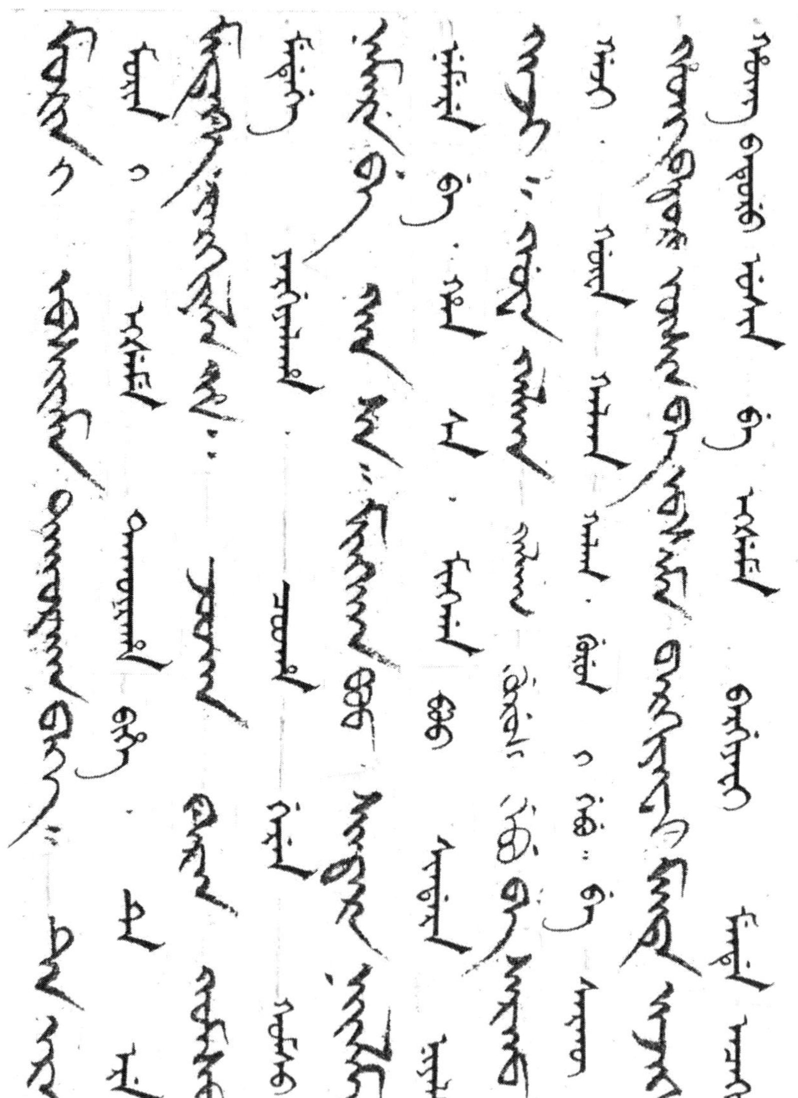

morin i ekšeme takūraha bihe, te ere medege yargiyalaha, cooha geren komso nemere be, han sa, minggan poo sindara niyalma gaji, gūwa kalka (kalka, gurun i gebu.) be sarkū, hūng baturu usin be ekšeme bargiyafi mende acaki

---

兼程而至。今此信確實，增兵多寡，汗知之，務須帶來礮手千人，不知其他喀爾喀（原注：喀爾喀，國名）如何？洪巴圖魯急忙收割穀物，欲來會我。

兼程而至。今此信确实，增兵多寡，汗知之，务须带来炮手千人，不知其它喀尔喀（原注：喀尔喀，国名）如何？洪巴图鲁急忙收割谷物，欲来会我。

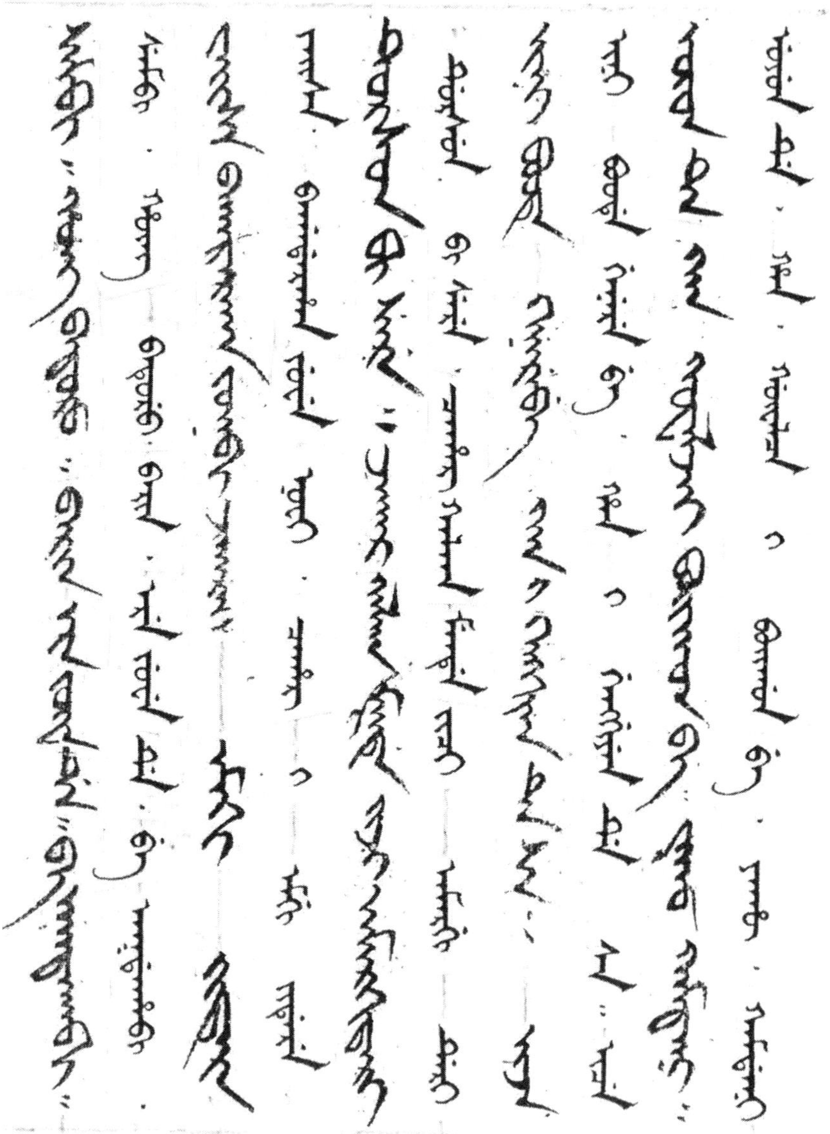

sembi. hūng baturu, barin, ere juwe de, be akdahabi. jaisa, bagadarhan juwe nofi, cahar i emgi jidere dursun bi sere. cahar, kalka mende jici, amargi deri ini boode genere be, han i genggiyen de sa. ice uyun de, han, gūwalca i boigon be, yahū, kamdani

---

洪巴圖魯、巴林此二部，我等可以信靠。齋薩、巴噶達爾漢二人有與察哈爾同來之勢。倘若察哈爾、喀爾喀來攻我處，可由背後往攻其家，唯汗明察。」初九日，雅虎、喀木達尼攜卦勒察之戶口前來，

洪巴图鲁、巴林此二部，我等可以信靠。斋萨、巴噶达尔汉二人有与察哈尔同来之势。倘若察哈尔、喀尔喀来攻我处，可由背后往攻其家，唯汗明察。」初九日，雅虎、喀木达尼携卦勒察之户口前来，

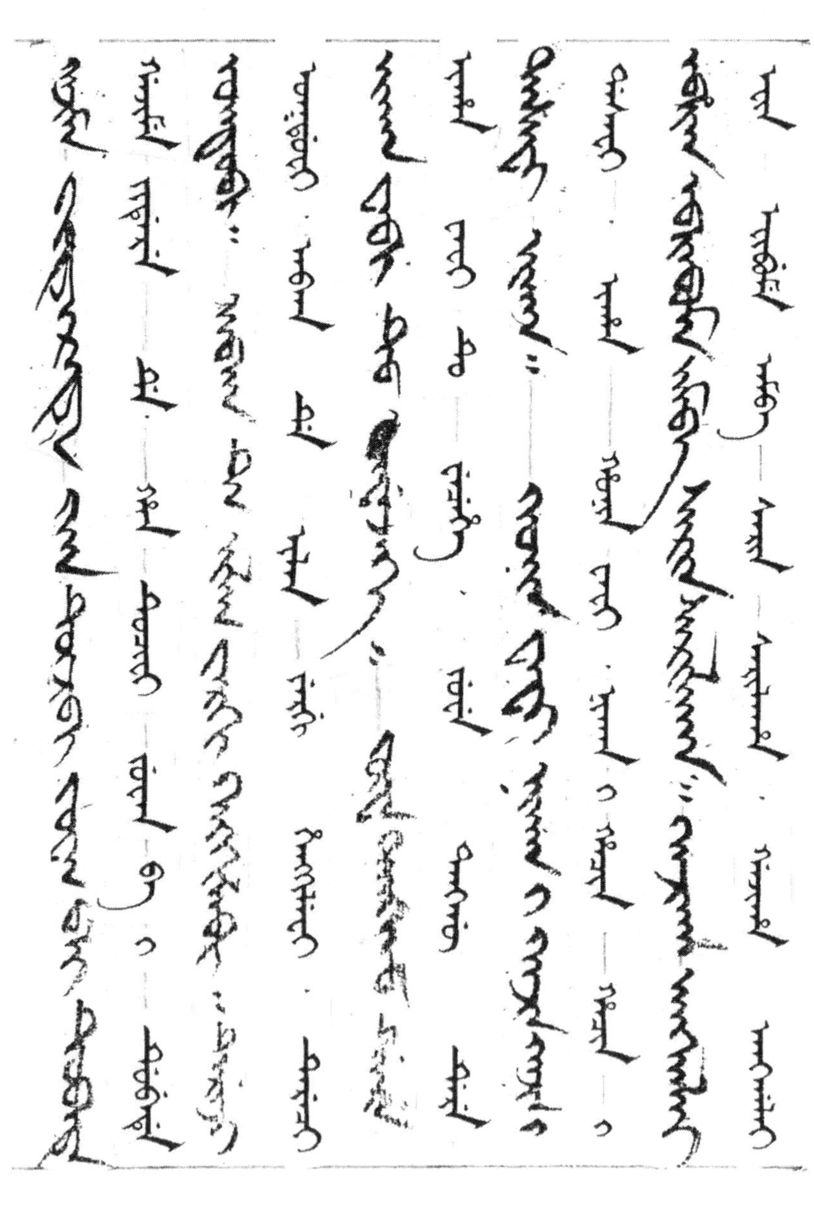

gajime jidere de, han tucifi juwan ba i dubede okdofi, abka de ilan jergi hengkilefi, tereci ihan wafi tu wecehe. juwe tanggū dere dasafi, ihan, honin wafi, nikan i hacin hacin i efin efibume amba sarin sarilaha. gajiha anggalai

---

汗出迎於十里之外，三次叩拜天，遂殺牛祭纛。置席二百桌，殺牛羊，演漢人百戲，大筵宴之。所帶來之人口數

汗出迎于十里之外，三次叩拜天，遂杀牛祭纛。置席二百桌，杀牛羊，演汉人百戏，大筵宴之。所带来之人口数

九、金城湯池

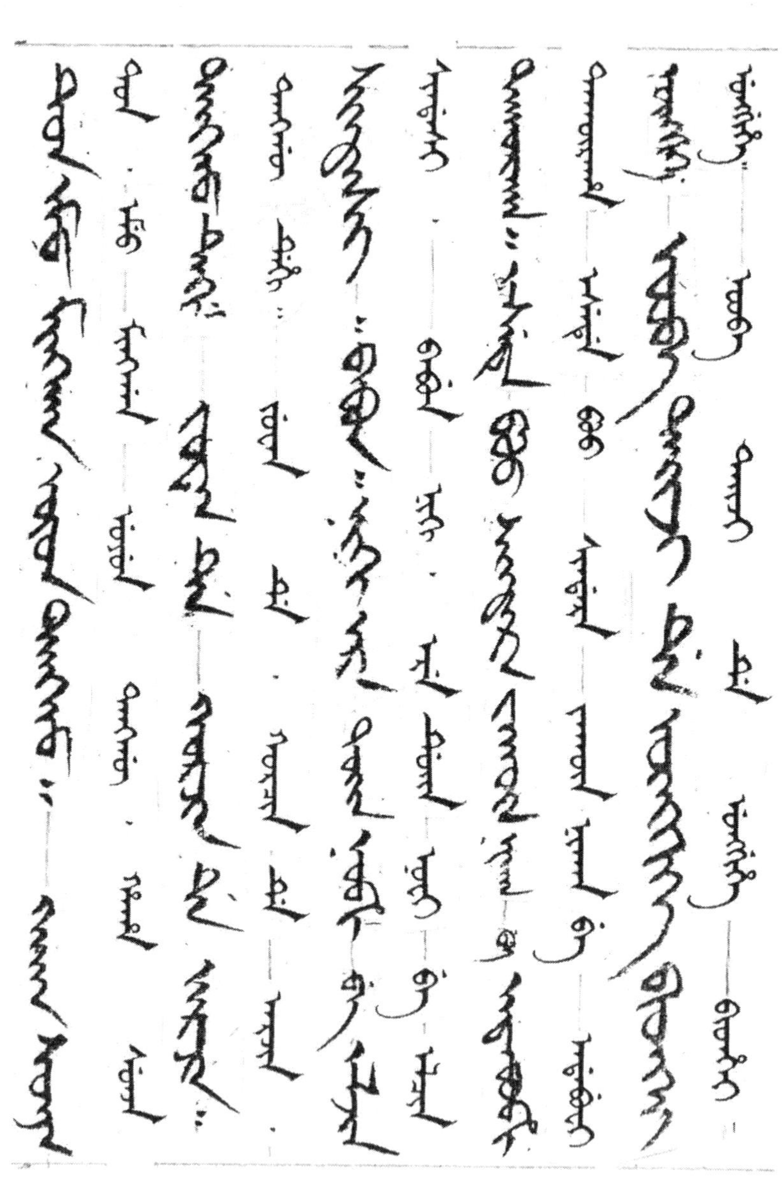

ton, emu minggan uyun tanggū, haha sunja tanggū dehi. juwan de, korcin de arjin, sindasi, babun, niki, ere duin nofi be elcin takūraha, esede poo sindara jakūn nikan be adabufi unggihe. ooba taiji de unggihe bithei

---

為一千九百人，男丁計五百四十人。初十日，遣阿爾津、新達西、巴本、尼奇此四人為使赴科爾沁，並遣礮手漢人八名與彼等同往。致奧巴台吉書曰：

为一千九百人，男丁计五百四十人。初十日，遣阿尔津、新达西、巴本、尼奇此四人为使赴科尔沁，并遣炮手汉人八名与彼等同往。致奥巴台吉书曰：

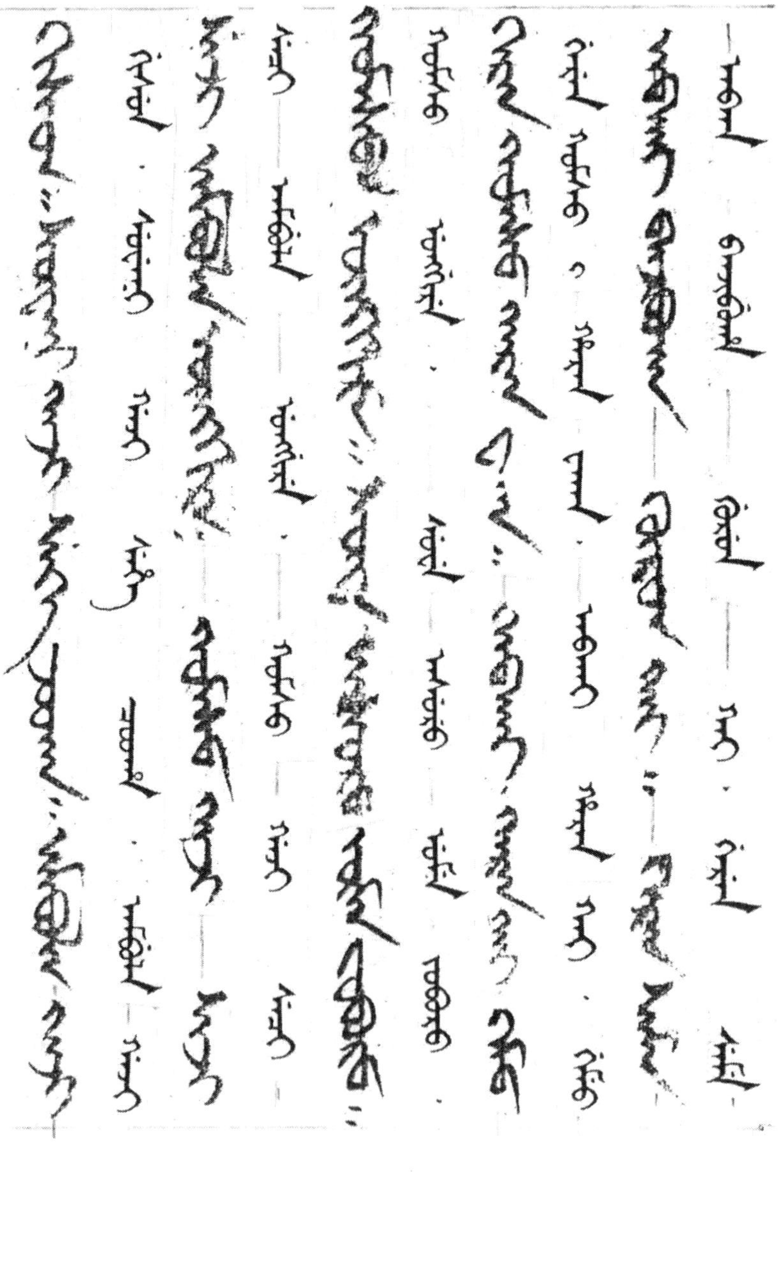

gisun, suweni gaji sehe cooha, ambula gaji seci ambula unggire, komso gaji seci komso unggire, suwe asuru ume joboro. geren komso i haran waka, abkai haran kai. gemu abka banjibuha gurun kai, geren seme

---

「爾等借兵，多借多遣，少借少遣，毋庸過慮。兵不在多寡，乃在天意也。皆為天所生之國也，所帶來之人口數

「尔等借兵，多借多遣，少借少遣，毋庸过虑。兵不在多寡，乃在天意也。皆为天所生之国也，所带来之人口数

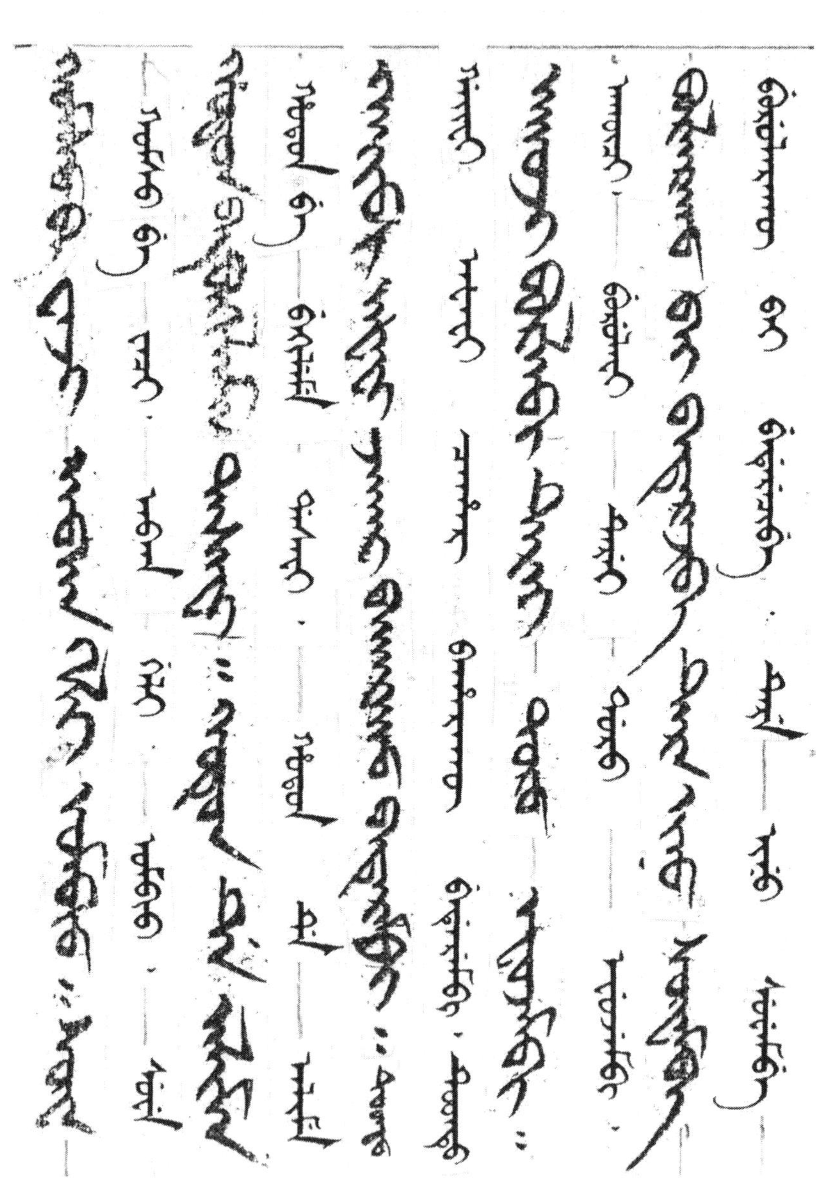

komso be waci, abka geli ombio. suwe hoton be bekileme dasafi, hoton de alime gaifi afafi cahar baharakū bederembi. tuttu akūci, burulafi terei doro efujembi. burularakū bai bederecibe, tere inu suwembe

---

若以眾殺少，天又容之耶？爾等宜將城池堅固修築，據城而戰。察哈爾攻城不克，則自退。否則敗逃，其道將毀。雖然不敗而徒然退回，

若以众杀少，天又容之耶？尔等宜将城池坚固修筑，据城而战。察哈尔攻城不克，则自退。否则败逃，其道将毁。虽然不败而徒然退回，

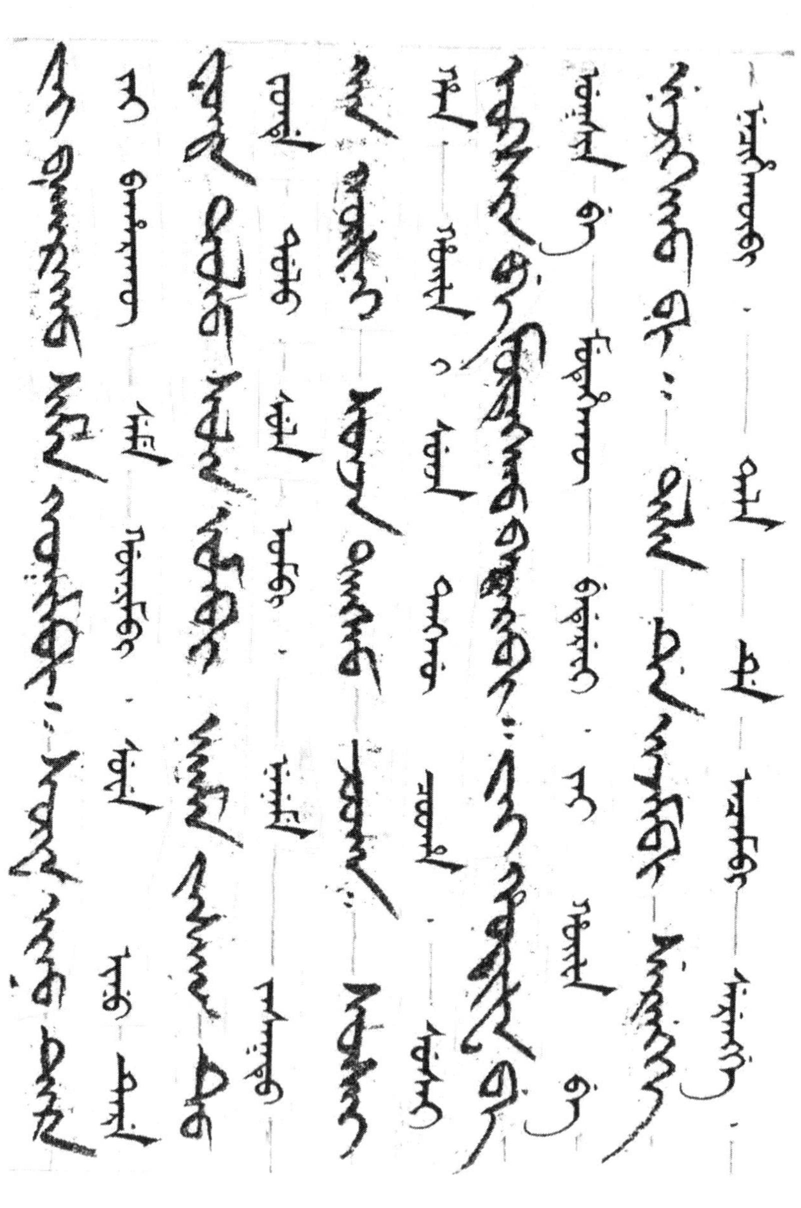

jai baharakū seme gūnimbi, suwe inu tere fonde dolo sula ombi. neneme jasaktu han, hoifa i sunja tanggū cooha, susai uksin be mutehekū bederefi, jai hoifa be necihekūbi. tala de acambi serengge,

---

彼等亦念及不可復得爾等，彼時爾等之心亦可釋然。先前扎薩克圖汗未能攻克輝發之五百兵、五十甲而回，遂未再侵犯輝發。所謂會戰於野者，

彼等亦念及不可复得尔等，彼时尔等之心亦可释然。先前扎萨克图汗未能攻克辉发之五百兵、五十甲而回，遂未再侵犯辉发。所谓会战于野者，

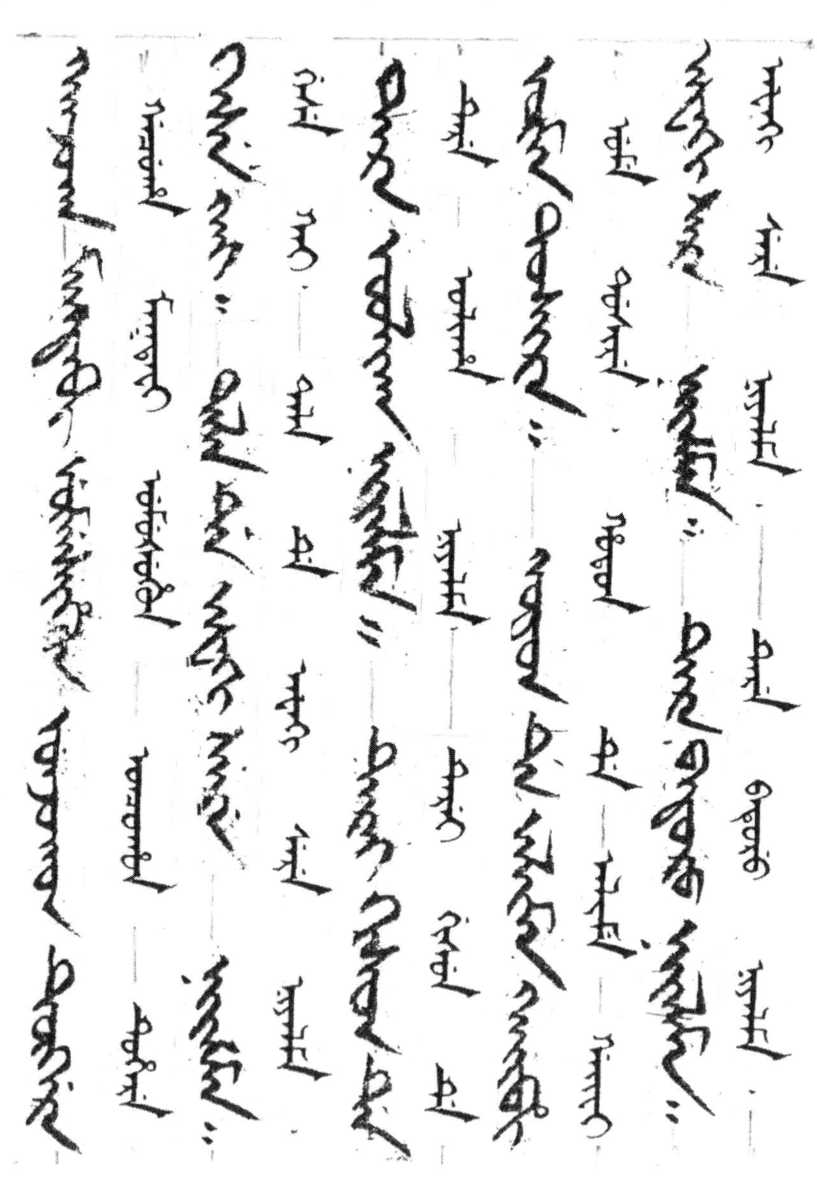

gacuha maktafi umušuhun oncohon tuhere gese kai. tala de afaki sere niyalma, tere oliha niyalma, terei gisun de ume dosire. hoton de alime gaifi afaki sere niyalma, tere baturu niyalma,

---

如拋擲背式骨之戲，或俯或仰也。故欲野戰之人，乃膽小怯懦之人，勿惑於其言。欲據城而戰之人，乃勇敢之人，

如抛掷背式骨之戏，或俯或仰也。故欲野战之人，乃胆小怯懦之人，勿惑于其言。欲据城而战之人，乃勇敢之人，

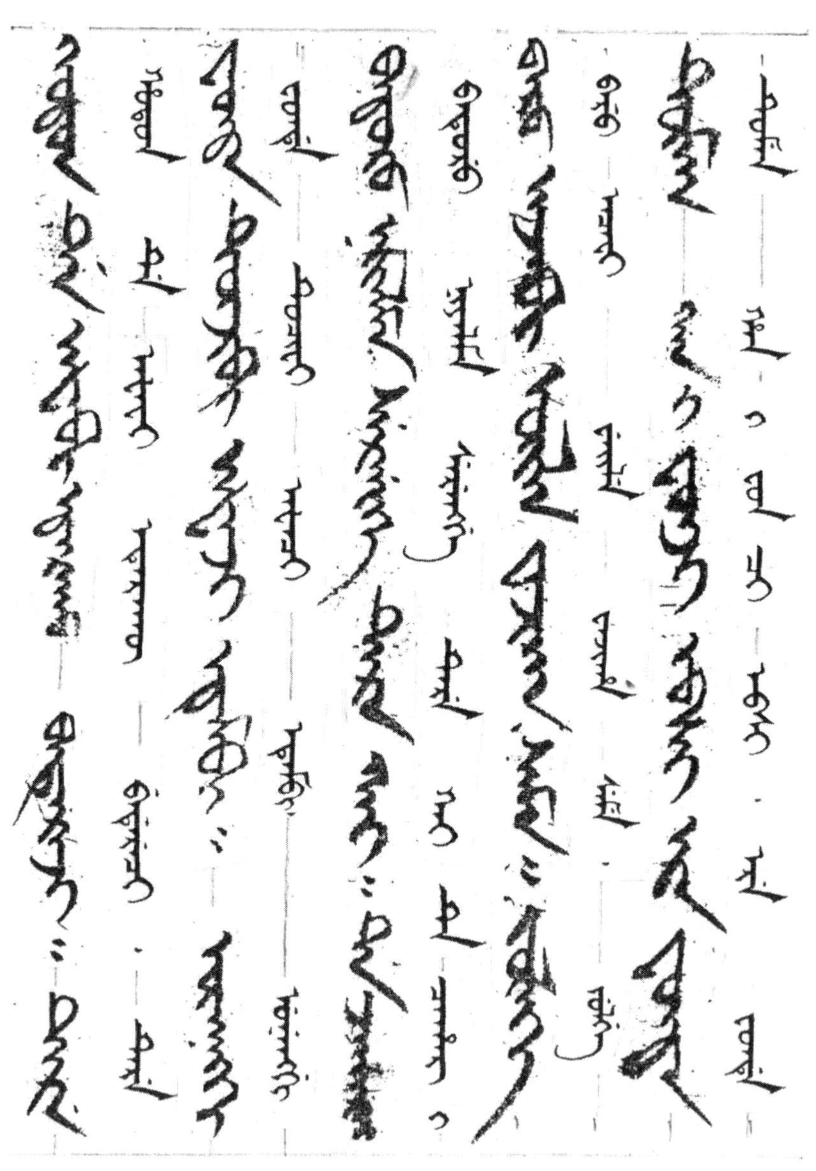

hoton de afafi eterakū bedereci, tere fonde tucifi afaci etembi, unenggi baturu niyalma serengge tere kai. te cahar i baru acafi weile wajiha seme, julge tumen han i fon ci ebsi, ere fonde

---

若攻城不克退回時，出城進攻獲勝，所謂真勇敢之人者，此也。如今欲與察哈爾和好息事，然而昔日自圖門汗以來至今，

若攻城不克退回时，出城进攻获胜，所谓真勇敢之人者，此也。如今欲与察哈尔和好息事，然而昔日自图门汗以来至今，

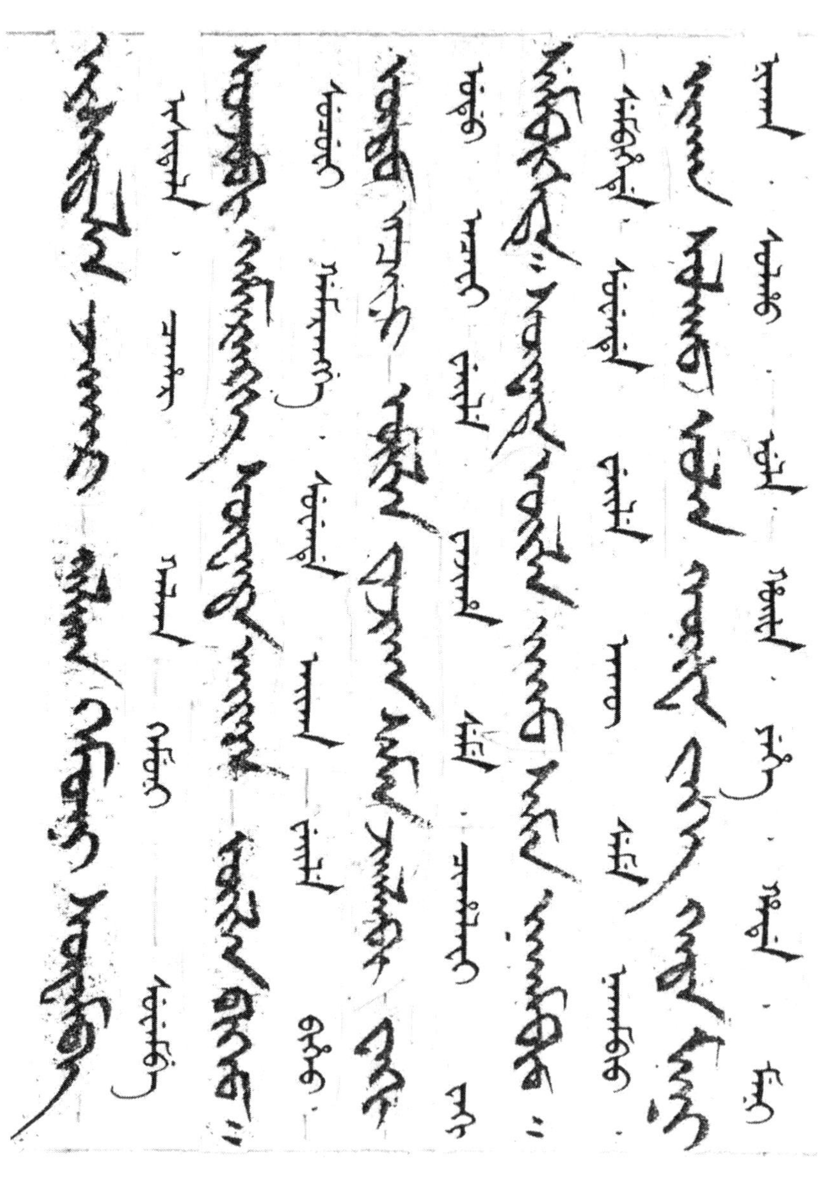

isitala, cahar, kalka kemuni suwembe sucufi gamarangge, suwende aika weile biheo. udu acafi weile wajiha seme, cihalafi waki sembihede, suwende weile akū seme nakambio. nikan, solho, ula, hoifa, yehe, hada, meni

---

察哈爾、喀爾喀仍然侵擾爾等者，爾等豈有罪耶？雖和好息事，欲尋釁殺戮，爾等無罪而可免耶？明朝、朝鮮、烏拉、輝發、葉赫、哈達

察哈尔、喀尔喀仍然侵扰尔等者，尔等岂有罪耶？虽和好息事，欲寻衅杀戮，尔等无罪而可免耶？明朝、朝鲜、乌拉、辉发、叶赫、哈达

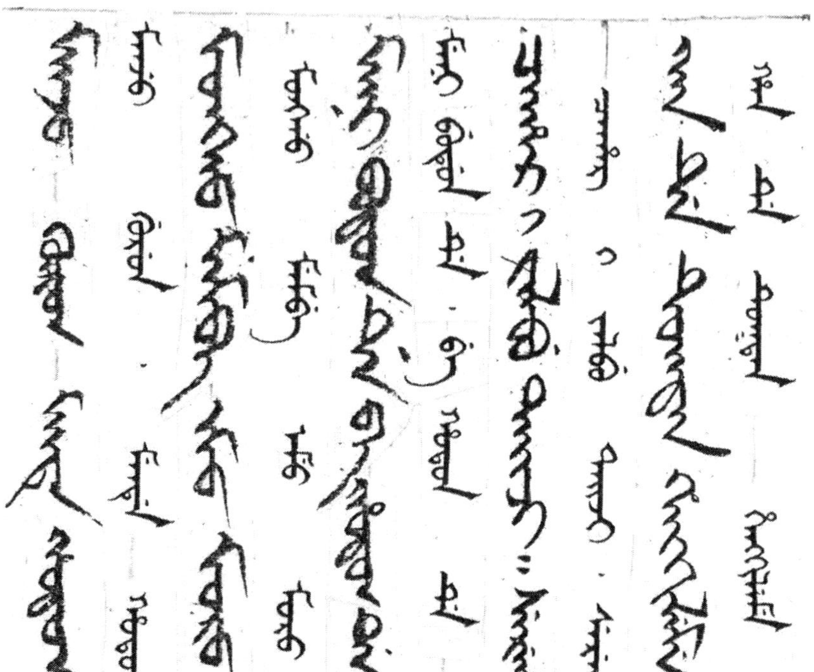

manju gurun, mende hoton akūci, suweni monggo membe emu moro buda ulebumbio. meni budun de, be hoton de akdafi banjimbi kai. cahar i jalbu taiji, sereng taiji, genggiyen han de tuktan hengkileme jihe doroi seme,

---

對我滿洲國，我等若無城池，爾等蒙古能給我等吃一碗飯耶？我等庸懦，惟恃城池而生存也。」以察哈爾之札勒布台吉、色楞台吉初來叩見英明汗返回之禮，

对我满洲国，我等若无城池，尔等蒙古能给我等吃一碗饭耶？我等庸懦，惟恃城池而生存也。」以察哈尔之札勒布台吉、色楞台吉初来叩见英明汗返回之礼，

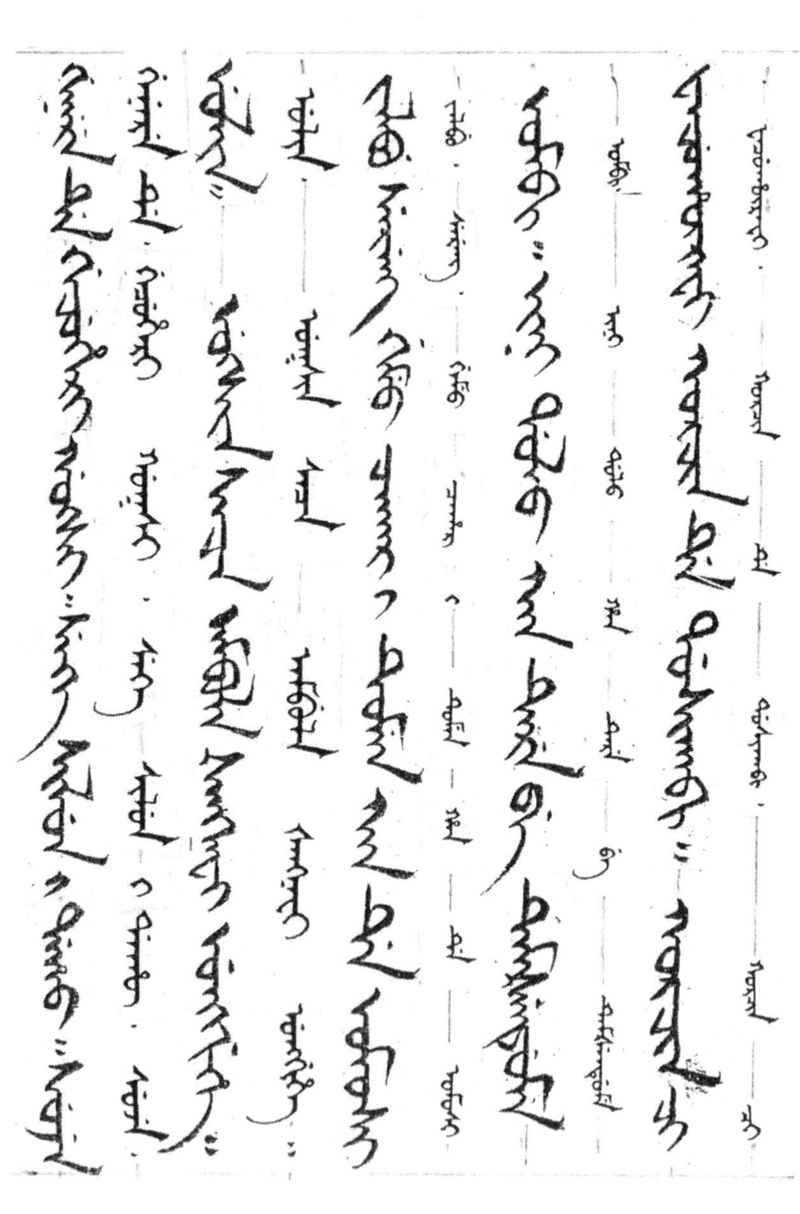

genere de, gecuheri goksi, seke silun i dahū, suje, ulin, uksin saca ambula šangnafi unggihe. (jalbu, sereng, gemu cahar i tumen han de omosi ombi, ini dolo han tere be temšendume facuhūrafi, korcin de dosikabi. korcin ci

---

厚賞蟒緞無扇肩朝衣、貂皮猞猁猻皮端罩、緞疋、財帛、甲胄等。（原注：札勒布、色棱，皆察哈爾圖門汗之孫。其內部因爭汗位而亂，進入科爾沁。

厚赏蟒缎无扇肩朝衣、貂皮猞猁狲皮端罩、缎疋、财帛、甲胄等。（原注：札勒布、色楞，皆察哈尔图门汗之孙。其内部因争汗位而乱，进入科尔沁。

十、美酒害身

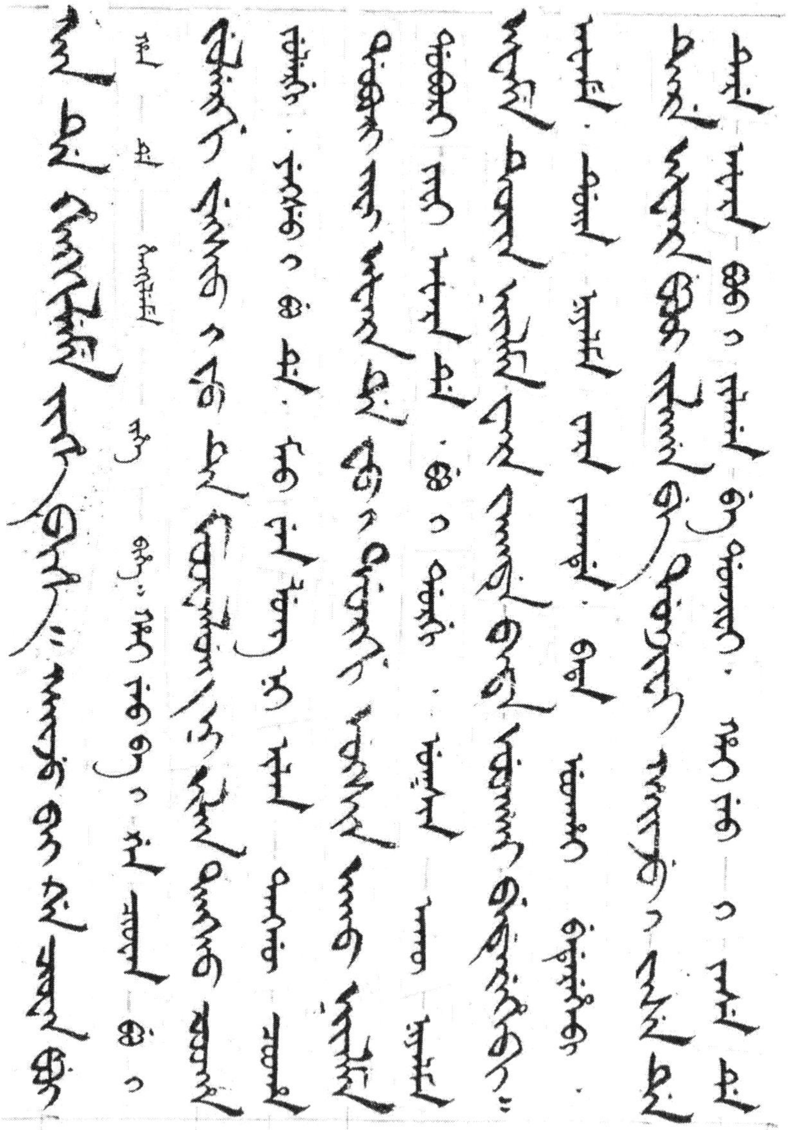

han de hengkileme jihe bihe.) hai jeo ba i g'an ciowan pu i julergi, yekšu i pu de, mao wen lung ni ilan tanggū cooha dobori jifi afara de, pu i dorgi, uksin akū niyalma afame, duin niyalma wara jakade, bata uthai bederehebi. tere afara poo i jilgan be donjifi, hai jeo i jase de

---

此次係由科爾沁前來叩謁汗。）毛文龍之三百兵，夜間來襲海州甘泉堡南葉克舒所駐之堡。堡內無甲之人攻擊之，殺四人，敵人即敗退。聞其戰礮之聲，戍守海州邊境

此次系由科尔沁前来叩谒汗。）毛文龙之三百兵，夜间来袭海州甘泉堡南叶克舒所驻之堡。堡内无甲之人攻击之，杀四人，敌人即败退。闻其战炮之声，戍守海州边境

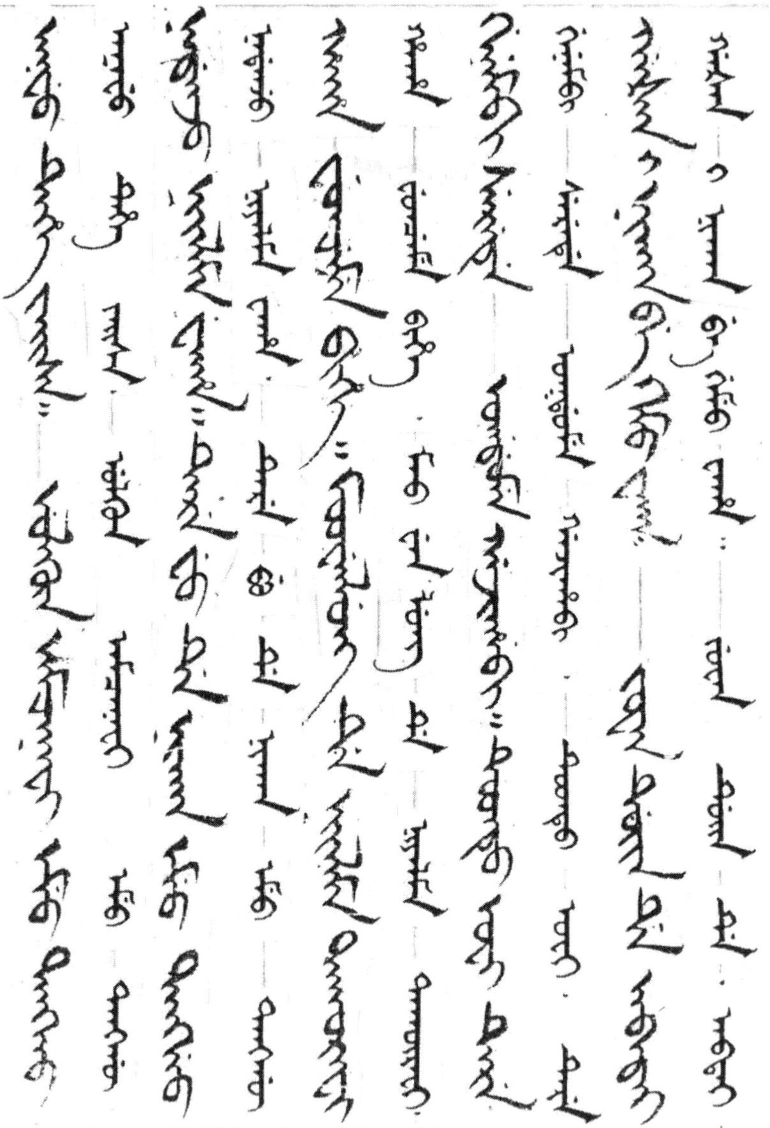

anafu tehe jaisa, ulkun amcanafi emu tanggū nadanju niyalma waha. tere pu de nikan emu tanggū haha funceme bihe, moo wen lung de niyalma takūrafi, genembi serede okdome gajihabi, tuttu ofi, tere gašan i nikan be gemu waha. juwan duin de, abtai

---

之齋薩、烏勒坤前往追剿，殺一百七十人。該堡有漢人男丁百餘名，曾遣人前往迎接毛文龍，故將該屯漢人皆殺之。十四日，

之斋萨、乌勒坤前往追剿，杀一百七十人。该堡有汉人男丁百余名，曾遣人前往迎接毛文龙，故将该屯汉人皆杀之。十四日，

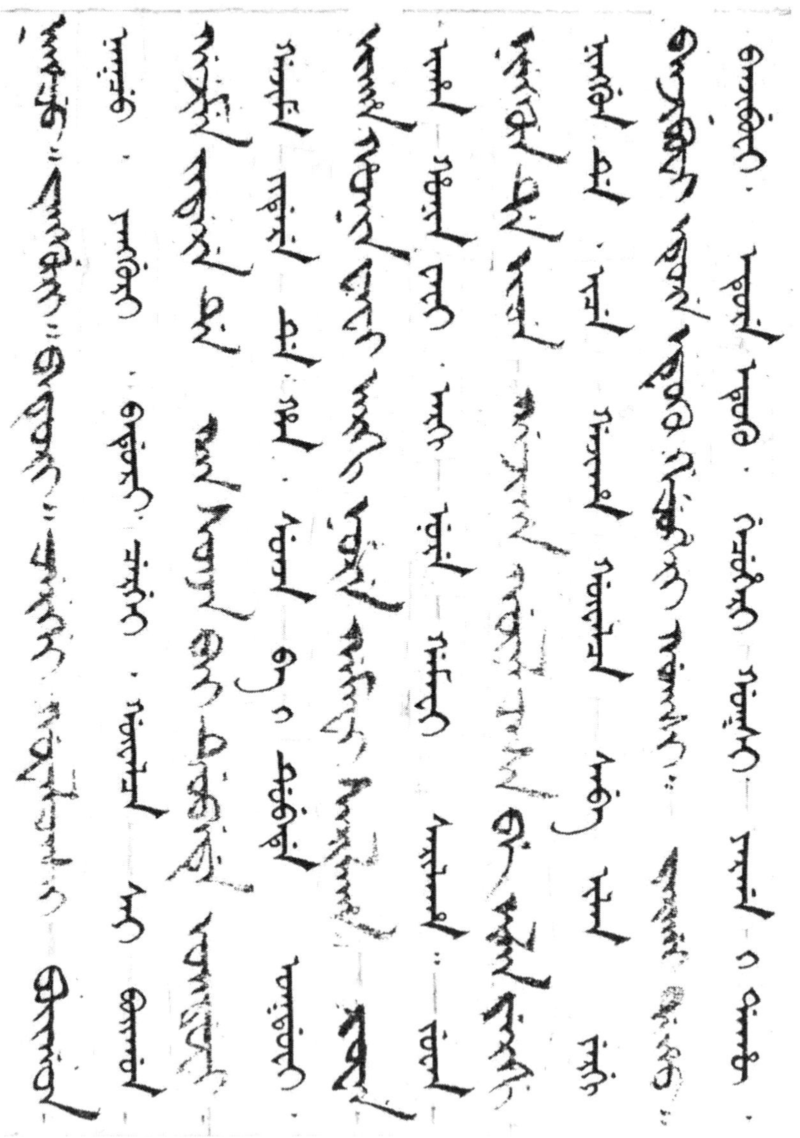

nakcu, yangguri, baduri, cergei, gūwalca sai boigon gajime jidere de, han, sunja ba i dubede okdofi, ihan honin wafi, arki nure gamafi sarilaha. juwan ninggun de, ice gajiha gūwalca sabe ilan jergi banjibufi, eture etuku, gecuheri goksi, yarga i dahū,

---

阿布泰舅舅、揚古利、巴都里、車爾格依攜卦勒察等之戶口前來，汗迎於五里之外，殺牛羊，設酒筵宴之。十六日，編新附之卦勒察等為三等，賜衣服、蟒緞無扇肩朝衣、豹皮端罩、

阿布泰舅舅、扬古利、巴都里、车尔格依携卦勒察等之户口前来，汗迎于五里之外，杀牛羊，设酒筵宴之。十六日，编新附之卦勒察等为三等，赐衣服、蟒缎无扇肩朝衣、豹皮端罩、

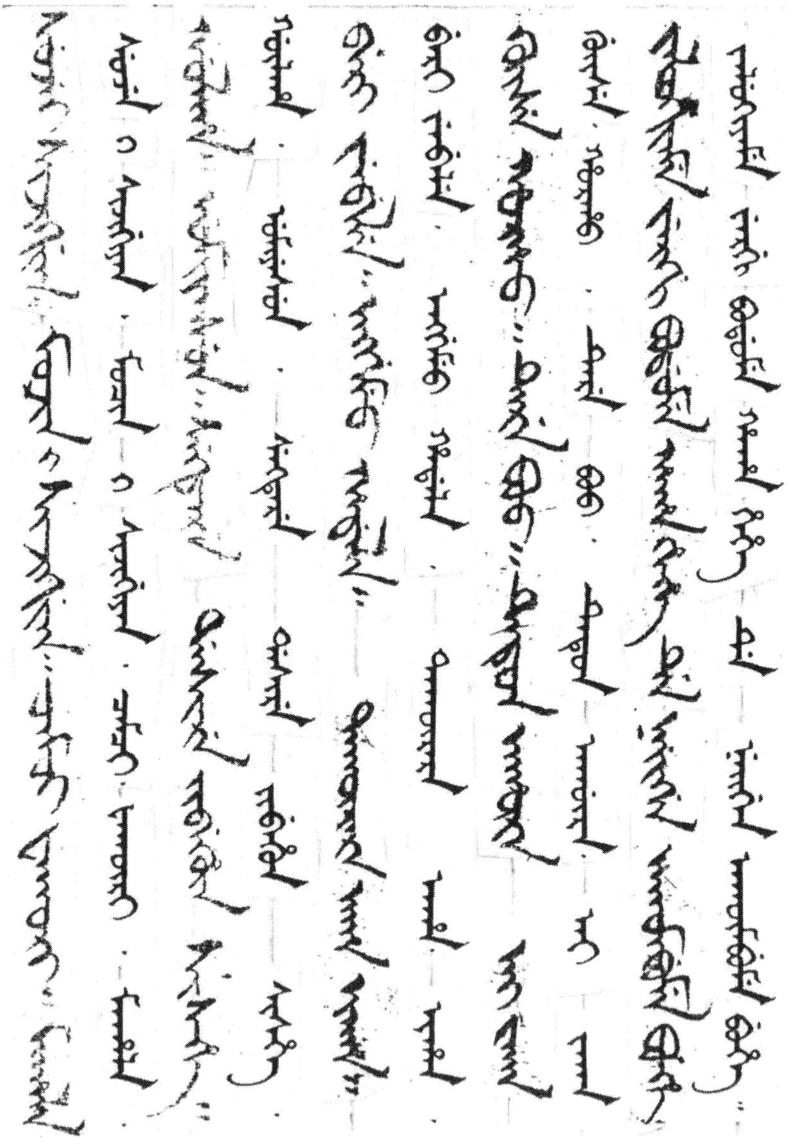

suje i sijigiyan, mocin i sijigiyan, camci, fakūri, mahala, gūlha, umiyesun, sektere dasire jibehun sishe, beri jebele, enggemu hadala, takūrara aha, ihan, guise, horho, tere boo, tetun agūra, ai jaka jalukiyame jergi bodome haha hehe de neigen akūmbume buhe.

緞袍、毛青布袍、襯衣、褲、帽、靴、腰帶、鋪蓋之被褥、弓、撒袋、鞍轡、聽差奴僕、牛、櫃、豎櫃、住房、器皿等一應物件，充足按等均勻，男女盡賜之。

缎袍、毛青布袍、衬衣、裤、帽、靴、腰带、铺盖之被褥、弓、撒袋、鞍辔、听差奴仆、牛、柜、竖柜、住房、器皿等一应物件，充足按等均匀，男女尽赐之。

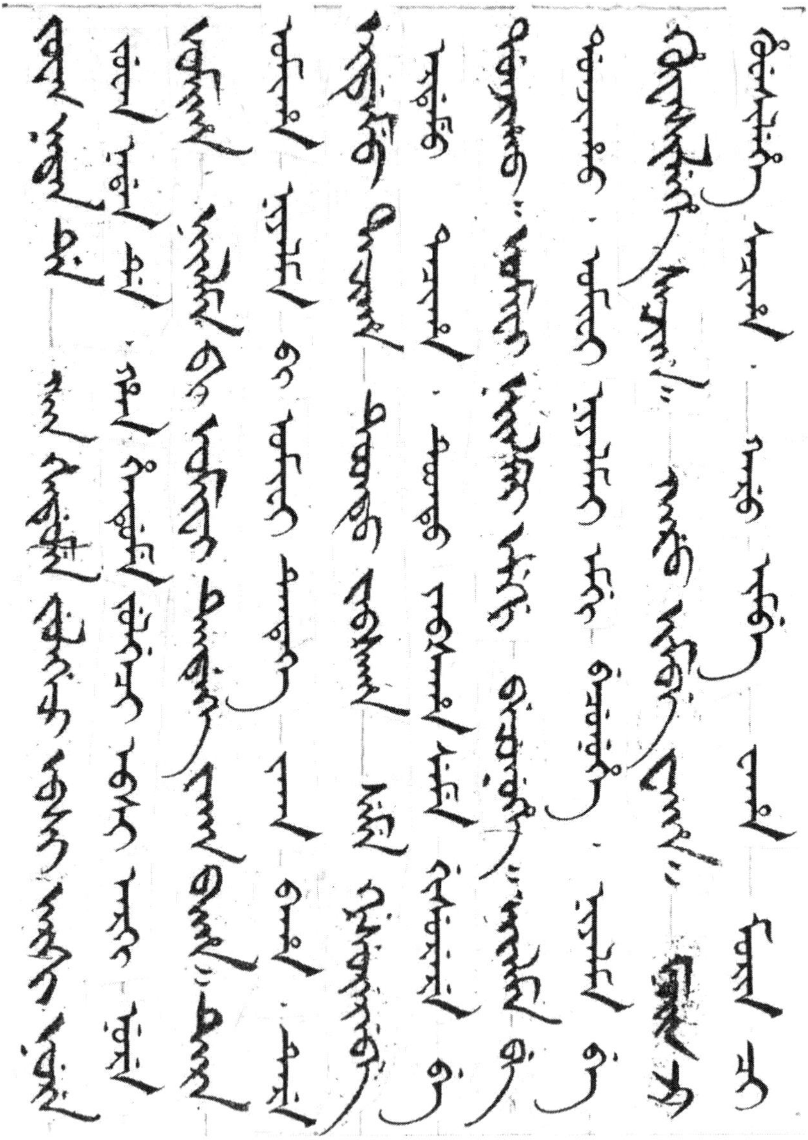

juwan nadan de, han hendume, julgeci ebsi, arki nure omiha niyalma bi, omifi tenteke jaka baha, tere erdemu taciha, tuttu jabšaha seme gisurere be donjihao, omifi niyalmai emgi becunuhe, niyalma be huwesilehe saciha, karu imbe waha, morin ci

---

十七日，汗曰：「自古以來，有喝酒之人，曾聞喝酒之後而獲得何物、學習何藝如此幸運耶？然因喝酒之後與人鬥毆、以小刀扎人、殺爾報復。

十七日，汗曰：「自古以来，有喝酒之人，曾闻喝酒之后而获得何物、学习何艺如此幸运耶？然因喝酒之后与人斗殴、以小刀扎人、杀尔报复。

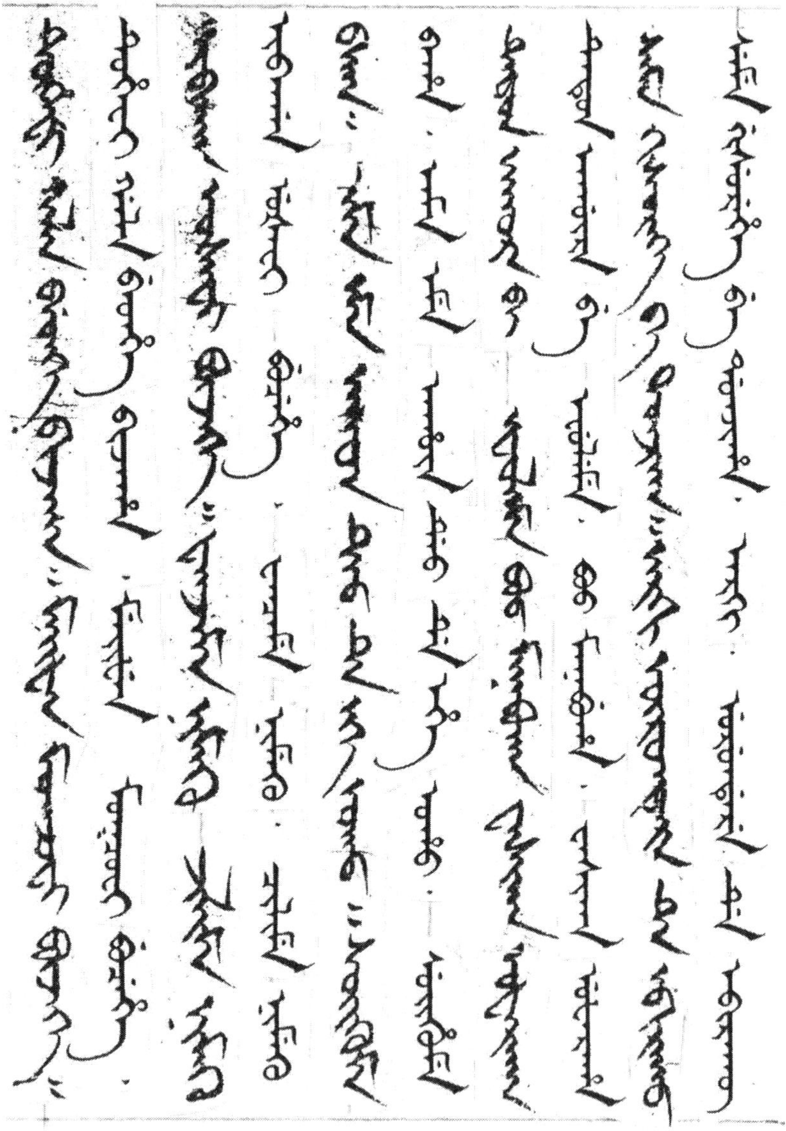

tuhefi gala bethe bijaha, meifen mokcofi bucehe, ibagan ušafi bucehe, fancame nimeku, cilime nimeku baha, ama eme ahūn deo de ehe oho, suihume tetun agūra be efuleme, boo manabuha, wasika ufaraha seme gisurehe be donjiha, arki, urundere de ebirakū

或墜馬手足折、頸斷而亡；或為鬼怪所抓而死；或患悶氣之症、噎膈之症；或失歡於父母兄弟，或酗酒損毀器皿、敗壞家業之說，確有所聞，酒不解餓裹腹也。

或坠马手足折、颈断而亡；或为鬼怪所抓而死；或患闷气之症、噎膈之症；或失欢于父母兄弟，或酗酒损毁器皿、败坏家业之说，确有所闻，酒不解饿裹腹也。

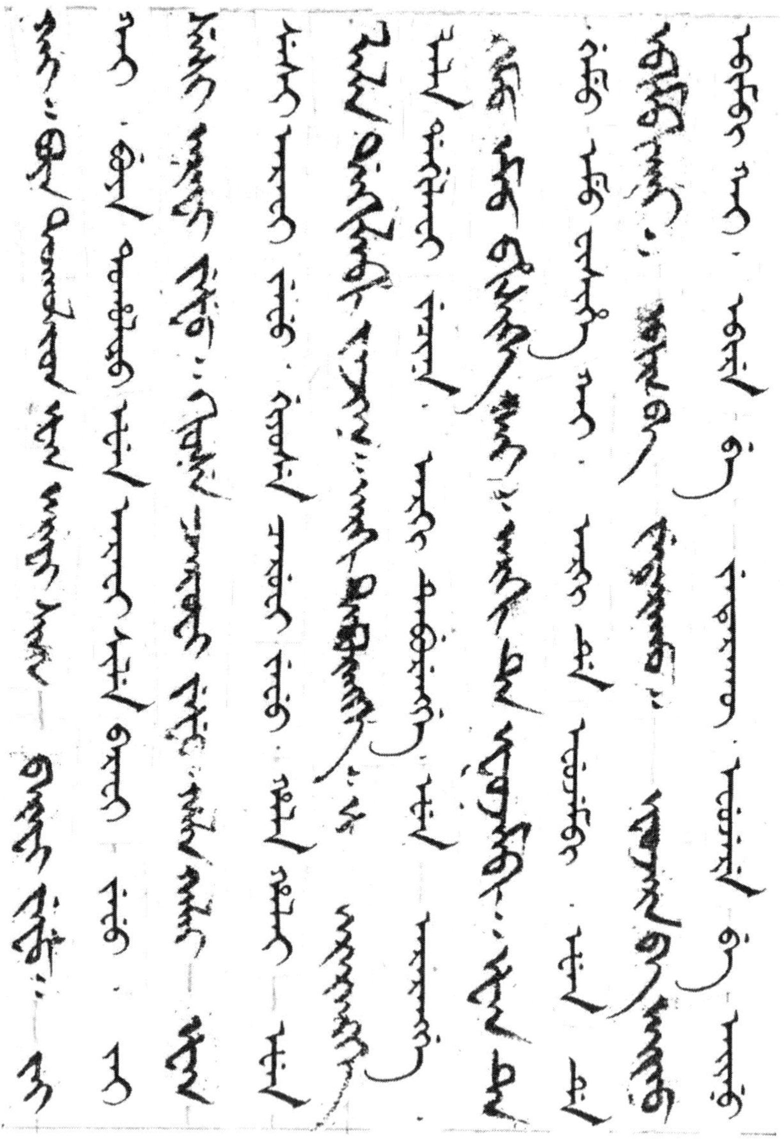

kai. buya toholiyo efen arafi sile barafi jefu. jai sesi arafi jefu, giyose carufi jefu, hala halai efen lala dagilafi jecina. arki teburengge, efen ararangge, gemu emu fisihe kai, arki de efujembi, efen de ebimbi kai. ebire be jeterakū, efujere be ainu

---

或製做小餢麵餅泡湯而食。再者，製做麻花而食，或炸餃子而食，或製做各種麵餅備辦黃米飯而食。釀酒、製作餑餑，皆出於一種稷也，然而毀於酒而飽於餑餑也，為何不食飽而毀於飲也？

或制做小餢面饼泡汤而食。再者，制做麻花而食，或炸饺子而食，或制做各种面饼备办黄米饭而食。酿酒、制作饽饽，皆出于一种稷也，然而毁于酒而饱于饽饽也，为何不食饱而毁于饮也？

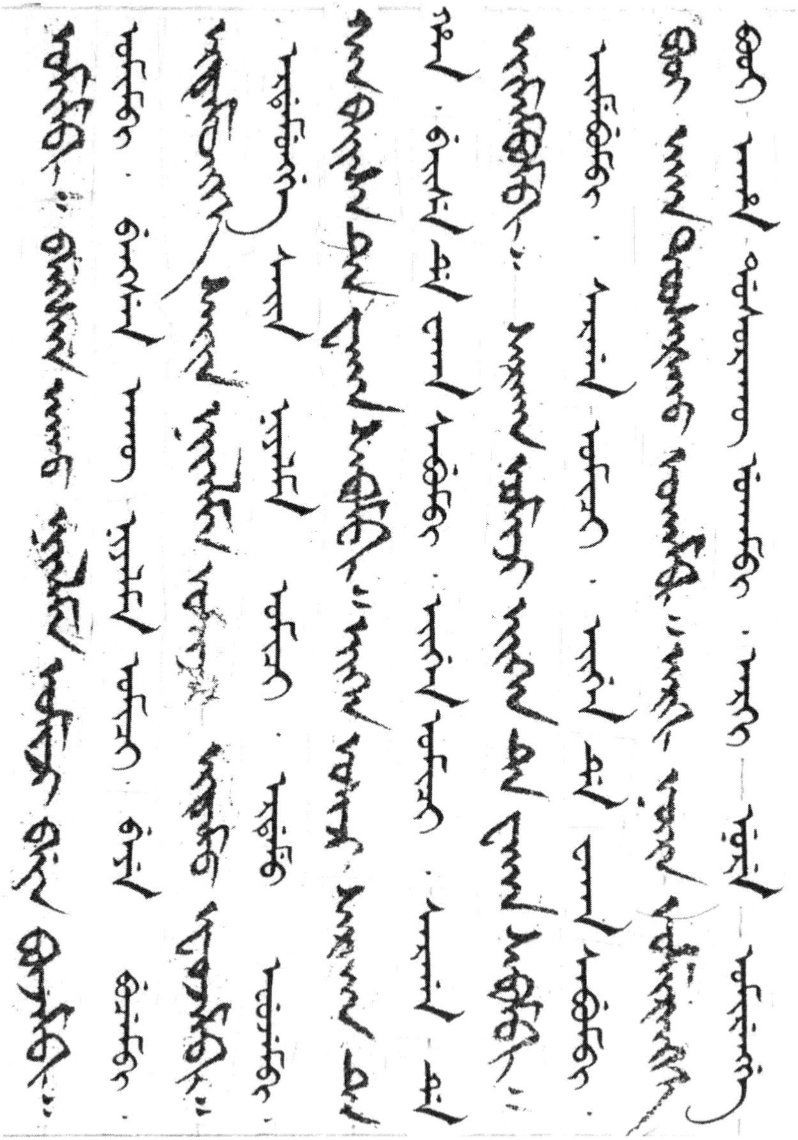

omimbi. bengsen akū niyalma omici, beye bucembi, erdemungge sain niyalma omici, erdemu efujembi, han, beise de waka sabumbi. eigen omici, sargan de eimebumbi, sargan omici, eigen de waka sabumbi, booi aha dosorakū ukambi. arki nure omirengge

---

無本領之人飲之則喪身，賢德之人飲之則敗德，並見責於汗與諸貝勒。夫飲酒，則妻厭之，妻飲酒則見責於夫，家奴不堪而逃走。

无本领之人饮之则丧身，贤德之人饮之则败德，并见责于汗与诸贝勒。夫饮酒，则妻厌之，妻饮酒则见责于夫，家奴不堪而逃走。

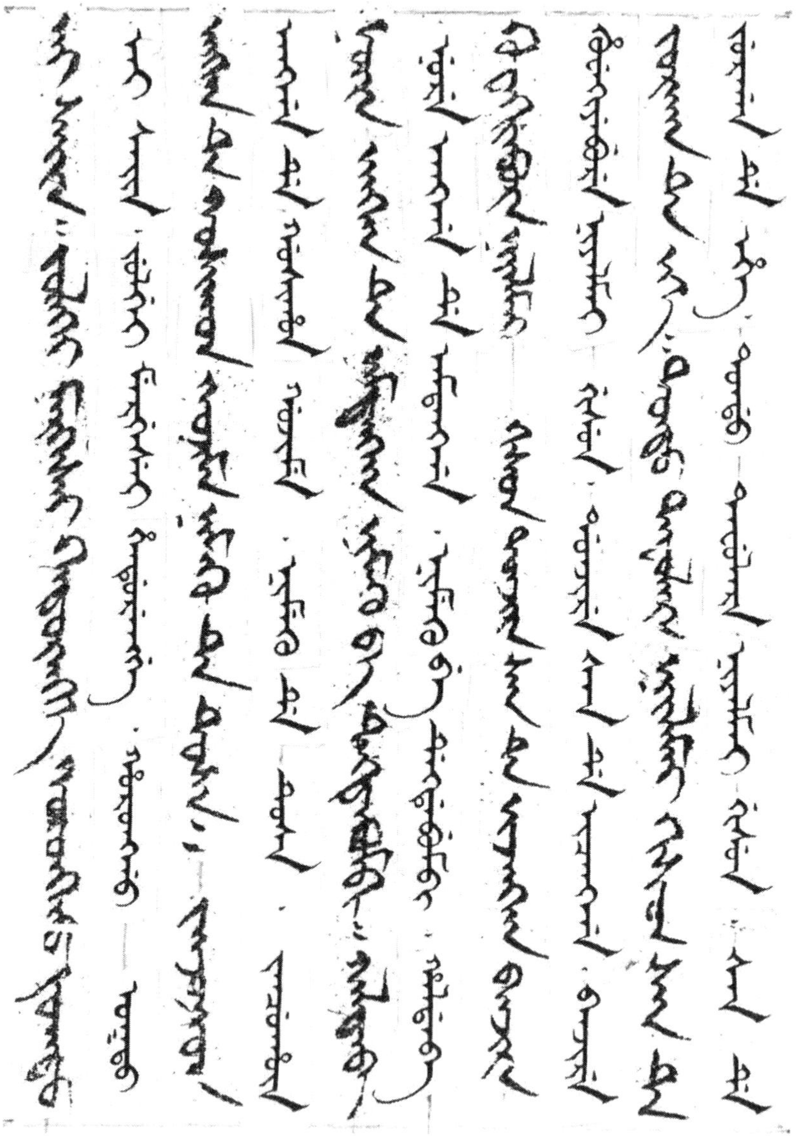

ai sain. julgei mergesei hendurengge, horonggo okto angga de gosihon gojime, nimeku de tusa. jancuhūn nure angga de amtangga, nimeku be dekdebumbi. haldaba huwekiyebure niyalmai gisun, donjire šan de icangga, banjire jurgan de ehe. tondo tafulara niyalmai gisun, šan de

---

喝酒何益？古之賢者有云：『良藥苦口，利於病；美酒適口，害其身；讒言悅耳，毀其道；忠言逆耳，

喝酒何益？古之贤者有云：『良药苦口，利于病；美酒适口，害其身；谗言悦耳，毁其道；忠言逆耳，

十一、恩怨分明

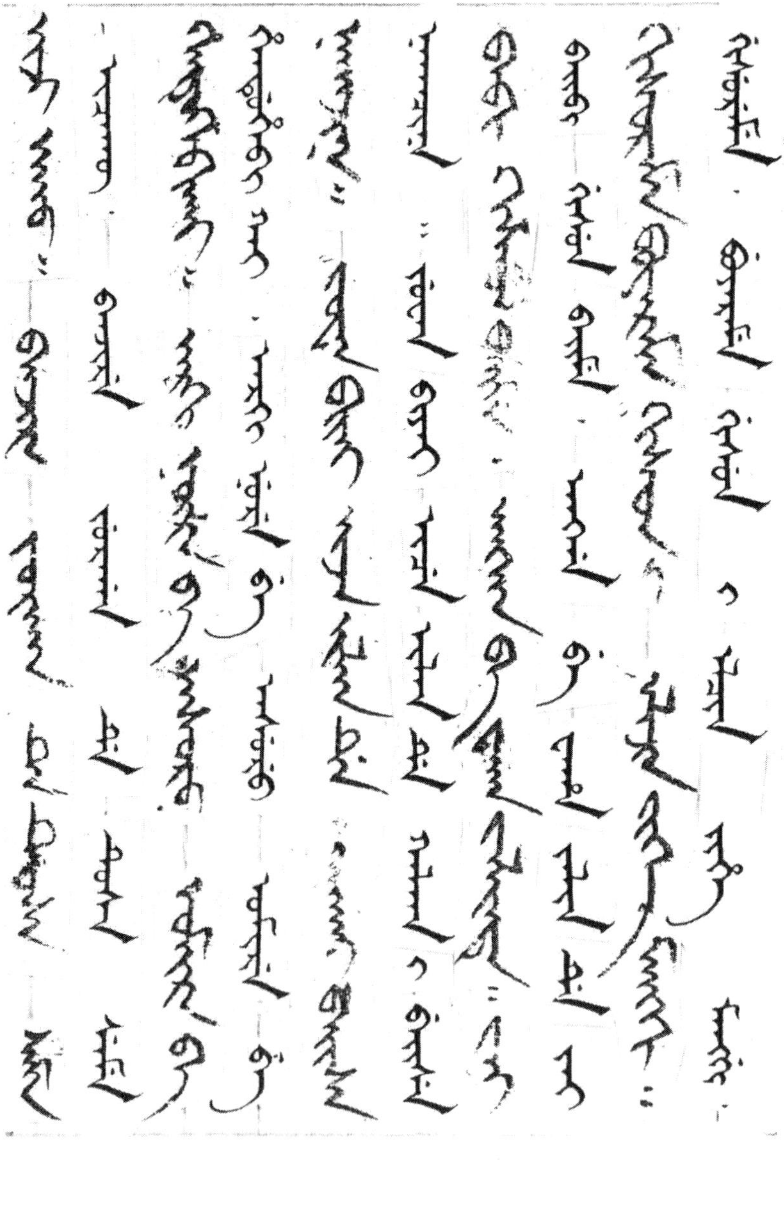

icakū, banjire jurgan de tusa seme henduhebi kai. arki nure be asuru omire be nakacina. juwan biyai ice ilan de, kalka i beise baibi gisun baime, angga be waha jalin de jai gisureme, buyarame gisun i elcin jihe manggi,

---

利於行。』切勿飲酒過甚。」十月初三日，喀爾喀諸貝勒平白尋找話由，復言及殺昂阿之事，遣使糾結，

利于行。』切勿饮酒过甚。」十月初三日，喀尔喀诸贝勒平白寻找话由，复言及杀昂阿之事，遣使纠结，

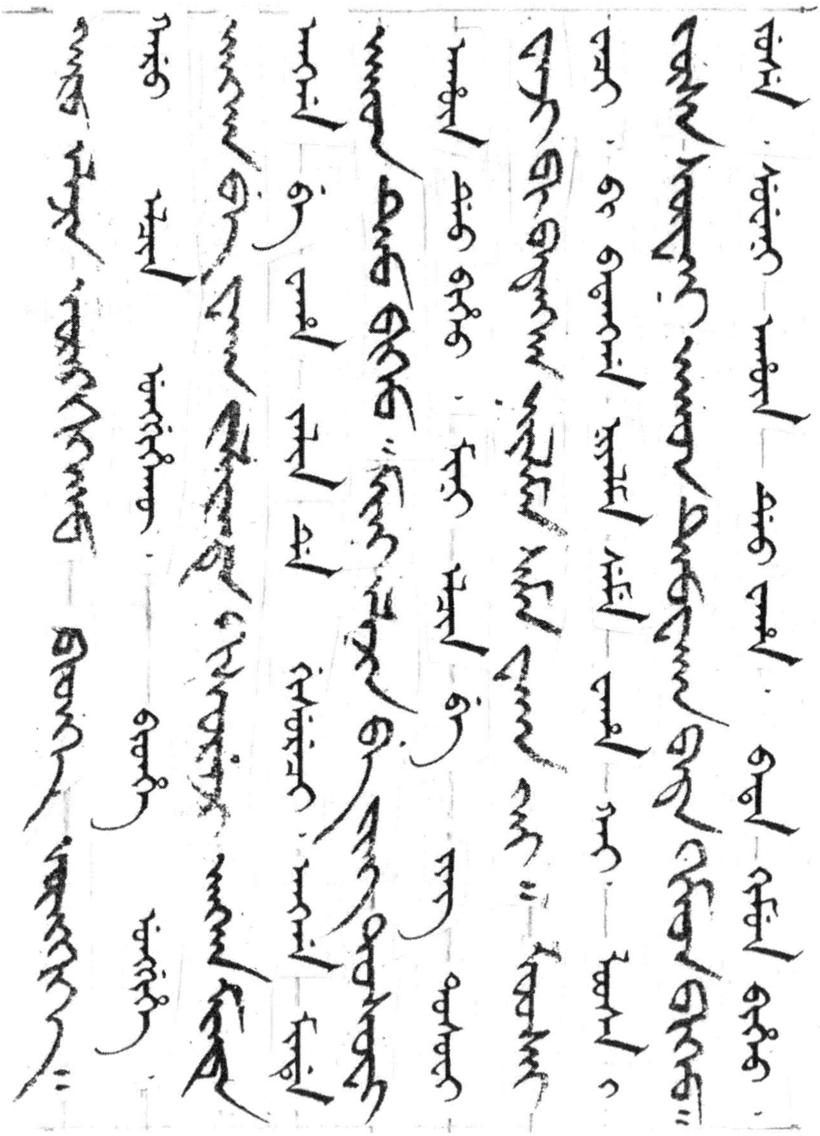

karu elcin unggihekū, bithe unggihe, angga be waha jalin de gisureci, angga minde ahūn deo biheo. mini elcin be jing tosofi waci, bi batangga niyalma seme waha kai. loosa i juse, suweni ahūn deo waha, bata kimun biheo.

故未相應遣使，僅致書曰：「若為殺昂阿而言之，昂阿為我兄弟耶？因其常截殺我之使者，與我敵之人而殺之也。勞薩之諸子曾殺爾等之兄弟而為讎敵耶？

故未相应遣使，仅致书曰：「若为杀昂阿而言之，昂阿为我兄弟耶？因其常截杀我之使者，与我敌之人而杀之也。劳萨之诸子曾杀尔等之兄弟而为雠敌耶？

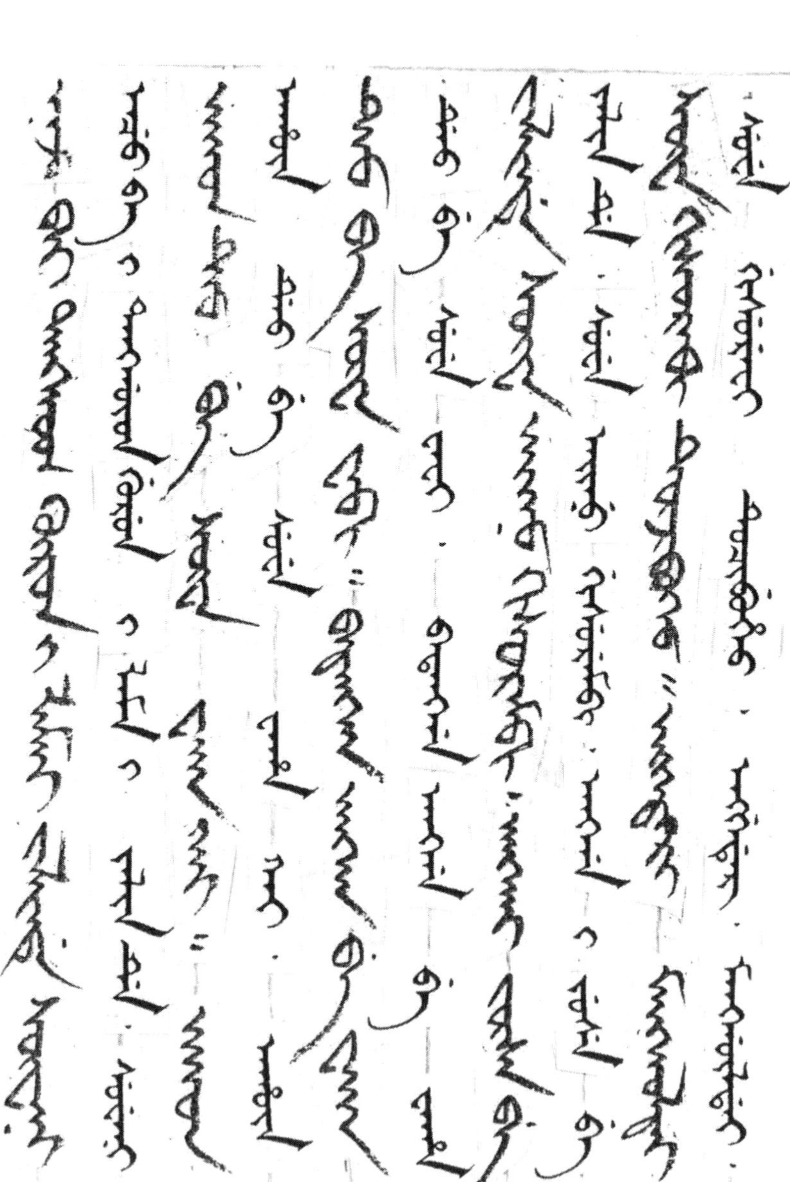

encu ba i tanggūt gurun i lama i jalin de, suweni ahūn deo be suwe waha kai. ahūn deo be suwe wafi, batangga angga be waha jalin de, suwe ainu gisurembi. angga i juse be suwe gisurefi tucibuheo. enggeder, manggūldai,

---

為異邦唐古特部之喇嘛，爾等兄弟竟自相殘殺也。爾等殺兄弟，卻為殺讎敵昂阿之事，爾等為何進言？以爾等之言竟放出昂阿之諸子耶？恩格德爾、莽古爾岱

为异邦唐古特部之喇嘛，尔等兄弟竟自相残杀也。尔等杀兄弟，却为杀雠敌昂阿之事，尔等为何进言？以尔等之言竟放出昂阿之诸子耶？恩格德尔、莽古尔岱

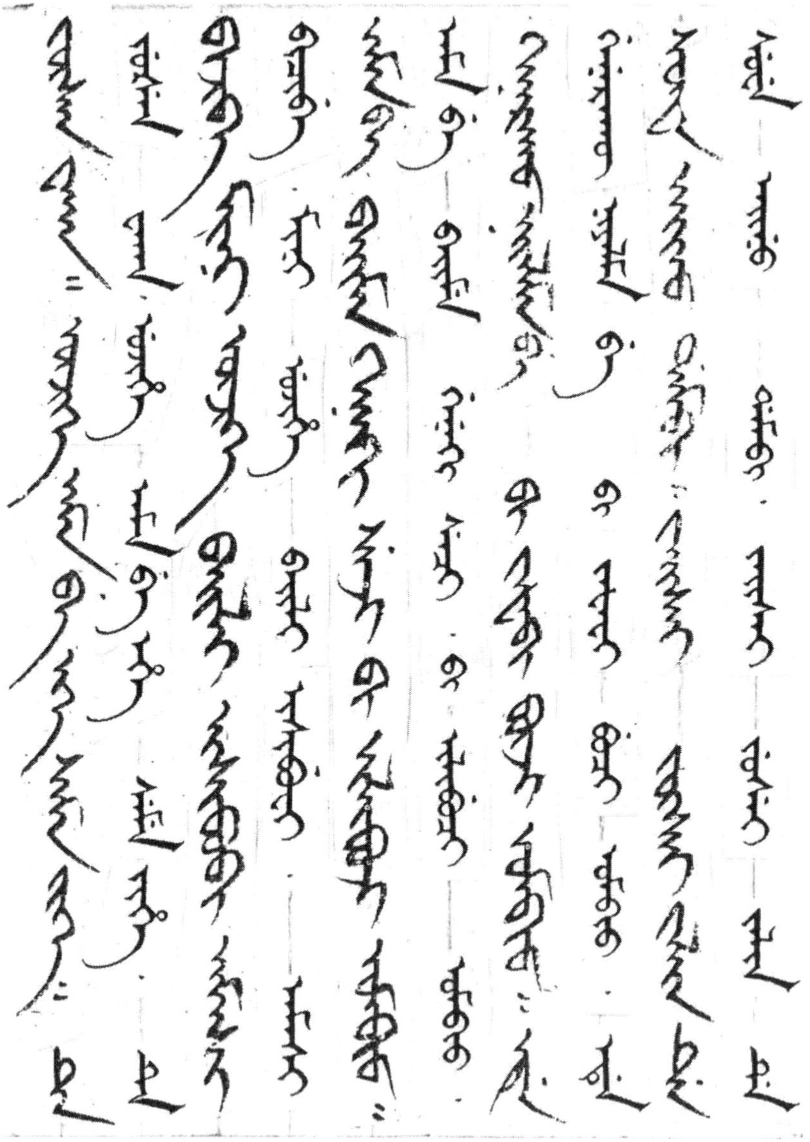

jušen waka, ujihe ama be ehe seme jihe, te bicibe, mini ujihe baili isibufi, amasi ama be baime geneki seci, bi ilibuci ombio. generakū niyalma be bi jafafi buci ombio. ede suwe ainu dambi. jaisai jusei jalin de

---

並非諸申，因惡其養父而來，今雖蒙我之恩養，倘欲返回尋其父，我豈可阻攔？又豈可執拏不願前往之人與之耶？此事爾等為何干預之？若為齋賽之子

并非诸申，因恶其养父而来，今虽蒙我之恩养，倘欲返回寻其父，我岂可阻拦？又岂可执拏不愿前往之人与之耶？此事尔等为何干预之？若为斋赛之子

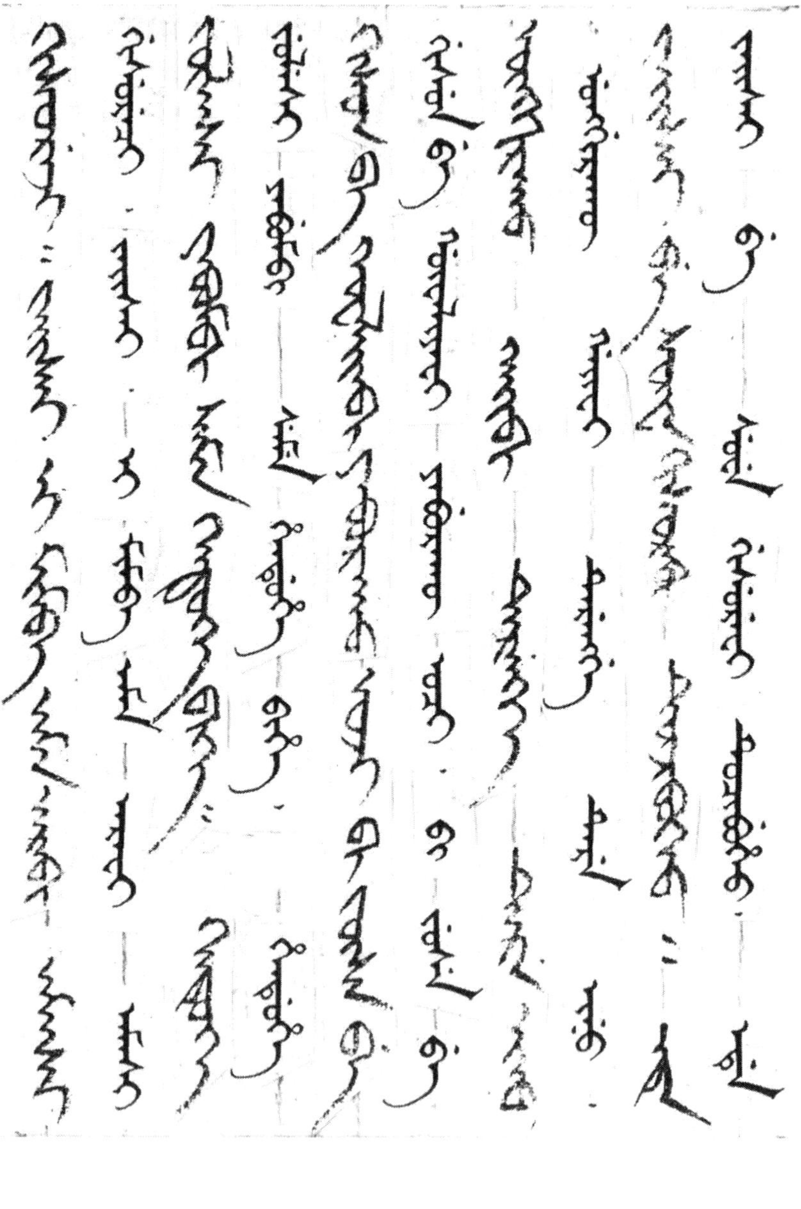

gisureci, jaisai, i mimbe ama arafi amasi julesi yabumbi seme henduhe bihe, henduhe gisun be gūwaliyafi yaburakū oci, bi juse be unggirakū gaifi terengge tere inu. jaisai be suwe gisurefi tucibuheo. ede

---

而說話，齋賽曾言，以我為父，往來行走。若其食言而不行走，我不遣諸子攜帶居住者此也。以爾等之言，即遣還齋賽耶？

而说话，斋赛曾言，以我为父，往来行走。若其食言而不行走，我不遣诸子携带居住者此也。以尔等之言，即遣还斋赛耶？

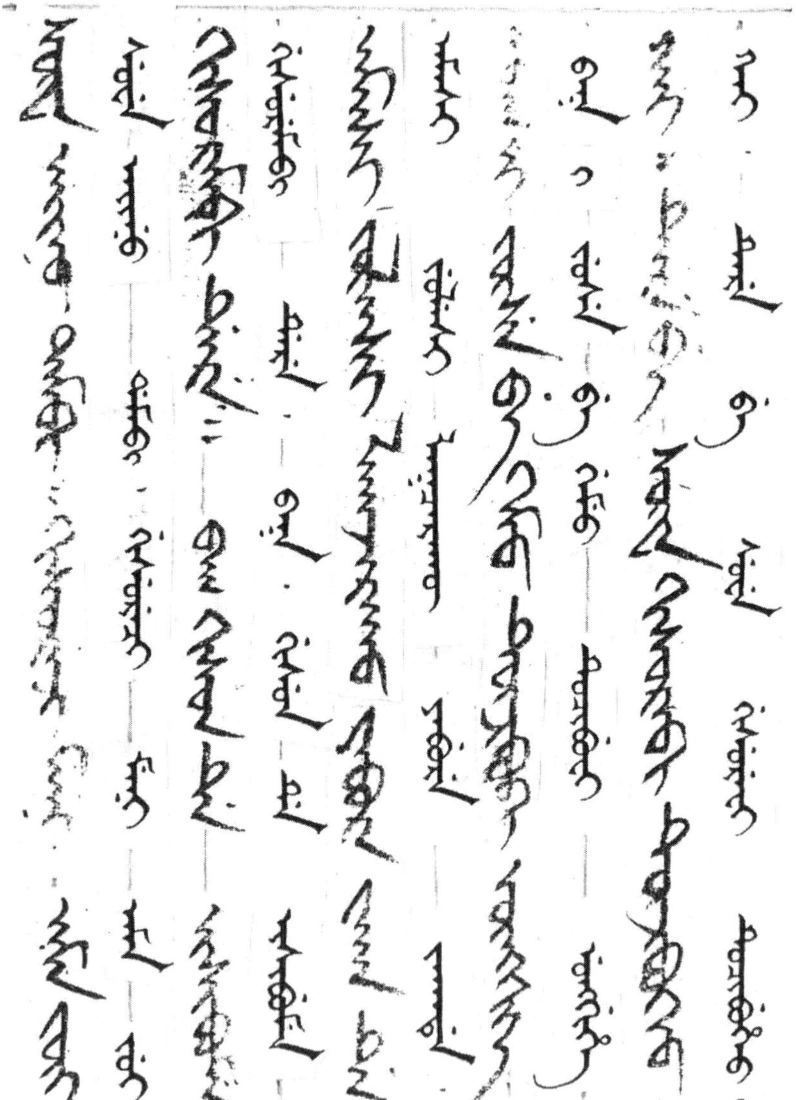

suwe ainu dambi. gisureci meni ama jui gisurembi dere. bak, gisun de isibume amasi julesi lakcarakū yabure jakade, bak i juse be gemu tucibufi unggihe kai. tere be suwe gisurefi tucibuheo.

此事爾等為何要管？若要說，亦唯我父子言之耳。巴克踐言，故往返行走不絕，遂將巴克之諸子皆遣還也。此豈因爾等之言而遣還耶？

此事尔等为何要管？若要说，亦唯我父子言之耳。巴克践言，故往返行走不绝，遂将巴克之诸子皆遣还也。此岂因尔等之言而遣还耶？

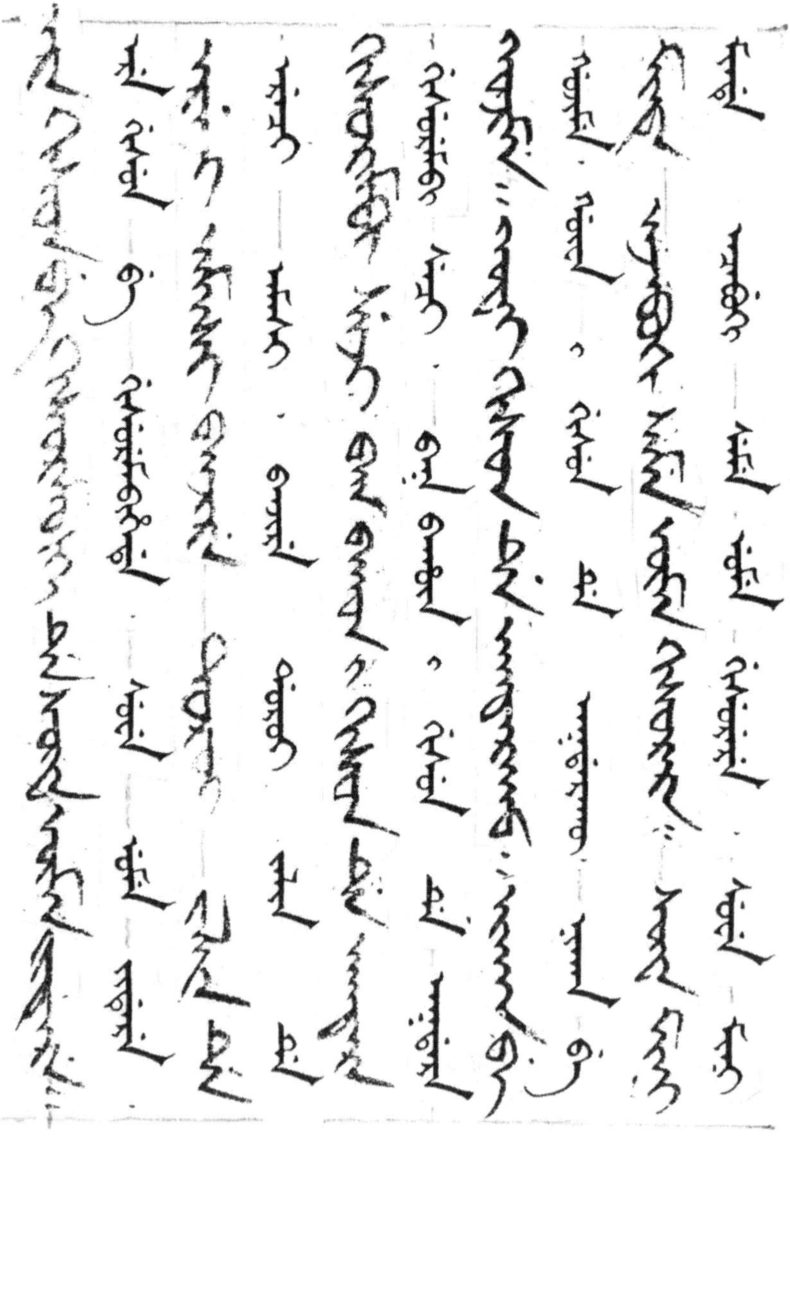

ere gisun be gisurembihede, suwe ume jidere. ereci amasi, banjire doroi jalin de gisurembi seci , bak, bahūn i gisun de akdara gojime, gūwa i gisun de akdarakū. nikan be minde acabuki seme ume gisurere. suwe mini

---

若曾為此言而言之，則爾等毋庸前來。嗣後若為生計之道而言之，亦僅以巴克、巴琿之言為信，不信他人之言。勿言明朝欲與我會見之事。

若曾为此言而言之，则尔等毋庸前来。嗣后若为生计之道而言之，亦仅以巴克、巴珲之言为信，不信他人之言。勿言明朝欲与我会见之事。

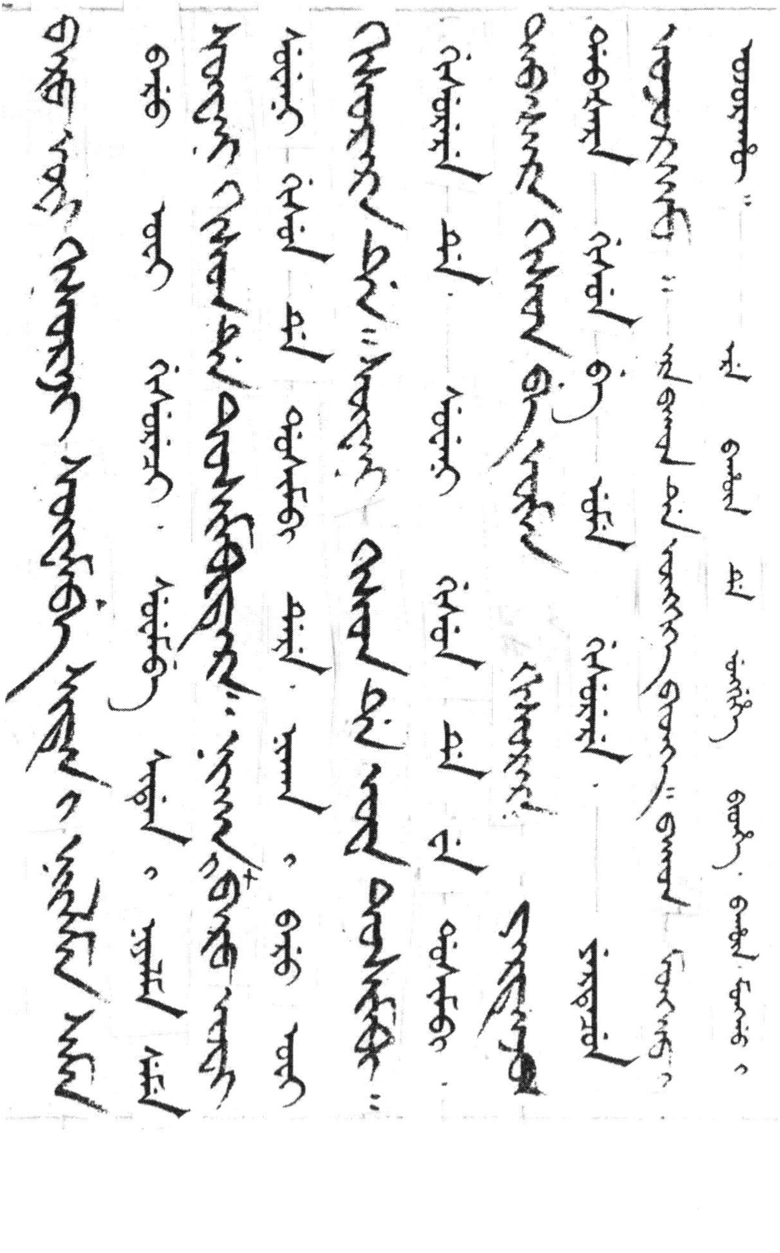

baru ofi gisureci, suwembe siden i niyalma seme suweni gisun de dosimbi dere. nikan i baru ofi gisurere de, suweni gisun de we dosimbi. dabašara gisun be ume gisurere, yertecun ojorahū. (ere bahūn de unggihe bithe. bahūn, monggo i

---

若爾等心向我而言之，則以爾等為中間公證人，聽信爾等之言也。若心向明朝而言之，則何人聽信爾等之言？勿說過分之言，恐人恥笑也。」（原注：此係致巴琿之書。巴琿係蒙古

若尔等心向我而言之，则以尔等为中间公证人，听信尔等之言也。若心向明朝而言之，则何人听信尔等之言？勿说过分之言，恐人耻笑也。」（原注：此系致巴珲之书。巴珲系蒙古

十二、豢養漢人

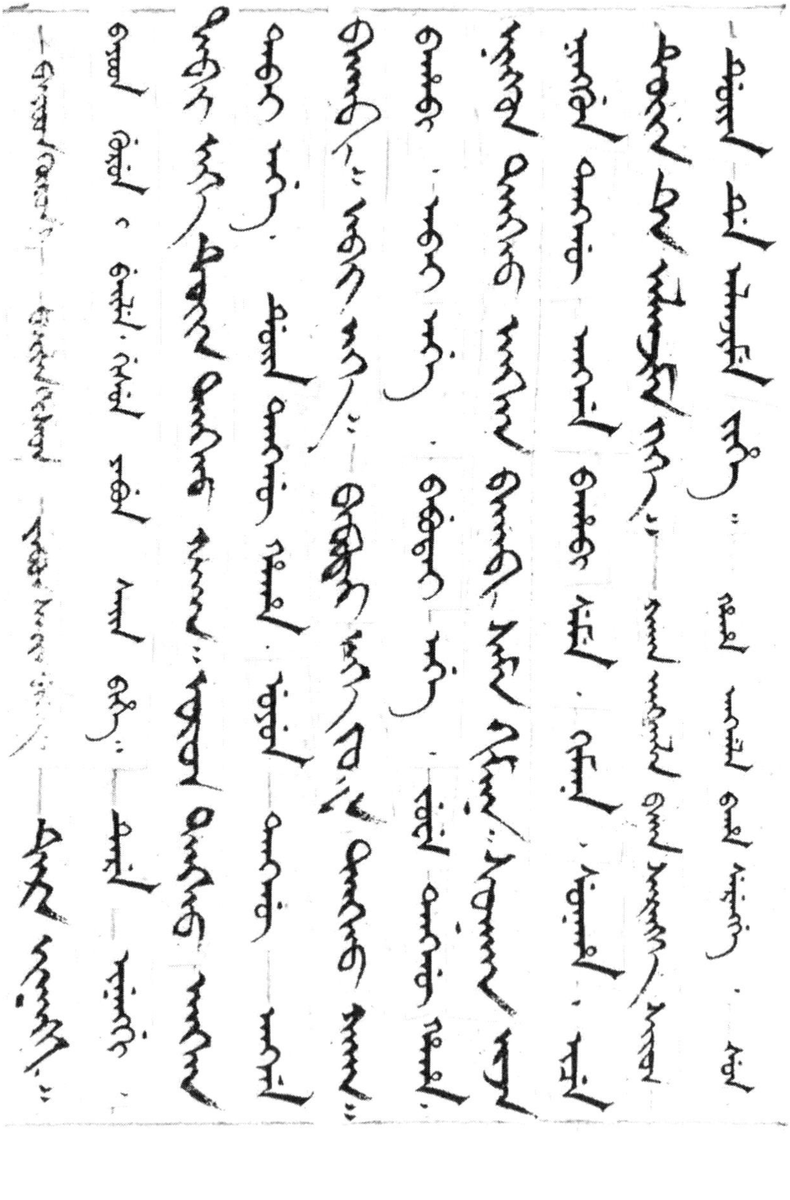

bayot gurun i beile, gisun yabun sain bihe.) tere inenggi, tabai age, duin tanggū haha, uyun tanggū angga bahabi, abai age, babutai age, juwe tanggū haha, ninggun tanggū angga bahabi seme, kimana, sunaha, ice duin de alanjime jihe. (haha anggala baha serengge, šun

---

巴岳特部之貝勒，言行皆善。）初四日，齊瑪納、蘇納哈來報：是日，塔拜阿哥獲男丁四百人、戶口九百人。阿拜阿哥、巴布泰阿哥獲男丁二百人、戶口六百人。（原注：所謂獲男丁、戶口者，

巴岳特部之贝勒，言行皆善。）初四日，齐玛纳、苏纳哈来报：是日，塔拜阿哥获男丁四百人、户口九百人。阿拜阿哥、巴布泰阿哥获男丁二百人、户口六百人。（原注：所谓获男丁、户口者，

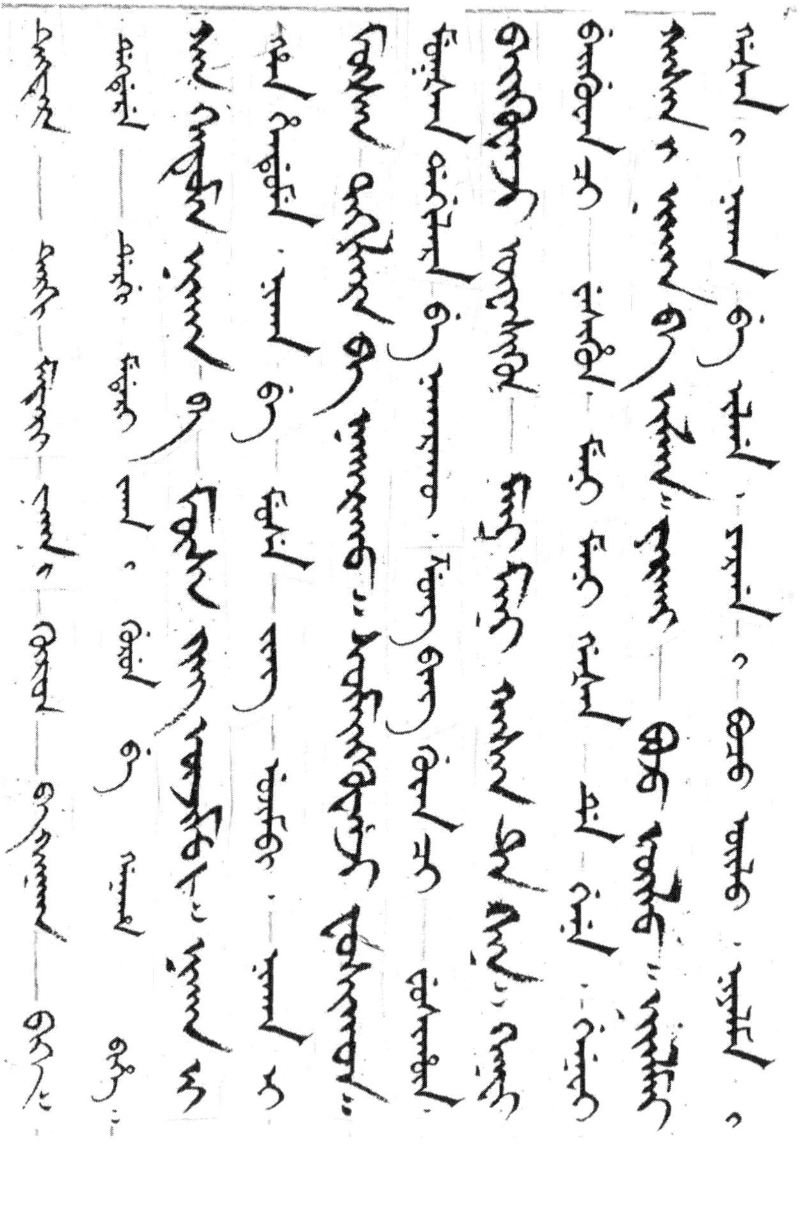

dekdere dergi mederi jaka i gurun be ganaha bihe.) han hendume, nikan be muse jing ujimbi, nikan i mukšan dagilara be nakarakū. dzung bing guwan ci fusihūn, beiguwan ci wesihun, meni meni gašan de gene, genefi gašan i nikan be ilga, yarga i boco oilo, niyalma i

---

係擄自東方沿海之部。）汗曰：「我等常養漢人，而漢人卻不停止預備棍棒時加戒備。著總兵官以下，備禦官以上，前往各屯。前往後，分別屯中之漢人。『豹色在表面易辨，

系掳自东方沿海之部。）汗曰：「我等常养汉人，而汉人却不停止预备棍棒时加戒备。着总兵官以下，备御官以上，前往各屯。前往后，分别屯中之汉人。『豹色在表面易辨，

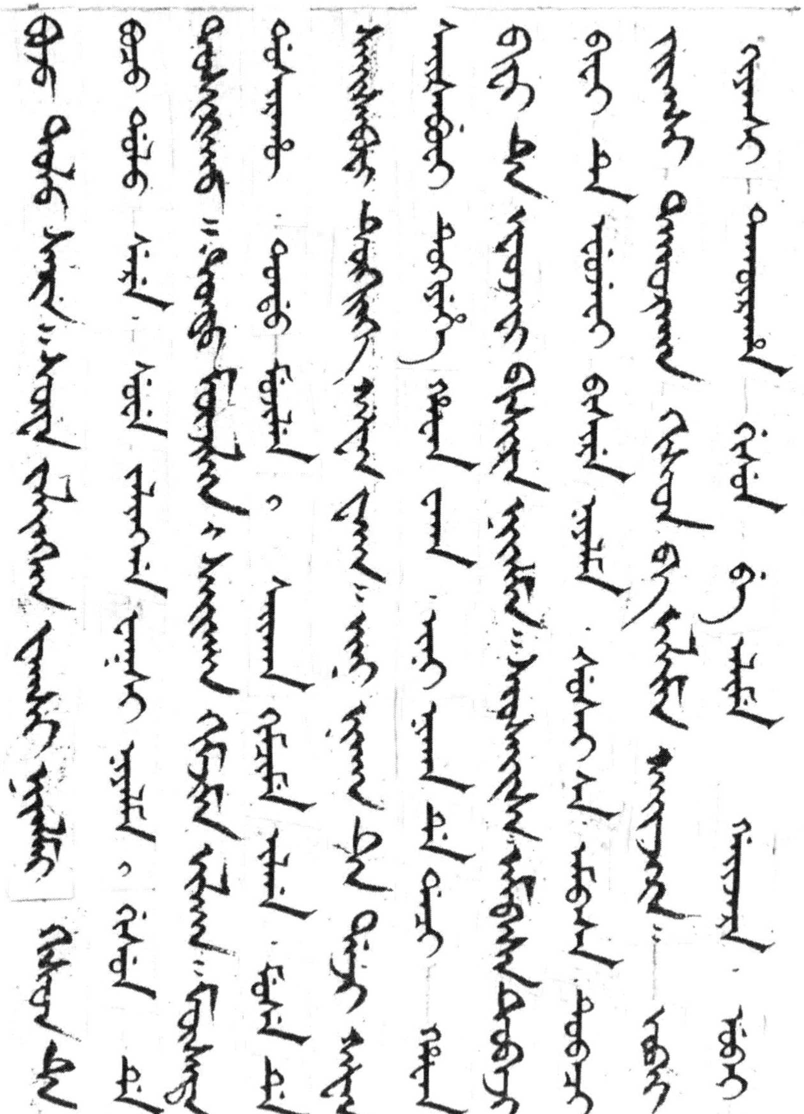

boco dolo sere. suwe jalingga faksi niyalma i gisun de dosirahū, tondo mujilen i saikan kimcime ilga. muse de saišabufi tukiyehe hafan waka, ini nikan de daci hafan bifi, te efujefi bisire niyalma, šusai sa, ambasa, tubaci giyansi takūraha gisun be alime gaijara, ubai

---

人色在腹中難測』云云。恐爾等聽信奸巧人之言，當以忠直之心妥善詳辨。非我嘉獎保舉之官員，其原為明官今已被廢之人、生員、大臣等，聽信彼處所遣奸細之言，

人色在腹中难测』云云。恐尔等听信奸巧人之言，当以忠直之心妥善详辨。非我嘉奖保举之官员，其原为明官今已被废之人、生员、大臣等，听信彼处所遣奸细之言，

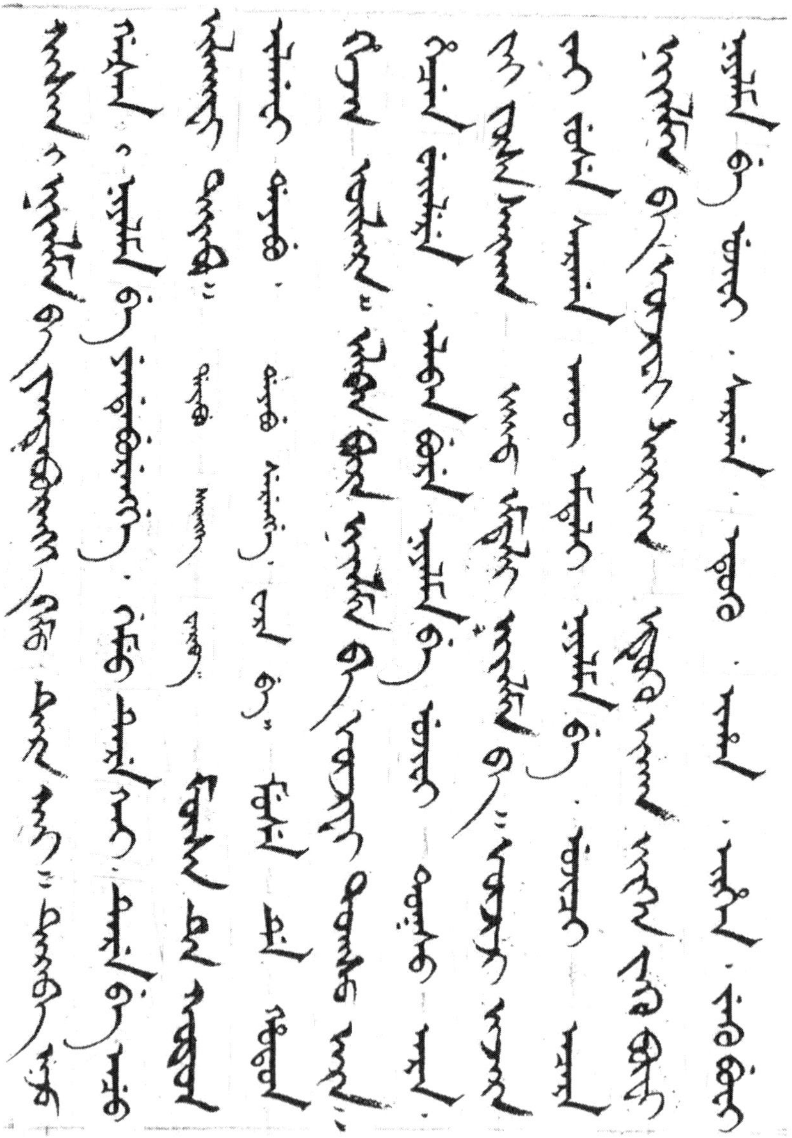

gašan i niyalma be yendeburengge, gemu tere kai. tere be encu ilgafi dayabu. (dayabu serengge, wara be.) muse de hoton hecen weilere, alban bure niyalma be ujifi tokso ara. jai juse sargan akū emteli niyalma be, ujici acara niyalma be ujifi, sargan, etuku, ihan, eihen, jeku bufi

---

煽惑本地莊屯之人者皆此等也。將其另行區別、正法。(原注：所謂正法者，殺之也。)為我等建築城池、給官差之人則建莊屯養之。再者，無妻孺獨身之人及應加豢養之人，則豢養之。給與妻、衣、牛、驢、糧等，

煽惑本地庄屯之人者皆此等也。将其另行区别、正法。(原注：所谓正法者，杀之也。)为我等建筑城池、给官差之人则建庄屯养之。再者，无妻孺独身之人及应加豢养之人，则豢养之。给与妻、衣、牛、驴、粮等，

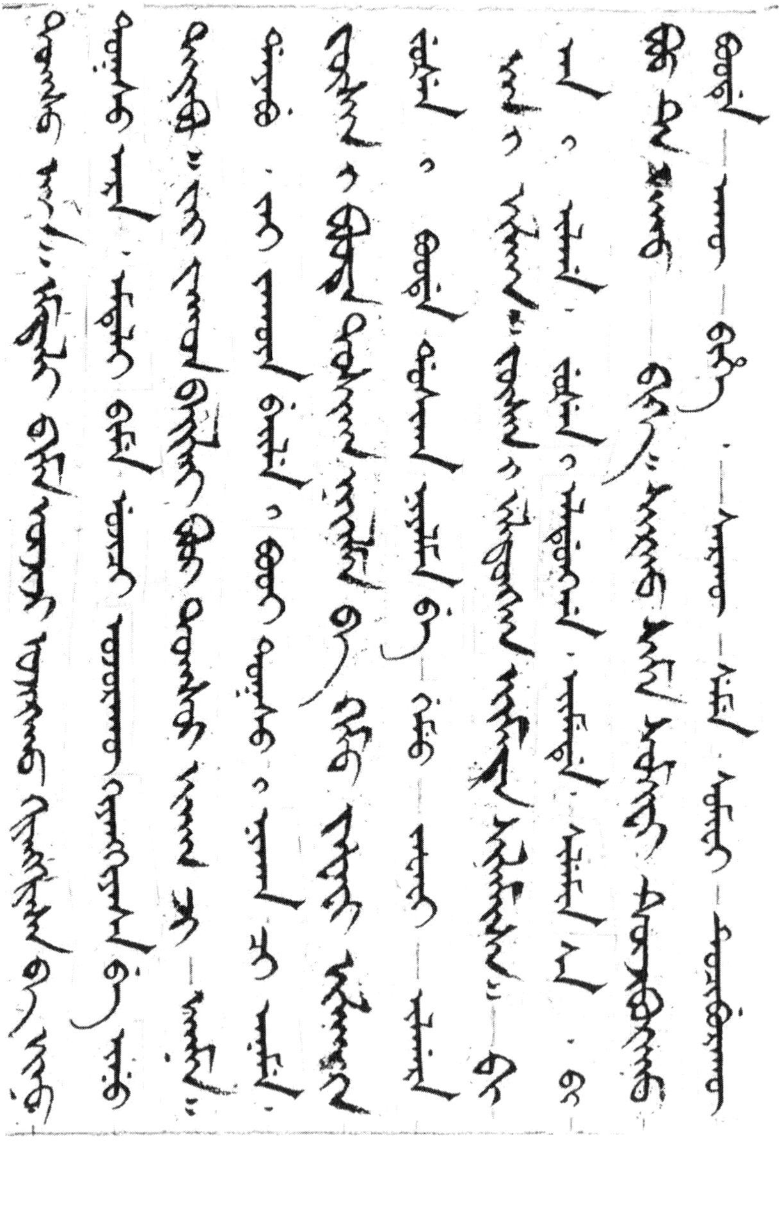

tokso ara. emteli bime ujici ojorakū kiyangkiyasa be inu dayabu. jai jakūn beile i booi tokso i nikan ci aname, jušen i boode dosika niyalma be, gemu jafafi ilgara an i ilga. jušen i aldungga, eimede, silemin sa, bi boode akū bihe, sarkū seme somifi tuciburakū

令建莊屯。其不可豢養之獨身且頑強者，亦正法之。再其次，八貝勒家莊屯之漢人，凡入諸申家之人，皆執之，照例辨別。諸申中之怪異、討人厭、懶惰者，若以我不在家或不知而隱匿不舉，

令建庄屯。其不可豢养之独身且顽强者，亦正法之。再其次，八贝勒家庄屯之汉人，凡入诸申家之人，皆执之，照例辨别。诸申中之怪异、讨人厌、懒惰者，若以我不在家或不知而隐匿不举，

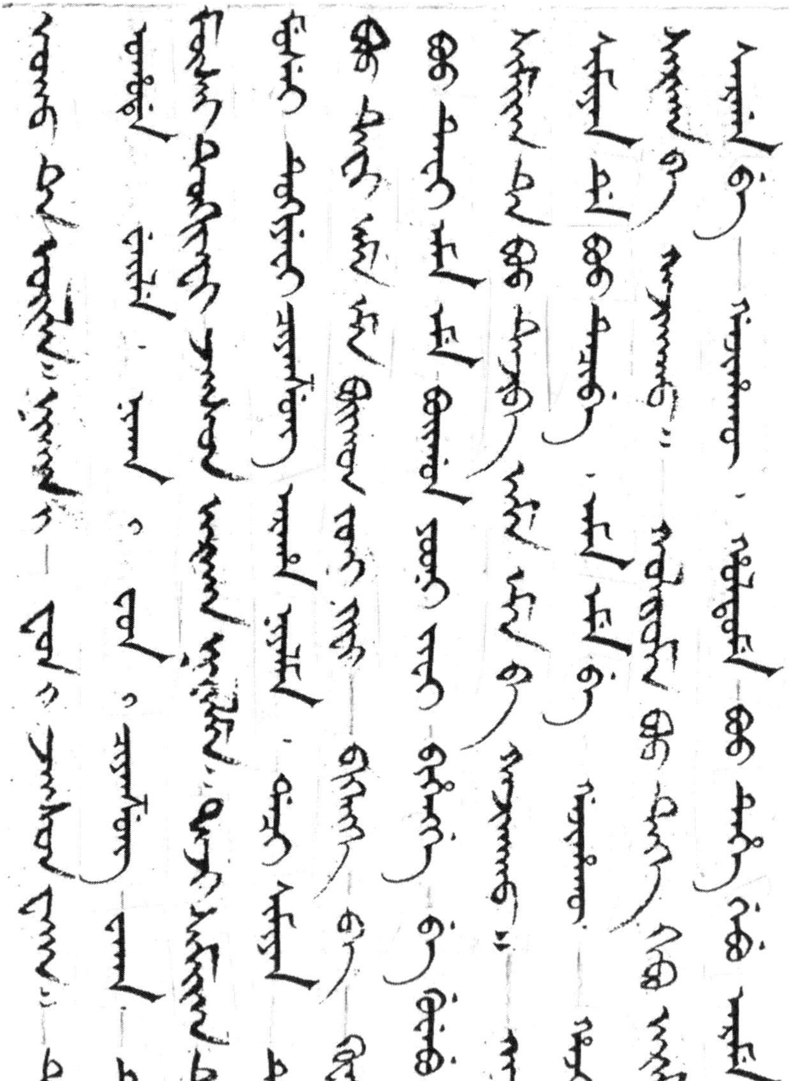

ohode weile. nikan i fon i ciyandzung waka, te musei tukiyefi ciyandzung araha niyalma, daci simiyan de boo tefi ama eme boigon yooni jifi bihengge be guwebu. simiyan de boo tecibe, ama eme be gajihakū, haji sargan be gajihakū, holtome boo tehe gebu arame,

---

則罪之。在明時非千總，今經我等舉為千總之人，向來在瀋陽居住家中父母戶口俱來投者，則免之。家雖住瀋陽，但未攜父母、未攜愛妻、謊稱住家之名，

则罪之。在明时非千总，今经我等举为千总之人，向来在沈阳居住家中父母户口俱来投者，则免之。家虽住沈阳，但未携父母、未携爱妻、谎称住家之名，

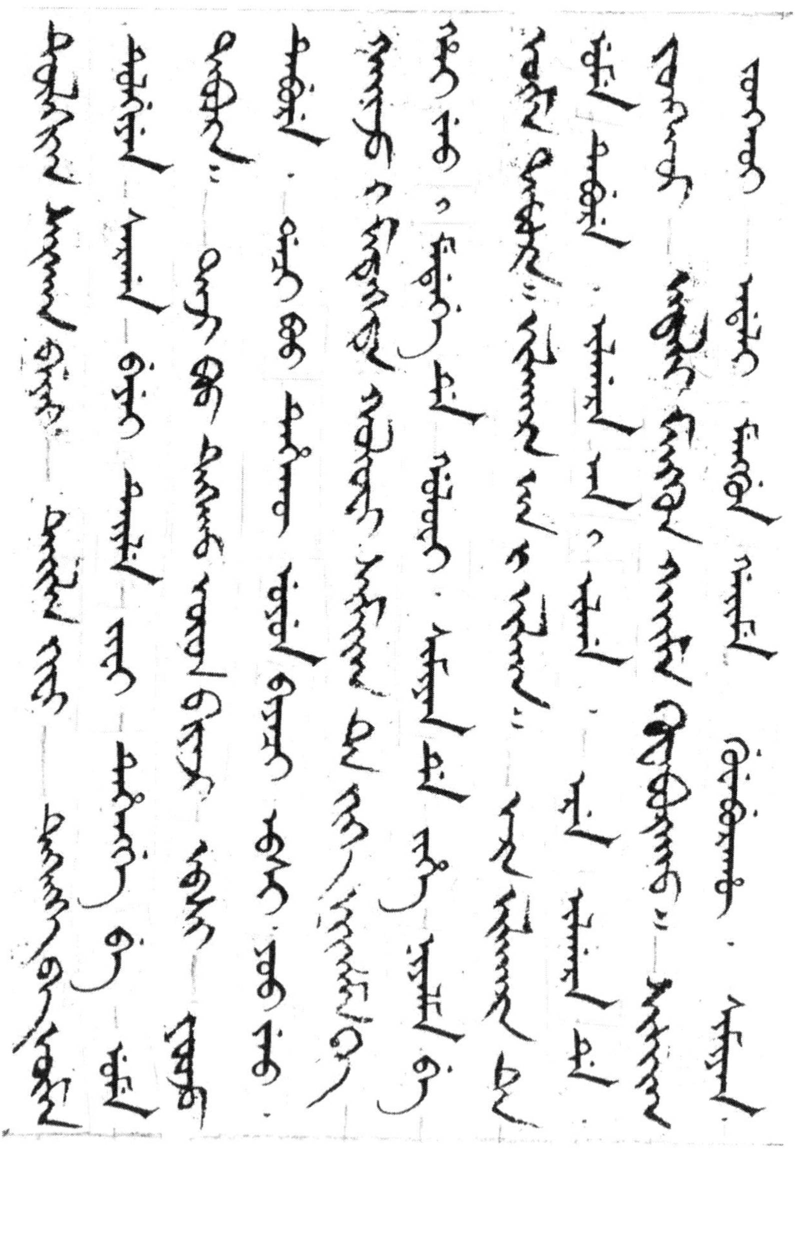

tulgiyen sargan beyei teile jifi tehengge be ume tebure. daci boo tehekū, uyun biyaci ebsi, yoo jeo, hai jeo i medege de golofi, simiyan de jihe niyalma be ume tebure, ilgara an i ilga. ere ilgara de, jongkoi adali menggun gaime guweburahū, simiyan,

只以妾[13]前來居住者，不令居住。向未在家居住，自九月以來，因聞耀州、海州之信息，驚恐而來瀋陽之人，不令居住，按照辨別之例辨別。此次辨別，恐仍如前賄銀而免之，故對瀋陽、

只以妾前来居住者，不令居住。向未在家居住，自九月以来，因闻耀州、海州之信息，惊恐而来沈阳之人，不令居住，按照辨别之例辨别。此次辨别，恐仍如前贿银而免之，故对沈阳、

[13] 妾，《滿文原檔》寫作"tülkijan sarkan"，《滿文老檔》讀作"tulgiyen sargan"。按〈簽注〉：「謹查《新定舊清語》一書，"tulgiyen sargan"，即妾。」，茲參照迻譯。

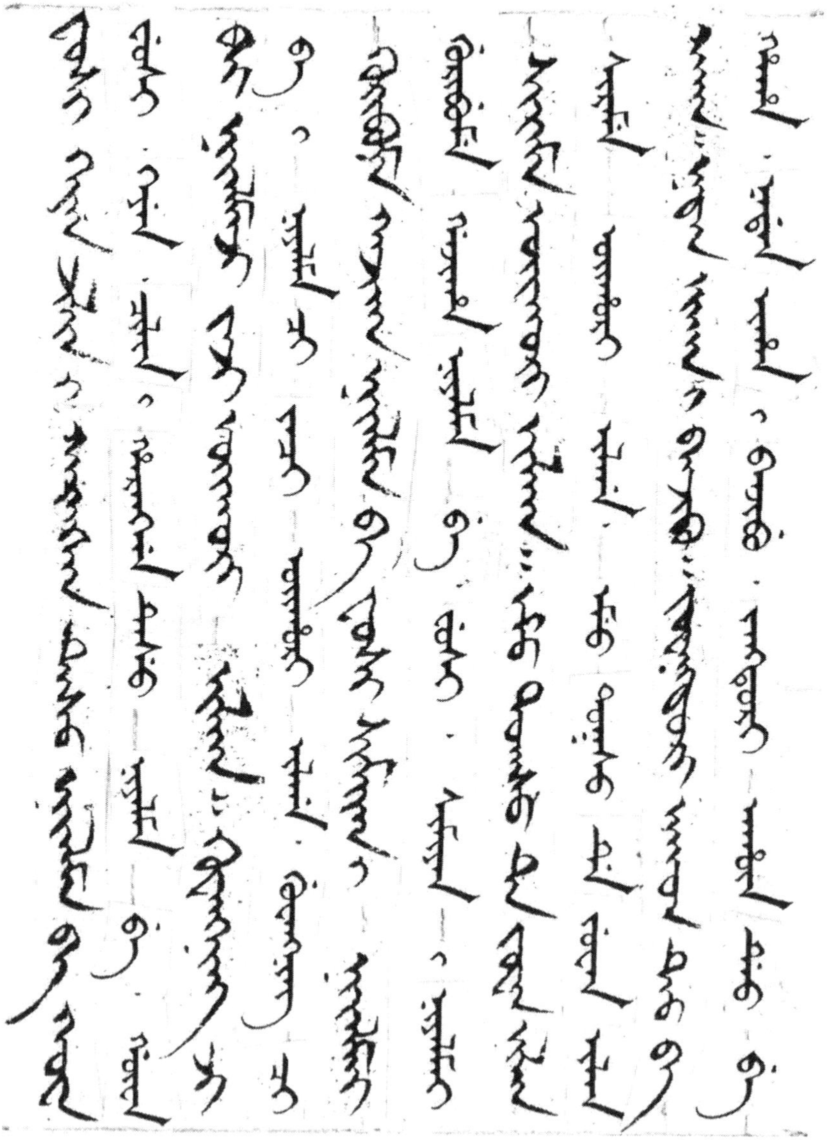

fusi, keyen, cilin i harangga tesu niyalma be, gūwa ba i niyalma ci jaci oihori ilga. guwangning ci guribume gajiha niyalma be, fusi, simiyan i niyalmai sirame oihori ilga. emu tokso de juwan ilan haha, nadan ihan i banjibu, jangturi ahūn deo be

撫順、開原、鐵嶺[14]所屬當地人，比他處之人從寬辨別之。由廣寧遷來之人，亦按撫順、瀋陽之人從寬辨別之。一莊編設男丁十三人、牛七頭，莊頭兄弟

抚顺、开原、铁岭所属当地人，比他处之人从宽辨别之。由广宁迁来之人，亦按抚顺、沈阳之人从宽辨别之。一庄编设男丁十三人、牛七头，庄头兄弟

[14] 瀋陽、撫順、開原、鐵嶺，《滿文原檔》、《滿文老檔》依序讀作 "simiyan 、fusi 、keyen 、cilin"。 按《盛京輿圖》，乾隆四十三年（1778）銅版印本，滿文依序讀作 "mukden、fusi、k'ai yuwan、tiyei ling"，漢文依序讀作「盛京、撫順、開原、鐵嶺」。

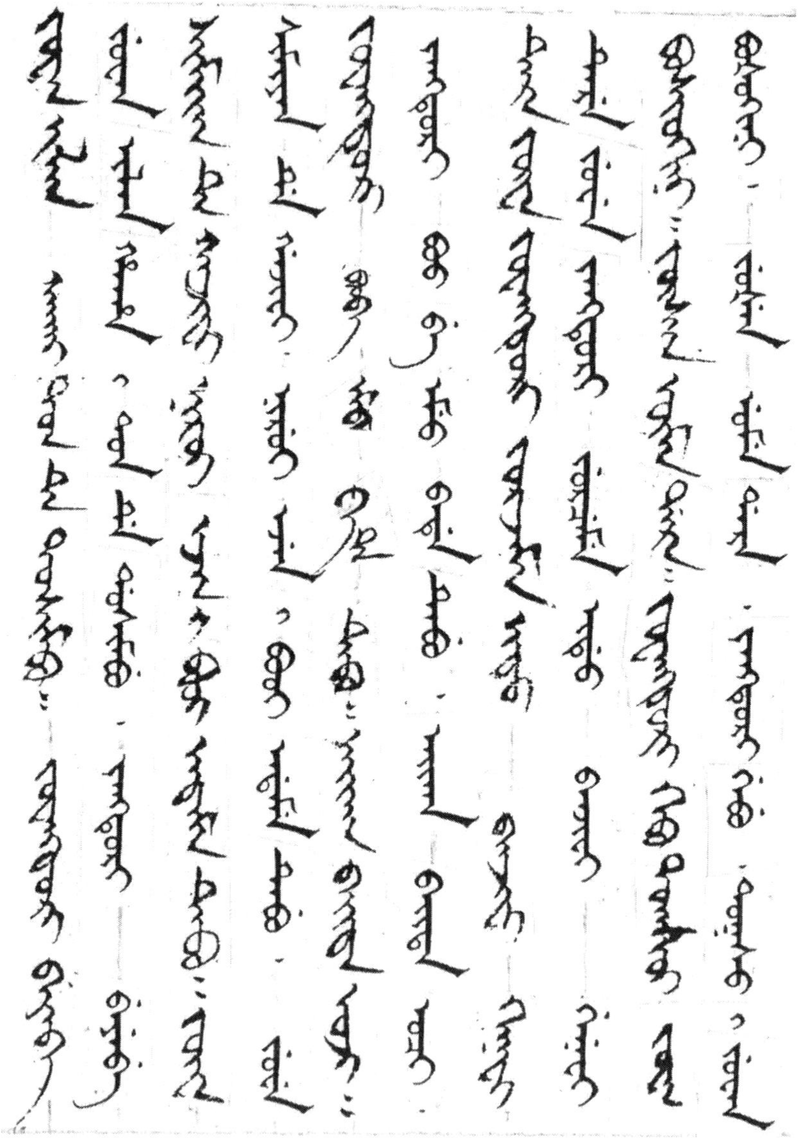

juwan ilan haha i ton de dosimbu. jangturi beyebe simiyan de gajifi, nirui ejen i booi adame tebu, juwe jangturi boo be emu bade tebu. aika baita oci, tere juwe jangturi jurceme idu banjifi genefi bošokini, jušen ume dara. jangturi gebu, tokso i juwan

---

算入十三男丁之數內。將莊頭本人帶至瀋陽，毗鄰牛彔額真之家居住，二莊頭之家住於一處。若是有事，則令二莊頭輪番值班前往催辦，諸申勿管。莊頭之名

算入十三男丁之数内。将庄头本人带至沈阳，毗邻牛彔额真之家居住，二庄头之家住于一处。若是有事，则令二庄头轮番值班前往催办，诸申勿管。庄头之名

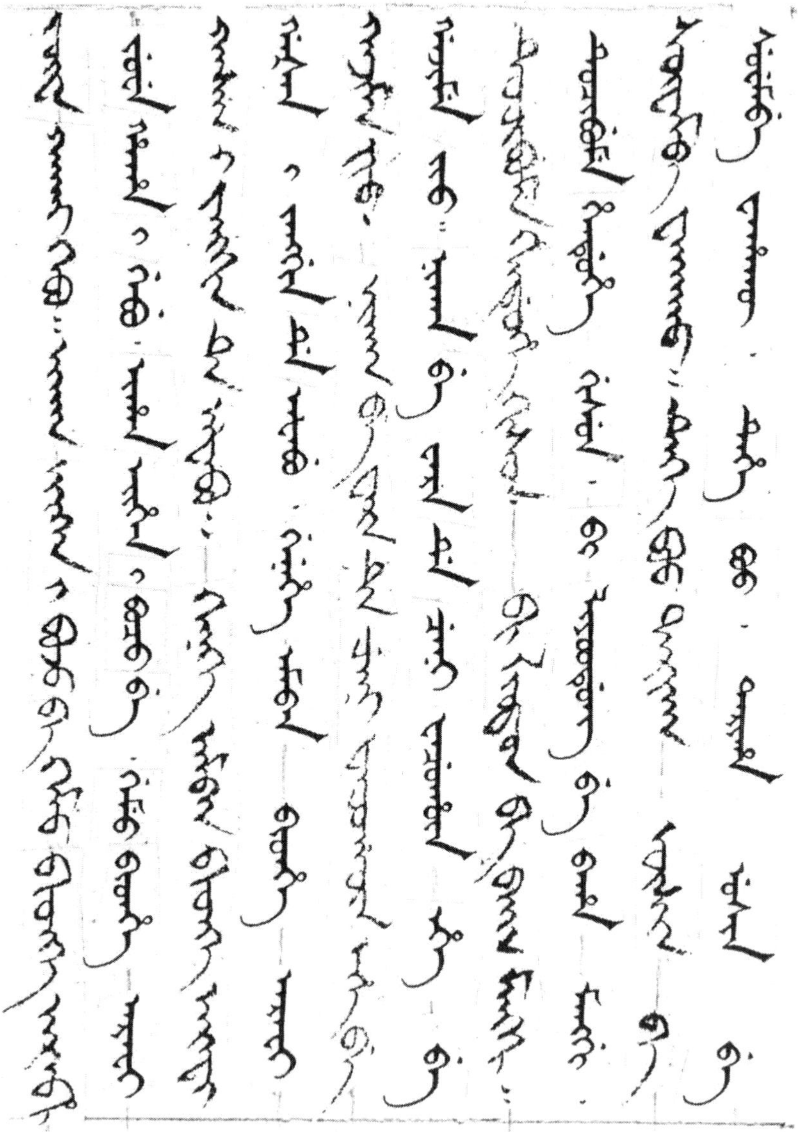

juwe haha i gebu, ihan, eihen i boco be, gemu bithe arafi gašan i janggin de afabu, genehe amban bithe arafi gajime jio. nikan be wara de, ceni facuhūn ehe be tucibume henduhe gisun, bi liyoodung be baha manggi, suwembe wahakū, tehe boo, tariha usin be

---

莊內十二男丁之名及牛、驢之毛色，皆繕寫清冊，交該屯章京，由前往之大臣繕寫清冊帶來。」殺漢人時，汗命出示彼等作亂行惡之佈告曰：「我取遼東後，未殺爾等，亦未動住家、耕種田地，

庄内十二男丁之名及牛、驴之毛色，皆缮写清册，交该屯章京，由前往之大臣缮写清册带来。」杀汉人时，汗命出示彼等作乱行恶之布告曰：「我取辽东后，未杀尔等，亦未动住家、耕种田地，

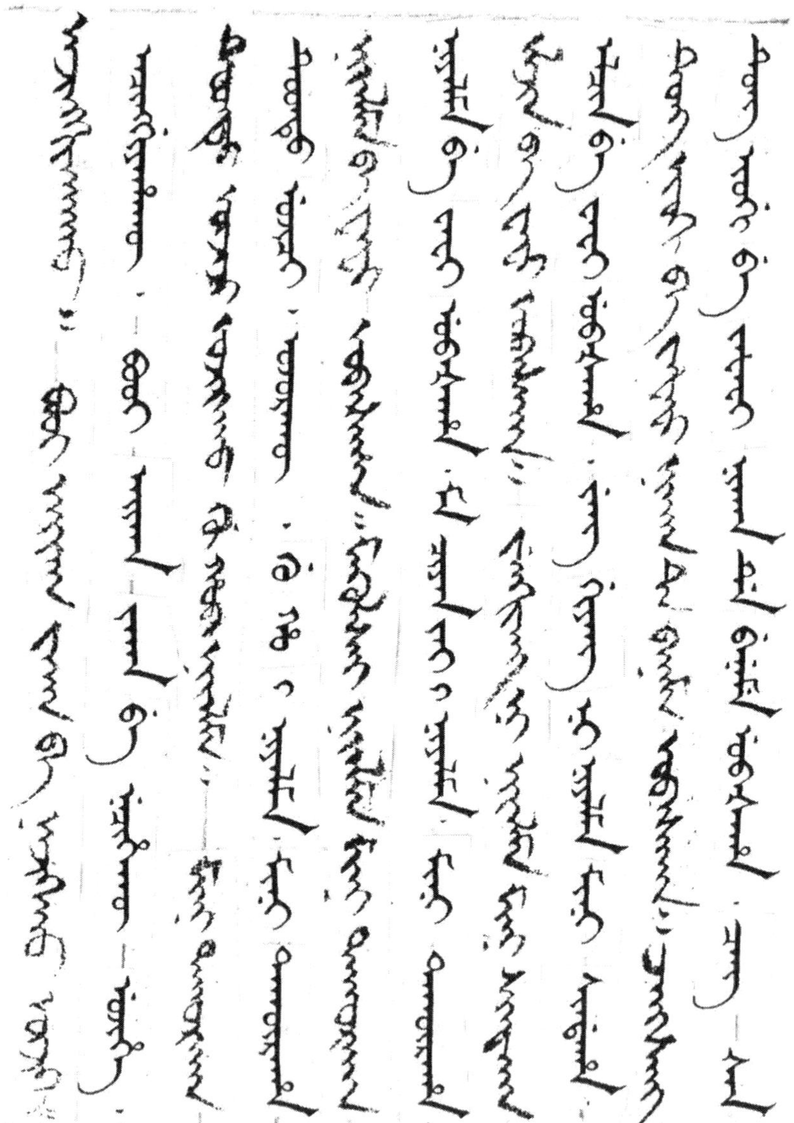

acinggiyahakū, booi aika jaka be neciheku ujihe, tuttu ujici, ojorakū. gu ho i niyalma, mini takūraha niyalma be wafi ubašaha. ma ciyan jai i niyalma, mini takūraha elcin be wafi ubašaha. jeng giyang ni niyalma, mini sindaha tung iogi be jafafi nikan de beneme ubašaha. cang šan

未犯家中一應物件，而豢養之。如此豢養，竟然不從。古河之人，殺我所遣之人而叛。馬前寨[15]之人，殺我所遣之使者而叛。鎮江之人，執我所補授之佟遊擊送明而叛。

未犯家中一应物件，而豢养之。如此豢养，竟然不从。古河之人，杀我所遣之人而叛。马前寨之人，杀我所遣之使者而叛。镇江之人，执我所补授之佟游击送明而叛。

15 馬前寨，《滿文原檔》寫作“makūlsai”，《滿文老檔》讀作“ma ciyan jai”。

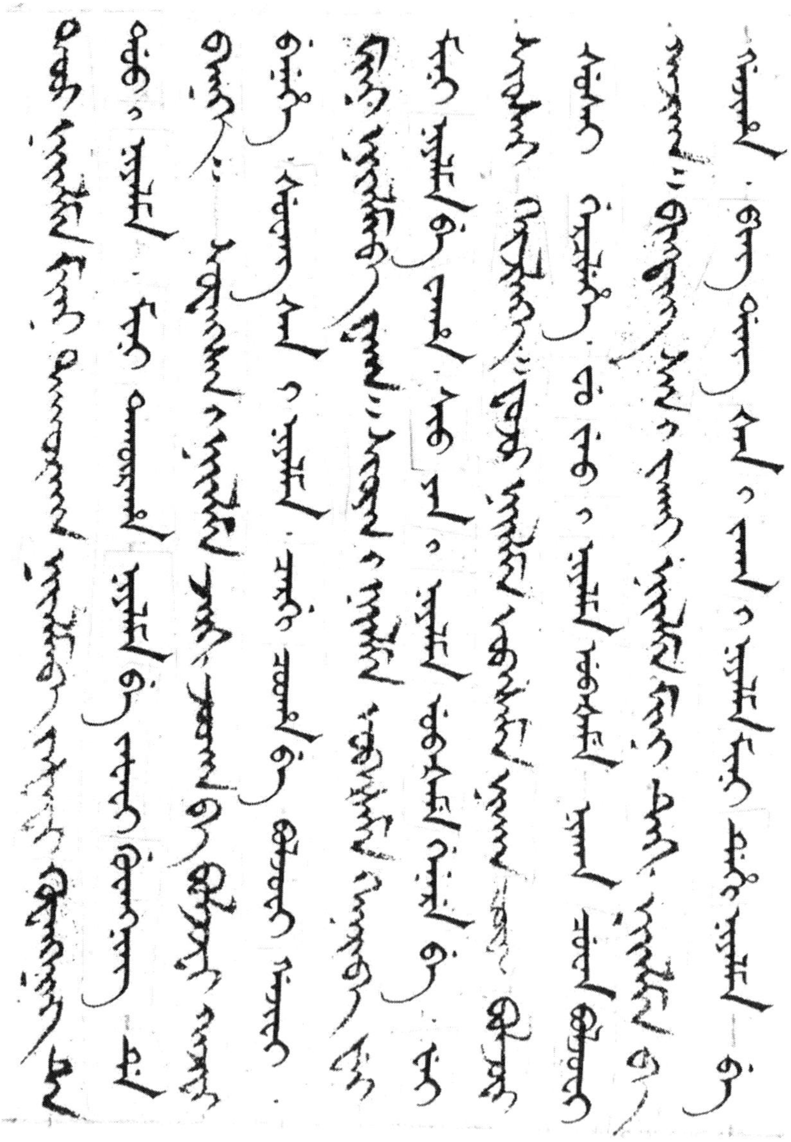

doo i niyalma, mini takūraha niyalma be jafafi guwangning de benehe. šuwang šan i niyalma, cargi cooha be boljofi gajifi, mini niyalma be waha. sio yan i niyalma ubašame genere be, fei šusai gercilehe. fu jeo i niyalma ubašame nikan cuwan boljofi gajiha. ping ding šan i jaka i niyalma, mini dehi niyalma be

---

長山島之人，執我所遣之人送廣寧。雙山之人，暗約敵兵，殺我之人。岫巖之人叛逃，為費生員首告。復州之人反叛，約明船帶來。平頂山隘口之人，殺我四十人

长山岛之人，执我所遣之人送广宁。双山之人，暗约敌兵，杀我之人。岫岩之人叛逃，为费生员首告。复州之人反叛，约明船带来。平顶山隘口之人，杀我四十人

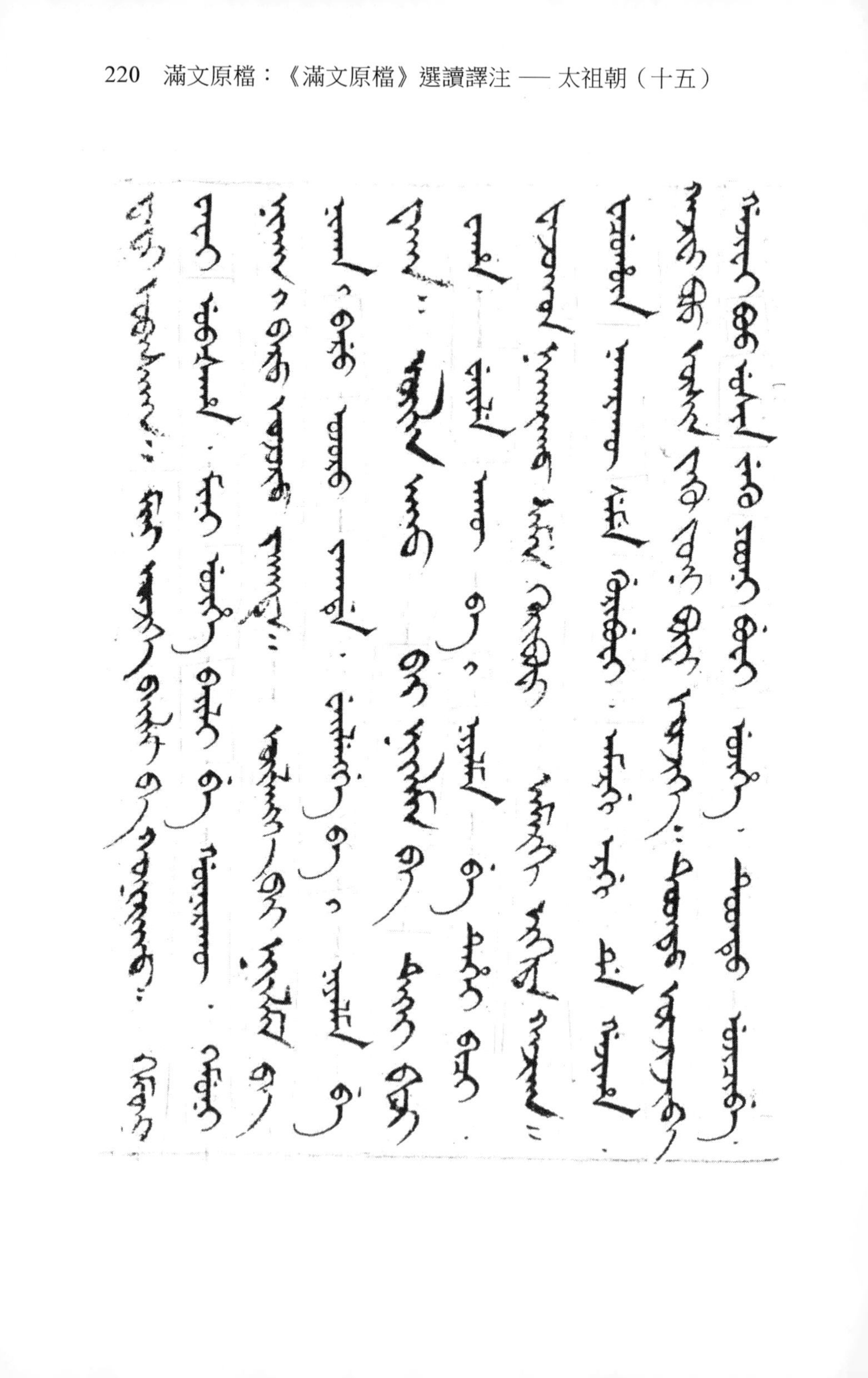

wafi ubašaha. mini ujihe baili be gūnirakū, kemuni nikan i baru ojoro jakade, weilengge ba i niyalma be waha. weile akū ba i niyalma be tehei bici, facuhūn nakarakū seme guribufi, amargi ergi de gajiha. gajifi boo, usin, jeku yooni bufi ujihe, tuttu ujicibe,

---

而叛。不念我豢養之恩，仍然心向明朝，故殺此有罪地方之人。無罪地方之人，若居住日久，不免作亂而遷移，故攜至北方。攜來後，俱給房屋、田地、糧食豢養之。雖如此豢養，

而叛。不念我豢养之恩，仍然心向明朝，故杀此有罪地方之人。无罪地方之人，若居住日久，不免作乱而迁移，故携至北方。携来后，俱给房屋、田地、粮食豢养之。虽如此豢养，

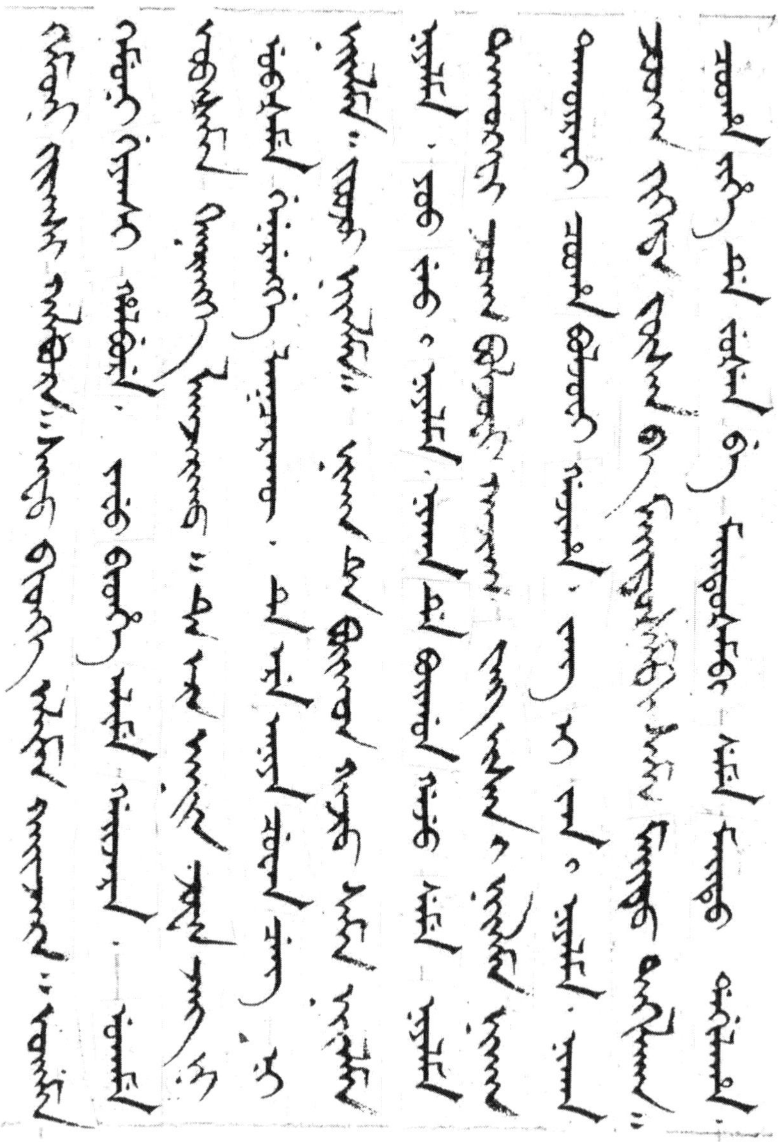

kemuni giyansi halbure, jafu bithe alime gaijara, ukame ubašame generengge lakcarakū. te ere aniya cuwan ceng ni niyalma, yoo jeo i niyalma, nikan de boigon gaju seme niyalma takūrafi cooha boljofi gajiha. jang i jan i niyalma, nikan cooha jihe de, jušen be maitušambi seme maitu dagilaha.

仍窩藏奸細，接受札付，相繼叛逃，絡繹不絕。今年船城之人、耀州之人，欲帶戶口投明，遣人約兵前來帶去。彰儀站之人，為明兵來時棒擊諸申而預備棍打。

仍窝藏奸细，接受札付，相继叛逃，络绎不绝。今年船城之人、耀州之人，欲带户口投明，遣人约兵前来带去。彰仪站之人，为明兵来时棒击诸申而预备棍打。

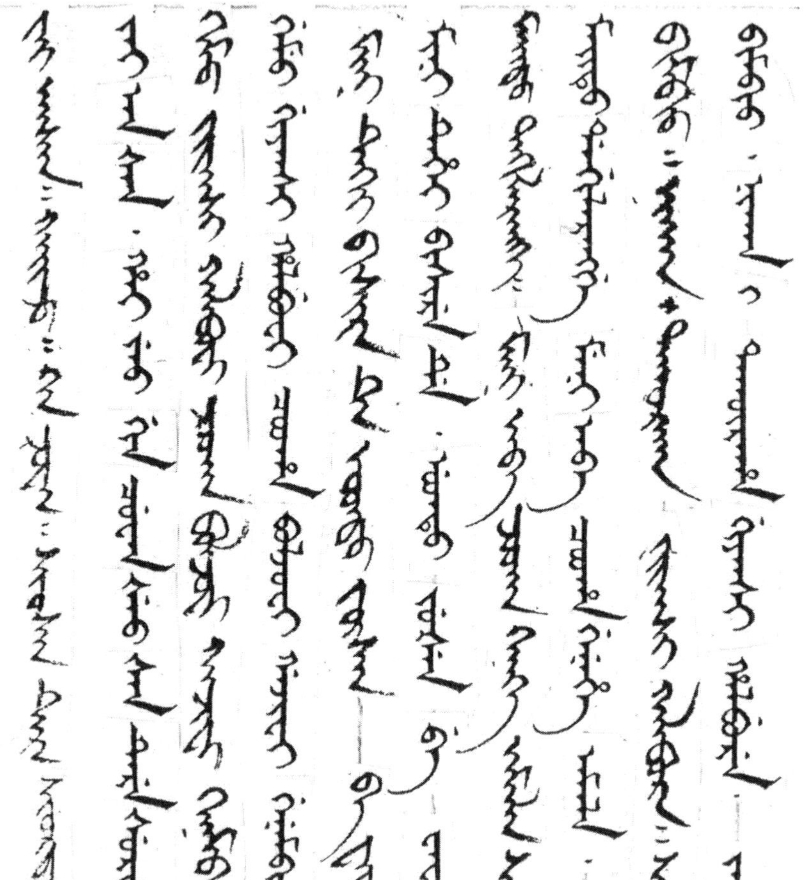

jai an šan, hai jeo, gin cuwan, šeo šan, tere šurdeme pu i niyalma, gemu giyansi halbufi cooha boljofi gajifi genembihe. suwe, mini tehei bisire de, uttu jušen be wafi generengge, maitu dagilarangge, meni aba, cooha genehe amala, suwe ekisaka bimbio. nikan i takūraha giyansi halbure, jafu bithe

---

再者，鞍山、海州、金川、首山等周圍之堡人，皆曾窩藏奸細，約兵前來擄去。我等駐紮之時，爾等尚且如此殺諸申而去，且預備棍棒。我等行圍或出兵之後，爾等豈能安謐耶？窩藏明所遣之奸細、接受札付、

再者，鞍山、海州、金川、首山等周围之堡人，皆曾窝藏奸细，约兵前来携去。我等驻扎之时，尔等尚且如此杀诸申而去，且预备棍棒。我等行围或出兵之后，尔等岂能安谧耶？窝藏明所遣之奸细、接受札付、

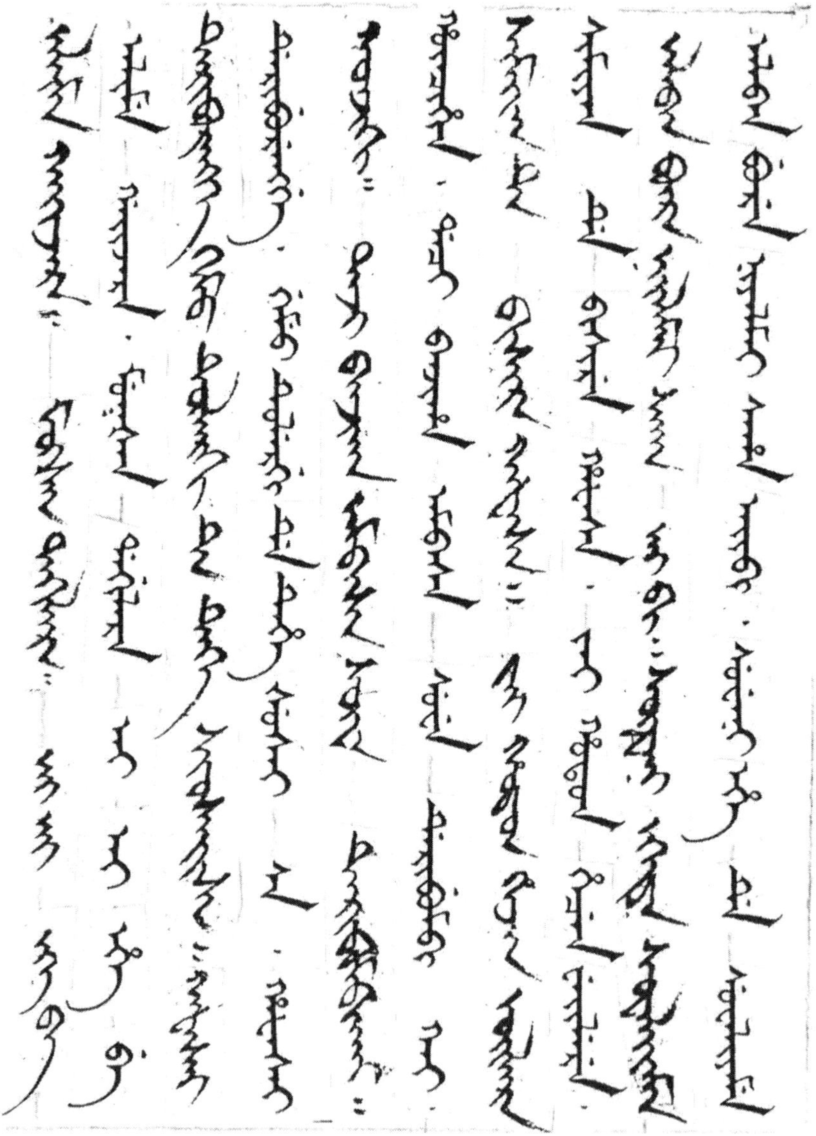

alime gaijara, mukšan dagilara ai ai ehe be deriburengge, gemu tulergi de tehe šusai sa, hafasai hūncihin, daci banjiha ambasa suwe deribumbi kai. simiyan de bisire hafasa, jai hoton hecen weilere, alban bure niyalmai saha aibi. suweni ehe de suwaliyame

---

置備棍棒等種種惡行，皆係在外居住生員、官員之親戚及前大臣爾等所為也。在瀋陽之官員及修築城池、充役之人知之何妨？無非為爾等之惡行牽連一併

置备棍棒等种种恶行，皆系在外居住生员、官员之亲戚及前大臣尔等所为也。在沈阳之官员及修筑城池、充役之人知之何妨？无非为尔等之恶行牵连一并

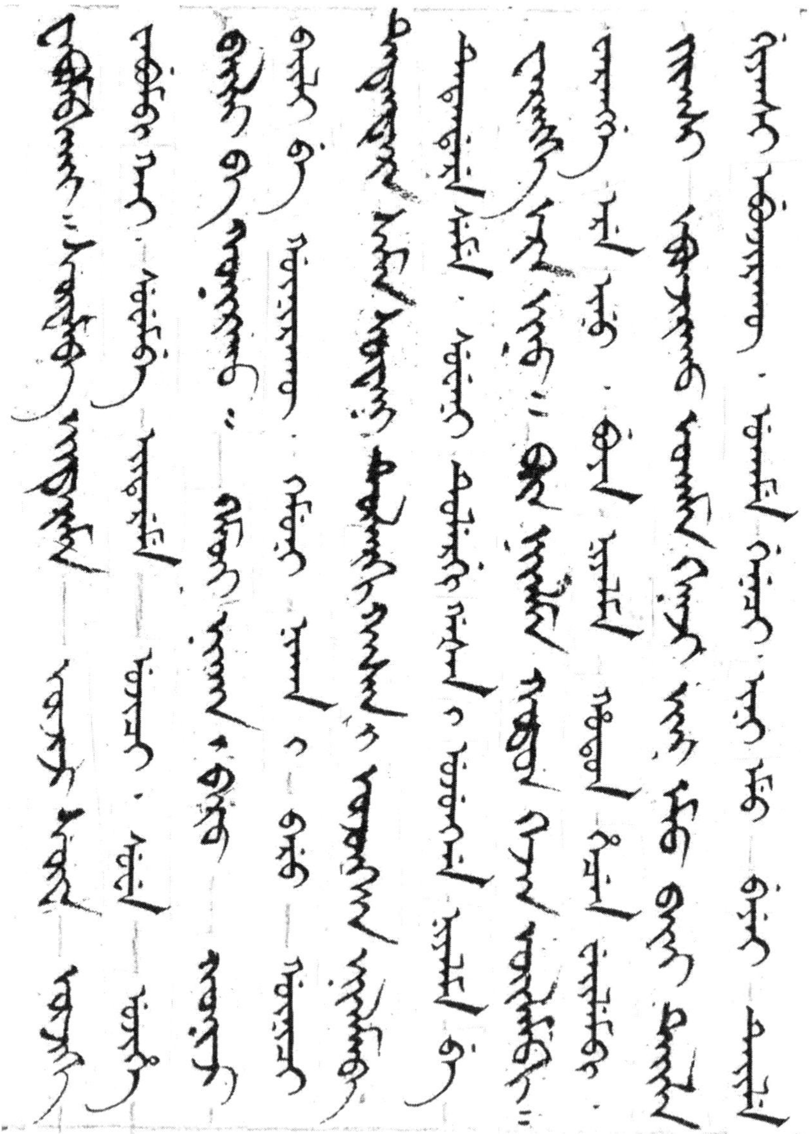

wabumbi kai. suwembe eitereme ujici, suwe ujihe baili be gūnirakū, kemuni nikan i baru gūnici tetendere seme, suweni tulergi gašan i ujungga niyalma be warangge ere inu. buya niyalma hoton hecen weilembi, giyansi ebunjirakū, ukame geneci, ini emu beyei teile

---

被殺也。總之，豢養爾等，爾等不念豢養之恩，既然依舊心向明，故殺爾等外屯之頭人者此也。小人修築城池，奸細不投，倘若逃走，亦僅其一己而去，

被杀也。总之，豢养尔等，尔等不念豢养之恩，仍旧既然心向明，故杀尔等外屯之头人者此也。小人修筑城池，奸细不投，倘若逃走，亦仅其一己而去，

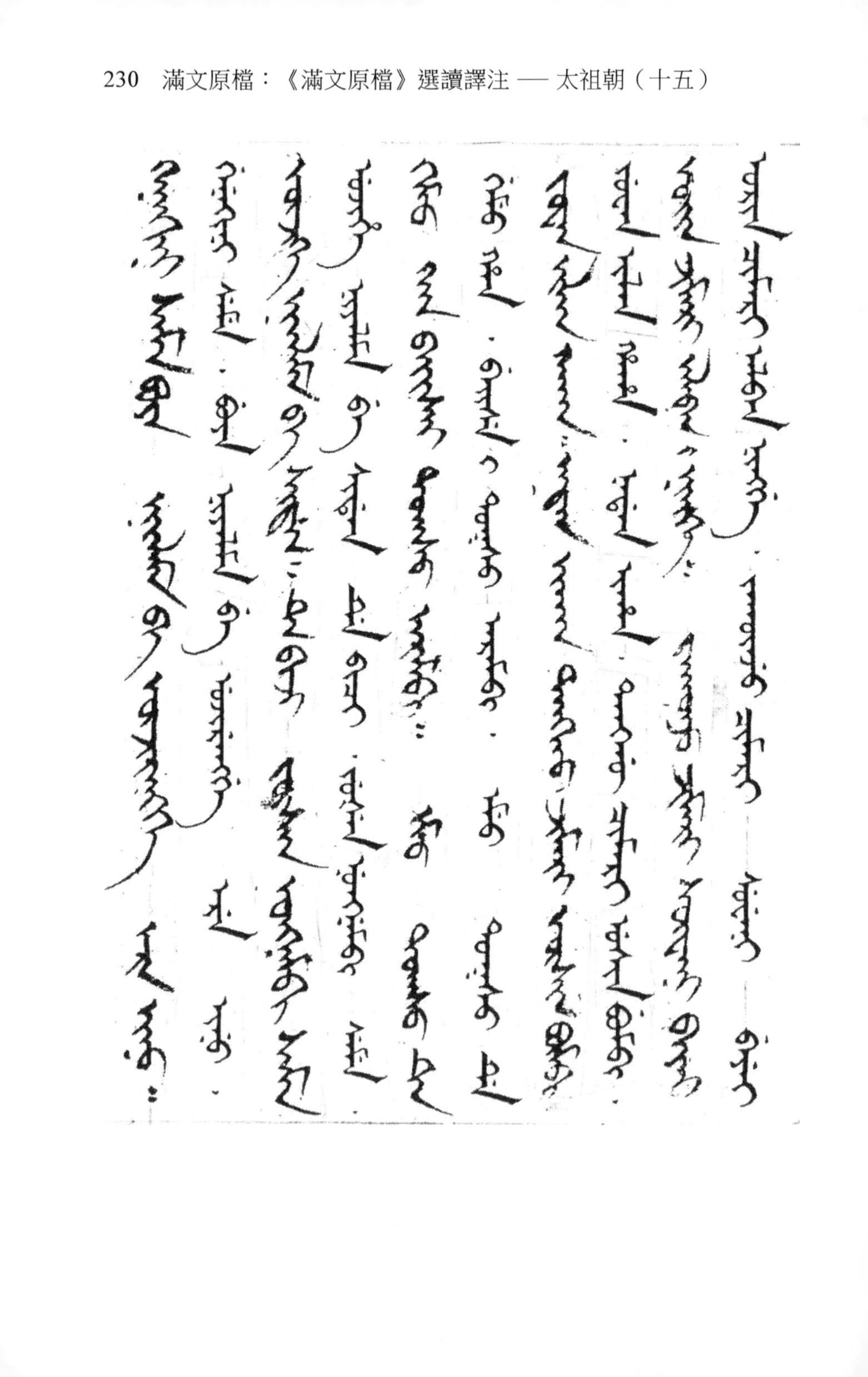

genekini seme, buya niyalma be ujirengge ere inu. ujihe niyalma be siden de bici, jušen nungnembi seme, gemu han, beise i tokso arambi. emu tokso de juwan ilan haha, nadan ihan, tanggū cimari usin bumbi, orin cimari alban ningge, jakūnju cimari suweni beyei

---

豢養小人者此也。若置豢養之人於中間，則受諸申之侵害。故皆建為汗與諸貝勒之莊屯，一莊屯給與男丁十三人、牛七頭、田百垧，二十垧為官田，八十垧供爾等自行食用。」

豢养小人者此也。若置豢养之人于中间，则受诸申之侵害。故皆建为汗与诸贝勒之庄屯，一庄屯给与男丁十三人、牛七头、田百垧，二十垧为官田，八十垧供尔等自行食用。」

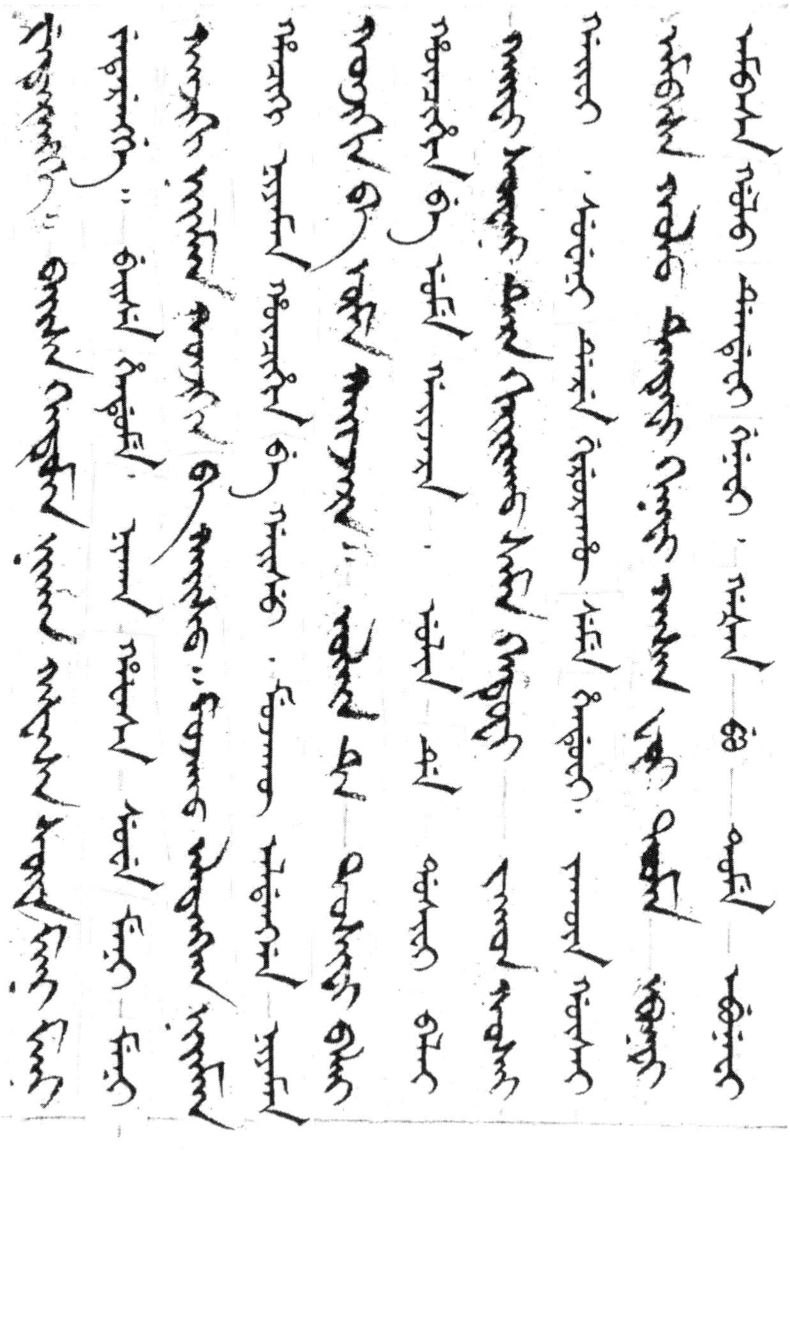

jeterengge. beise hendume, nikan hafasa suwe meni meni hanciki niyaman hūncihin be gaisu, mujakū aldangga niyaman hūncihin be ume gaijara. ulin de dosifi balai gaifi, suweni dere girurahū seme hendufi, jakūn gūsai ambasa golo dendefi genefi, gašan pu tome ebunefi

---

諸貝勒曰：「眾漢官，令爾等各自攜帶近親前來，遠親勿帶；以免其妄領貨財，恐致爾等臉面無光。」言畢，遂令八旗大臣分路前往，進入各屯堡殺之。

诸贝勒曰：「众汉官，令尔等各自携带近亲前来，远亲勿带；以免其妄领货财，恐致尔等脸面无光。」言毕，遂令八旗大臣分路前往，进入各屯堡杀之。

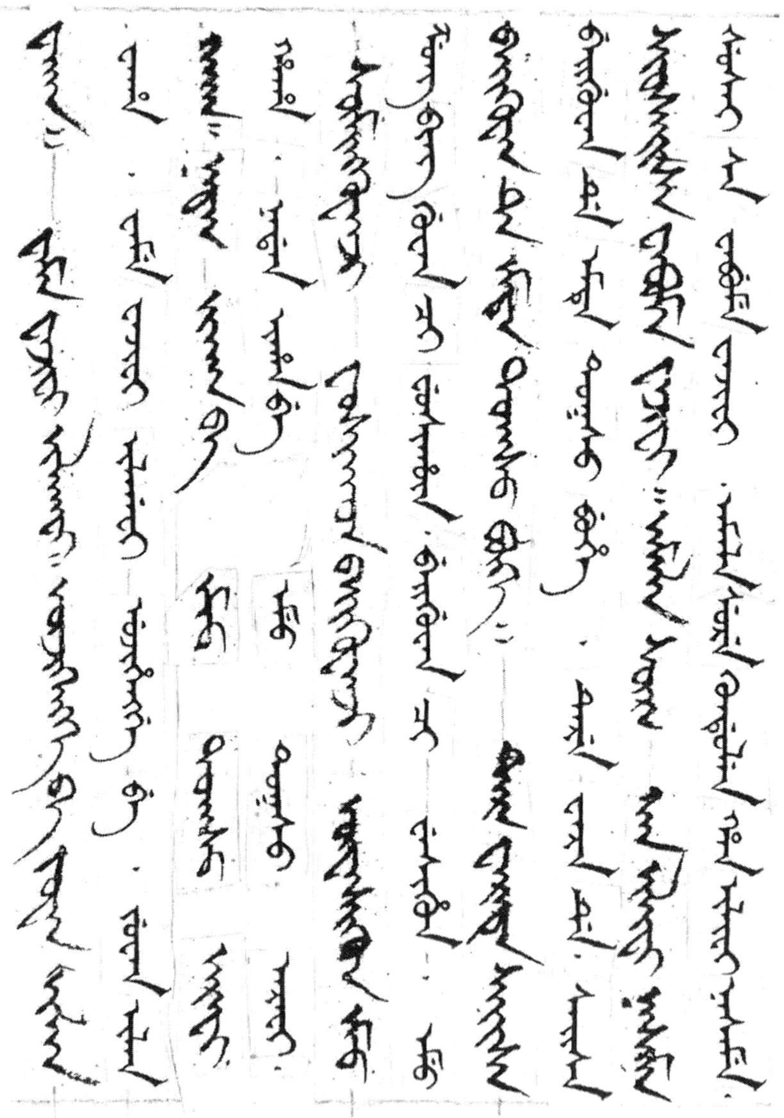

waha. wame wajifi ilgafi ujihengge be, juwan ilan haha, nadan ihan be emu tokso arafi, dzung bing guwan ci fusihūn, beiguwan ci wesihun, emu beiguwan de emte tokso buhe. tere wara de, saisa šusai sa wabume wajifi, amala sure kundulen han ilifi nasame,

---

殺畢後加以辨別，當豢養者，以男丁十三人、牛七頭編為一莊。總兵官以下，備禦官以上，每備禦官賞賜各一莊。經此誅戮，賢良生員等盡被殺完，後來聰睿汗歎惜而止之，

杀毕后加以辨别，当豢养者，以男丁十三人、牛七头编为一庄。总兵官以下，备御官以上，每备御官赏赐各一庄。经此诛戮，贤良生员等尽被杀完，后来聪睿汗叹惜而止之，

十三、喇嘛來投

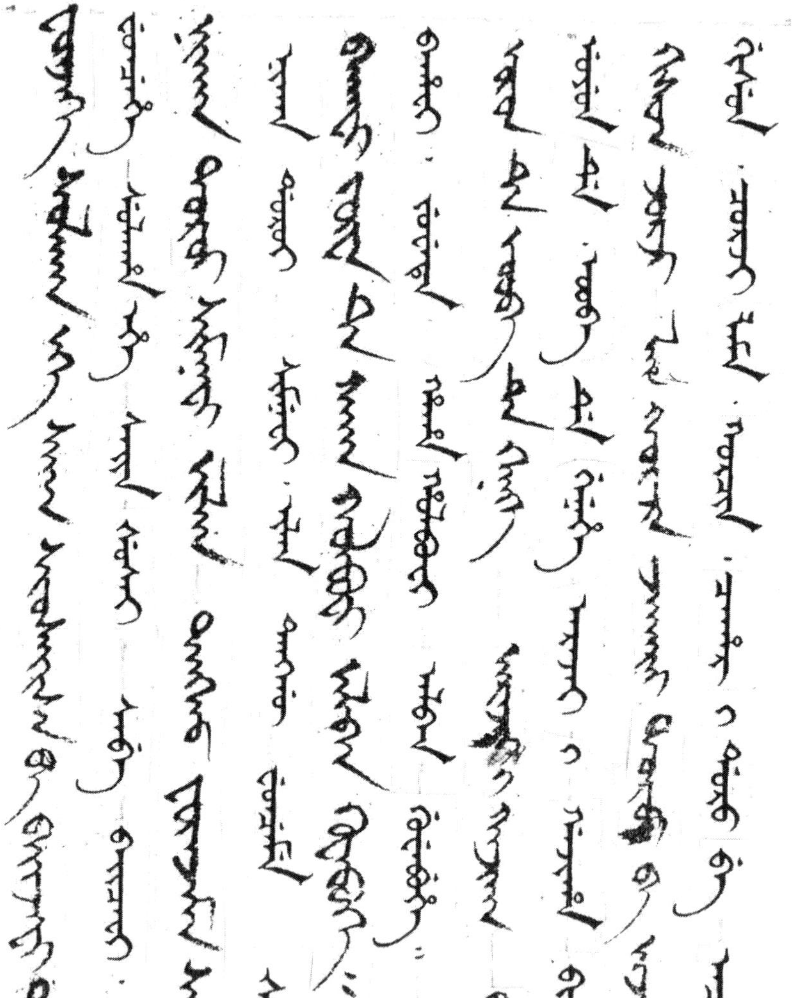

funcehe sulaha ehe sain šusai sabe baicafi, dasame nikan doroi simnefi, ilan tanggū funceme šusai bahafi, juwete haha holbofi alban guwebuhe. juwan uyun de, ooba de genehe arajai i gajiha bithei gisun, corji lama, korcin, cahar i doro be acabumbi

---

查驗所餘閑散之優劣生員，復以明制考選生員三百餘名，配以男丁各二名，免其正賦。十九日，往奧巴之阿拉齋賫回書曰：「綽爾吉喇嘛為促成科爾沁、察哈爾合政

查验所余闲散之优劣生员，复以明制考选生员三百余名，配以男丁各二名，免其正赋。十九日，往奥巴之阿拉斋赍回书曰：「绰尔吉喇嘛为促成科尔沁、察哈尔合政

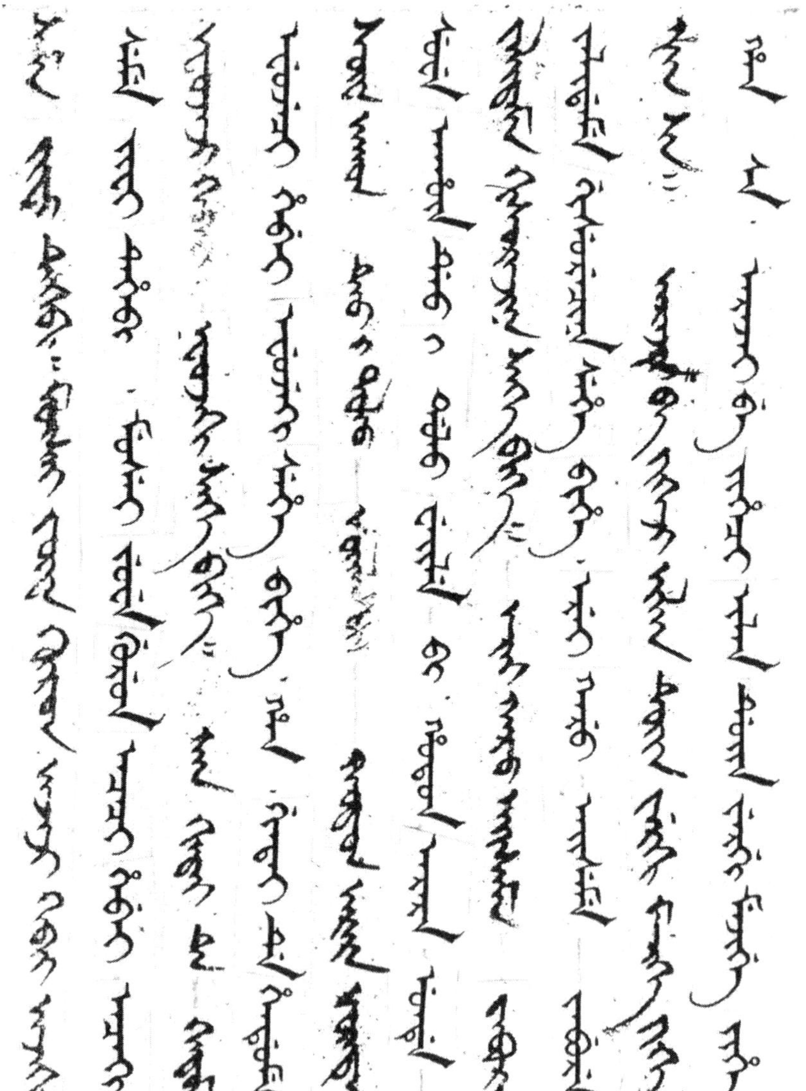

seme jifi tehebi. musei juwe gurun acaci hebei acaki, efujeci hebei efujeki sehe bihe. han, gintai de hendume, suwe ahūn deo i dolo weile bi, hoton arara unde, jalidame gisurecina sehe bihe. erei karu aiseme jabure, han sa. arajai be jiheci ilan, duin jergi mejige jihe,

---

而來往。曾言我等兩國若合則議合，若分則議分。」汗對金泰曰：「爾等兄弟之內有隙，尚未築城，故出此言，乃用奸計耳。」此事如何答對，汗自知之。自阿拉齋來後，即傳三、四次信息，

而来往。曾言我等两国若合则议合，若分则议分。」汗对金泰曰：「尔等兄弟之内有隙，尚未筑城，故出此言，乃用奸计耳。」此事如何答对，汗自知之。自阿拉斋来后，即传三、四次信息，

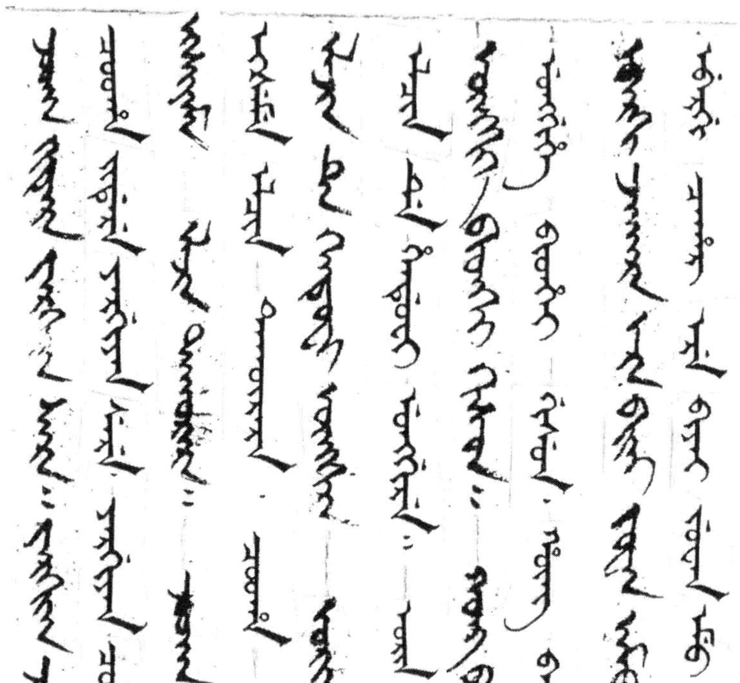

cooha jidere yargiyan sere. yargiyan cooha juraka mejige jici, ekšeme elcin takūrara, cooha dara jalin de amaga elcin de hendufi unggire. orin jakūn de, ooba i unggihe bithei gisun, hūng baturu elcin takūrafi, ebergi cahar ere biyai juwan emu de acafi, tofohon de

---

皆云兵來屬實。若確有來兵啟程信息，則急速遣使，並將為援兵之事與後遣之使言之。」二十八日，奧巴致書曰：「據洪巴圖魯遣使來告稱：此方察哈爾於本月十一日會兵，十五日

皆云兵来属实。若确有来兵启程信息，则急速遣使，并将为援兵之事与后遣之使言之。」二十八日，奥巴致书曰：「据洪巴图鲁遣使来告称：此方察哈尔于本月十一日会兵，十五日

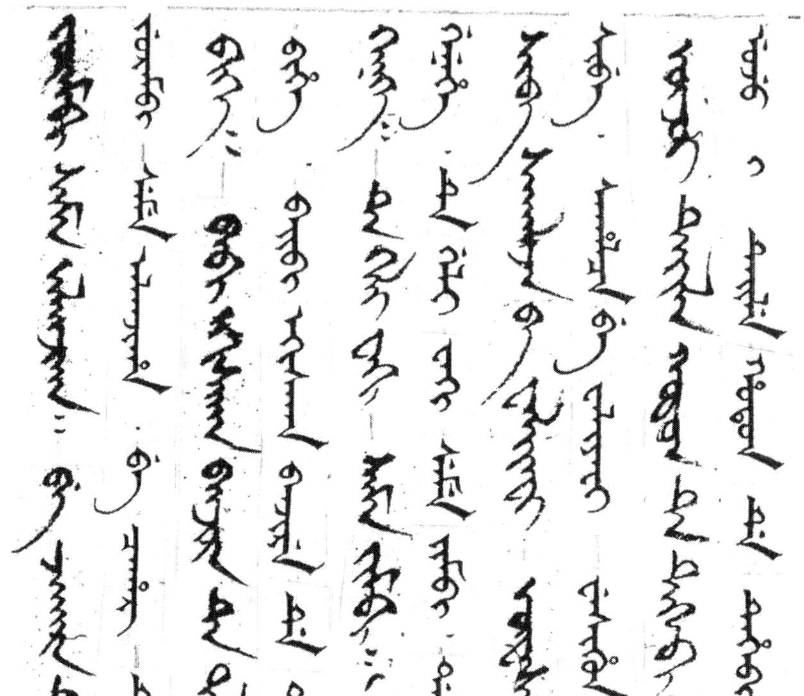

jurambi seme alanjiha. be cahar de amba weile akū bihe, baibi ekisaka banjire de, dalai taiji be wafi genehe, te geli waki seme jimbi. darhan taiji, jalait, sibe, sahalca be waliyafi wesihun genehe, meni ilan uju i teile hoton de tehebi, buceci emu ergen,

---

啟程等語。我等無甚得罪於察哈爾，無事平靜相處之時，即殺達賴台吉而去，今復欲來殺。達爾漢台吉棄扎賚特、錫伯、薩哈勒察東去，僅我等為首三人駐守城池，死則一命，

启程等语。我等无甚得罪于察哈尔，无事平静相处之时，即杀达赖台吉而去，今复欲来杀。达尔汉台吉弃扎赉特、锡伯、萨哈勒察东去，仅我等为首三人驻守城池，死则一命，

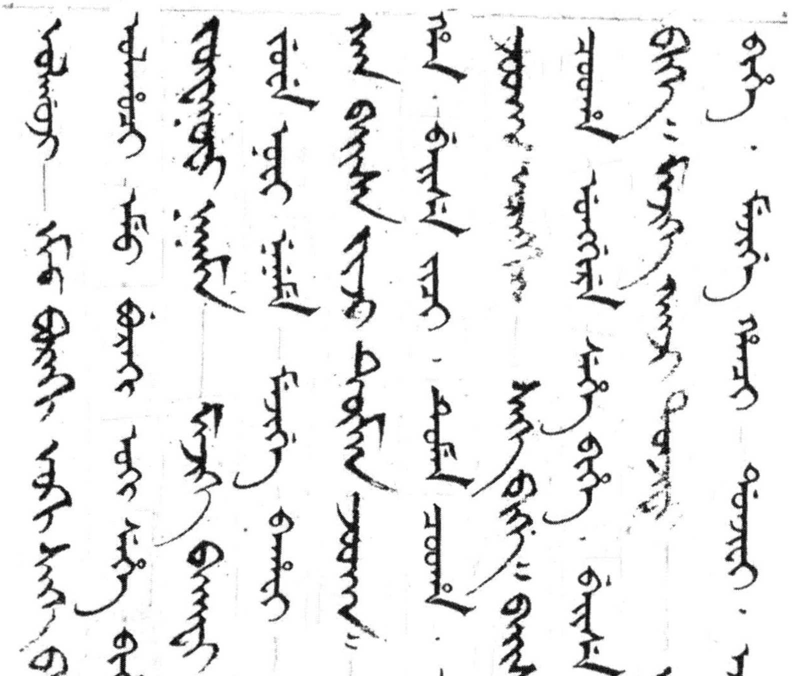

olhoci emu buraki oki sehe bihe. weijeng meni juwe nofi neneme mejige bahafi ebšeme jihe bihe. han, beise jici, tumen cooha, ambasa jici, minggan cooha unggire sehe bihe. beise i juse genekini sehe bihe. mejige hanci donjifi, ere ambasa be ebšeme

---

乾則一塵。衛徵我等二人先獲信息急忙前來。汗曾曰：若諸貝勒前來，則遣兵萬人；若眾大臣前來，則遣兵千人。又曰：遣諸貝勒之子前往。近聞此信息，已急速遣眾大臣。

干则一尘。卫征我等二人先获信息急忙前来。汗曾曰：若诸贝勒前来，则遣兵万人；若众大臣前来，则遣兵千人。又曰：遣诸贝勒之子前往。近闻此信息，已急速遣众大臣。

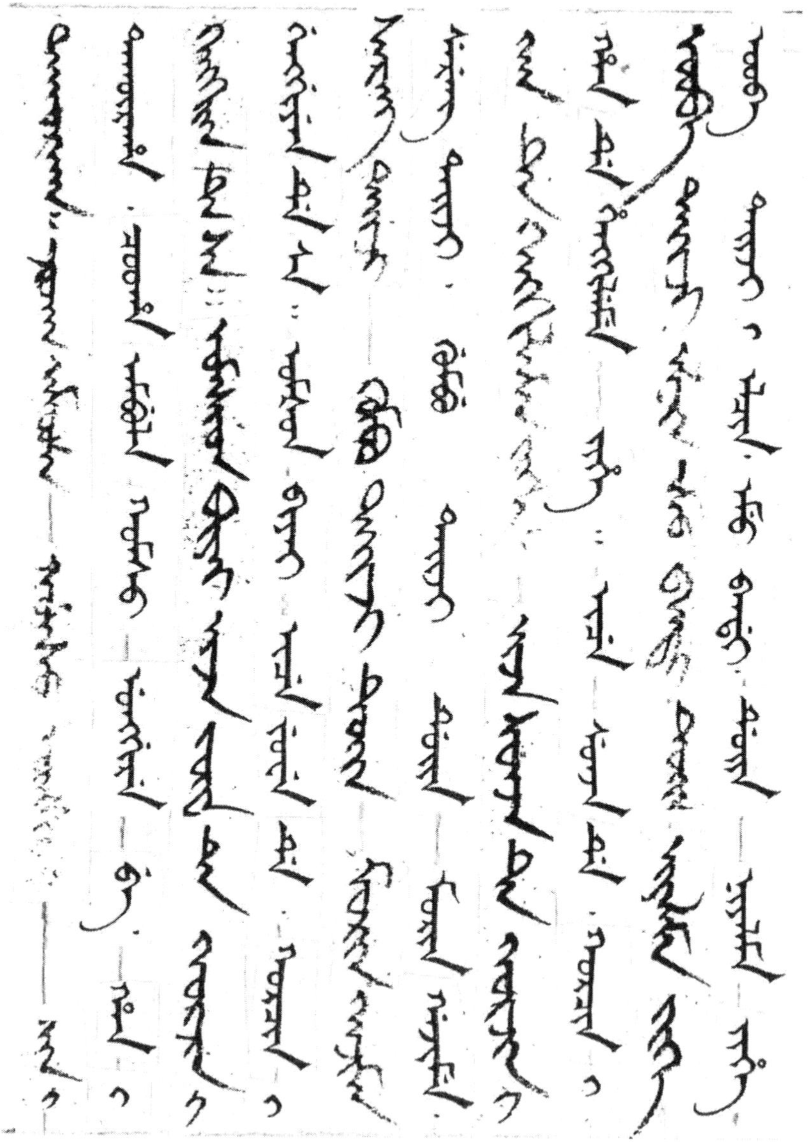

takūraha, cooha ambula komso unggire be, han i genggiyen de sa. omšon biyai ice juwe de, korcin i sereng taiji, gumbu taiji duin morin gajime, han de hengkileme jihe. ice sunja de, korcin i ooba taiji i elcin, emu bandi, duin niyalma jihe

---

遣兵多寡，汗明鑒之。」十一月初二日，科爾沁之色楞台吉、古木布台吉攜馬四匹前來叩拜汗。初五日，科爾沁奧巴台吉之使者一班第率四人前來告稱：

遣兵多寡，汗明鉴之。」十一月初二日，科尔沁之色楞台吉、古木布台吉携马四匹前来叩拜汗。初五日，科尔沁奥巴台吉之使者一班第率四人前来告称：

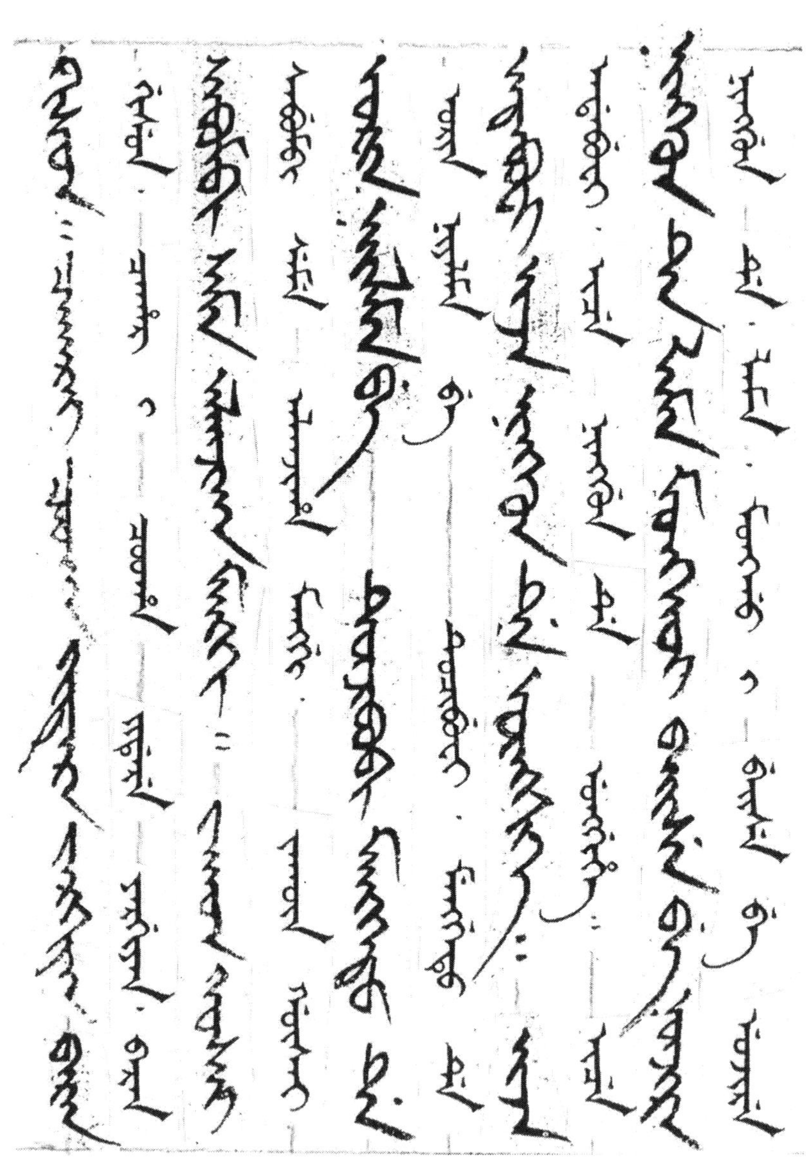

gisun, cahar i cooha jidere yargiyan, baran sabumbi seme alanjiha manggi, jakūn gūsai orin niyalma be tucibufi, menggetu de adabufi, ice ninggun de unggihe. ice ninggun de, lama, monggo i beise be ujire

---

察哈爾之兵來屬實，看見踪影[16]。」如此來告後，遂派出八旗之二十人，由孟格圖陪帶，於初六日遣往。初六日，喇嘛以蒙古諸貝勒豢養不善，

察哈尔之兵来属实，看见踪影。」如此来告后，遂派出八旗之二十人，由孟格图陪带，于初六日遣往。初六日，喇嘛以蒙古诸贝勒豢养不善，

---

16 踪影，《滿文原檔》、《滿文老檔》俱讀作 "baran"，係蒙文"baraɣ-a(n)" 借詞，意即「踪影」。

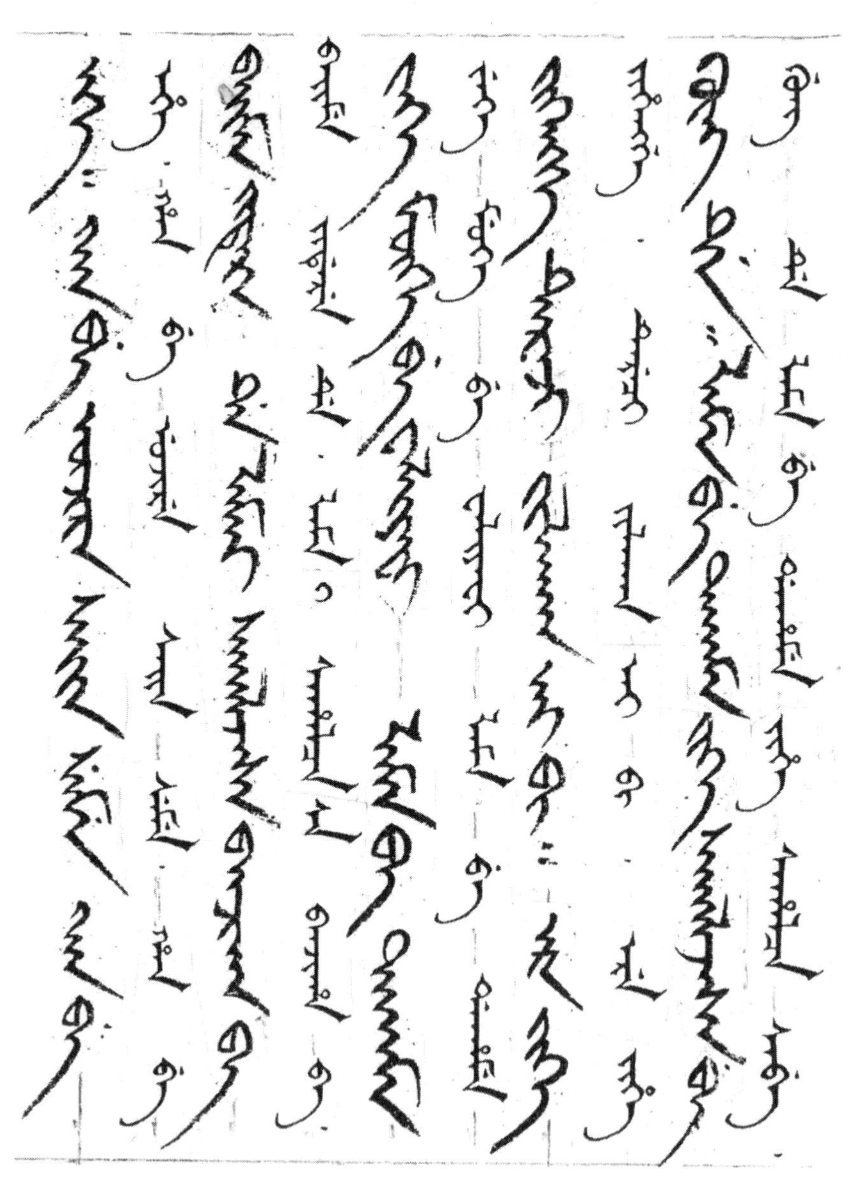

ehe, han be ujire sain seme, han be baime jidere de, lama i sahalca sa banjiha ba, jeke muke be waliyafi lama be dahame jihengge, tereci jilakan ai bi. ere jihe gung de lama be dahame jihe sahalca sabe,

---

以汗之豢養為善而來投汗。喇嘛下之薩哈勒察等亦棄生長地方之食水離鄉背井隨喇嘛前來，殊堪憐憫。念其前來之功，所有隨喇嘛前來之薩哈勒察等，

以汗之豢养为善而来投汗。喇嘛下之萨哈勒察等亦弃生长地方之食水离乡背井随喇嘛前来，殊堪怜悯。念其前来之功，所有随喇嘛前来之萨哈勒察等，

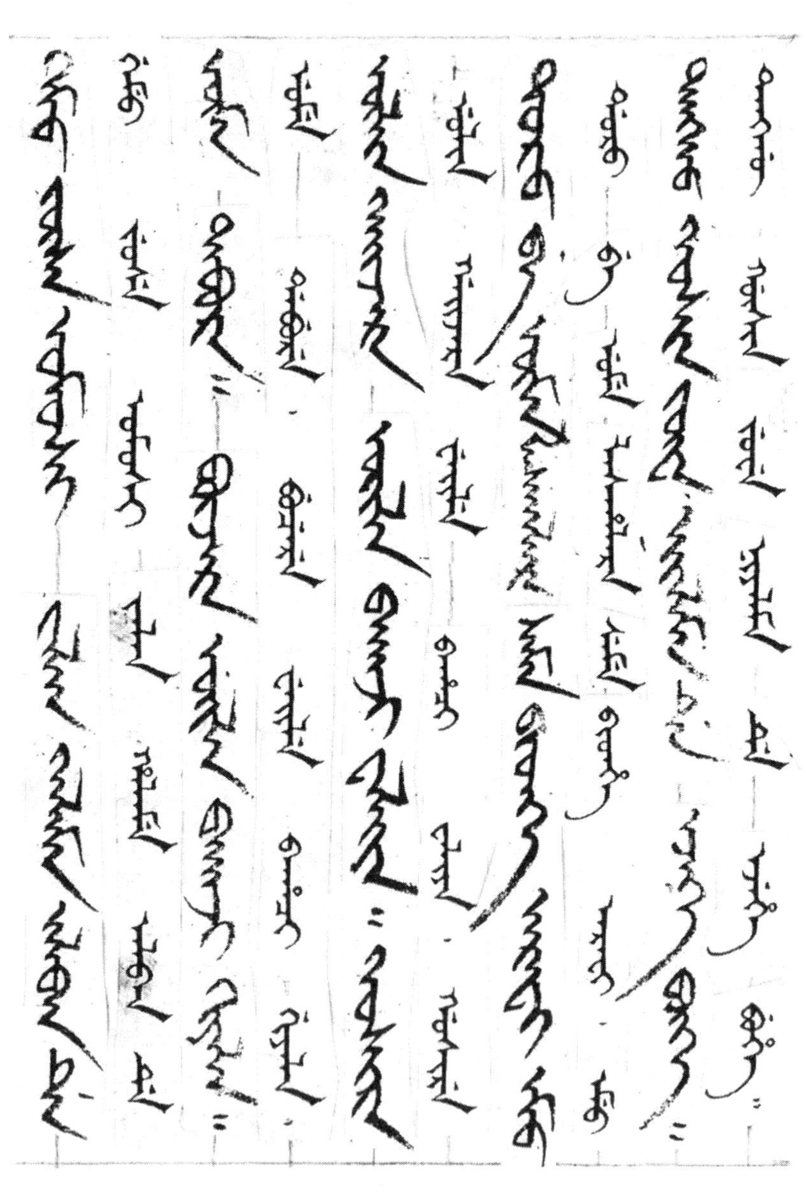

gemu juse omosi jalan halame alban de ume dabure, bucere weile bahaci giyala, ulin gaijara weile bahaci waliya, gosire doro be ume lashalara seme bithe arafi, emu tanggū gūsin juwe niyalma de ejehe buhe.

其子孫世代皆免差役；若獲死罪，則囚之；若獲掠取財貨之罪，則廢之，恤典不絕。繕擬敕書，賜給一百三十二人。

其子孙世代皆免差役；若获死罪，则囚之；若获掠取财货之罪，则废之，恤典不绝。缮拟敕书，赐给一百三十二人。

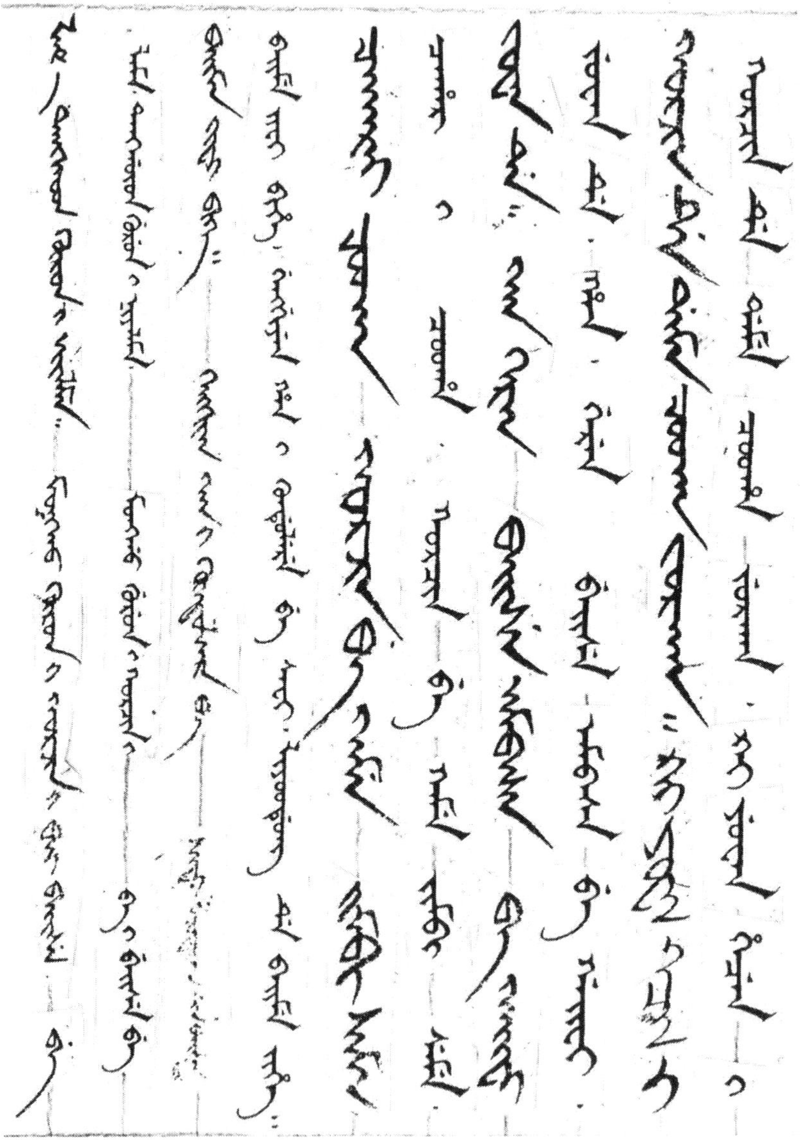

(lama, tanggūt gurun i niyalma, monggo gurun i korcin i ba i beise be baime jifi bihe, genggiyen han i kundulere be safi, liyoodung de baime jihe.) cahar i cooha, korcin be kame jimbi seme. juwan de, han, geren beise ambasa be gaifi, korcin de dame cooha juraka, k'ai yuwan hecen i

---

（原注：喇嘛係唐古特部之人，曾來投蒙古部科爾沁地方之諸貝勒，因知英明汗待人恭敬，故來投遼東。）察哈爾之兵來圍科爾沁。初十日，汗率諸貝勒大臣發兵援助科爾沁。至開原城北

（原注：喇嘛系唐古特部之人，曾来投蒙古部科尔沁地方之诸贝勒，因知英明汗待人恭敬，故来投辽东。）察哈尔之兵来围科尔沁。初十日，汗率诸贝勒大臣发兵援助科尔沁。至开原城北

十四、使者往來

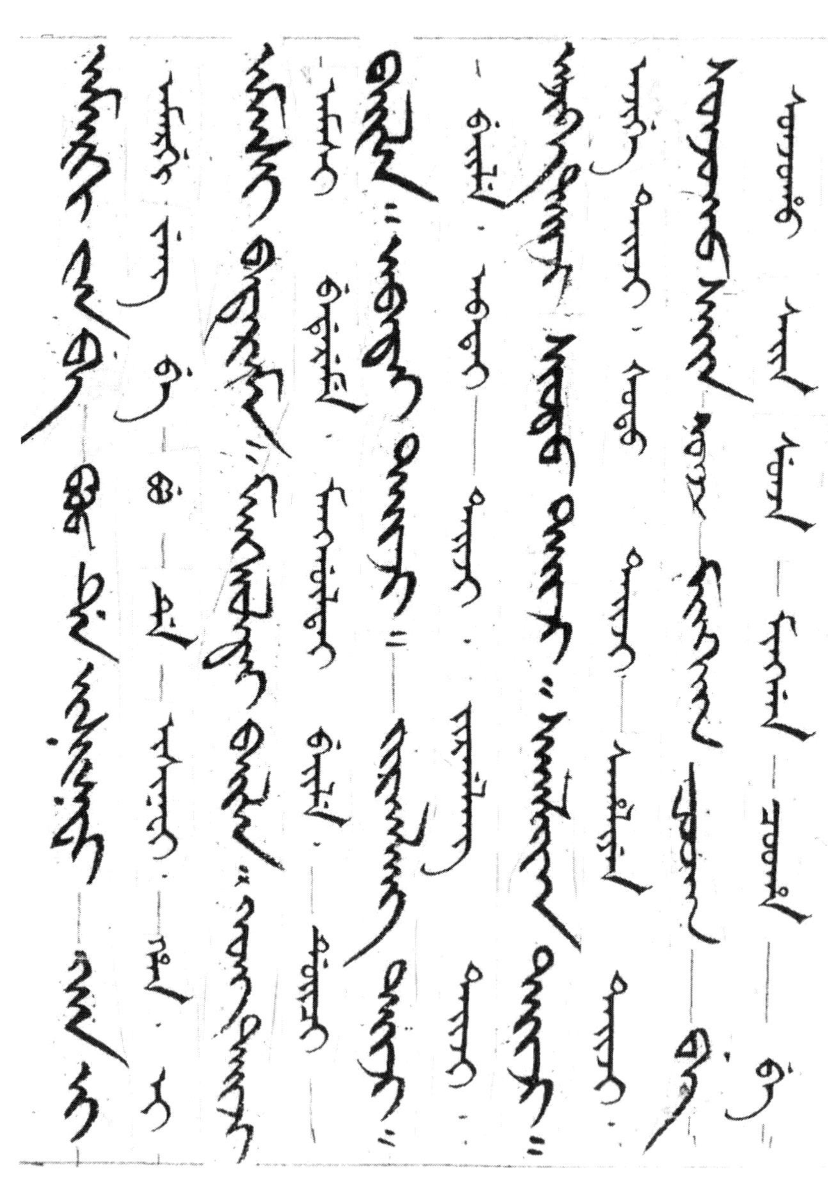

amargi jeng be pu de isinafi, han, i amasi bedereme, manggūltai beile, hong taiji beile, abatai taiji, jirgalang taiji, ajige taiji, šoto taiji, sahaliyen taiji, sonjoho sain sunja minggan cooha be

---

之鎮北堡，汗伊返回，命莽古勒泰貝勒、洪台吉貝勒、阿巴泰台吉、濟爾哈朗台吉、阿濟格台吉、碩託台吉、薩哈廉台吉率所揀選精兵五千名前往。

之镇北堡，汗伊返回，命莽古勒泰贝勒、洪台吉贝勒、阿巴泰台吉、济尔哈朗台吉、阿济格台吉、硕托台吉、萨哈廉台吉率所拣选精兵五千名前往。

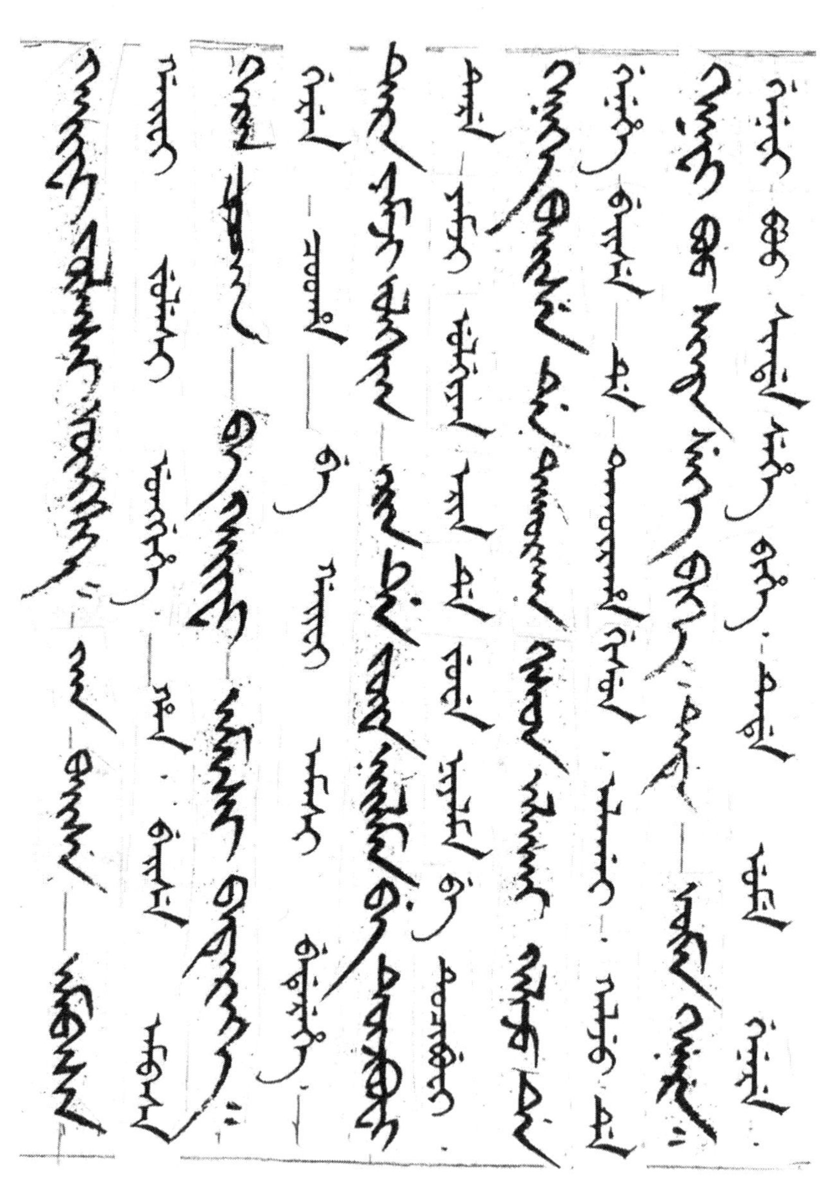

gaifi julesi unggihe. han, beise ambasa geren cooha be gaifi amasi bederehe. tere yamji ulgiyan erin de, juwe niyalma be tucibufi, genehe beise de takūraha gisun, alagai, kalju de genefi poo sinda sehe bihe, tede ume genere.

汗率諸貝勒大臣及眾兵丁返回。是晚亥時，遣二人告知所遣往諸貝勒曰：「前命往阿拉蓋、喀勒朱放礮，今勿往。

汗率诸贝勒大臣及众兵丁返回。是晚亥时，遣二人告知所遣往诸贝勒曰：「前命往阿拉盖、喀勒朱放炮，今勿往。

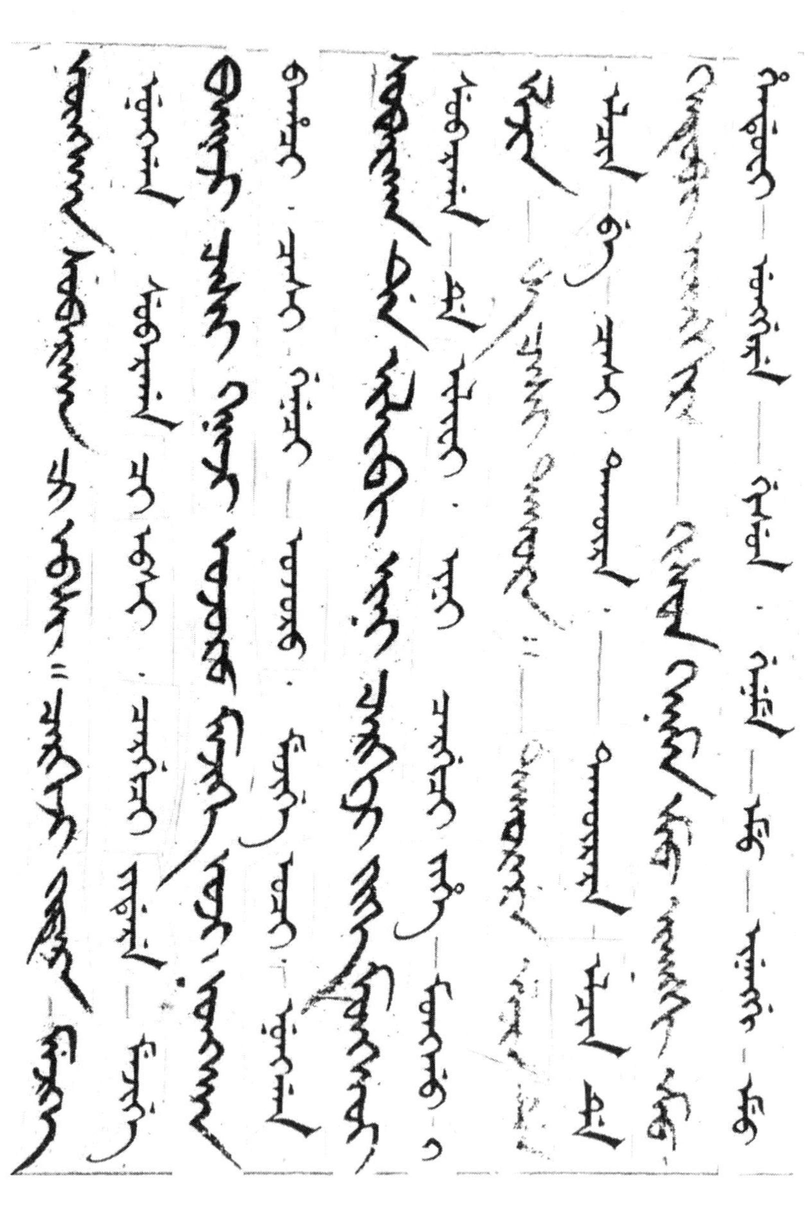

nunggan subargan ci ebsi, cargici jidere mejige bahaci, casi geneci ojoro mejige oci, nunggan subargan de ilifi, ini cargici jihe monggo i elcin be casi takūra, takūrara elcin de hendufi unggire gisun, geneme emu inenggi emu

---

若獲得由農安塔彼處傳來之信息，若有信息，可往彼處，進駐農安塔。遣由彼處前來之蒙古使者遣回彼處，並囑所遣之使者：前往需一日一夜，

若获得由农安塔彼处传来之信息，若有信息，可往彼处，进驻农安塔。遣由彼处前来之蒙古使者遣回彼处，并嘱所遣之使者：前往需一日一夜，

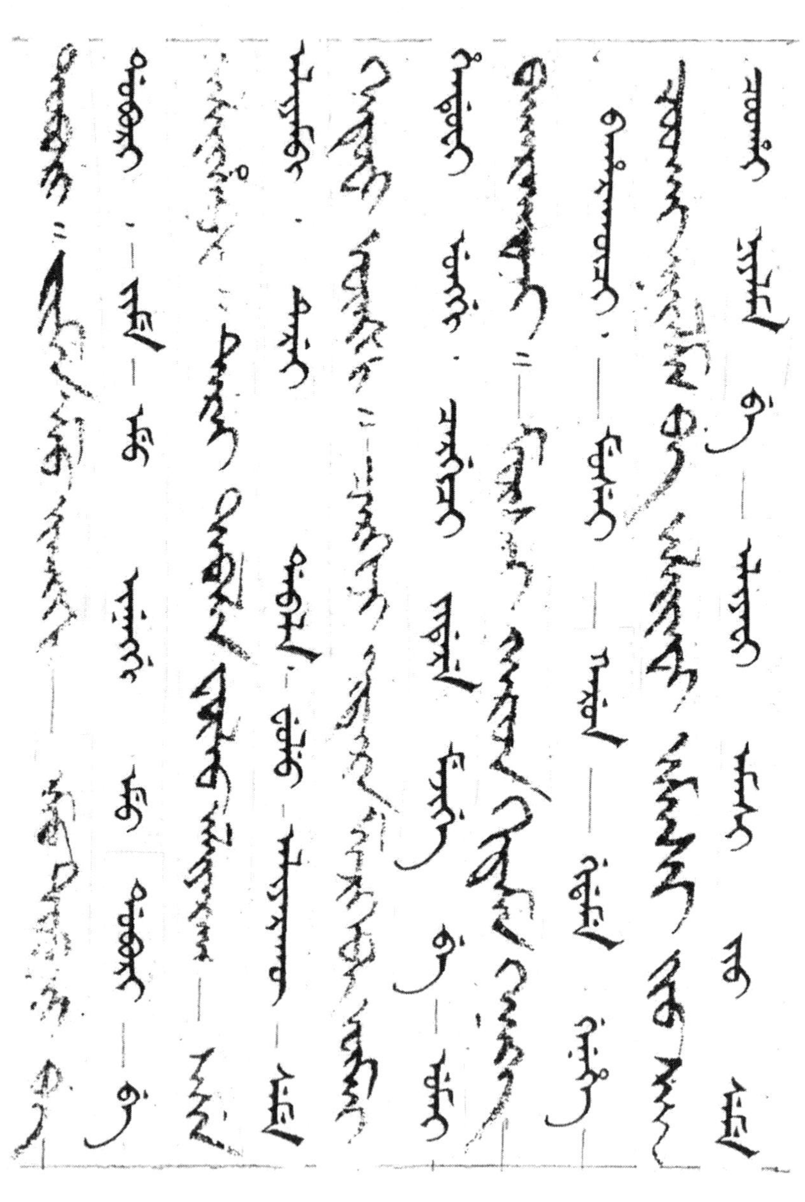

dobori, jime emu inenggi emu dobori be aliyambi, terei dabala, fulu aliyarakū seme hendufi unggi, cargici jidere mejige be umai baharakūci, musei karun gidame genehe coohai niyalma be aliyafi amasi jio seme

---

來時等候一日一夜，逾期不等候，言畢遣之。若並未獲得彼處傳來信息，則等候我遣往哨探之兵丁，一同返回。」

来时等候一日一夜，逾期不等候，言毕遣之。若并未获得彼处传来信息，则等候我遣往哨探之兵丁，一同返回。」

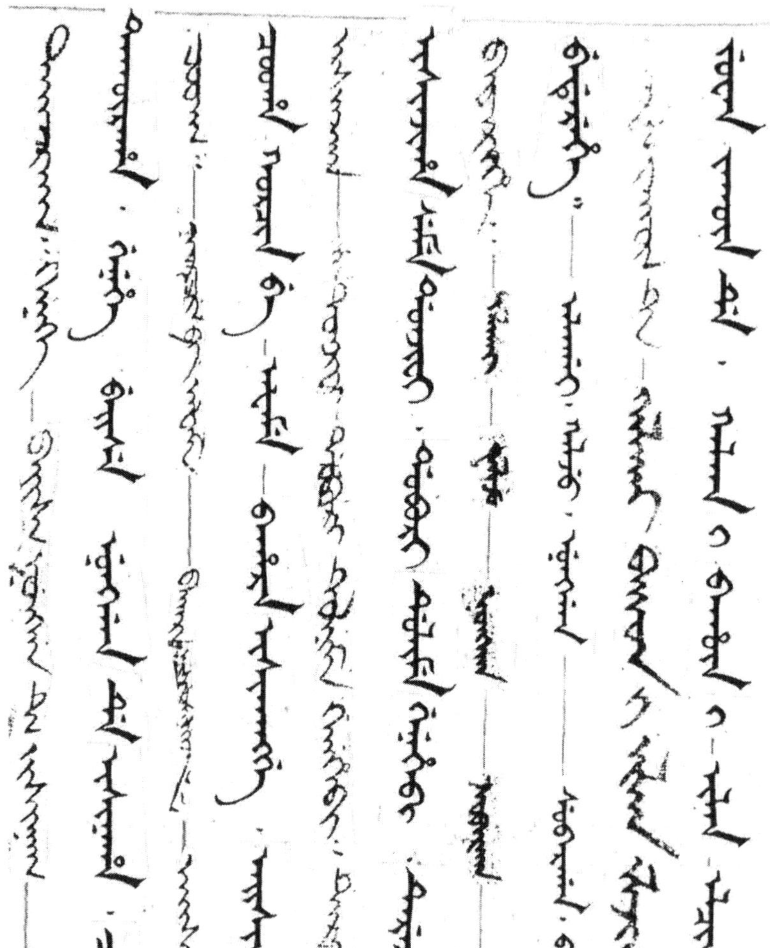

takūraha. genehe beise nunggan de isinaha, cahar i cooha korcin be afame bahara isikangge, aisin i cooha isinjiha seme donjifi, dobori dulime genehebi, tereci beise bederehe. (alagai, kalju, nunggan subargan, ba i gebu.) juwan jakūn de, kalka i bahūn i ilan elcin jihe.

前往諸貝勒至農安塔後，正值察哈爾之兵即將攻取科爾沁，因聞金兵至，故連夜退去，諸貝勒遂還。（原注：阿拉蓋、喀勒朱、農安塔皆地名。）十八日，喀爾喀巴琿之三使者前來。

前往诸贝勒至农安塔后，正值察哈尔之兵即将攻取科尔沁，因闻金兵至，故连夜退去，诸贝勒遂还。（原注：阿拉盖、喀勒朱、农安塔皆地名。）十八日，喀尔喀巴珲之三使者前来。

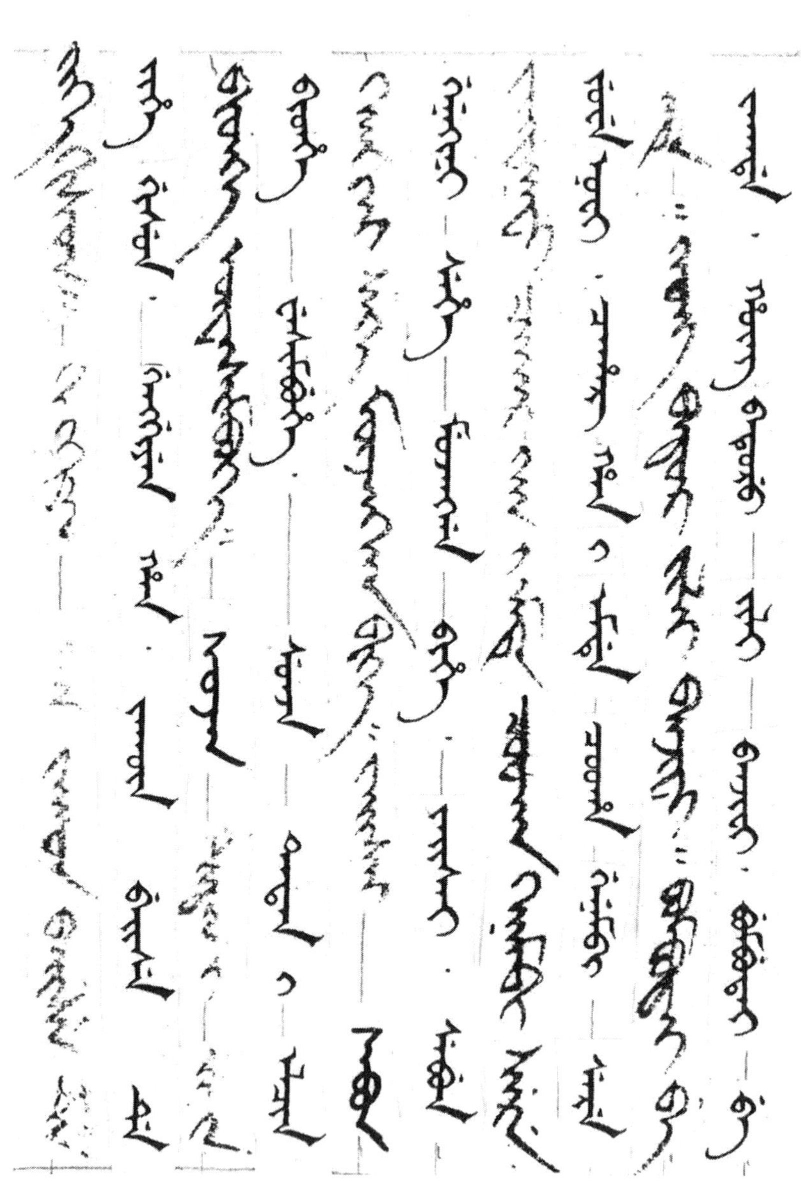

jihe gisun, genggiyen han, jakūn beise de bithe wesimbuhe. sunja tatan i elcin genekini sehe mujangga bihe, jaisai, sebun juwe nofi, cahar han i emde cooha genembi sere jakade, hūng baturu jili banjifi, bumbutai be

---

曰：「致英明汗及八貝勒之書，業已進呈。確實曾命五部使者前往，惟因齋賽、色本二人與察哈爾汗一同出兵，故洪巴圖魯震怒，遂遣本布泰

曰：「致英明汗及八贝勒之书，业已进呈。确实曾命五部使者前往，惟因斋赛、色本二人与察哈尔汗一同出兵，故洪巴图鲁震怒，遂遣本布泰

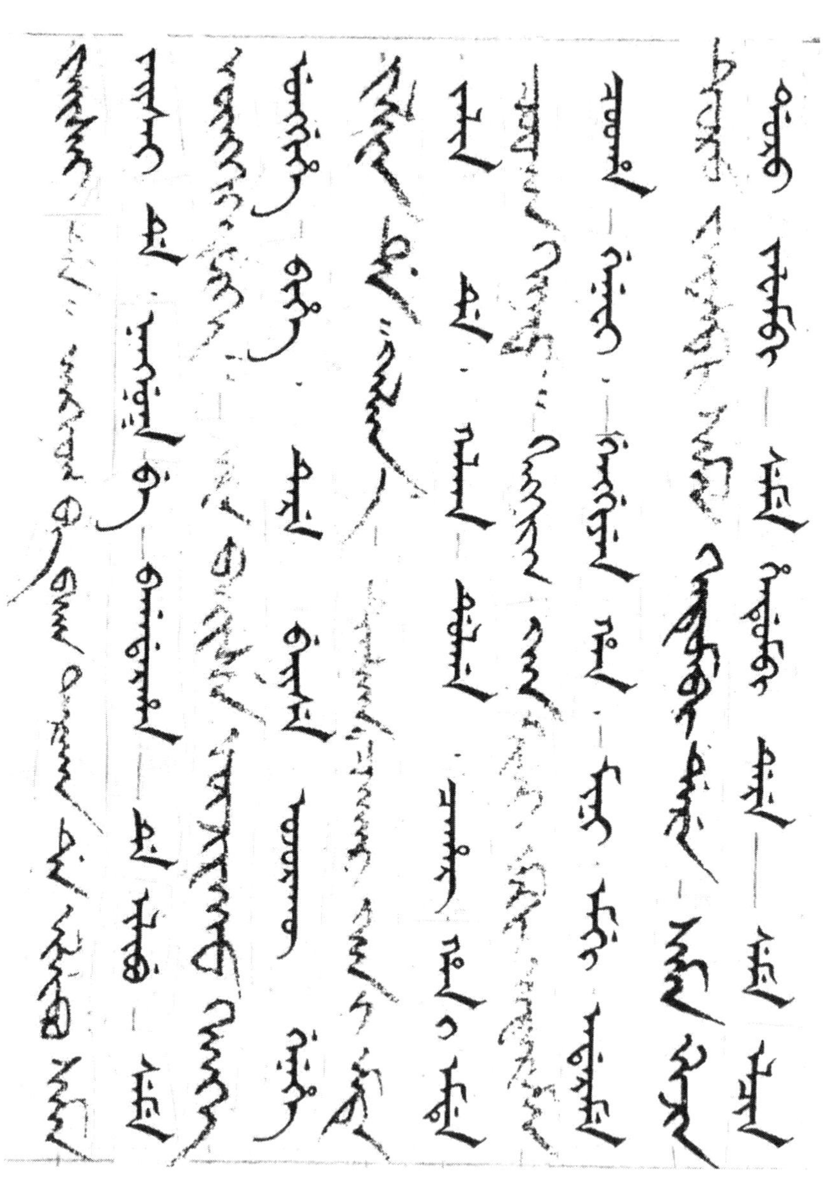

jaisai de, nangnuk be bagadarhan de ilibu seme unggihe bihe. tere beise ojorakū genehe jalin de, kalka dulga, cahar han i emde cooha genefi, genggiyen han, mini emgi adarame doro jafambi seme hendumbi dere seme elcin

---

阻止齋賽，遣囊努克阻巴噶達爾漢。然該貝勒等並未為此而前往，致使喀爾喀一半與察哈爾汗一同發兵，並謂英明汗怎能與我共同執政云云，

阻止斋赛，遣囊努克阻巴噶达尔汉。然该贝勒等并未为此而前往，致使喀尔喀一半与察哈尔汗一同发兵，并谓英明汗怎能与我共同执政云云，

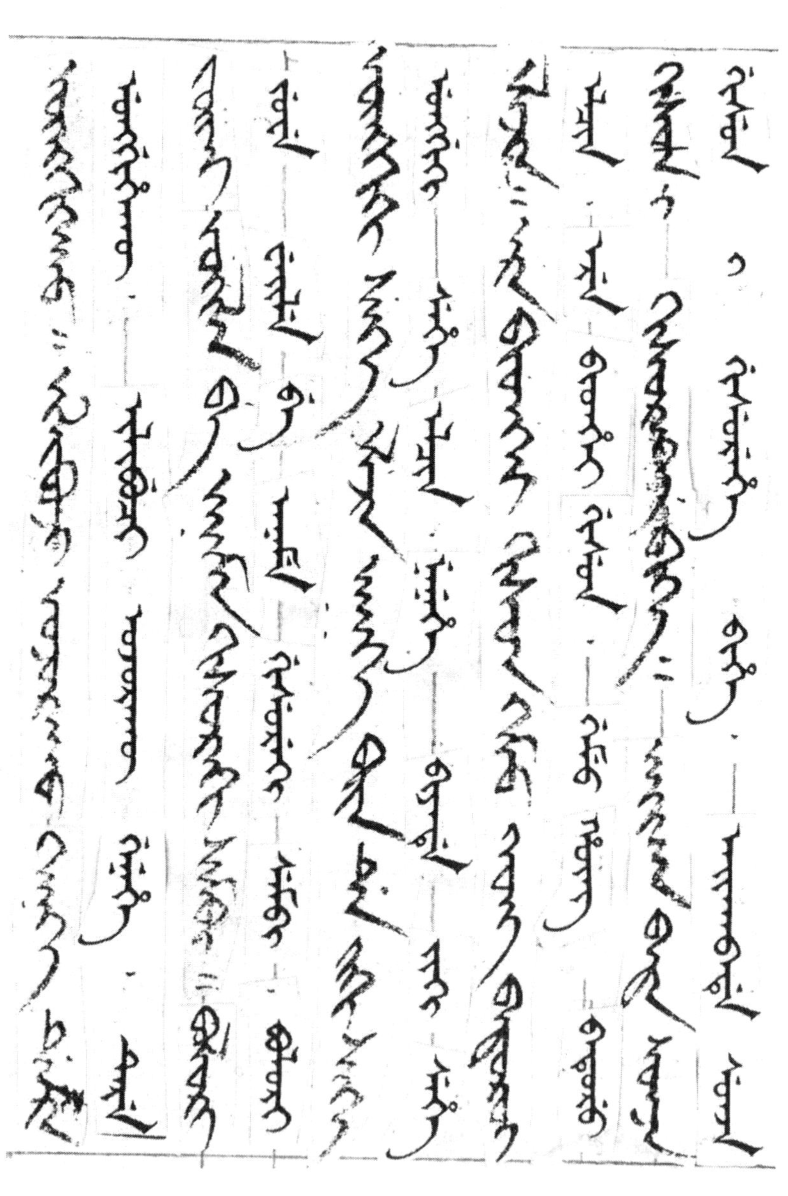

unggihekū, ilibuci ojorakū genehe. tere juwe weile be aname gisureki sembi. bolori unggiki sehe elcin, nenehe biyade jiki sehe elcin, ere bithei gisun, gemu hūng baturu gisun i gisurehe bihe. aikabade sunja

---

而未遣使，亦未能阻止，放之前往。此二事欲逐項議之。其秋季欲遣之使，上個月欲來之使，此書之言，皆按洪巴圖魯之言言之。倘若五部

而未遣使，亦未能阻止，放之前往。此二事欲逐项议之。其秋季欲遣之使，上个月欲来之使，此书之言，皆按洪巴图鲁之言言之。倘若五部

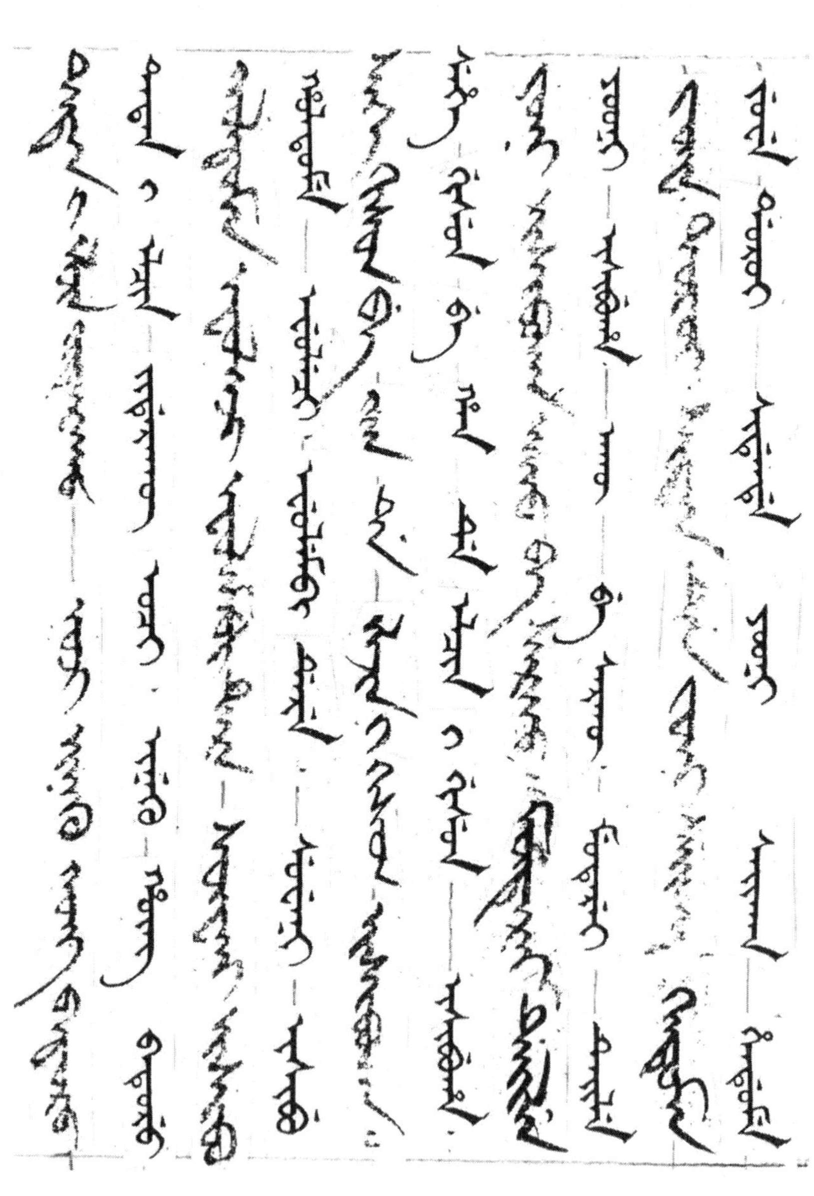

tatan i elcin jiderakū oci, ineku hūng baturu holtome efuleci, efulembi dere. suweni isibu sehe gisun be han de elcin i gisun isibuha, yooni isibuha akū be sarkū. muterei teile juwe doroi sidende yooni saikan hendume

---

之使者不來，係原本洪巴圖魯之謊騙破壞而已。至於爾等所云傳達之言，已派使者聞達於汗，是否完全聞達，則不得而知。倘若能儘著力量美言於二者之間，

之使者不来，系原本洪巴图鲁之谎骗破坏而已。至于尔等所云传达之言，已派使者闻达于汗，是否完全闻达，则不得而知。倘若能尽着力量美言于二者之间，

十五、謀事在人

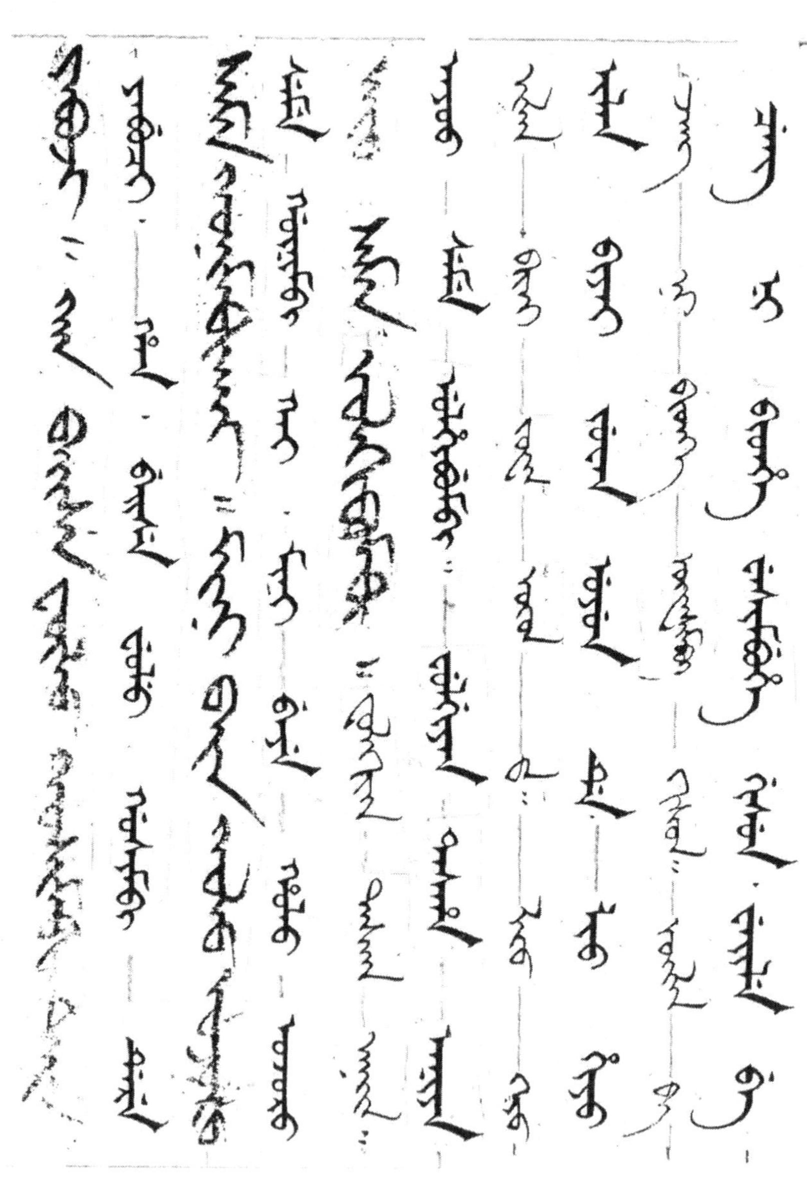

yabuci, han, beise fulu gosimbi dere seme gūnimbi kai. mini beye holo ojoro ayoo seme ulhibumbi. fulgiyan tasha aniya ilan biyai juwan uyun de, lio hiyo ceng ni bithe wesimbuhe gisun, weile be

---

料想能蒙汗與諸貝勒之優恤也。恐我自身失信，故聲明之。」丙寅年三月十九日，劉學誠奏稱：

料想能蒙汗与诸贝勒之优恤也。恐我自身失信，故声明之。」丙寅年三月十九日，刘学诚奏称：

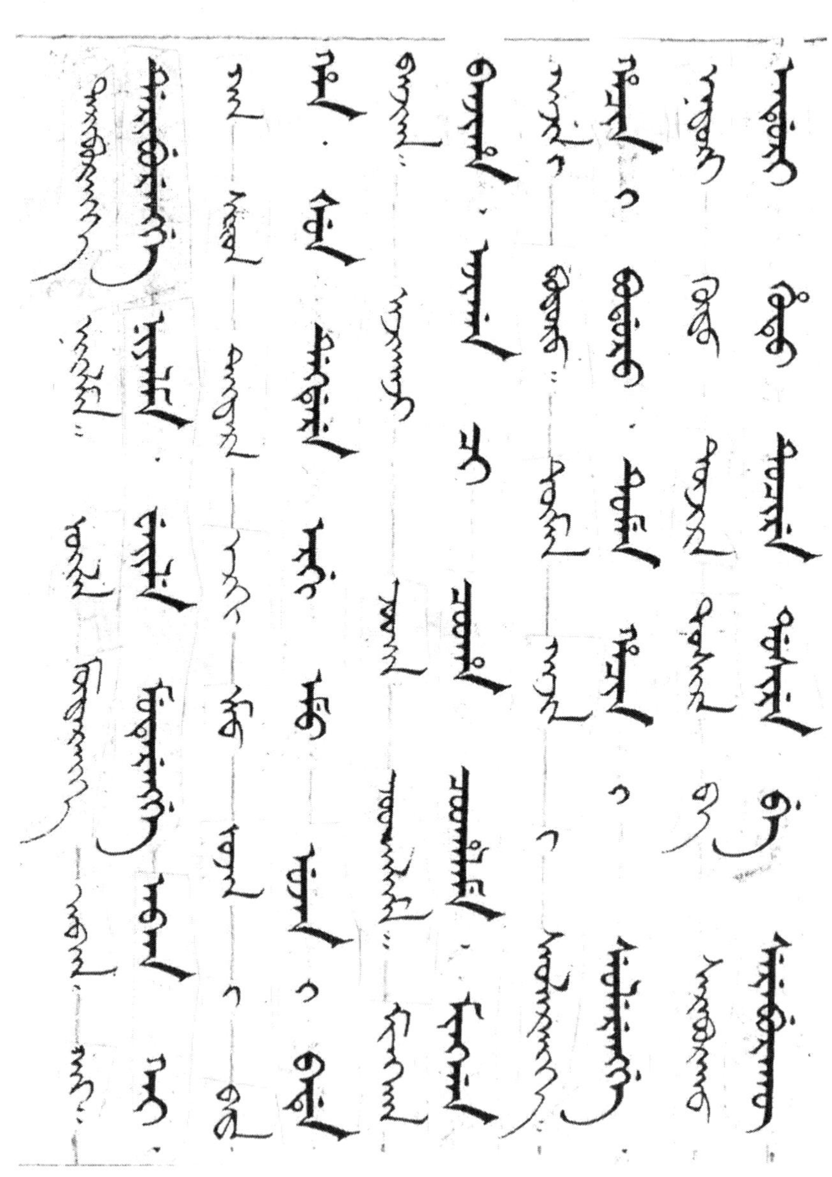

deriburengge niyalma, weile muterengge abka kai. han, šun dekdere ergi emu ujan i bade banjiha, ajigan ci cooha coohalame, minggan hacin i bodoro, tumen hacin i seolerengge, enduri hutu tucire dosire be sereburakū

「謀事在人，成事在天也。汗生於東方一隅之地，自幼習兵，深謀遠慮，神出鬼沒，

「谋事在人，成事在天也。汗生于东方一隅之地，自幼习兵，深谋远虑，神出鬼没，

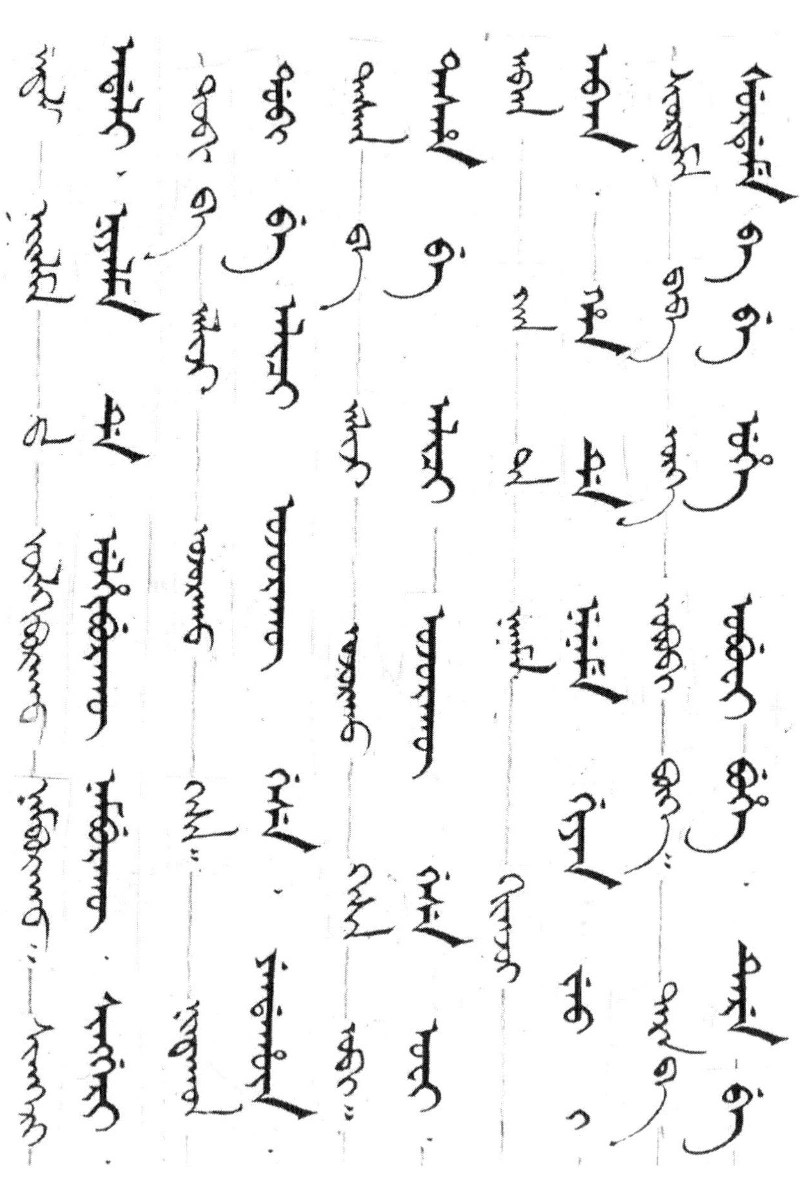

adali, niyalma de ulhiburakū namburakū, singgeri, dobi be alici ojorakū gese, yendahūn, tasha be alici ojorakū gese ofi, abka, han de neneme giyan jeo i šurdeme ba be uhe obufi buhe, tere be

---

不為人知，如鼠不可擋狐，如犬不可擋虎也。故上天先以建州周圍之地統共賜與汗，

不为人知，如鼠不可挡狐，如犬不可挡虎也。故上天先以建州周围之地统共赐与汗，

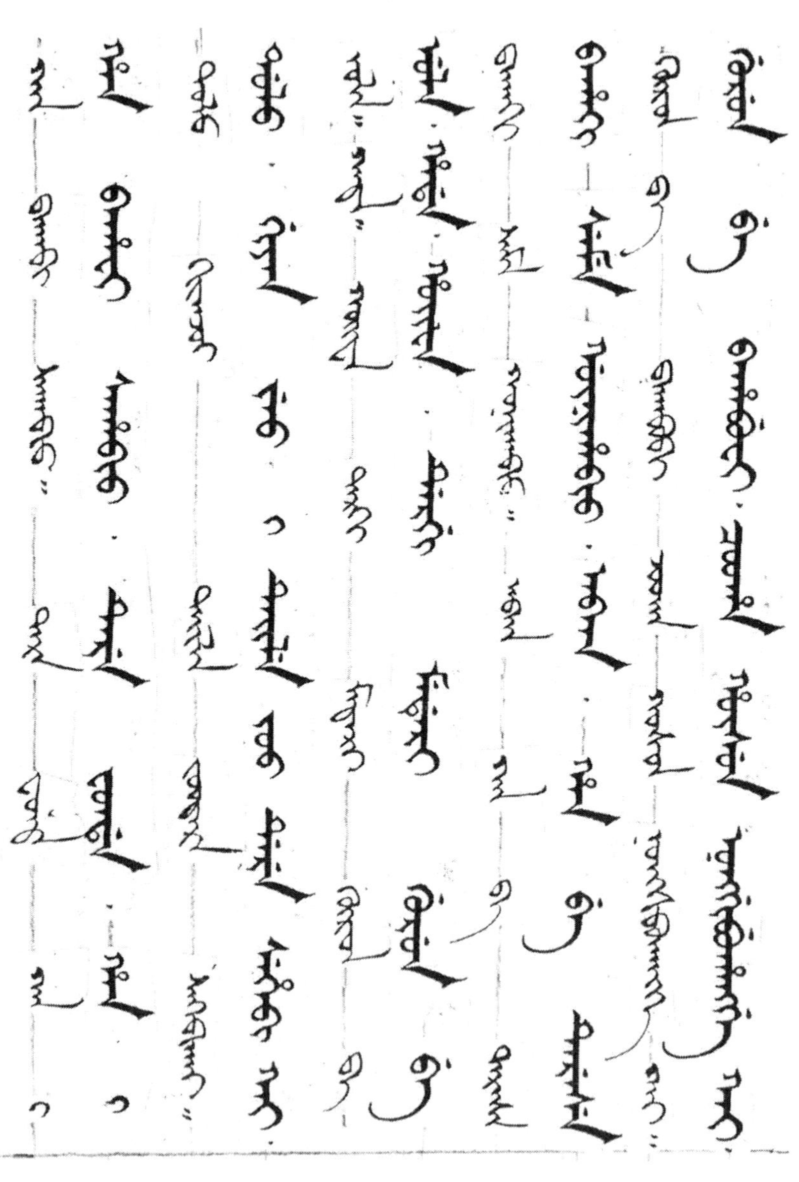

han bahafi sahabio. tere fonde, han i dolo giyan jeo i teile joo dere sehebi kai. ula, hada, hoifa, dergi mederi gurun be bahaki seme gūnihabio. abka, han be terese gurun be bahabufi, cooha hūsun nonggibuhangge kai.

汗得知耶？彼時，汗之內心以為僅有建州即可也，豈復思欲得烏拉、哈達、輝發、東海之國耶？天令汗得彼等之國，以增兵力者也，

汗得知耶？彼时，汗之内心以为仅有建州即可也，岂复思欲得乌拉、哈达、辉发、东海之国耶？天令汗得彼等之国，以增兵力者也，

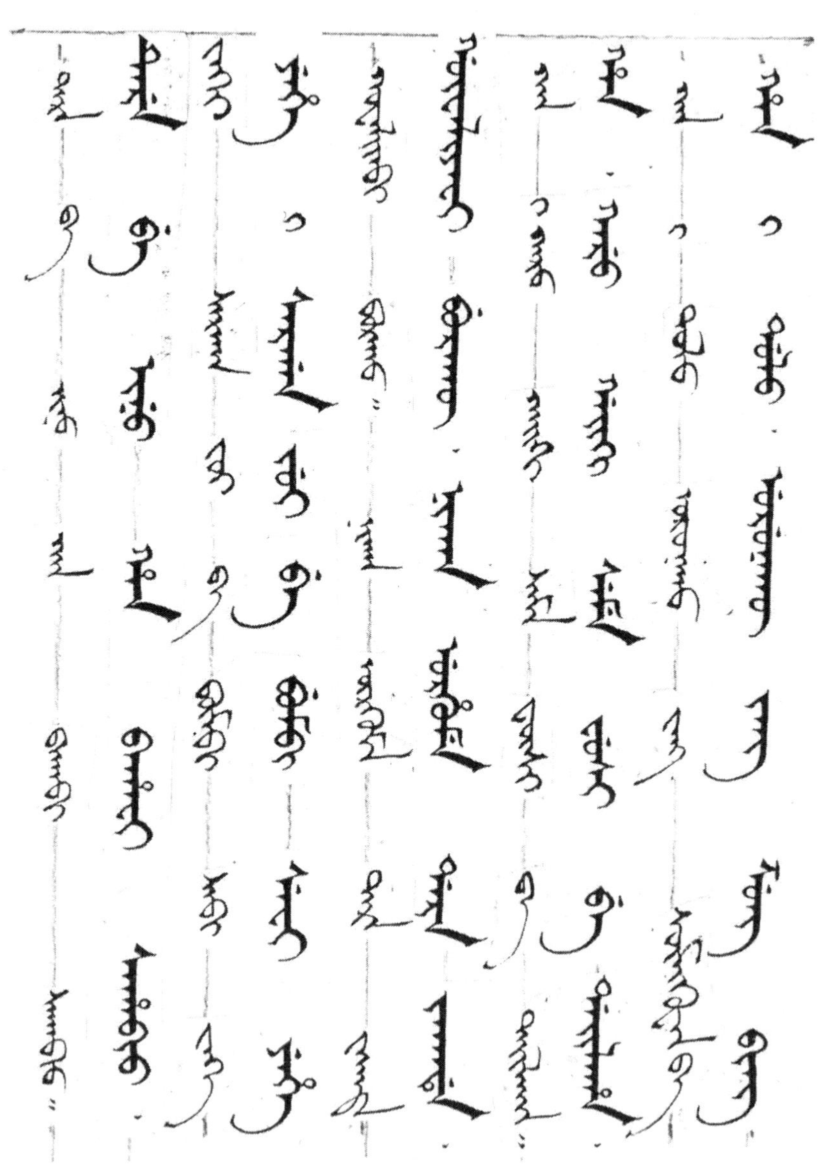

tere be inu han bahafi sahabio. yehe i sargan jui be bumbi sefi yehe gūwaliyafi burakū, nikan urhume dara jakade, han, karu gaiki seme fusi be dailaha. han i dolo urunakū jang dzung bing

於此汗亦得知耶？先聘葉赫之女，因葉赫負約不與，並為明所袒護，汗欲報復，往征撫順。汗之內心，

于此汗亦得知耶？先聘叶赫之女，因叶赫负约不与，并为明所袒护，汗欲报复，往征抚顺。汗之内心，

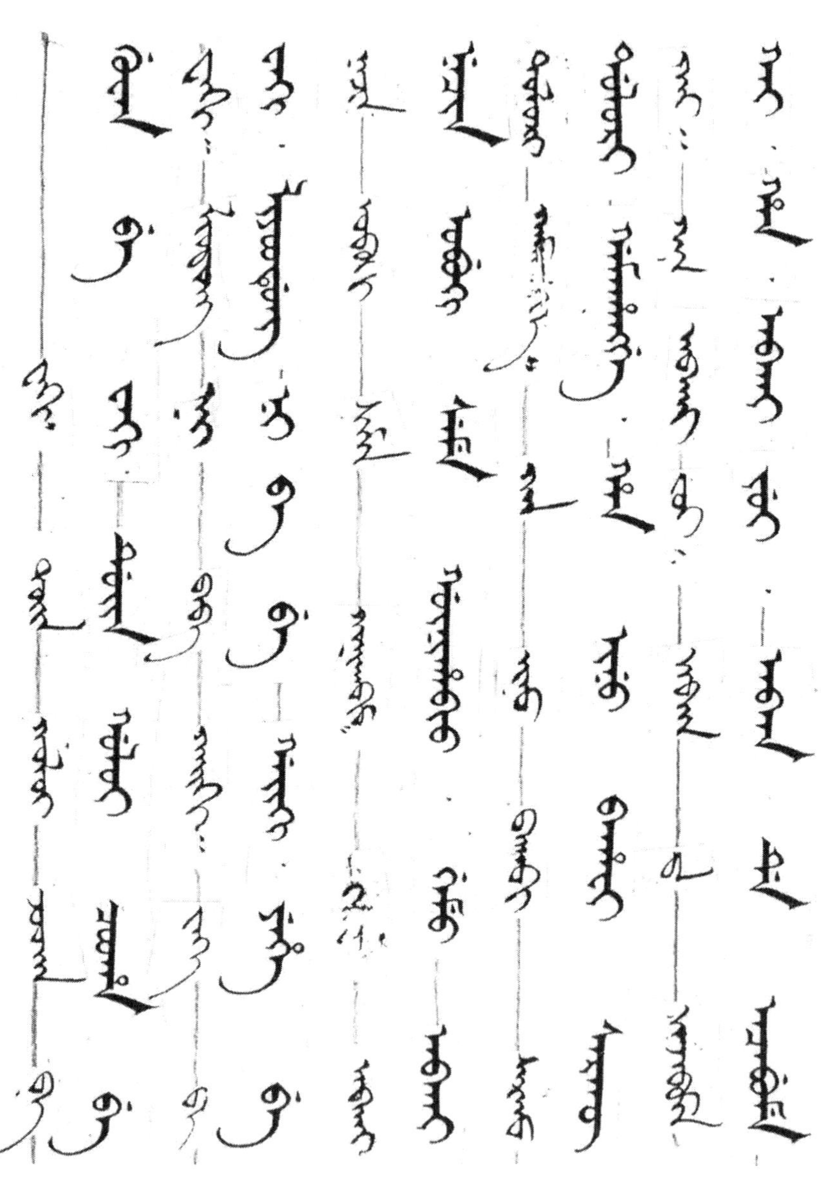

guwan be waki, duin goloi cooha be waki, liyoodung ni ba be gaiki, yehe be necin obuki seme gūnihabio. gemu abkai dolori gamahangge, han inu bahafi sarkū kai. han, abkai jui, abka de acabume

---

豈曾欲必殺張總兵官、誅四路之兵、取遼東之地、平定葉赫耶？皆天默佑所致者，汗亦不得而知也。汗乃天之子，應天而行，

岂曾欲必杀张总兵官、诛四路之兵、取辽东之地、平定叶赫耶？皆天默佑所致者，汗亦不得而知也。汗乃天之子，应天而行，

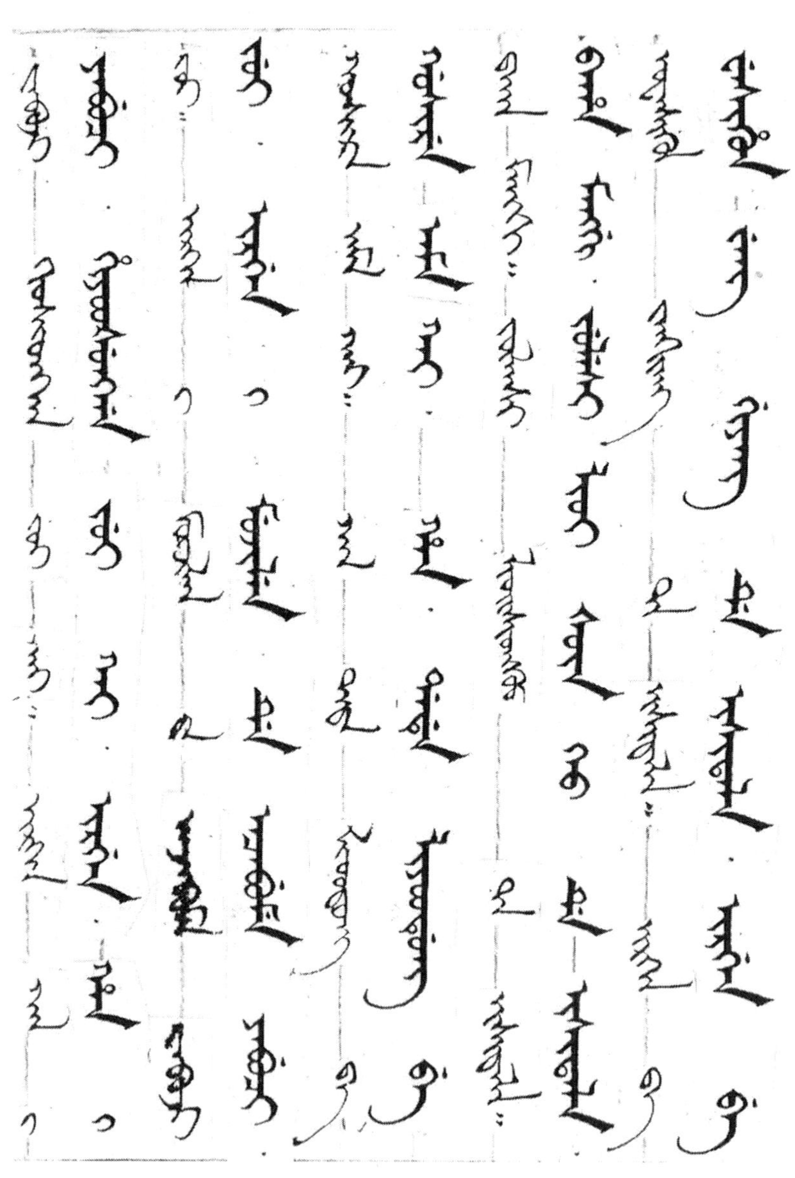

yabuci, hiyoošungga jui kai. irgen, han i jui, irgen i mujilen de acabume yabuci, gosire ama kai. han, dade liyoodung be baha manggi, julesi lioi šūn keo de isitala, wesihun jeng giyang de isitala, irgen be

方為孝子也。民乃汗之子，順民心而行，乃慈父也。汗初得遼東後，南至旅順口，東至鎮江，

方为孝子也。民乃汗之子，顺民心而行，乃慈父也。汗初得辽东后，南至旅顺口，东至镇江，

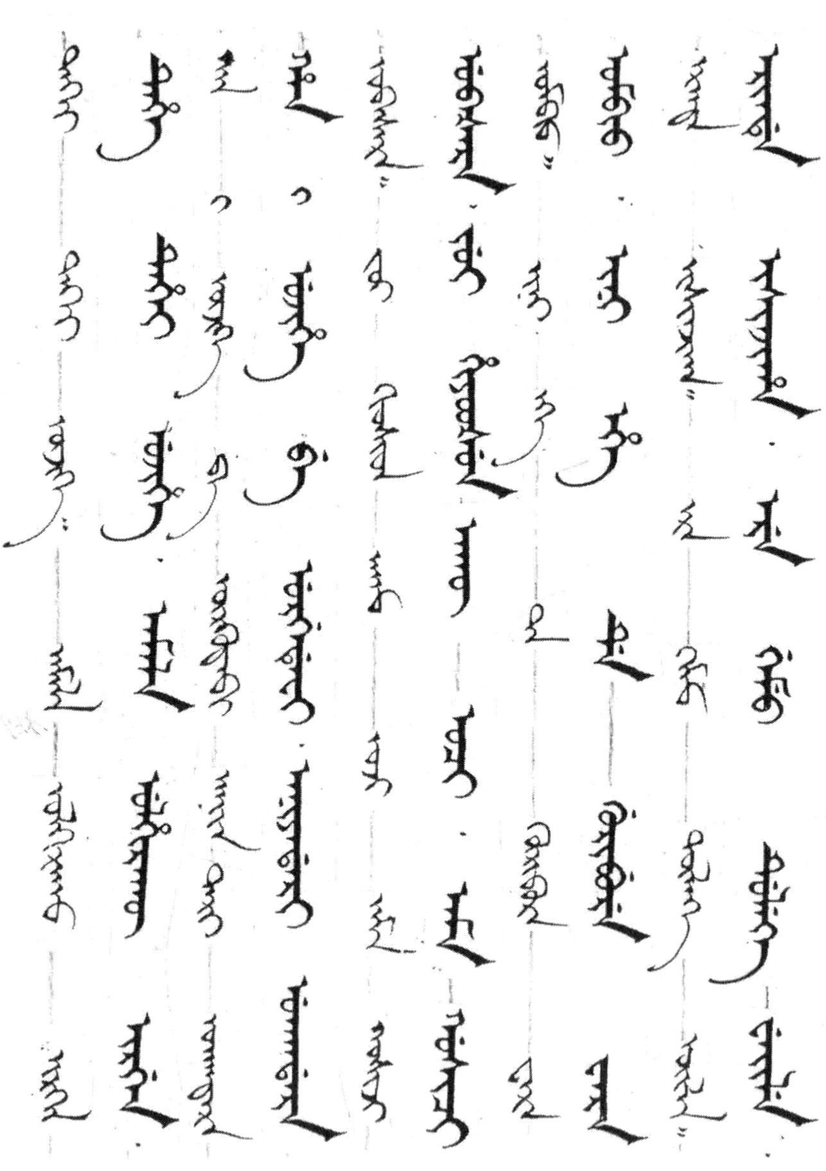

tehe tehei ujihe. amala ulhirakū irgen, han i ujihe be urgedefi, aniyadari ukandara ubašara. jui hiyoošun akū oci, ama gosici ombio. ini ehe de guribure wara erinde isinjiha. ere gemu duleke weile,

---

豢養民人，各安其居。其後無知之民人，辜負[17]汗之豢養，年年逃叛。子若不孝，父豈可慈愛耶？以至於因其惡而遷移殺戮之時。此皆往事，

豢养民人，各安其居。其后无知之民人，辜负汗之豢养，年年逃叛。子若不孝，父岂可慈爱耶？以至于因其恶而迁移杀戮之时。此皆往事，

---

[17] 辜負，《滿文原檔》寫作“ürkütebi”，讀作“urgudefi”，訛誤；《滿文老檔》讀作“urgedefi”，改正。

十六、成事在天

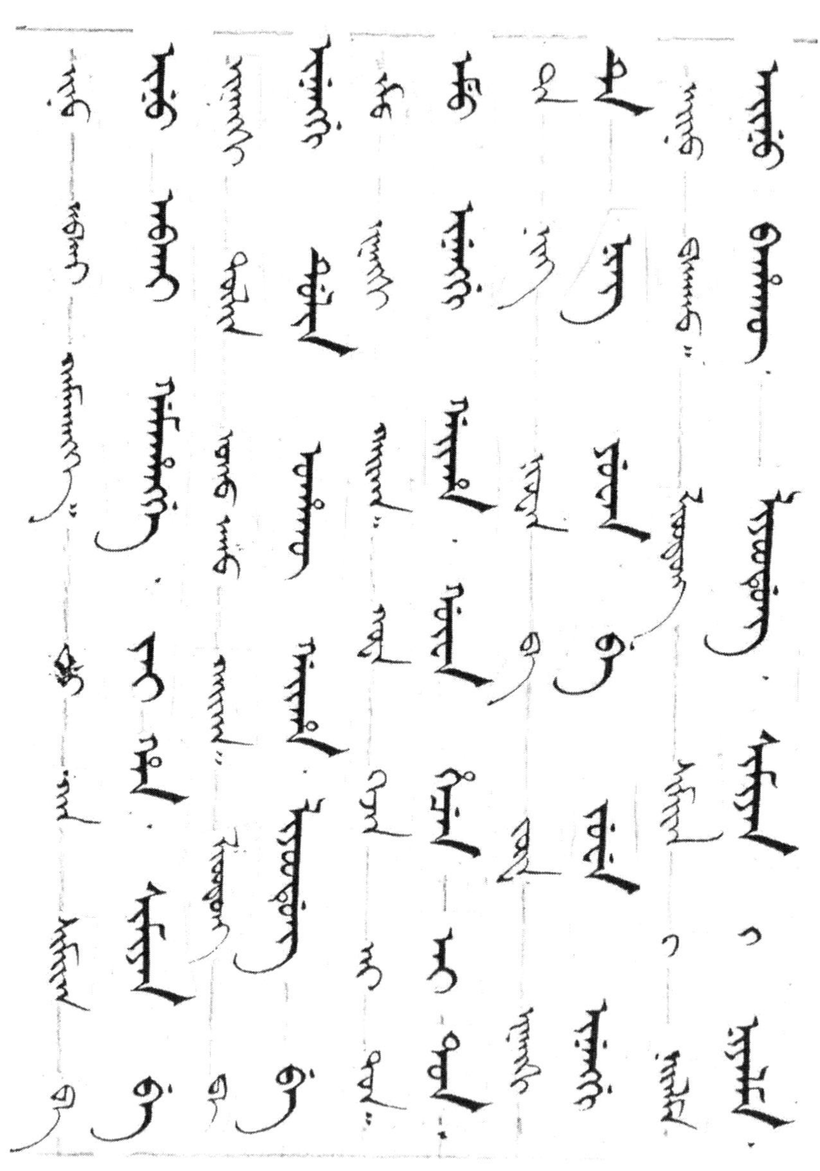

inu abkai gamahangge. jai han, simiyan be inenggi dulin ohakū gaiha, liyoodung be emu inenggi gaiha, gūwa hecen ai ton. te ning yuwan be juwe inenggi ainu bahakū, liyoodung, simiyan i niyalma,

---

亦天之所致。再者，汗未及日中即取瀋陽，一日而取遼東，其餘所取之城無數。今已二日，為何未得寧遠？非因遼東、瀋陽之人

亦天之所致。再者，汗未及日中即取沈阳，一日而取辽东，其余所取之城无数。今已二日，为何未得宁远？非因辽东、沈阳之人

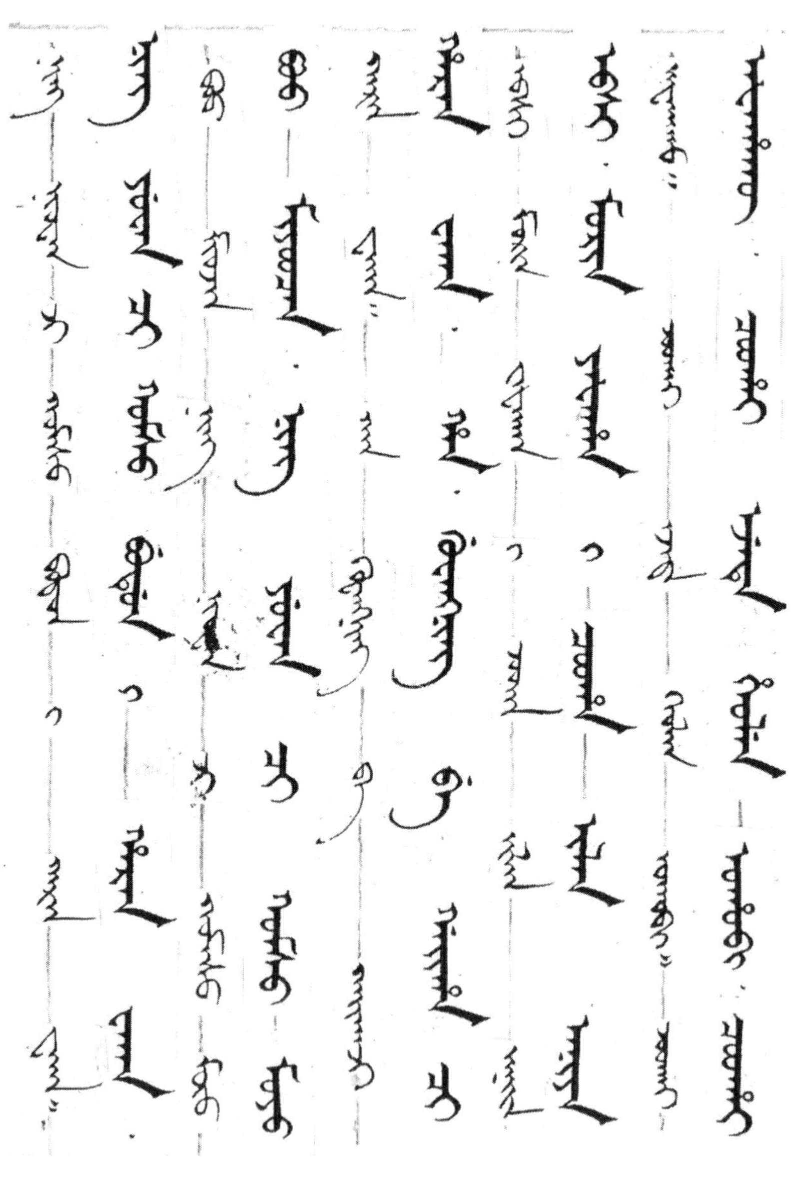

ning yuwan ci komso budun i haran waka, poo miyoocan, ning yuwan ci komso moyo haran waka. han, guwangning be gaiha ci ebsi, morin yafahan i cooha ilan aniya afahakū, coohai ejete heolen ohobi, coohai

較寧遠寡少庸懦，非因鎗礮較寧遠少而鈍也。乃汗自取廣寧以來，馬步之兵三年未戰，軍中主將怠慢，

较宁远寡少庸懦，非因鎗炮较宁远少而钝也。乃汗自取广宁以来，马步之兵三年未战，军中主将怠慢，

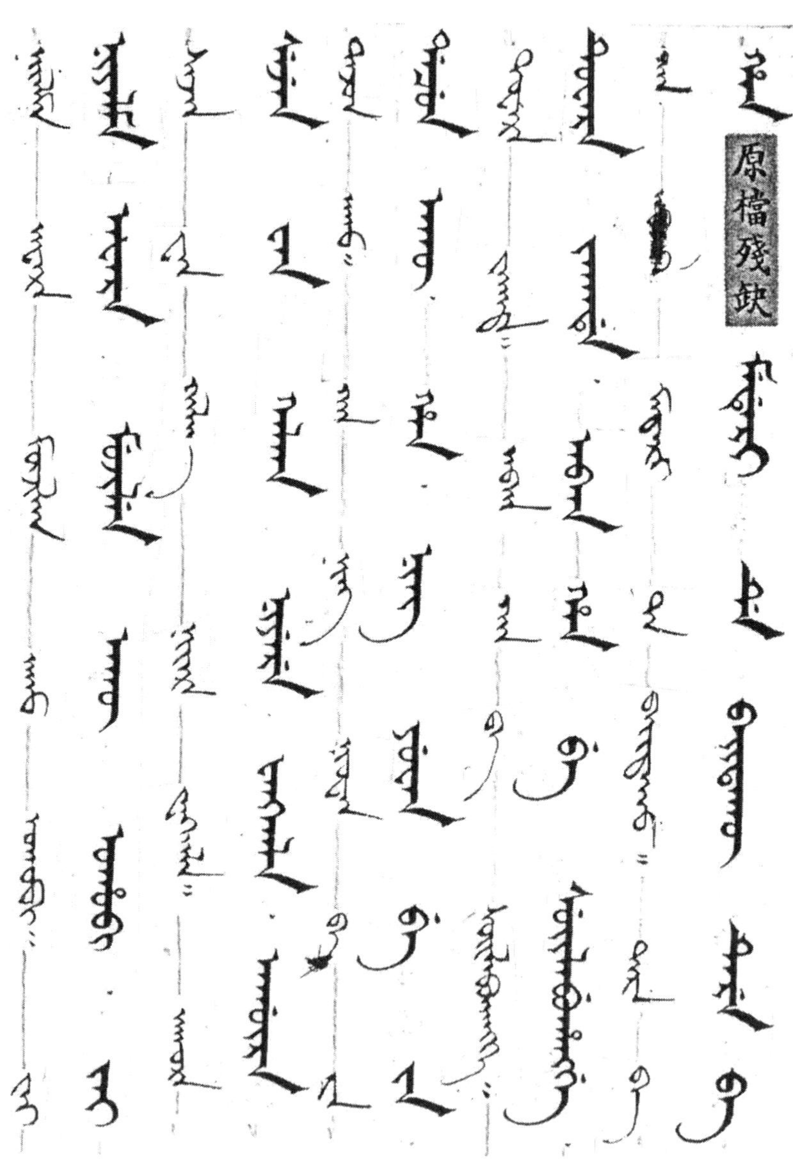
原檔殘缺

niyalma afara mujilen akū ohobi. jai sejen, wan, kalka niyere fangkala, agūra dacun akū, han, ning yuwan be ja tuwara jakade, abka, han be suilabuhangge. han [原檔殘缺] mederi de baitakū tere ba

---

兵無鬥志也。再者，車、梯、籐牌軟弱低矮，器械不銳利，汗輕視寧遠，故天降勞苦於汗者。倘若汗[原檔殘缺]徒修住處於海，

兵无斗志也。再者，车、梯、藤牌软弱低矮，器械不锐利，汗轻视宁远，故天降劳苦于汗者。倘若汗[原档残缺]徒修住处于海，

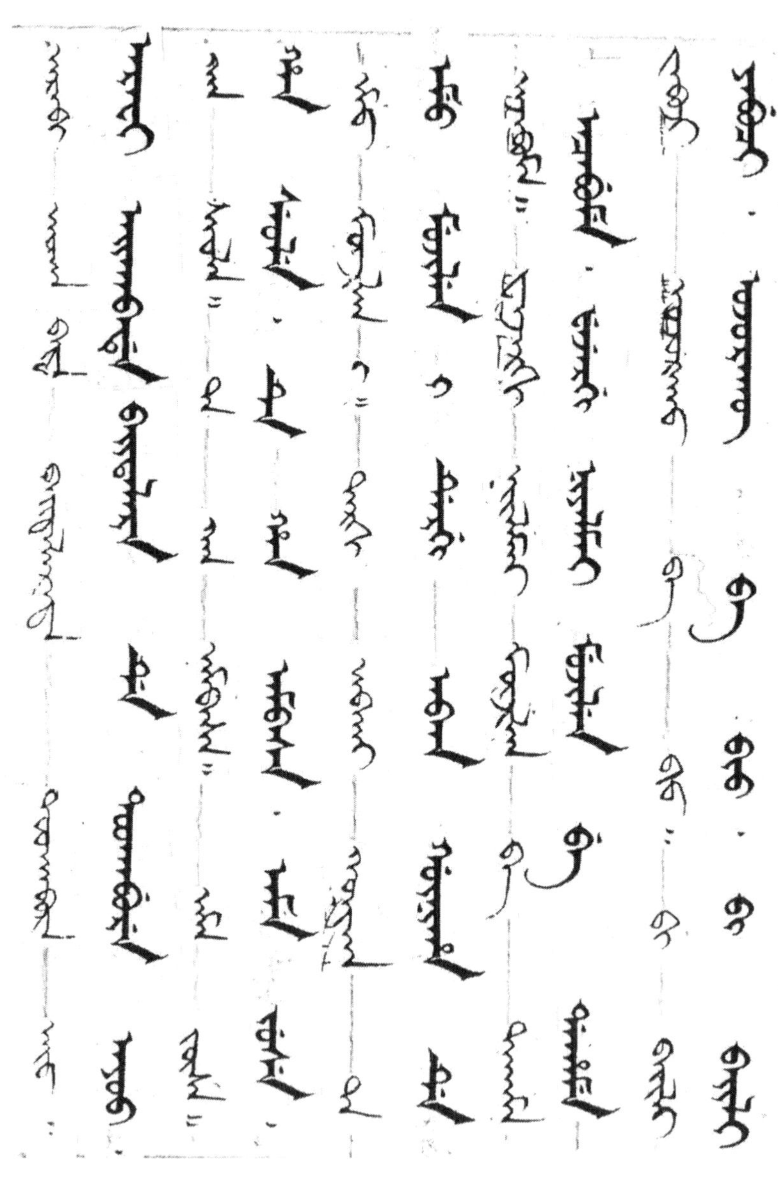

arafi aikabade baitalara de tookabure ayoo. han seole. te han ambasa, ama juse, emu mujilen i dergi abka gūniha de acabume, fejergi niyalmai mujilen be dahame yabuci, ojorakū ba bio. bi baili

---

設若用時，恐將有誤。汗宜思慮。今汗與諸大臣等，若父子一心，上合天意，下順民心而行，焉有不可？

设若用时，恐将有误。汗宜思虑。今汗与诸大臣等，若父子一心，上合天意，下顺民心而行，焉有不可？

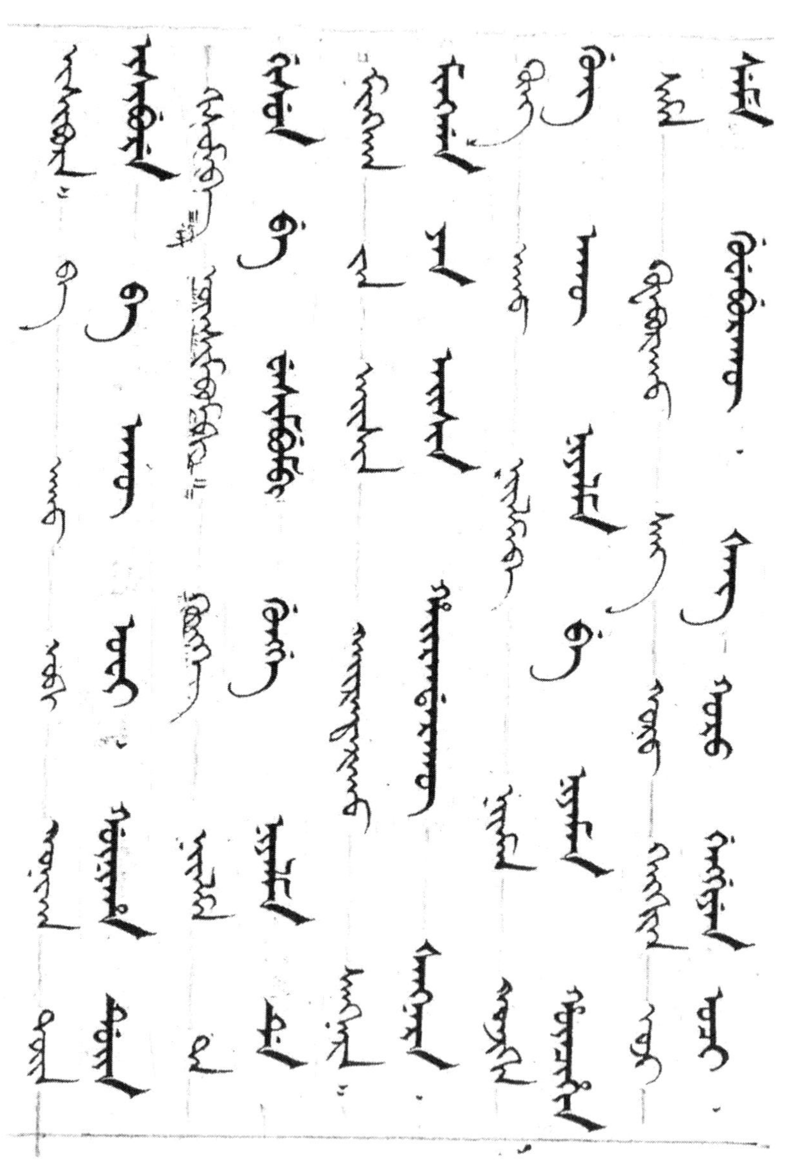

isibure ba akū ofi, gūniha duin gisun be wesimbumbi. gungge niyalma de minggan yan aisin hairandarakū šangnara, gung akū niyalma be niyaman hūncihin seme guweburakū. šang koro genggiyen oci,

---

我因無報恩之處，故以所慮之四事奏陳：有功之人，賞以千兩金而不惜；無功之人，雖親戚而不赦。若賞罰嚴明，

我因无报恩之处，故以所虑之四事奏陈：有功之人，赏以千两金而不惜；无功之人，虽亲戚而不赦。若赏罚严明，

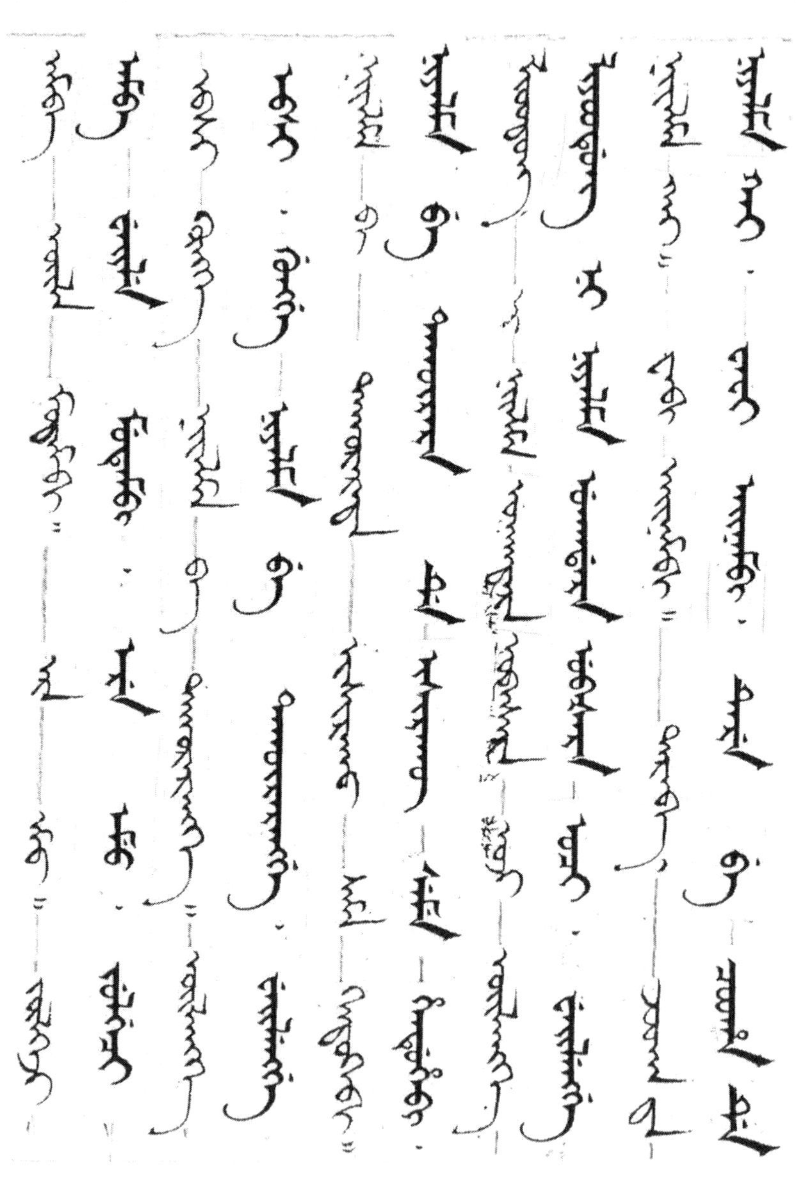

amba weile mutembi. ere emu. julgeci ebsi gungge niyalma be takūrarangge, weilengge niyalma be takūrara de isirakū seme henduhebi. liyoodung ni niyalma ukandara ubašara oci, weilengge niyalma kai, wafi ainambi. tere be cooha de

---

則大事成矣。此其一也。自古以來云：『差遣有功之人，不如差遣有罪之人。』若遼東之人叛逃，即罪人也，殺之何用？

则大事成矣。此其一也。自古以来云：『差遣有功之人，不如差遣有罪之人。』若辽东之人叛逃，即罪人也，杀之何用？

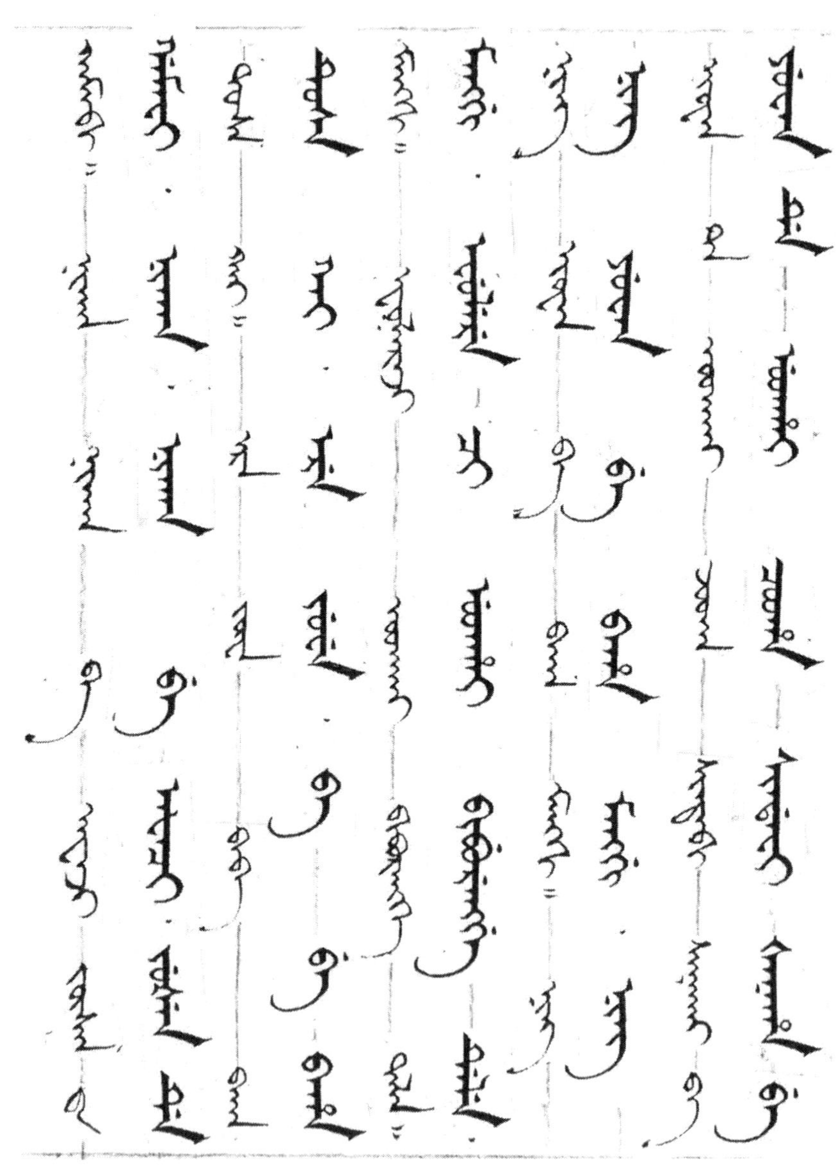

gamafi, nikan, nikan be afaci, jušen de tusa kai. ere juwe. ba be baha manggi, efulere ci uthai biburengge dele. ning yuwan be baha manggi, ning yuwan de uthai cooha sindafi šanaha be

---

使其隨兵從征，以漢人征明，則於諸申有益也。此其二也。得地之後，毀壞不如留之為上。得寧遠後，即設兵於寧遠，

使其随兵从征，以汉人征明，则于诸申有益也。此其二也。得地之后，毁坏不如留之为上。得宁远后，即设兵于宁远，

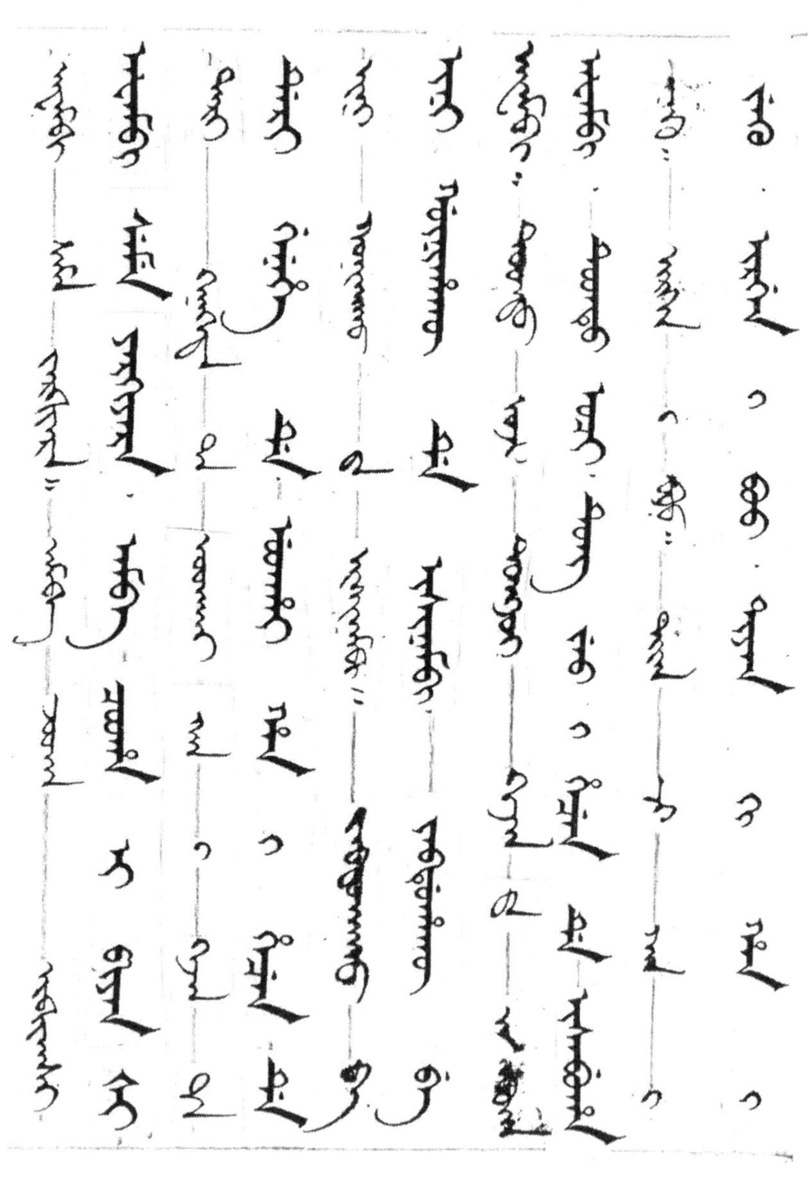

afambi seme yarkiyara, amba cooha i piyan ši deri genehe de, uthai han i hecen de ini gūnihakū de isinambi, jabduhakū be afambi. tuttu oci, tung jeo i hecen de isabuha jeku, irgen i boo, tiyan ki han i

---

搦戰山海關，大軍由一片石前往，即至帝都，出其不意，攻其不備。倘若如此，則通州城之積糧、民房、天啟帝之

搦戰山海關，大軍由一片石前往，即至帝都，出其不意，攻其不备。倘若如此，则通州城之积粮、民房、天启帝之

boobai ulin gemu bahambi. tuttu akū šanaha be afafi, emu udu inenggi oho manggi, šanaha ci casi, han i hecen de isitala gemu tuwa sindafi, ginjeo, hing šan, ta šan, liyan šan, sung šan i adali fulenggi ombi.

珍寶、財帛，皆可獲得。否則攻打山海關，數日以後，自山海關那邊至帝都，盡皆放火，將如錦州、杏山、塔山、連山、松山相同化為灰燼，

珍宝、财帛，皆可获得。否则攻打山海关，数日以后，自山海关那边至帝都，尽皆放火，将如锦州、杏山、塔山、连山、松山相同化为灰烬，

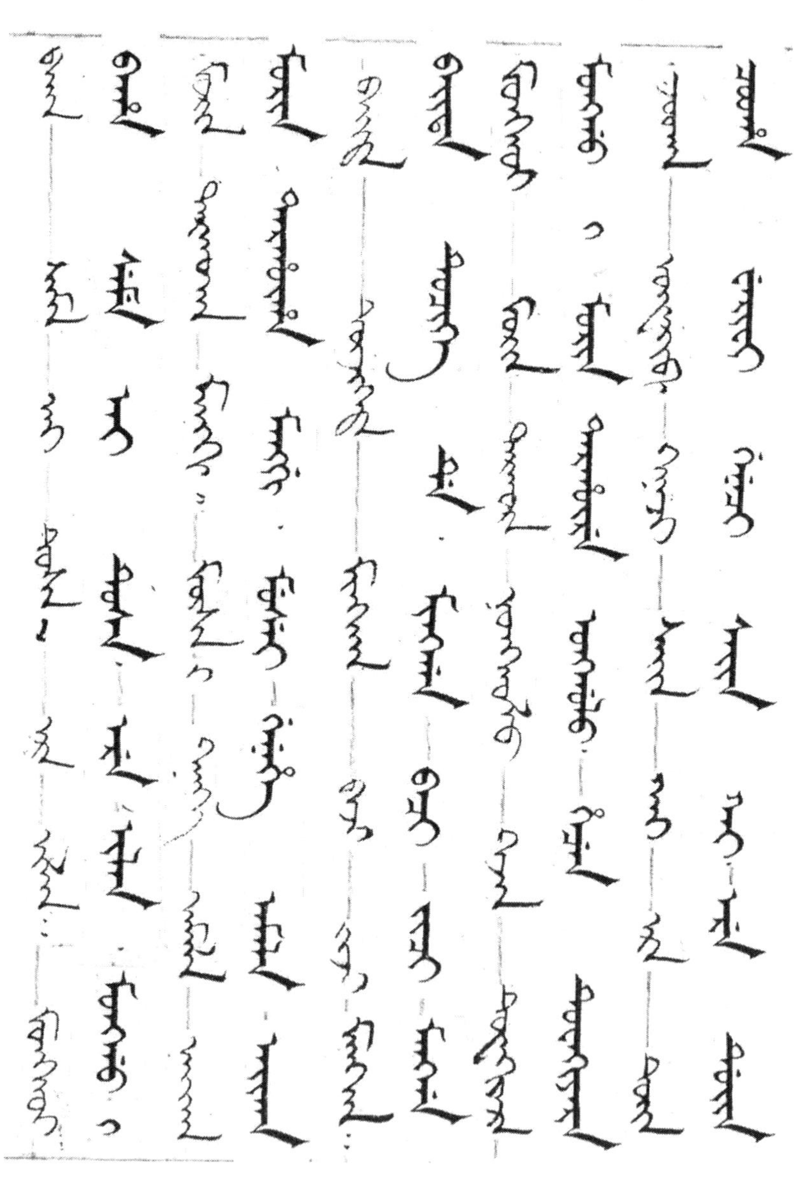

baha seme ai tusa. ere ilan. monggo i morin tarhūha manggi, musei genehe amala aika baita tucike de, minggan baci jici mangga. monggo i morin tarhūre onggolo, hecen tuwakiyara cooha werifi geneci sain kai. ere duin.

雖得何益？此其三也。若俟蒙古馬膘壯後，我等方出兵前往，後來倘若出事時，千里之外，難以返回。若於蒙古馬膘壯之前，即留守城之兵而前往，則善也。此其四也。」

虽得何益？此其三也。若俟蒙古马膘壮后，我等方出兵前往，后来倘若出事时，千里之外，难以返回。若于蒙古马膘壮之前，即留守城之兵而前往，则善也。此其四也。」

十七、鑑往知來

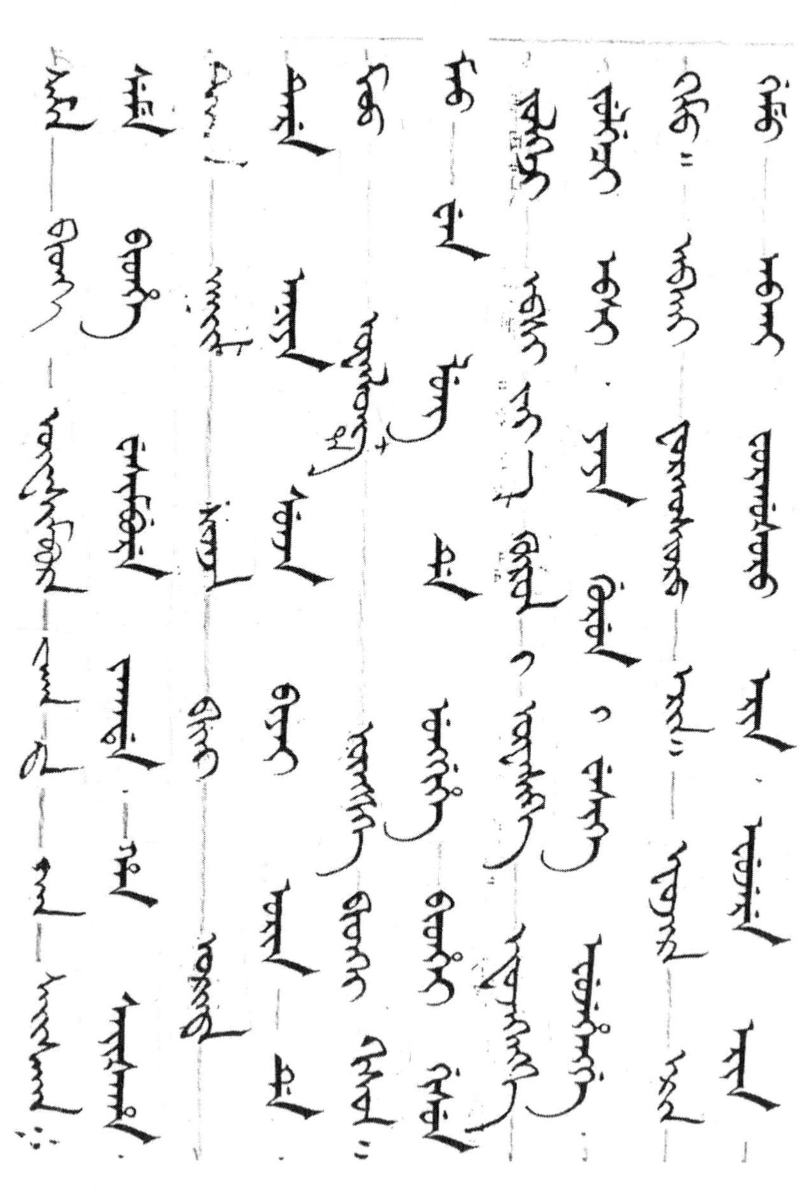

seme bithe wesimbure jakade, han saišaha. tere aniya sunja biyai orin de, mao wen lung de unggihe bithei gisun, julgeci ebsi, yaya gurun i wesike efujehengge, gemu abkai forgošoro erin, efujere erin

---

奏入，汗嘉之。是年五月二十日，致毛文龍書曰：「自古以來，凡國之興衰，皆天定時運，時運衰落後，

奏入，汗嘉之。是年五月二十日，致毛文龙书曰：「自古以来，凡国之兴衰，皆天定时运，时运衰落后，

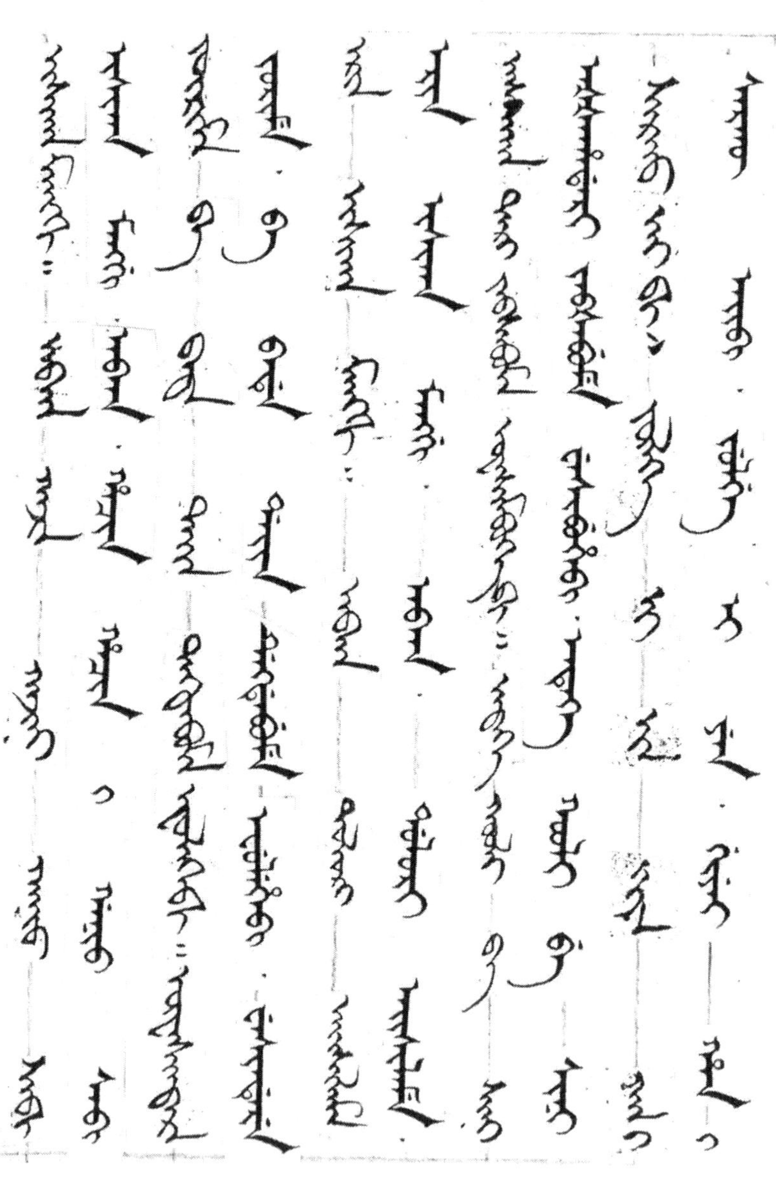

isika manggi, abka hacin hacin i ganio sabi jorime, ba bade dain dekdebume efulehebi. wesindere erin isika manggi, abka, dolori aisilame, aššahadari jabšabume wesibuhebi. enteke kooli be sini sarkū aibi. julge i yen, giyei han i

---

天示怪異凶兆，遍地烽火毀之。時運將興時，上天默佑，每舉必興。似此之例，爾豈不知耶？昔伊尹

天示怪异凶兆，遍地烽火毁之。时运将兴时，上天默佑，每举必兴。似此之例，尔岂不知耶？昔伊尹

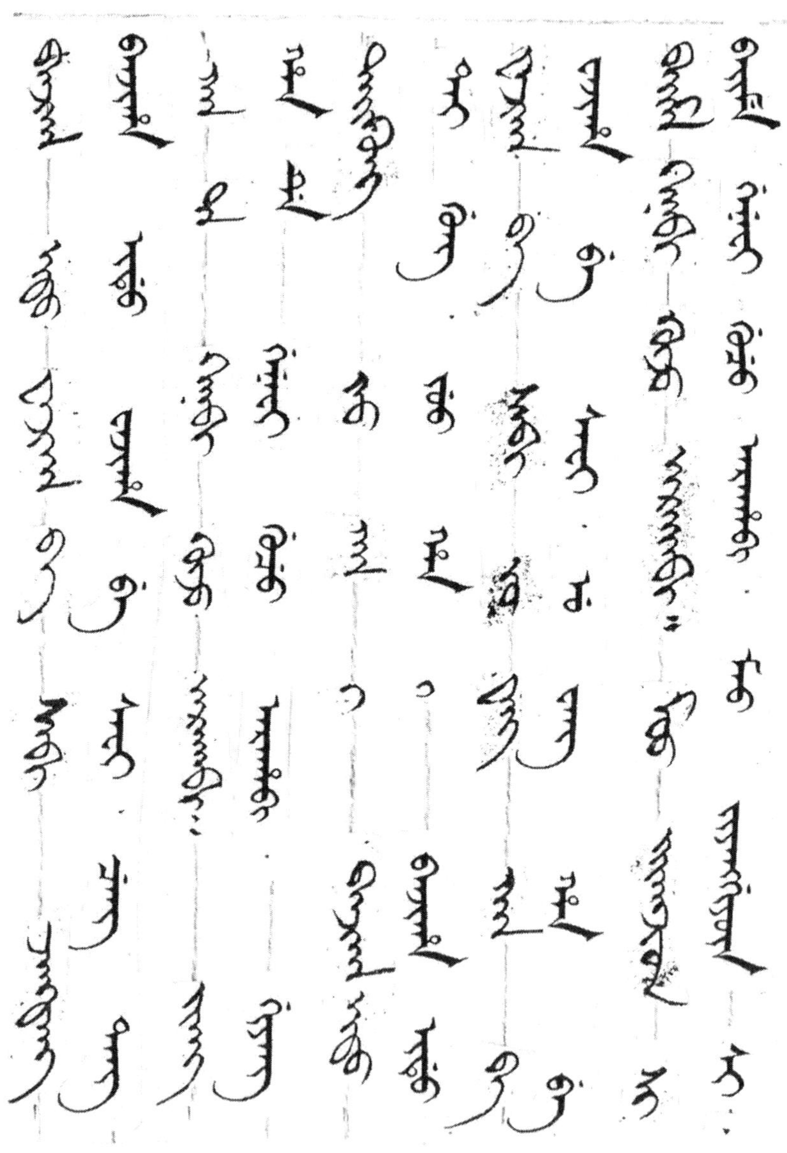

banjiha idu wajiha be safi, ceng tang han de genefi gucu arahabi. giyang tai gung, juo han i banjiha idu wajiha be safi, u wang han be baime genefi gucu arahabi. mao jiyanggiyūn si,

---

知桀王之運[18]已終，前往歸順成湯王而為僚友。姜太公知紂王之運已終，前往投順武王而為僚友。聞毛將軍爾

知桀王之运已终，前往归顺成汤王而为僚友。姜太公知纣王之运已终，前往投顺武王而为僚友。闻毛将军尔

---

[18] 桀王之運，句中「運」，《滿文原檔》寫作 "banjika ito"，《滿文老檔》讀作 "banjiha idu"。按〈簽注〉:「謹查《新定舊清語》一書，"banjiha idu"，即 "banjiha forgon"（命運）。」，茲參照迻譯。

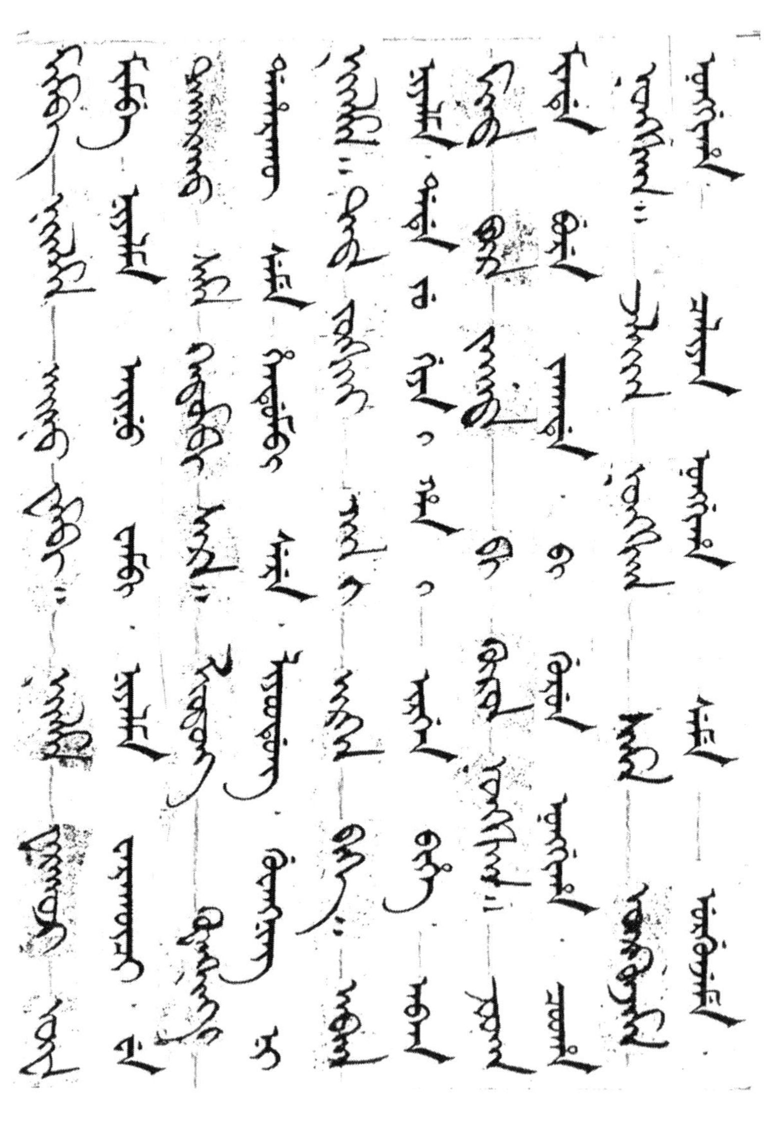

mimbe niyalma ainu wambi. niyalma warakūci we daharakū seme hendumbi sere. liyoodung, guwangning ni niyalma, dade ju giya i han i irgen bihe, abka minde bure jakade, bi gurun nonggiha, cooha nonggiha, caliyan nonggiha seme urgunjeme,

---

謂我為何殺人？若不殺人，誰不願歸順？遼東、廣寧之人，原係朱氏皇帝之民，因天授與我，故我以國增、兵增、錢糧增而喜悅，

谓我为何杀人？若不杀人，谁不愿归顺？辽东、广宁之人，原系朱氏皇帝之民，因天授与我，故我以国增、兵增、钱粮增而喜悦，

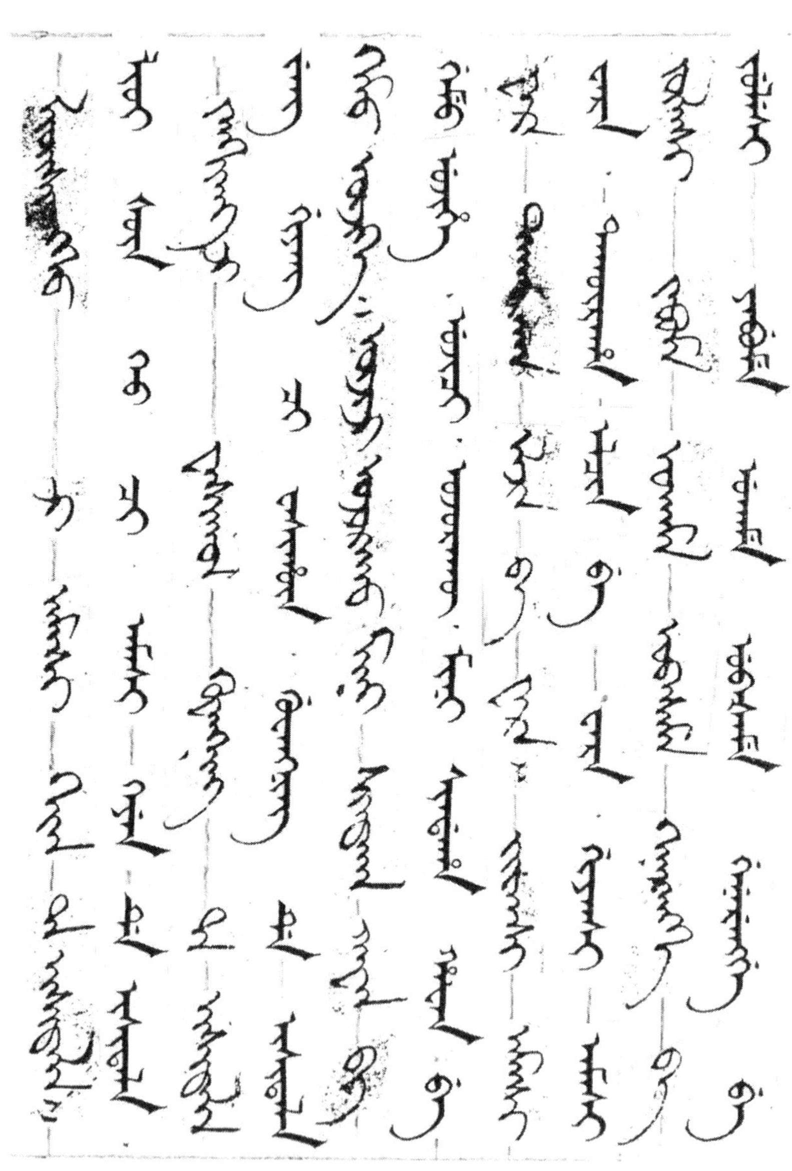

lioi šūn keo ci amasi keyen de isitala, jeng giyang ci wasihūn, guwangning de isitala gemu ujihe. ujici, ojorakū mini sindaha hafan be wara, takūraha elcin be wara, giyansi amasi julesi yabume ukame ubašame generengge be

---

自旅順口以北至開原，自鎮江以西至廣寧，皆豢養之。若豢養而不從，竟殺我所補授之官，殺所遣之使，奸細往來行走，叛逃而去；

自旅顺口以北至开原，自镇江以西至广宁，皆豢养之。若豢养而不从，竟杀我所补授之官，杀所遣之使，奸细往来行走，叛逃而去；

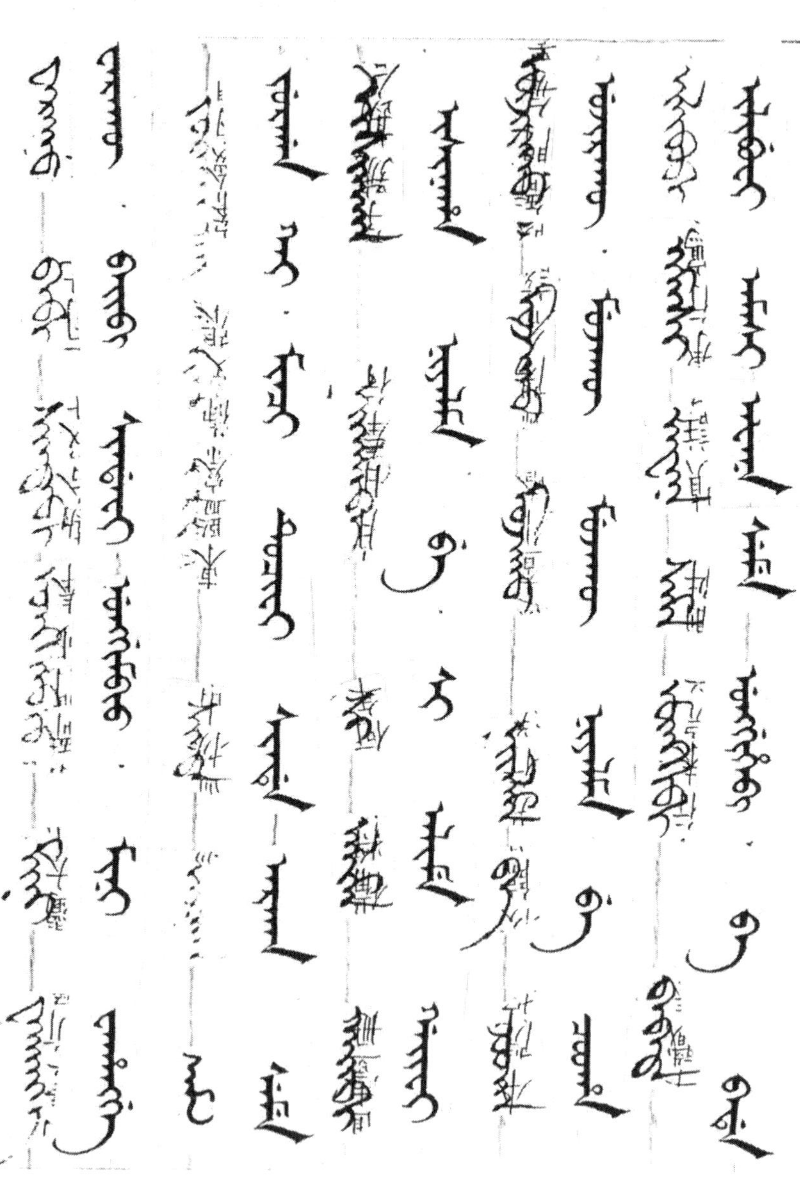

warakū, baibi sindafi unggimbio. mini wahangge jurgan kai. minci tucifi sinde arkan seme isinaha niyalma be, si alime gaifi ujirakū, mujakū mujakū niyalma be cooha ilibufi amasi afana seme unggihebi. ba bade

---

對此豈能不殺，而徒然釋放而去耶？我之所殺者義也。由我處逃出而願意來至爾處之人，爾收容後，不加豢養，著實令其人從軍，遣其反戈，

对此岂能不杀，而徒然释放而去耶？我之所杀者义也。由我处逃出而愿意来至尔处之人，尔收容后，不加豢养，着实令其人从军，遣其反戈，

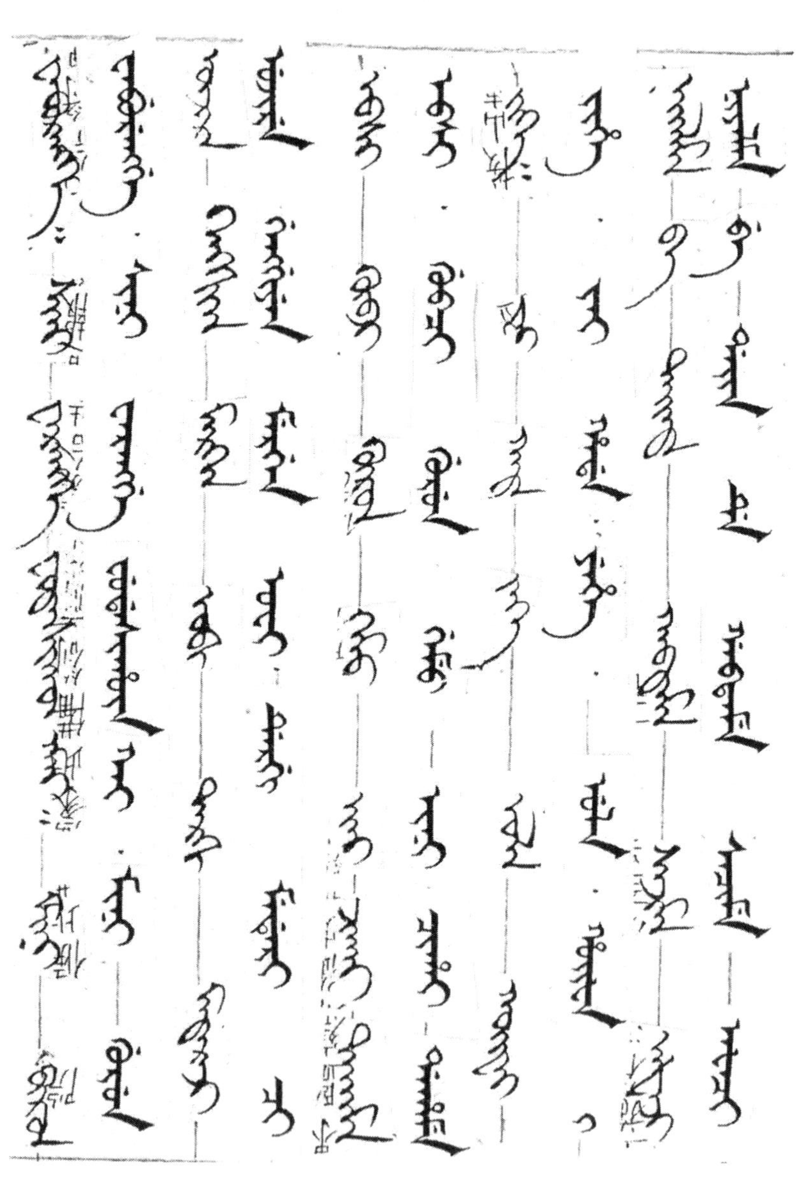

waburengge, sini warangge fudasihūn kai. mini gurun ujire genggiyen mergen ofi, dergi mederi ci ebsi, gubci gurun gemu ini cihai dahame jihe. jai hada, yehe, ula, hoifa i niyalma be dain de gabtame sacime afaci,

---

故於各處之被殺者，乃爾之所殺者，非義也。因我國豢養明智，故自東海以西，舉國皆自然來歸。再者，哈達、葉赫、烏拉、輝發之人，雖於陣上射箭、刀斬進攻不降，

故于各处之被杀者，乃尔之所杀者，非义也。因我国豢养明智，故自东海以西，举国皆自然来归。再者，哈达、叶赫、乌拉、辉发之人，虽于阵上射箭、刀斩进攻不降，

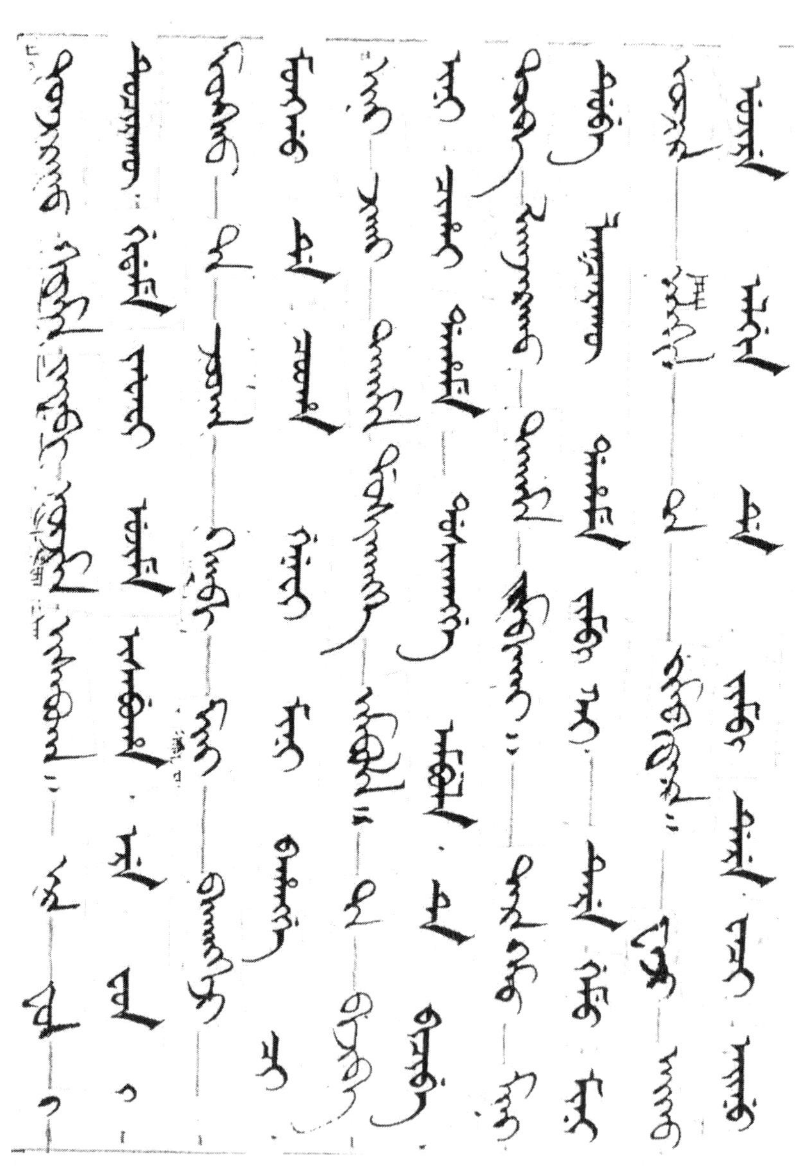

tucirakū, gidame jafafi ujime isabuha. ere fon i monggo de cooha genefi mini bahangge ci, ini cihai dahame dosikangge ambula, te bicibe dube lakcarakū dahame jimbi kai. tere gemu mini ujire algin de jimbi dere. waci ainu

---

然戰敗被擒後仍聚而豢養。其時，出兵蒙古，我之所獲尚不及自願來歸者多，至今來歸者仍絡繹不絕。此皆聞我豢養之名聲而來耳。倘若殺之，

然战败被擒后仍聚而豢养。其时，出兵蒙古，我之所获尚不及自愿来归者多，至今来归者仍络绎不绝。此皆闻我豢养之名声而来耳。倘若杀之，

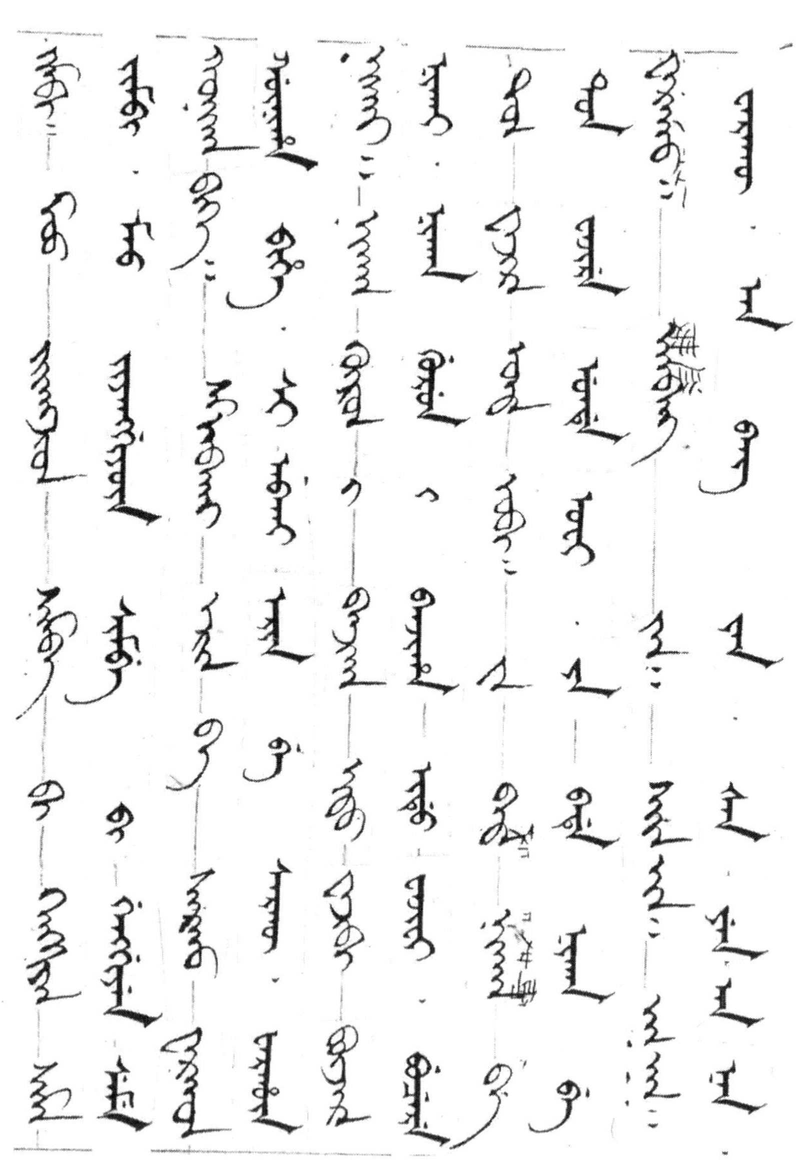

jimbi. mao jiyanggiyūn simbe bi genggiyen seme gūniha bihe, si abkai erin be sarkū, farhūn nikai. nikan gurun i banjiha idu wajifi, bucere ton wajire unde ofi, ya bade nikan be warakū. an bang yan, šan yen, an nan,

---

為何要來？毛將軍，我原曾以為爾英明，爾不知天時，是愚昧也。明朝氣數已盡，因劫數未終，故無處不殺漢人。安邦彥於山陰、安南、

为何要来？毛将军，我原曾以为尔英明，尔不知天时，是愚昧也。明朝气数已尽，因劫数未终，故无处不杀汉人。安邦彦于山阴、安南、

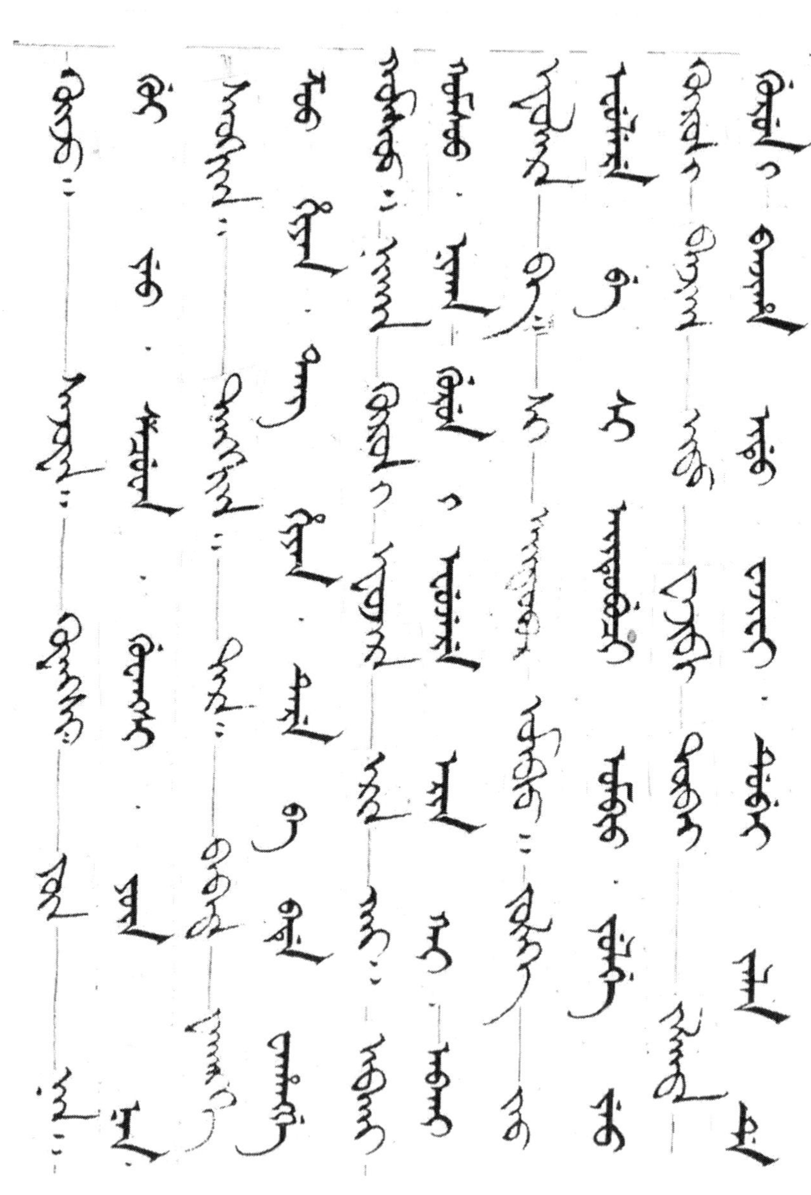

gui jeo, sycuwan, guwangsi, yūn nan, ts'oo hiyan, tang hiyan, tere ba bade wahangge komsoo. nikan gurun i efujere erin kai. abkai efulere be si aitubuci ombio. julge jeo gurun i banjiha idu wajifi, dubei jalan de

---

貴州、四川、廣西、雲南、曹縣、滕縣等處所殺者尚少耶？實乃明朝滅亡之時也。天之所滅，爾可救耶？昔周朝運終，

贵州、四川、广西、云南、曹县、滕县等处所杀者尚少耶？实乃明朝灭亡之时也。天之所灭，尔可救耶？昔周朝运终，

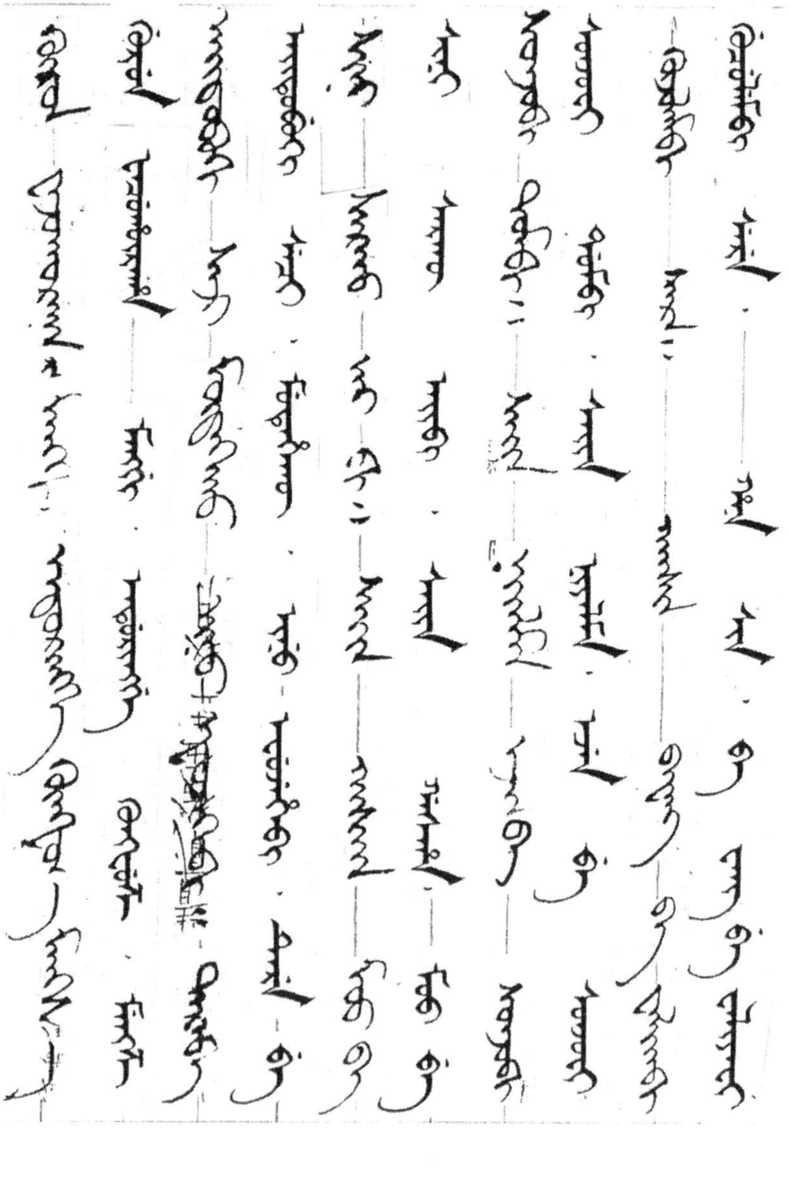

gurun facuhūraha manggi, enduringge kungfudzi, mengdzi aitubuki seci, mutehekū, inu efujehebi, tere be sini sarkū aibi. sain gasha, moo be sonjofi dombi, sain niyalma ejen be sonjofi guculembi sere. han̲ sin, ba wang be waliyafi,

---

末世國亂後，聖人孔子、孟子欲救而未能，亦滅亡也，此事爾豈不知？常言道：『良禽擇木而棲，賢人擇主而事。』韓信棄霸王

末世国乱后，圣人孔子、孟子欲救而未能，亦灭亡也，此事尔岂不知？常言道：『良禽择木而栖，贤人择主而事。』韩信弃霸王

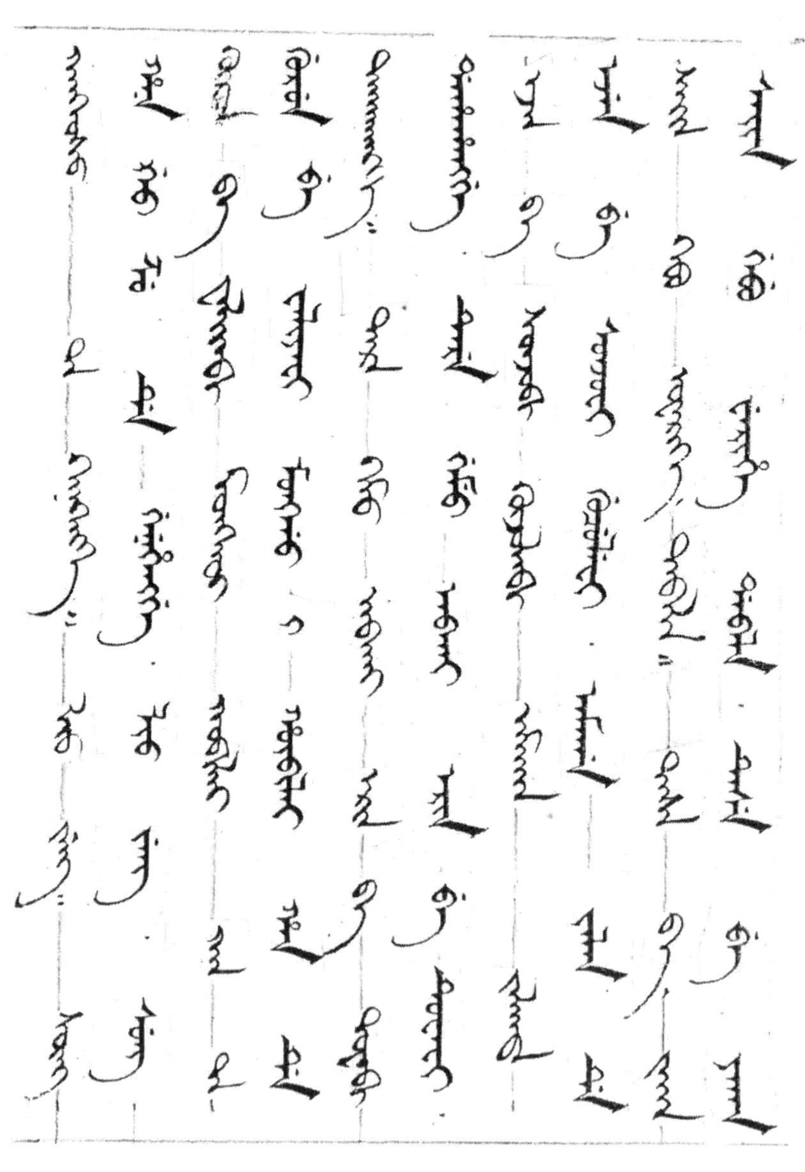

han̲ g'ao dzu de genehengge, lio jeng, sung gurun be waliyafi, monggo i hūbilai han de dahahangge, tere gemu abkai erin be tuwafi, ejen be sonjofi guculefi, amaga jalan de sain gebu werihe dabala. tese be yaka

---

而投漢高祖者，劉整棄宋朝而降蒙古忽必烈汗者，此皆觀天時擇主而事，且留芳名於後世而已，

而投汉高祖者，刘整弃宋朝而降蒙古忽必烈汗者，此皆观天时择主而事，且留芳名于后世而已，

ehe sembio. abkai fulinggai banjibuha yaya han beise, bata kimun seme gūnirakū, gung erdemu be tuwame ujimbi. julge hūwan gung, ini beyebe gabtaha guwan jung be ujifi doro amban ohobi. tang taidzung batalafi

---

哪個曾謂彼等為惡耶？凡應天命而生之君臣，皆不念仇敵，視其功德而豢養。古之桓公，豢養其射己之管仲為社稷之臣；唐太宗

哪个曾谓彼等为恶耶？凡应天命而生之君臣，皆不念仇敌，视其功德而豢养。古之桓公，豢养其射己之管仲为社稷之臣；唐太宗

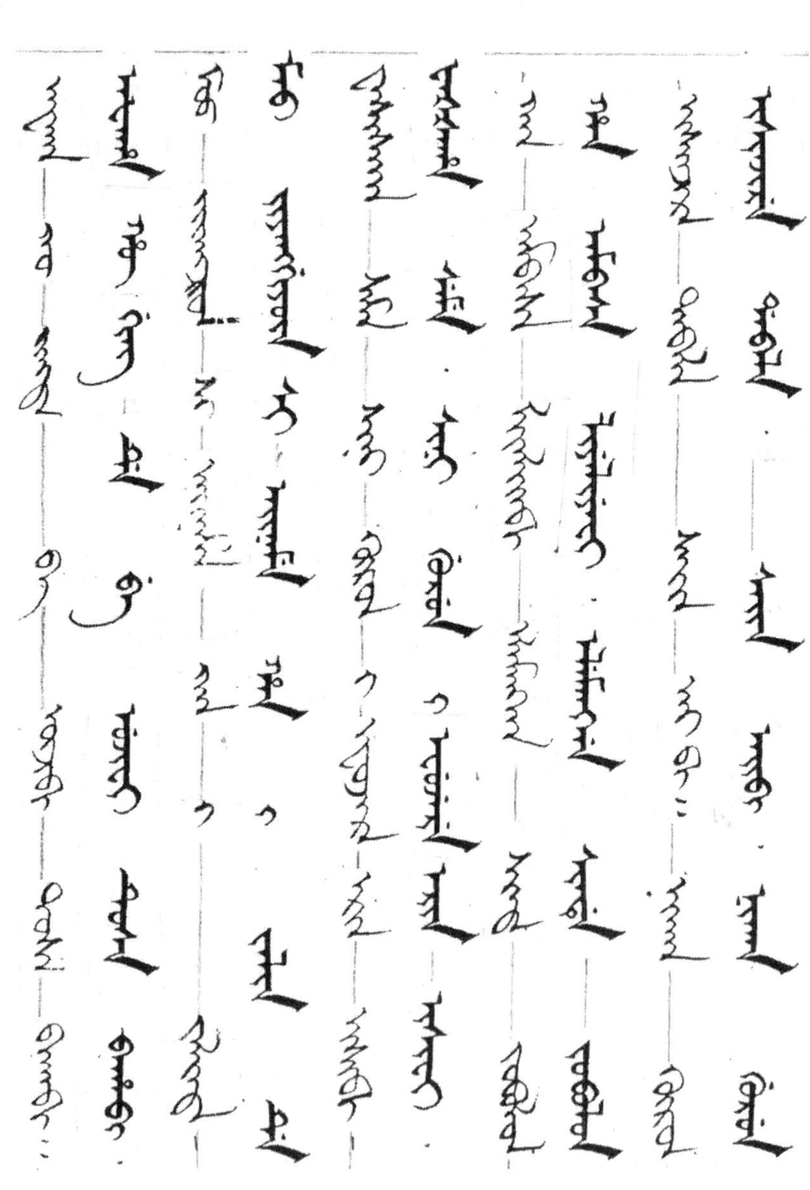

afaha hū ging de be ujifi tusa bahabi. mao jiyanggiyūn si ainame han i jalin de faššaha seme, sini gurun i efujere erin isifi, han ambasa liyeliyefi, elemangga sinde jobolon isinjire dabala. sain aibi. nikan gurun

---

豢養仇敵胡敬德，終得其益。毛將軍無論爾如何為明帝効力，然爾國時運已盡，君臣昏庸，反致禍殃於爾而已，有何好處？

豢养仇敌胡敬德，终得其益。毛将军无论尔如何为明帝効力，然尔国时运已尽，君臣昏庸，反致祸殃于尔而已，有何好处？

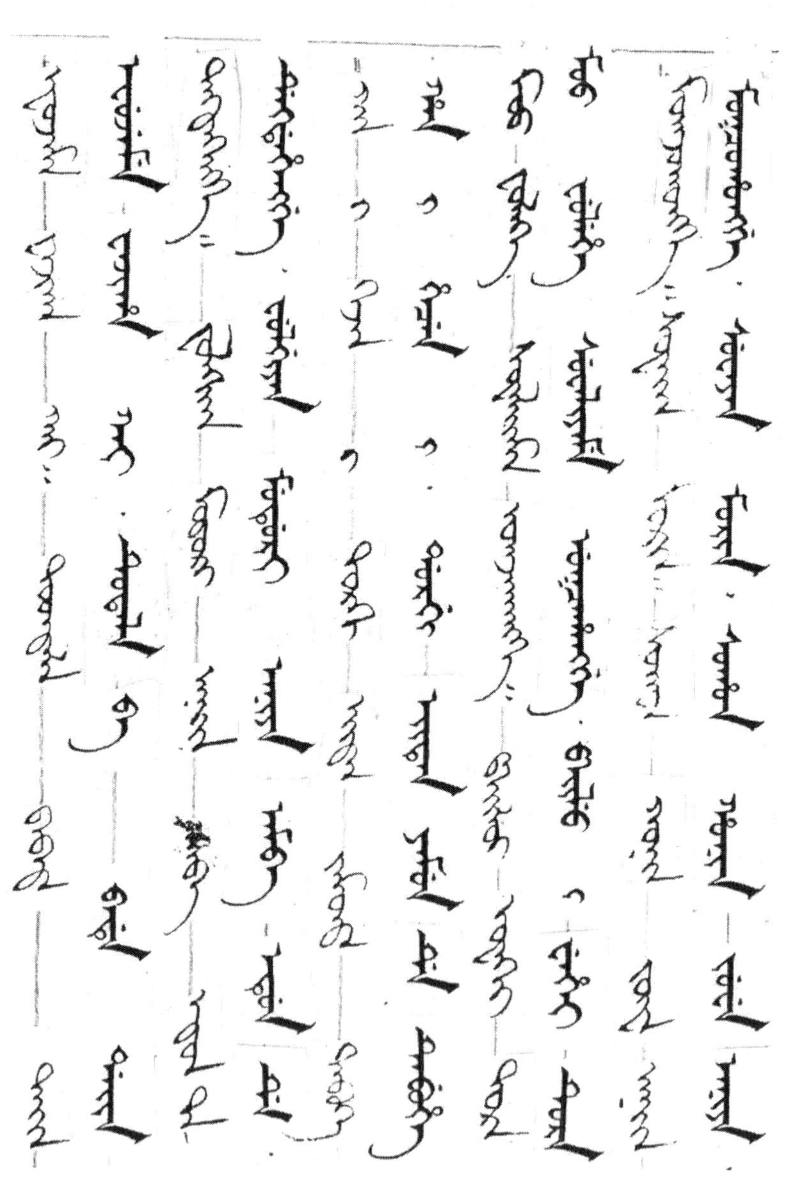

efujeme wajiha kai. tutala ba bade dain dekdehengge, fulgiyan muduri aniya amba edun de, han i hecen i dorgi eiten yamun de tebuhe moo fulehe suwaliyame ukcahangge, pailu i wehei tura mokcohongge, suwayan morin, sohon honin juwe aniya,

---

明朝之亡已定也。處處戰端紛起，丙辰年大風，帝都內各衙門所種樹木連根拔起，牌樓石柱折斷；戊午、己未兩年，

明朝之亡已定也。处处战端纷起，丙辰年大风，帝都内各衙门所种树木连根拔起，牌楼石柱折断；戊午、己未两年，

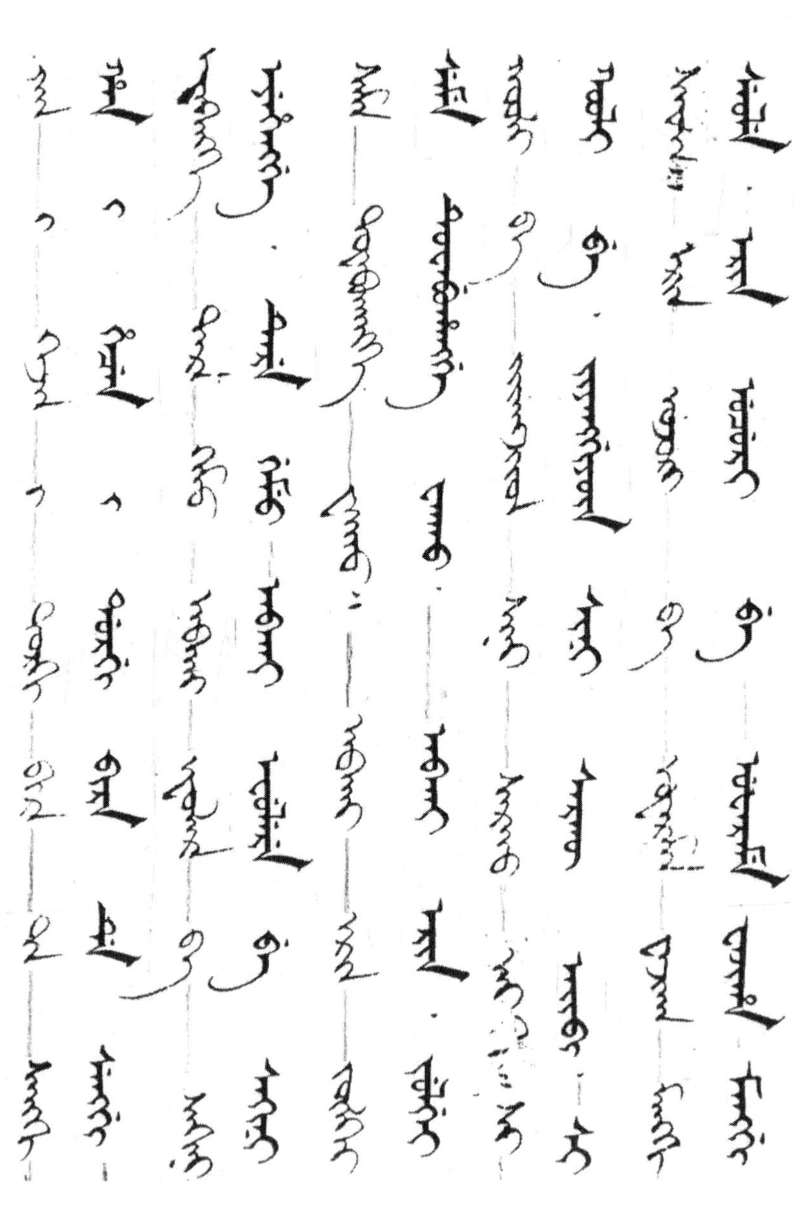

han i hecen i dorgi bira de senggi eyehengge, tere gemu abkai efulere be sakini seme tuwabuhangge wakao. abkai erin, julgei kooli be, jiyanggiyūn sini sarkū aibi. si seole. erin ucuri be ufarame wajiha manggi,

---

帝都內河中流血者，此皆非天警示滅亡之兆耶？天時、古例，將軍爾何以不知？望爾深思。時機失盡後，

帝都内河中流血者，此皆非天警示灭亡之兆耶？天时、古例，将军尔何以不知？望尔深思。时机失尽后，

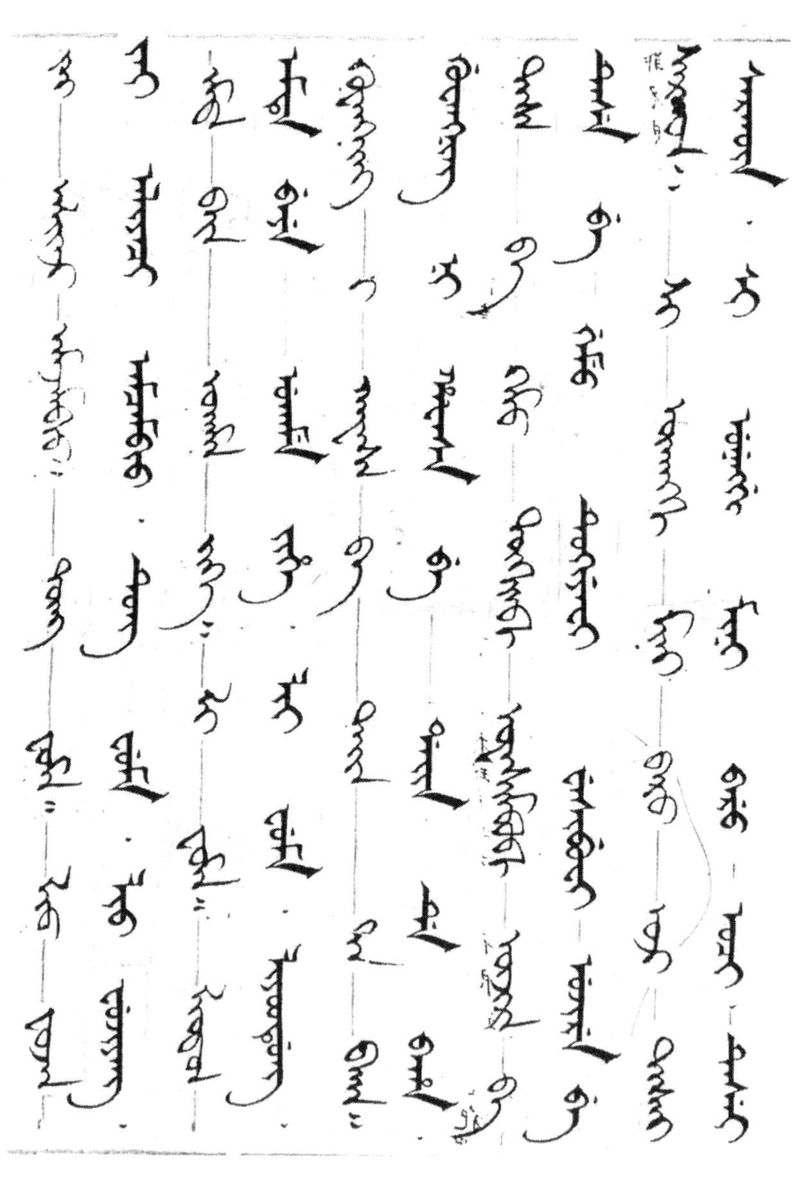

jai aliyaci amcambio. tung fuma, lio fujiyang, emte beye ukame jihe, lii fuma, liyoodung, guwangning ni hafasa be dain de baha, tese be gemu tukiyefi wesibufi ujire be sarkūn. si unenggi mini baru oci, tesei

---

再後悔何及耶？佟駙馬、劉副將隻身逃來，李駙馬及遼東、廣寧之眾官員，獲於陣前，彼等皆擢陞豢養，爾不知乎？爾若誠能向我，

再后悔何及耶？佟驸马、刘副将只身逃来，李驸马及辽东、广宁之众官员，获于阵前，彼等皆擢升豢养，尔不知乎？尔若诚能向我，

ai dalji. fulgiyan tasha aniya ninggun biyai ice ninggun de, korcin i ooba taiji i baru doro jafame, abka de šanggiyan morin wame, na de sahaliyan ihan wame gashūha gisun, abka na de, aisin gurun i han nurgaci

則與彼等何涉？丙寅年六月初六日，與科爾沁奧巴台吉結盟，宰白馬祭天，宰烏牛祭地，誓告天地曰：「金國汗努爾哈齊[19]

则与彼等何涉？丙寅年六月初六日，与科尔沁奥巴台吉结盟，宰白马祭天，宰乌牛祭地，誓告天地曰：「金国汗努尔哈齐

[19] 努爾哈齊，清太祖名諱，《滿文原檔》寫作“norkanji”，讀作“nurhanci”，《滿文老檔》讀作“nurgaci”（貼黃）。按滿文本《大清太祖武皇帝實錄》卷一，讀作“nurhanci”（北京，民族出版社，2016年4月），頁19。

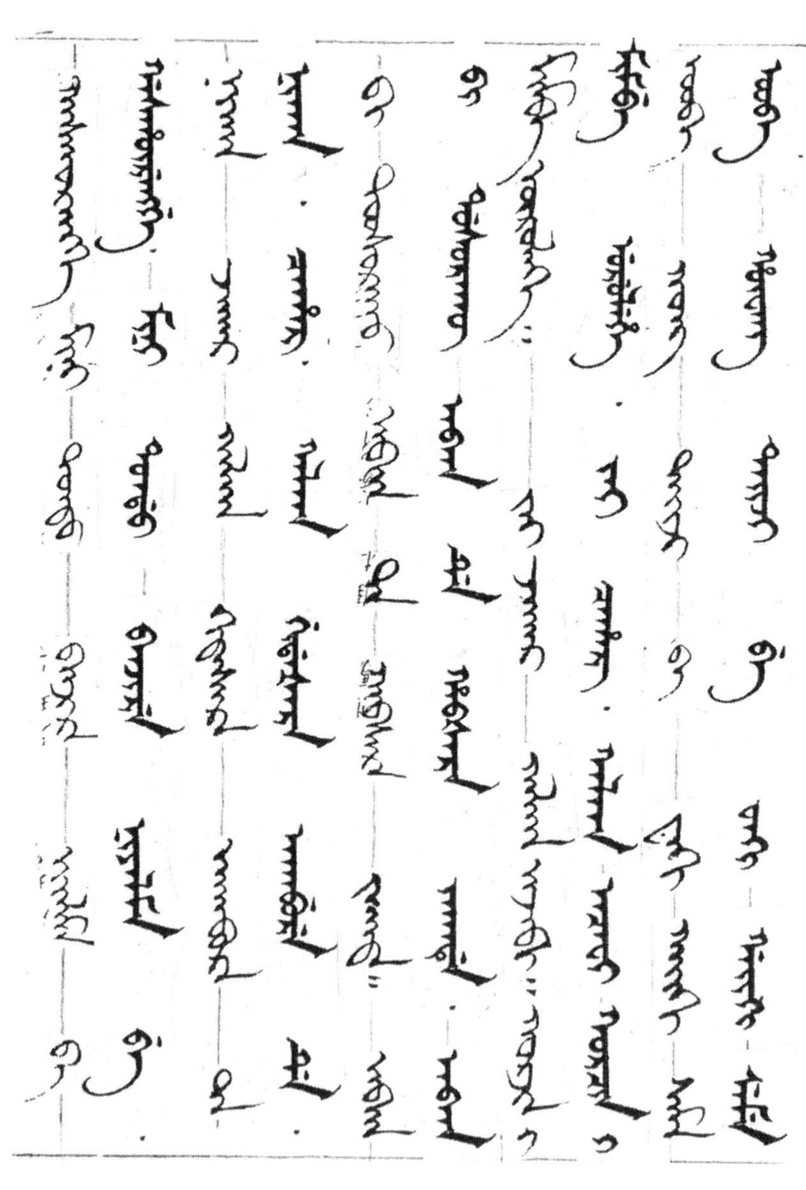

gashūrengge, mini tondo banjire niyalma be, nikan, cahar, kalka gidašara akabure de, bi dosorakū abka de habšara jakade, abka mimbe urulehe. jai cahar, kalka acafi korcin i ooba hūwang taiji be waki gaiki seme

---

謹誓：明、察哈爾、喀爾喀欺凌我安分守己之人，我因隱忍無奈，故昭告於天，天以我為是。再者，察哈爾、喀爾喀連兵欲擒殺科爾沁奧巴黃台吉[20]，

谨誓：明、察哈尔、喀尔喀欺凌我安分守己之人，我因隐忍无奈，故昭告于天，天以我为是。再者，察哈尔、喀尔喀连兵欲擒杀科尔沁奥巴黄台吉，

---

[20] 奧巴黃台吉，句中「黃台吉」，《滿文原檔》寫作 “kong taiji”，《滿文老檔》讀作 “hūwang taiji”，漢文或音譯作「洪台吉」等。按此為蒙古語稱號，蒙文讀作 “qong taiǰi”，意即「大台吉」。

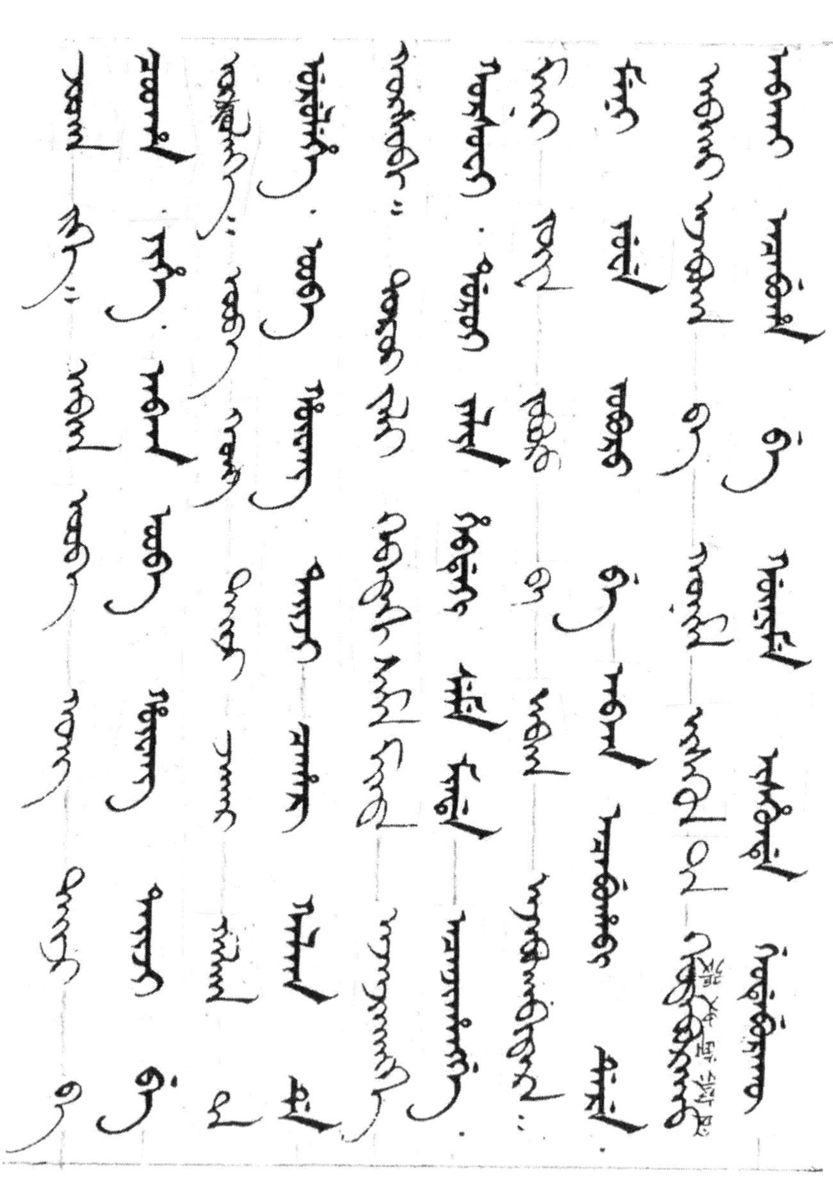

cooha jihe, abka ooba hūwang taiji be urulehe. ooba hūwang taiji, cahar, kalka de korsofi, doroi jalin hebdeki seme minde acanjihangge, meni juwe joboro be abka acabuhabi dere. abkai acabuha be gūnime ishunde geodeburakū

天以奧巴黃台吉為是。奧巴黃台吉怨恨察哈爾、喀爾喀，為謀國事，前來與我相會者，此乃天令我受害之二人相會也。若念及天令之相會，互不欺誑，

天以奥巴黄台吉为是。奥巴黄台吉怨恨察哈尔、喀尔喀，为谋国事，前来与我相会者，此乃天令我受害之二人相会也。若念及天令之相会，互不欺诳，

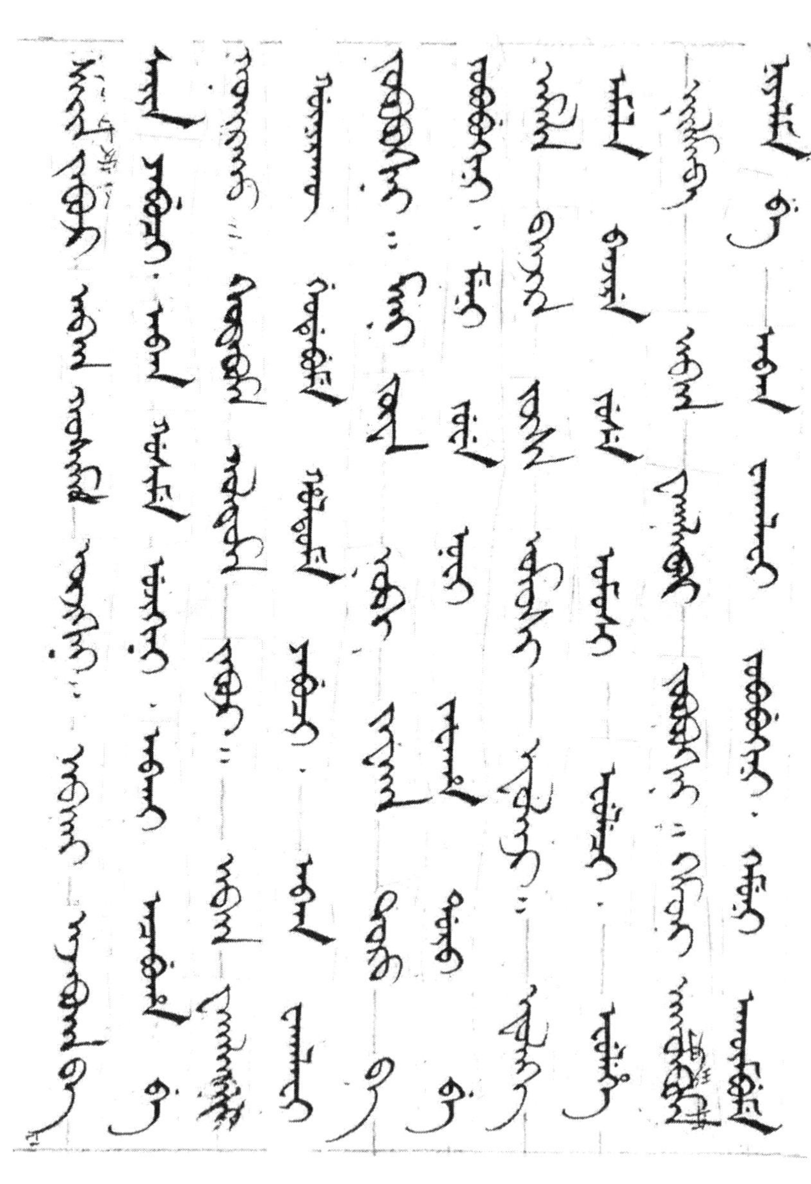

sain yabuci, abka gosime ujikini. abkai acabuha be gūnirakū geodebume holtome yabuci, abka wakalafi jobobukini. meni juwe nofi jafaha doro be amala banjire juse omosi efuleci, efulehe niyalma be abka wakalafi jobobukini, kemuni akūmbume

和好相處，則天必眷養之。若不念天使之合，相互欺誑，則天必咎之，降以災厄。後世子孫若毀我等二人之盟，天亦以災厄咎其毀盟之人，如克守盟好，

和好相处，则天必眷养之。若不念天使之合，相互欺诳，则天必咎之，降以灾厄。后世子孙若毁我等二人之盟，天亦以灾厄咎其毁盟之人，如克守盟好，

十八、盟誓和好

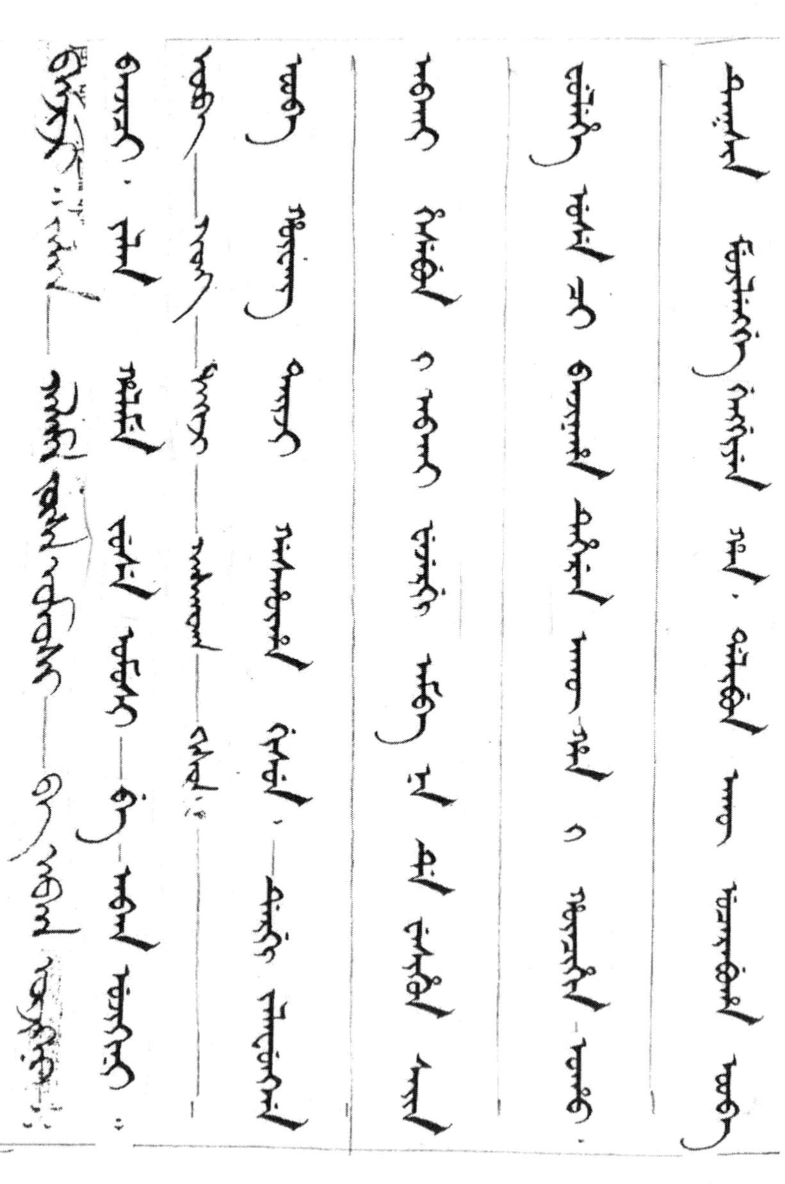

banjici, jalan halame juse omosi be abka ujikini. ooba hūwang taiji gashūha gisun, dergi jalafungga abkai hesebun i abkai fejergi amba na de wesihun sain fulehe use ci banjinaha teheren akū han i hūncihin oho, teksin mujilengge genggiyen han, dalibun akū ucarabuha ooba

---

則世代子孫永享天之眷顧。」奧巴黃台吉誓曰[21]：「與福壽天命天下大地尊貴根生無與倫比之汗為至親，正直英明汗與無所遮掩之奧巴

则世代子孙永享天之眷顾。」奥巴黄台吉誓曰：「与福寿天命天下大地尊贵根生无与伦比之汗为至亲，正直英明汗与无所遮掩之奥巴

---

[21] 按奧巴誓詞，《滿文原檔》為蒙古字，《滿文老檔》譯出清字。

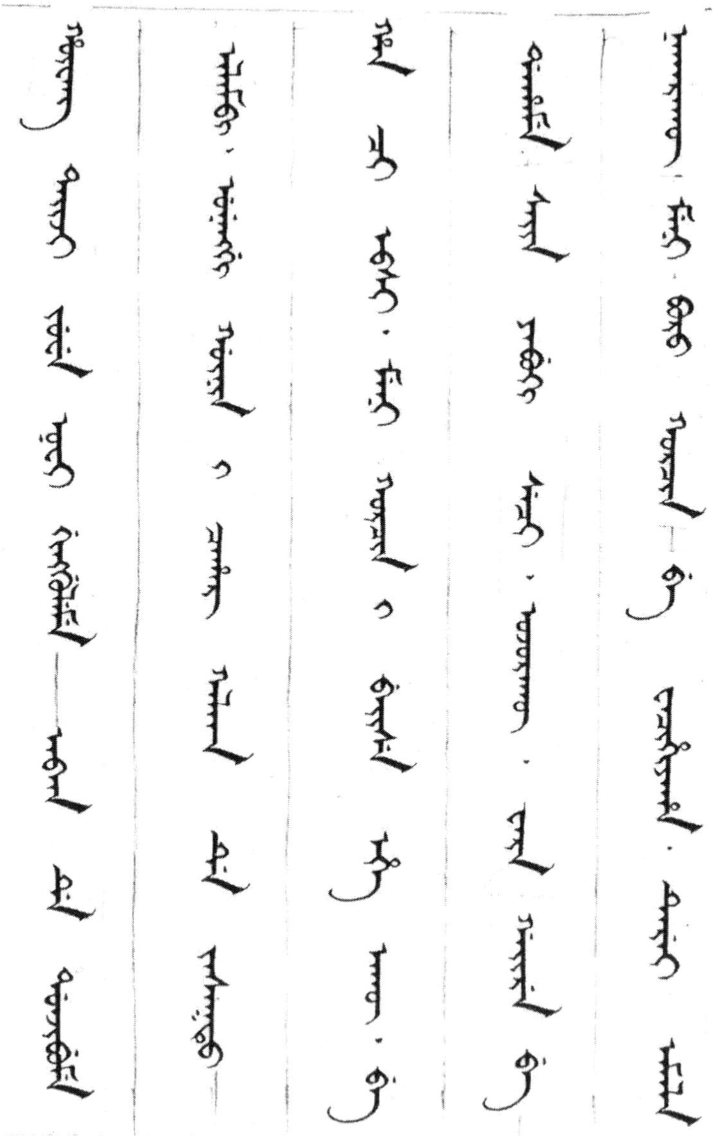

hūwang taiji juwe nofi gingguleme abka de donjibume alambi. unenggi gūnin i cahar, kalka de jasaktu han ci ebsi, meni korcin i beise ehe akū, be dahame sain yabuki seci, ojorakū, wara gaire be nakarakū, meni boro korcin be wacihiyaha, terei amala

---

黃台吉二人敬謹奏聞於天。自扎薩克圖汗以來，我科爾沁諸貝勒對察哈爾、喀爾喀誠意相待，並無不睦。今欲求相好而不可得，彼等惟知劫殺不已，將我博羅科爾沁屠戮殆盡。其後，

黄台吉二人敬谨奏闻于天。自扎萨克图汗以来，我科尔沁诸贝勒对察哈尔、喀尔喀诚意相待，并无不睦。今欲求相好而不可得，彼等惟知劫杀不已，将我博罗科尔沁屠戮殆尽。其后，

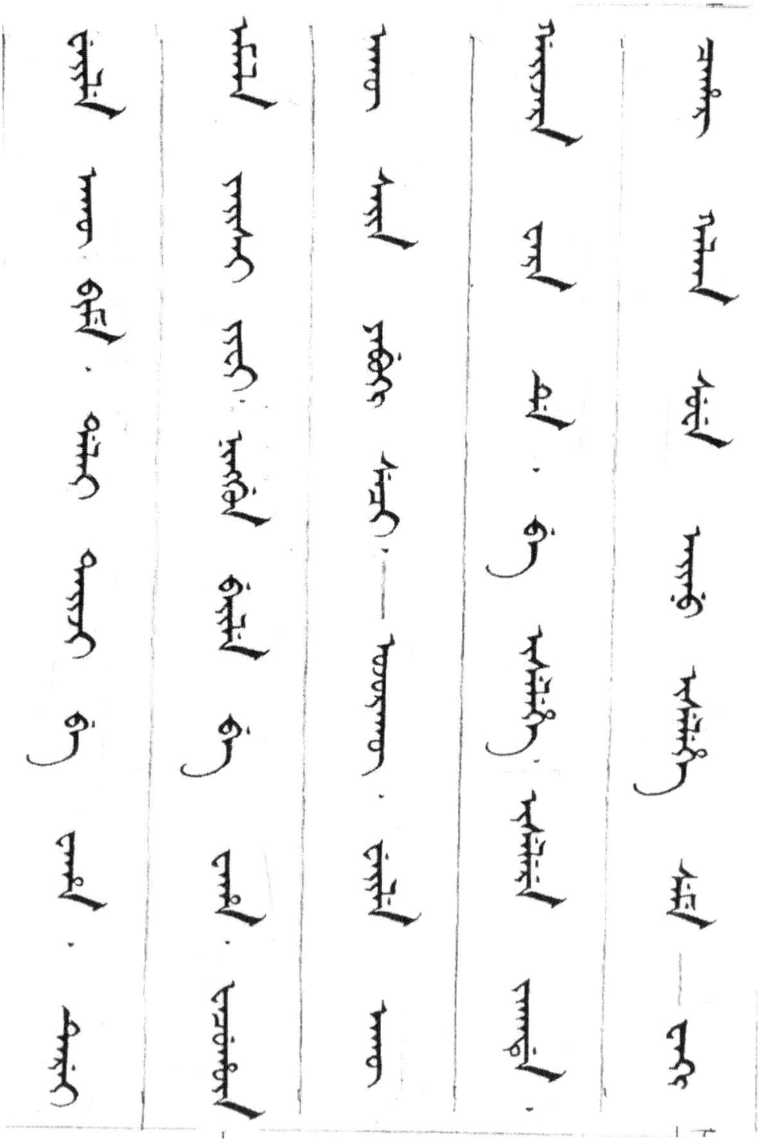

weile akū bime, dalai taiji be waha. terei amala jaisai jifi, ninggun beile be waha, facuhūn akū sain yabuki seci, ojorakū, weile akū gaijara wara de, be iselehe, iselere jakade, cahar, kalka suwe ainu iselehe seme waki

---

無辜殺達賴台吉。其後齋賽來殺我六貝勒。欲求和好無事而不成，反被無辜掠殺，我等相拒，因相拒，察哈爾、喀爾喀竟以爾等為何相拒為由，

无辜杀达赖台吉。其后斋赛来杀我六贝勒。欲求和好无事而不成，反被无辜掠杀，我等相拒，因相拒，察哈尔、喀尔喀竟以尔等为何相拒为由，

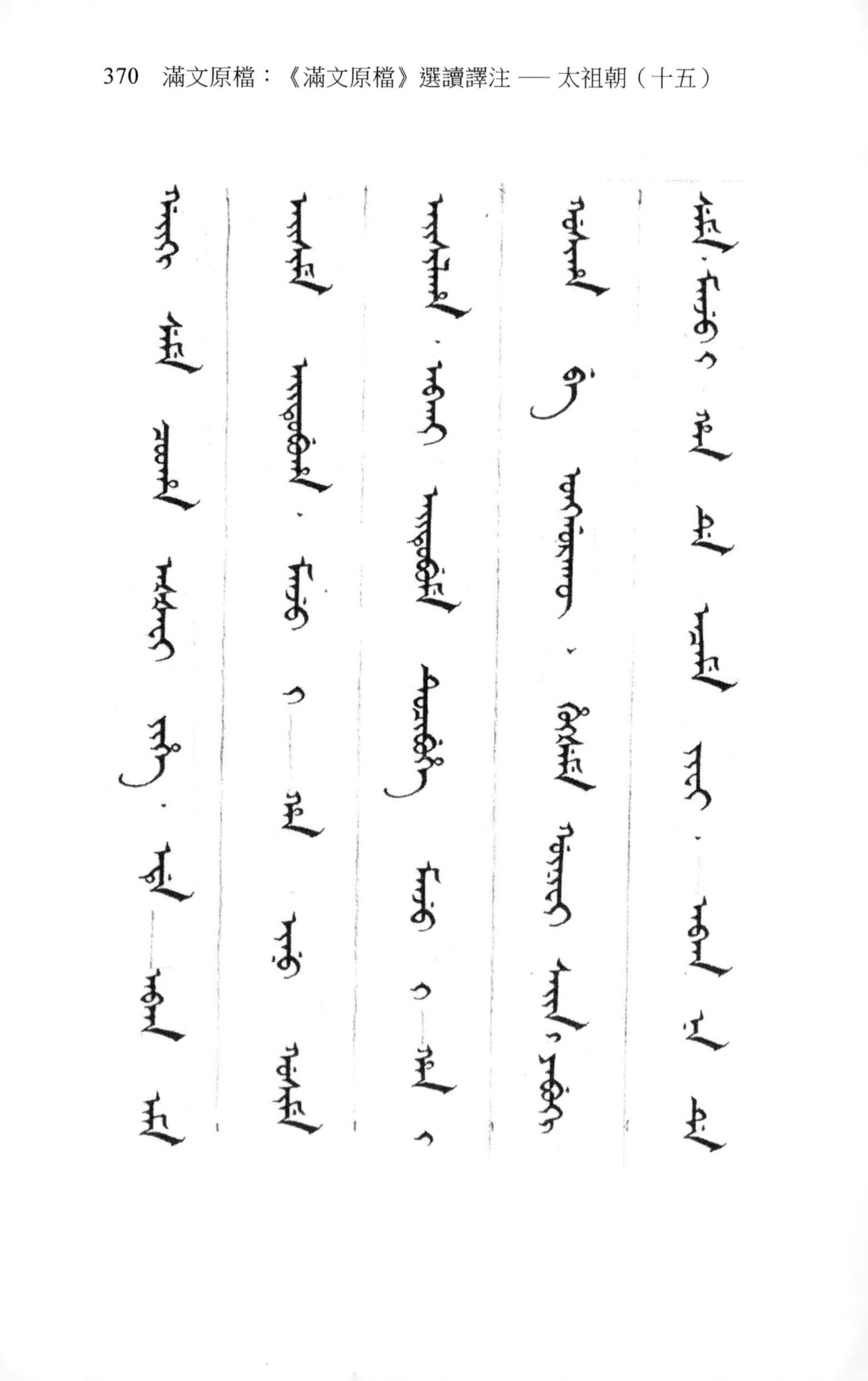

gaiki seme cooha aššafi jihe. ede abka ama aisime aitubuha, manju i han inu gosime aisilaha. abkai aitubume tucibuhe manju i han i gosiha be onggorakū, hukšeme gūnifi sain i yabuki seme, manju i han de acame jifi, abka na de

---

興兵而來，欲行殺掠。幸天父默祐得脫，又得滿洲汗憐憫協助。我不忘天所拯救、滿洲汗所眷顧，心懷感激，意欲交好，故來會滿洲汗，

兴兵而来，欲行杀掠。幸天父默佑得脱，又得满洲汗怜悯协助。我不忘天所拯救、满洲汗所眷顾，心怀感激，意欲交好，故来会满洲汗，

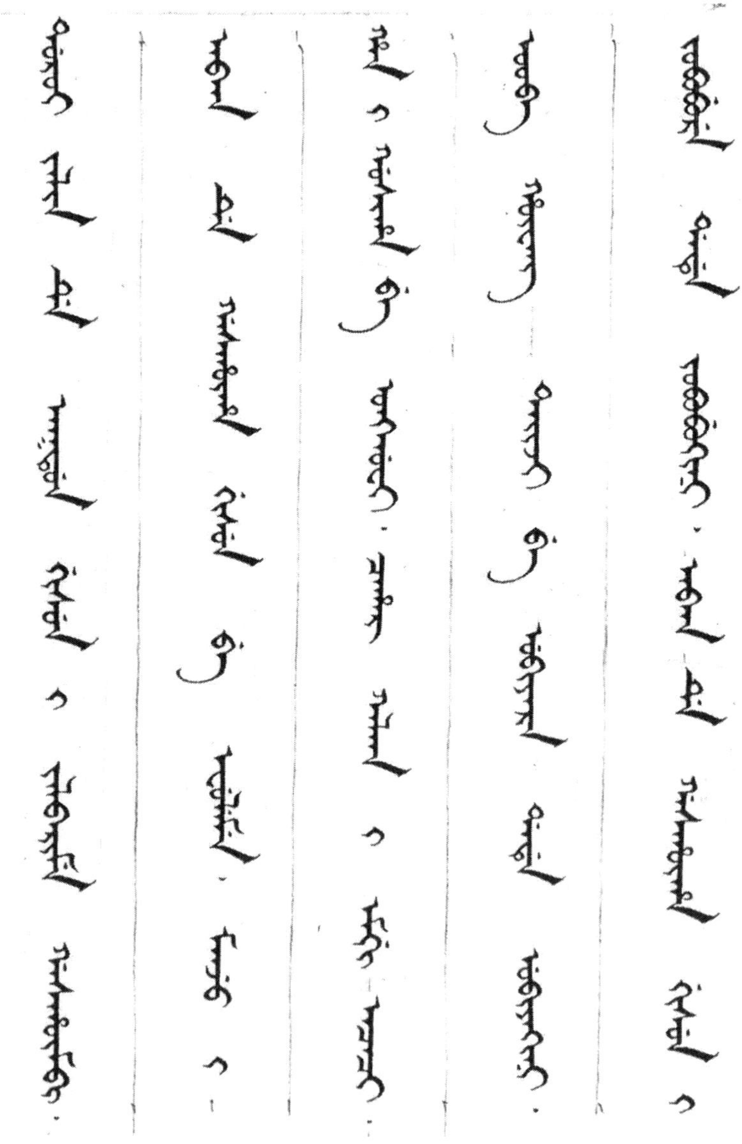

doroi jalin de akdun gisun i jalbarime gashūmbi. abka de gashūha gisun be efuleme, manju i han i gosiha be onggofi, cahar, kalka i emgi acaci, ooba hūwang taiji be ubiyara dade ubiyakini, jobobure dade jobobukini. abka de gashūha gisun i

---

為結盟好，誓告天地。若渝誓天之言，忘滿洲汗之憐愛，與察哈爾、喀爾喀相合，則使奧巴黃台吉惡之愈惡、苦之愈苦。若踐對天之盟言，

为结盟好，誓告天地。若渝誓天之言，忘满洲汗之怜爱，与察哈尔、喀尔喀相合，则使奥巴黄台吉恶之愈恶、苦之愈苦。若践对天之盟言，

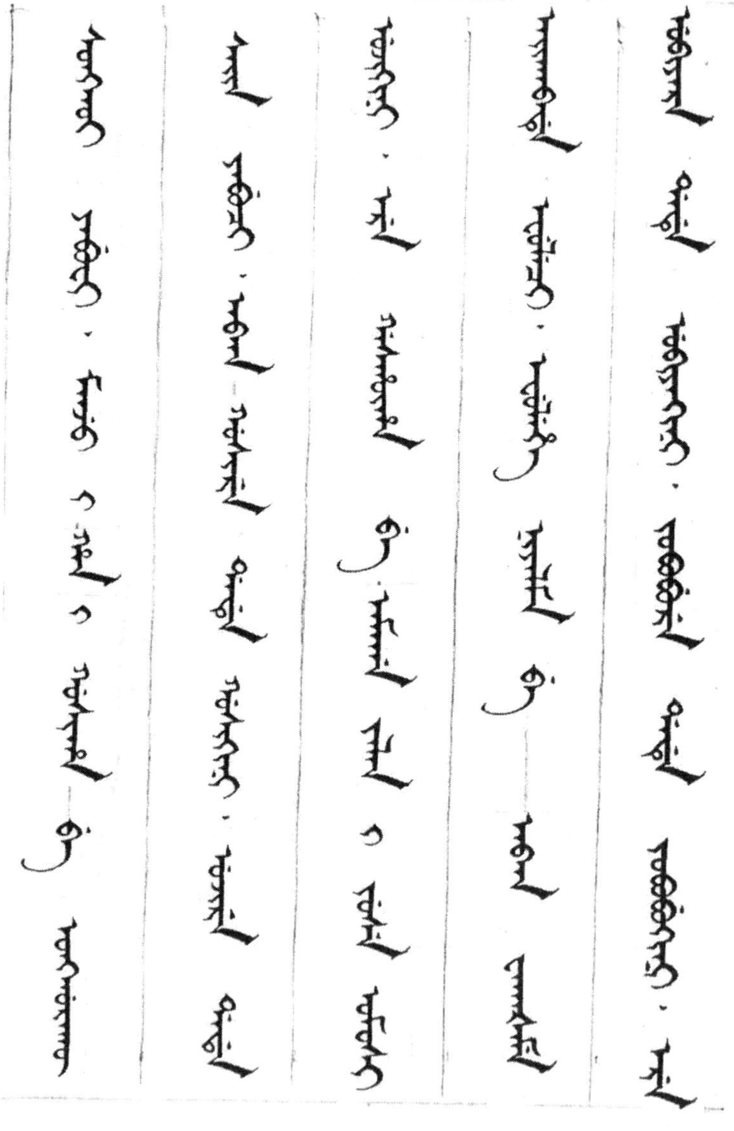

songkoi yabufi, manju i han i gosiha be onggorakū sain yabuci, abka gosire dade gosikini, ujire dade ujikini. ere gashūha be amaga jalan i juse omosi aikabade efuleci, efulehe niyalma be abka wakašame ubiyara dade ubiyakini, jobobure dade jobobukini. ere

---

不忘滿洲汗之憐愛，奉行善舉，則蒙天憐之愈憐，養之愈養。後世子孫若有渝盟者，則天譴其渝盟之人，惡之愈惡，苦之愈苦。

不忘满洲汗之怜爱，奉行善举，则蒙天怜之愈怜，养之愈养。后世子孙若有渝盟者，则天谴其渝盟之人，恶之愈恶，苦之愈苦。

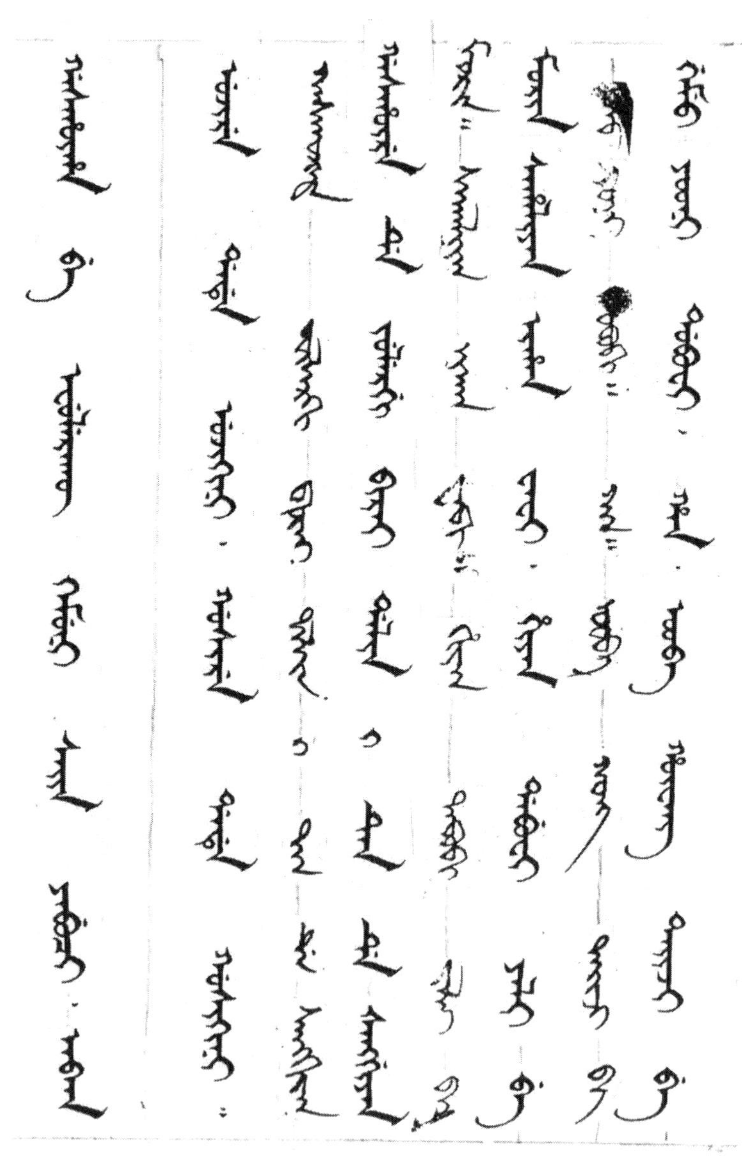

gashūha be efulerakū kemuni sain yabuci, abka ujire dade ujikini, gosire dade gosikini. gashūre de julergi birai dalin i ten de šanggiyan morin, sahaliyan ihan wafi, hiyan dabufi yali be gemu yooni dobofi, han, ooba hūwang taiji be

---

如不渝盟誓，仍相和好，則蒙天養之愈養，憐之愈憐。」盟誓時，於河南岸祭壇宰白馬、烏牛，焚香獻牲。汗率奧巴黃台吉

如不渝盟誓，仍相和好，则蒙天养之愈养，怜之愈怜。」盟誓时，于河南岸祭坛宰白马、乌牛，焚香献牲。汗率奥巴黄台吉

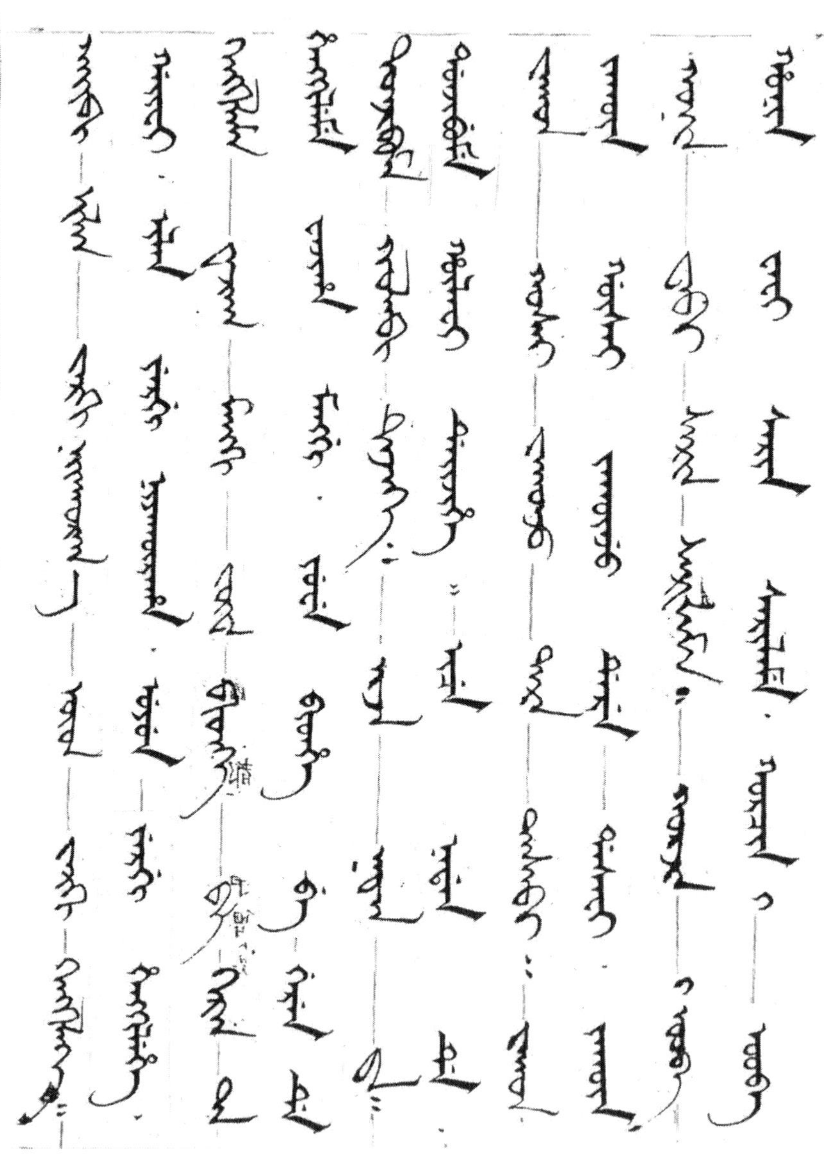

gaifi, ilan jergi niyakūraha, uyun jergi hengkilehe, hengkileme wajiha manggi, juwe bithe be geren de donjibume hūlafi deijihe. ice nadan de, jakūn gūsai jakūnju dere dasafi, jakūn honin wafi sarin sarilame, korcin i ooba

三跪九叩，叩畢，將二誓書宣讀於眾，焚之。初七日，八旗置八十桌，宰八羊，筵宴。賜科爾沁奧巴

三跪九叩，叩毕，将二誓书宣读于众，焚之。初七日，八旗置八十桌，宰八羊，筵宴。赐科尔沁奥巴

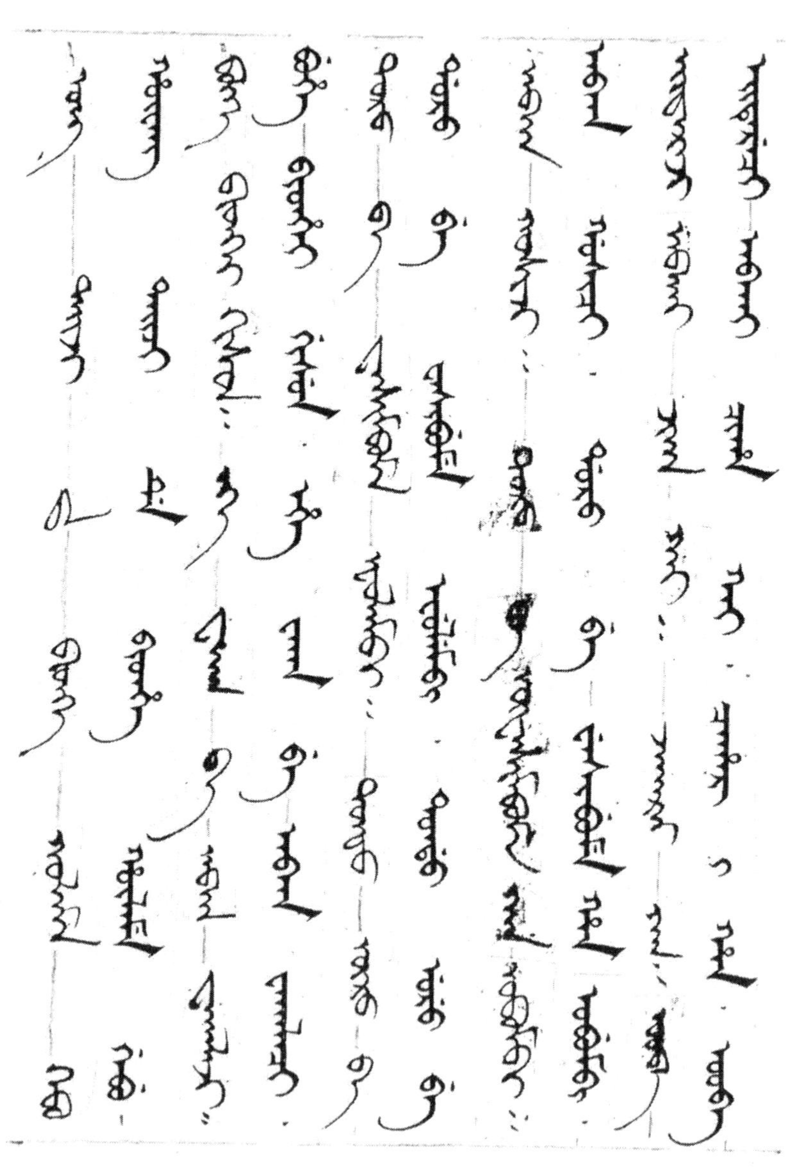

hūwang taiji de bithe hūlame gebu buhe bithei gisun, ehe waka be abka wakalaci, doro be wasibume efulembi, tondo uru be abka gosici, doro be wesibume han obumbi. eitereci abkai ciha kai. cahar i han, ooba

---

黃台吉名號，並宣讀諭旨曰：「有過惡者，天咎之，致令國勢衰敗；存正直者，天祐之，國勢乃興而為汗。總之，主宰在天也。察哈爾汗

黄台吉名号，并宣读谕旨曰：「有过恶者，天咎之，致令国势衰败；存正直者，天佑之，国势乃兴而为汗。总之，主宰在天也。察哈尔汗

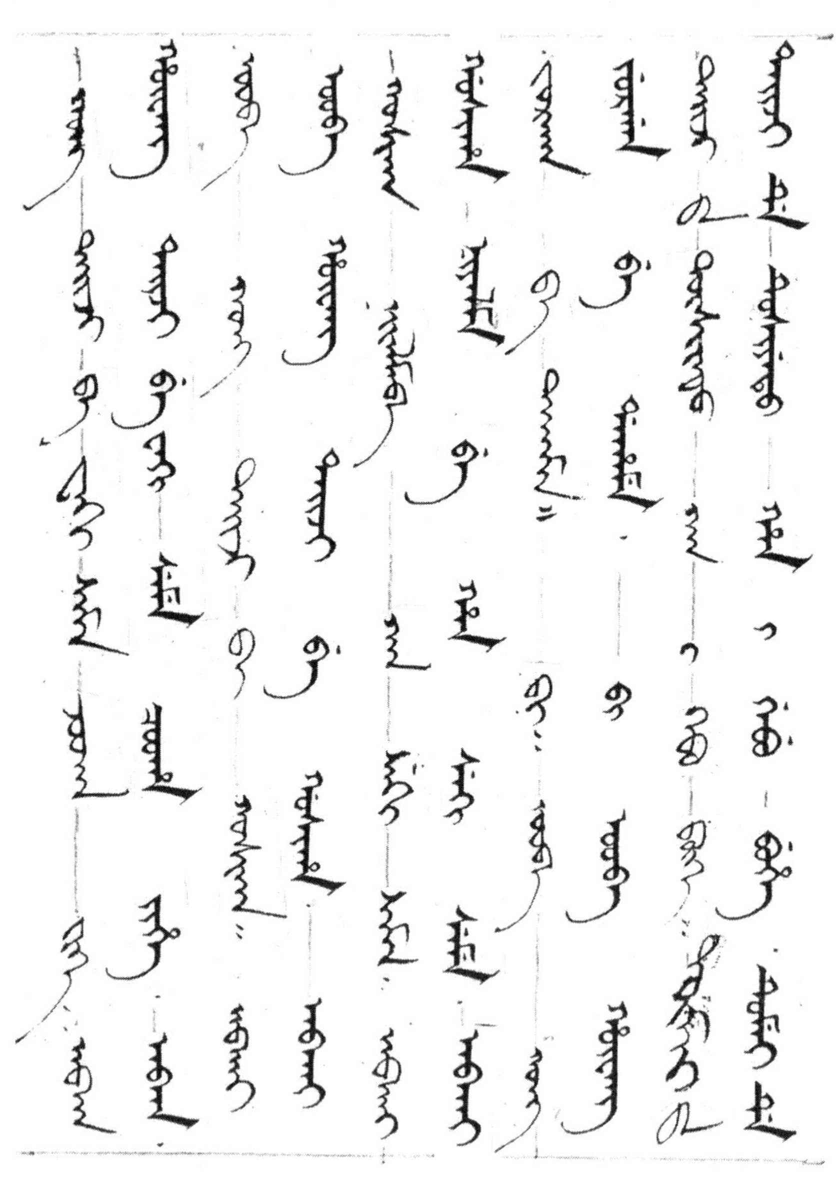

hūwang taiji be waki seme cooha jihe, abka, ooba hūwang taiji be gosiha, abkai gosiha niyalma be han seki seme, abkai jurgan be dahame, bi ooba hūwang taiji de tusiyetu han i gebu buhe, tumei de

---

起兵，欲殺奧巴黃台吉，蒙天眷祐奧巴黃台吉，欲以蒙天眷祐之人為汗。故朕仰承天意，特賜奧巴黃台吉土謝圖汗[22]之名號。

起兵，欲杀奥巴黄台吉，蒙天眷佑奥巴黄台吉，欲以蒙天眷佑之人为汗。故朕仰承天意，特赐奥巴黄台吉土谢图汗之名号。

---

22 土謝圖汗，句中「土謝圖」，《滿文原檔》寫作"tüsijetü"，《滿文老檔》讀作"tusiyetu"。按此為蒙古語稱號，蒙文讀作"tüsiyetü"，意即「可依靠的、可做後盾的」。

十九、築城蓋屋

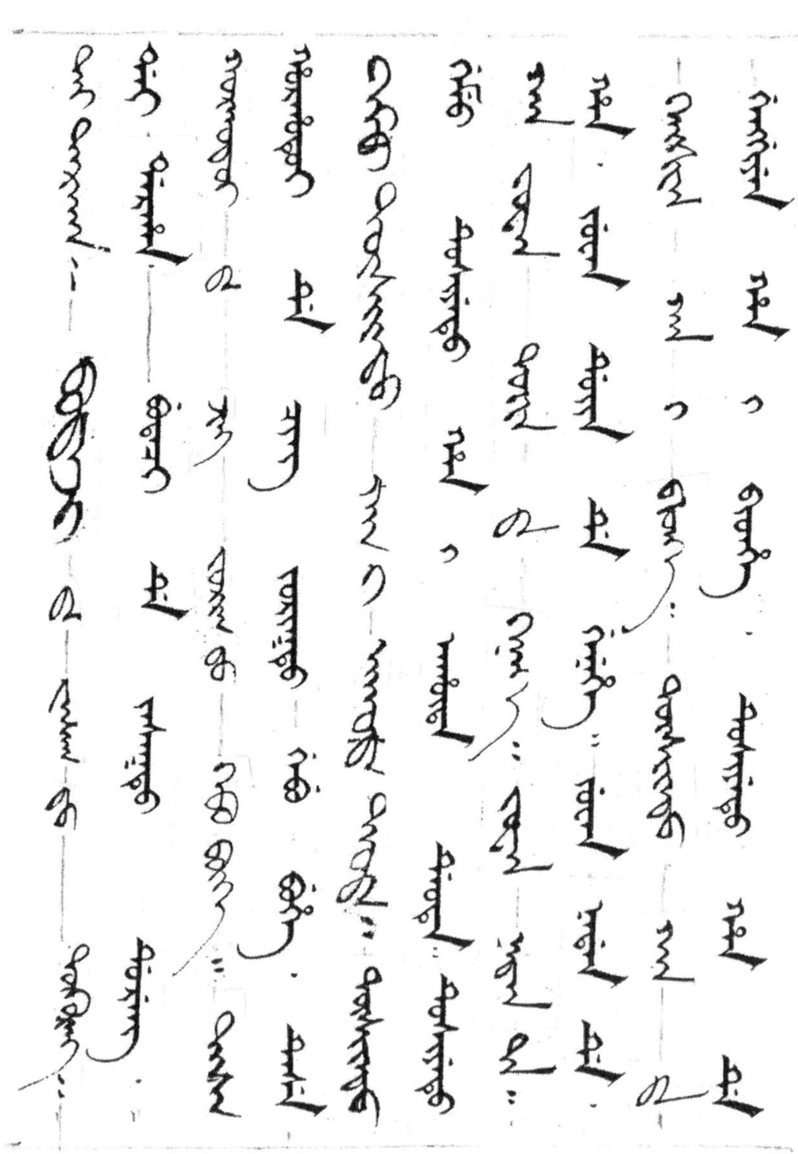

dai darhan, butaci de jasaktu dureng, horhotui de cing joriktu gebu buhe. tese gemu tusiyetu han i ahūta deote. tusiyetu han, juwan duin de genehe. juwan nadan de, genggiyen han i bithe, tusiyetu han de

---

賜土梅號代達爾漢、布塔齊號札薩克圖杜稜[23]、賀爾禾代號青卓禮克圖[24]。」彼等皆係土謝圖汗之兄弟。十四日，土謝圖汗離去。十七日，英明汗

赐土梅号代达尔汉、布塔齐号札萨克图杜棱、贺尔禾代号青卓礼克图。」彼等皆系土谢图汗之兄弟。十四日，土谢图汗离去。十七日，英明汗

---

23 札薩克圖杜稜，《滿文原檔》寫作 "jasak tu dügüreng"，《滿文老檔》讀作 "jasaktu dureng"。按此為蒙古語稱號，蒙文讀作"ǰasaɤtu dügüreng"，意即「執政能力充沛的」。

24 青卓禮克圖，《滿文原檔》寫作 "jing jorik tu"，《滿文老檔》讀作 cing joriktu"。按此為蒙古語稱號，蒙文讀作"čing ǰoriɤtu"，意即「意志堅強的」。

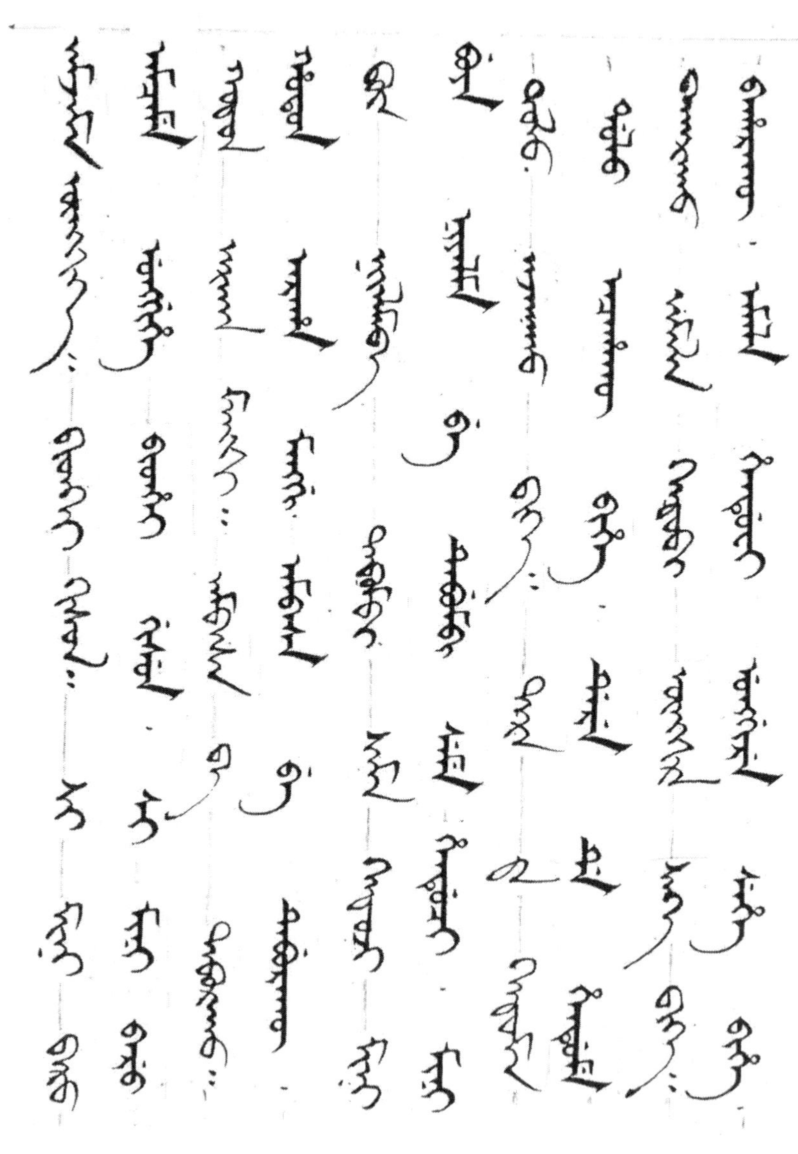

amcame unggihe bithei gisun, si mini baru hoton araha manggi, ambasa be teburakū, buya niyalma be tebumbi seme henduci, mini dolo acahakū bihe, dere de hendume baharakū, amala hendufi unggire sehe bihe.

追及土謝圖汗致書曰：「爾曾與我言：築城後，不令諸大臣居住，而令小人居住。原不合我意，未得當面言之，後來致書言之。

追及土谢图汗致书曰：「尔曾与我言：筑城后，不令诸大臣居住，而令小人居住。原不合我意，未得当面言之，后来致书言之。

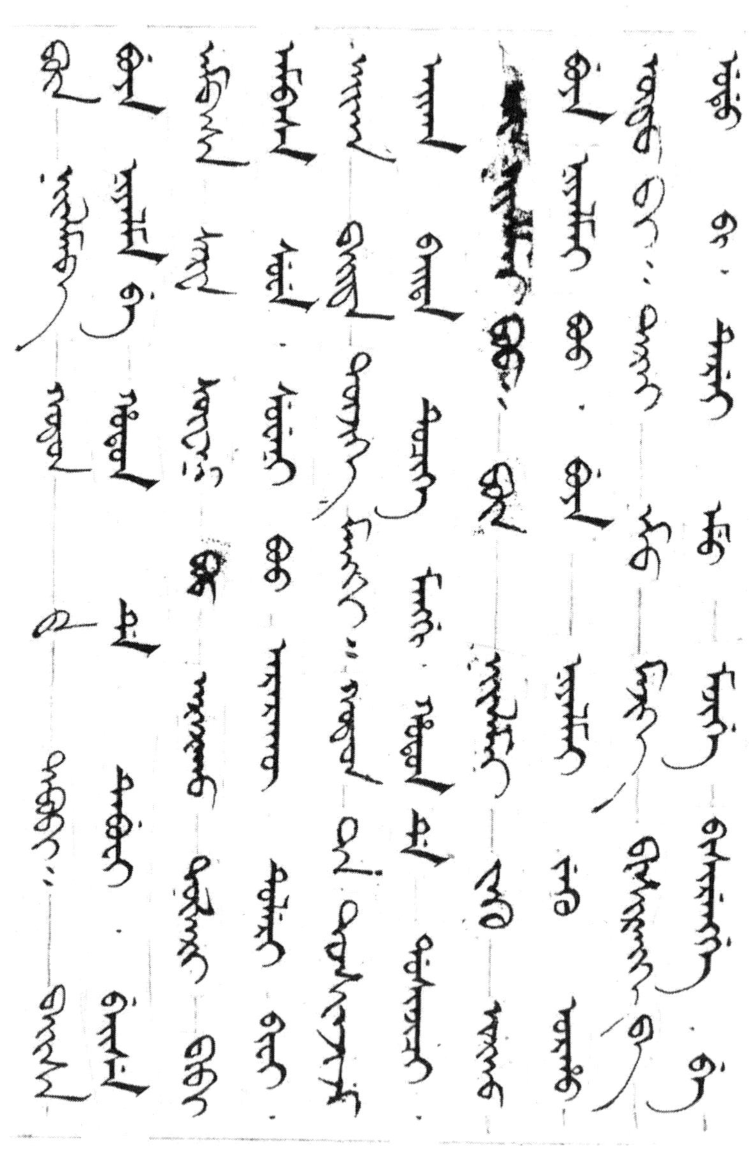

buya niyalma be hoton de tebufi, beise ambasa suwe, suweni boo ararakū tuleri bifi, aika baita tucike manggi, hoton de dosinjici, buya niyalmai boo, buya niyalmai jeku orho udu bi. terei emu majige bisirengge be

---

令小人居住城內，爾等諸貝勒大臣卻不修蓋房屋而居住郊外，一旦出事後，若進入城內，則小人之房屋、小人之糧草有幾何？傾其為數無幾之所有，

令小人居住城内，尔等诸贝勒大臣却不修盖房屋而居住郊外，一旦出事后，若进入城内，则小人之房屋、小人之粮草有几何？倾其为数无几之所有，

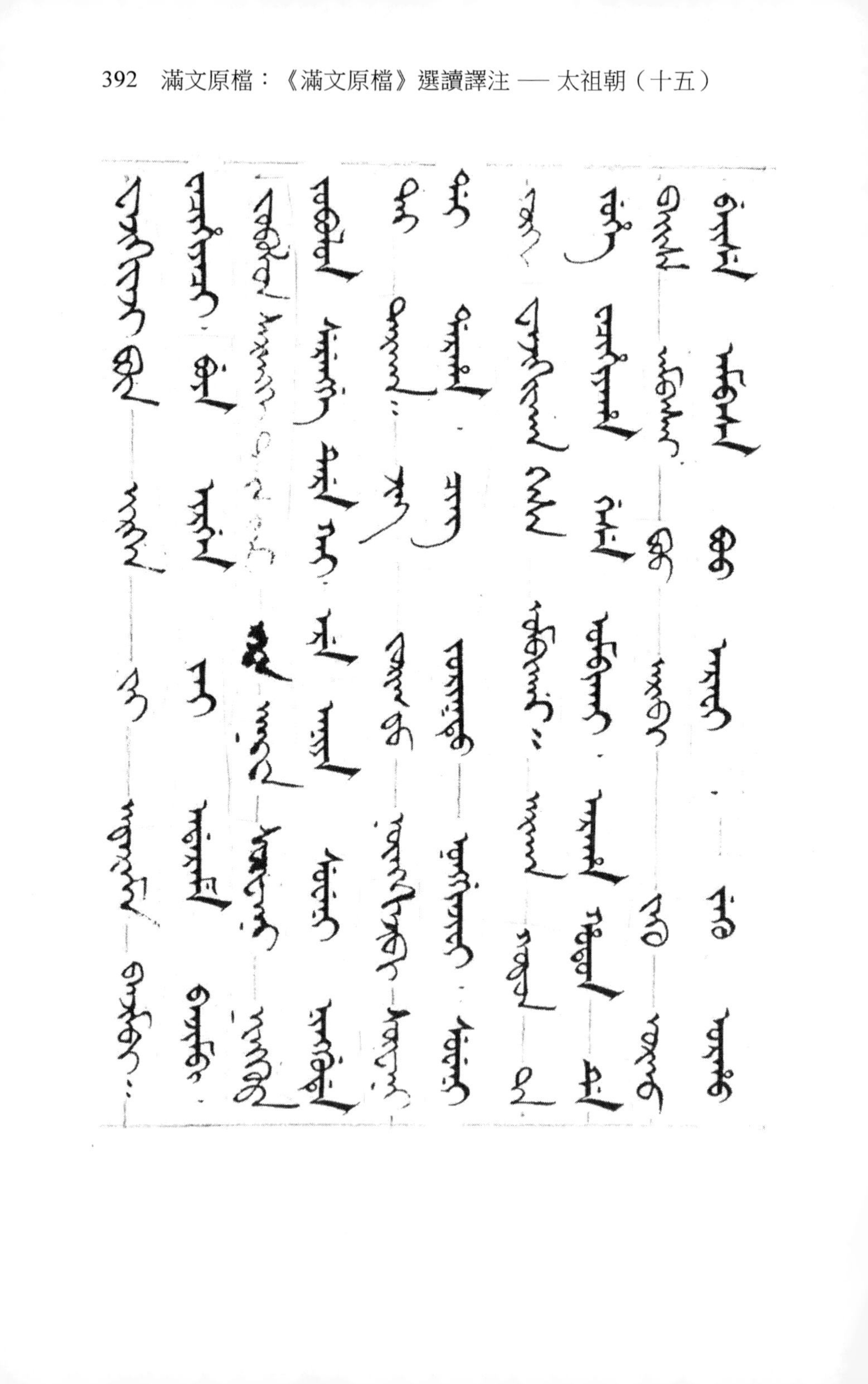

wacihiyaci, buya irgen jai adarame banjimbi. jobolon serengge tere kai. ere aniya suweni ninggude dai darhan, cing joriktu nonggiinjifi, suweni juhe wacihiyaha gese ombikai. araha hoton de beise ambasa boo arafi, jeku orho

---

小民又何以為生？所謂苦者即此也。本年在爾等之上頭，增加代達爾漢、青卓禮克圖稱號，爾等可似冰釋也。於所築城內，諸貝勒大臣修蓋房屋，

小民又何以为生？所谓苦者即此也。本年在尔等之上头，增加代达尔汉、青卓礼克图称号，尔等可似冰释也。于所筑城内，诸贝勒大臣修盖房屋，

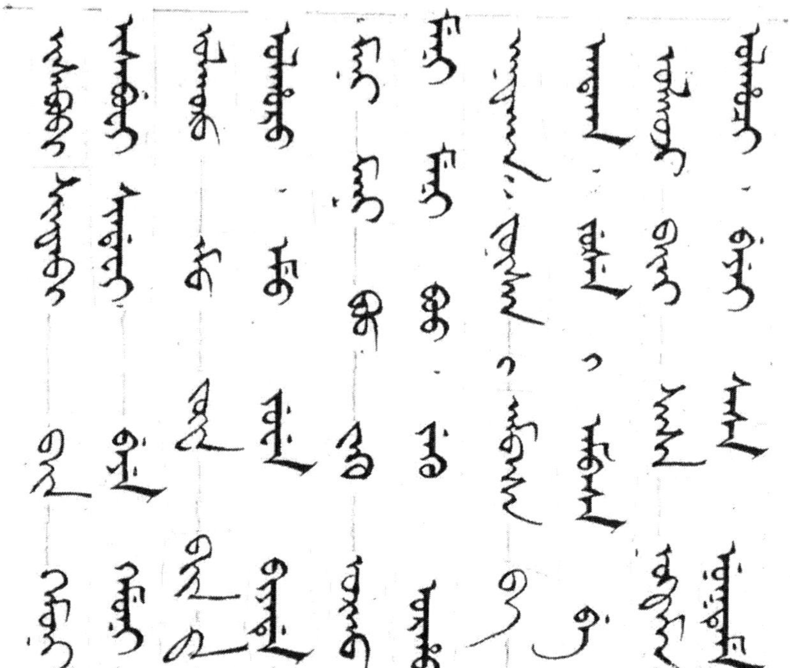

isabufi sindafi, beye kemuni nukteme yabure, olhoro, emu juwe biyade hoton de dosinjici, meni meni boo, jeku orho de uthai jici antaka. jušen i ambasa be hoton de tebuci, olhoci, beyei sasa nukteme gaifi yabuci antaka.

囤積糧草，自身仍舊游牧，一旦有警，入城一、二月，各有房屋、糧草，即使前來，又將如何？若諸申之眾大臣居住城內，一旦有警，即率與自身一齊游牧而行之又將如何？

囤积粮草，自身仍旧游牧，一旦有警，入城一、二月，各有房屋、粮草，即使前来，又将如何？若诸申之众大臣居住城内，一旦有警，即率与自身一齐游牧而行之又将如何？

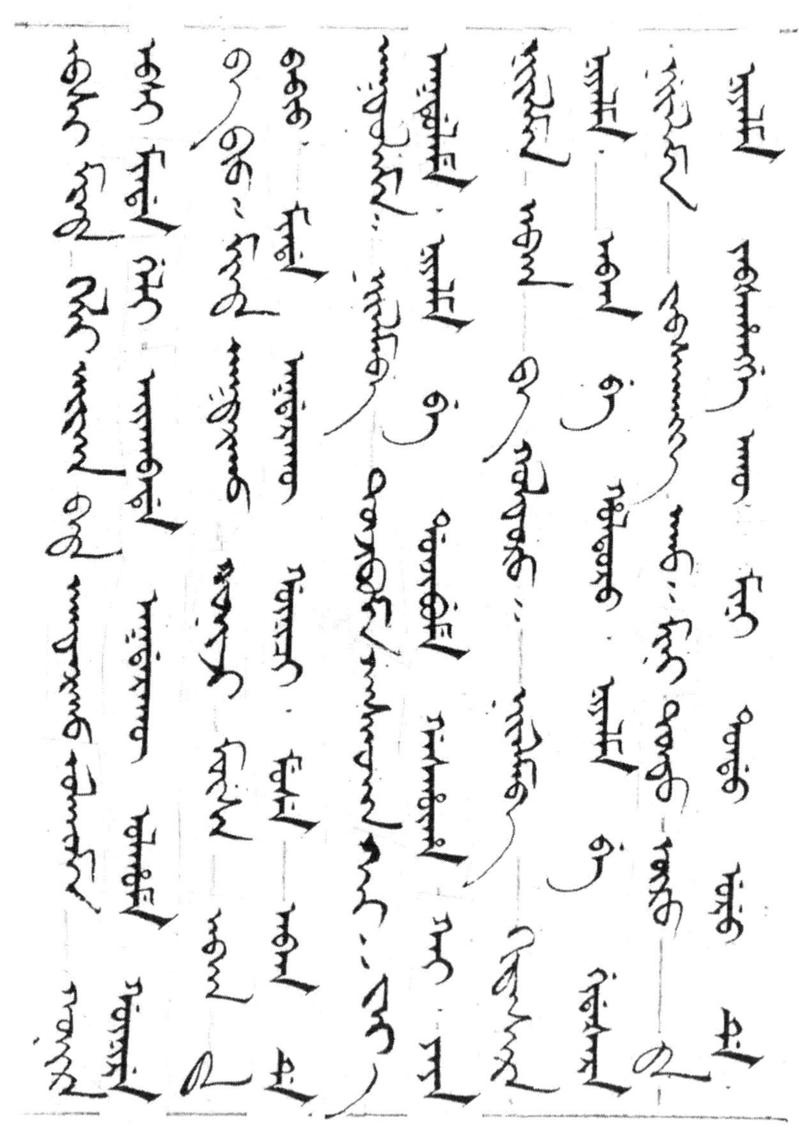

ebsi minde geli aikabade akdarakū olhome gūnire babio. minde akdarakū gūnici, muse abka de akdulame, niyalma be donjibume gashūha kai. yaya niyalma, abka be holtoro, niyalma be gidašara niyalma jabšahangge akū. mini tondo uru de,

---

此乃爾等仍不信任我，而存有警戒之心耶？對我存有疑心乎？我等既已誓告於天，宣示於眾，發誓結盟也。凡欺天、凌人之人皆無可倖免。我以正直

此乃尔等仍不信任我，而存有警戒之心耶？对我存有疑心乎？我等既已誓告于天，宣示于众，发誓结盟也。凡欺天、凌人之人皆无可幸免。我以正直

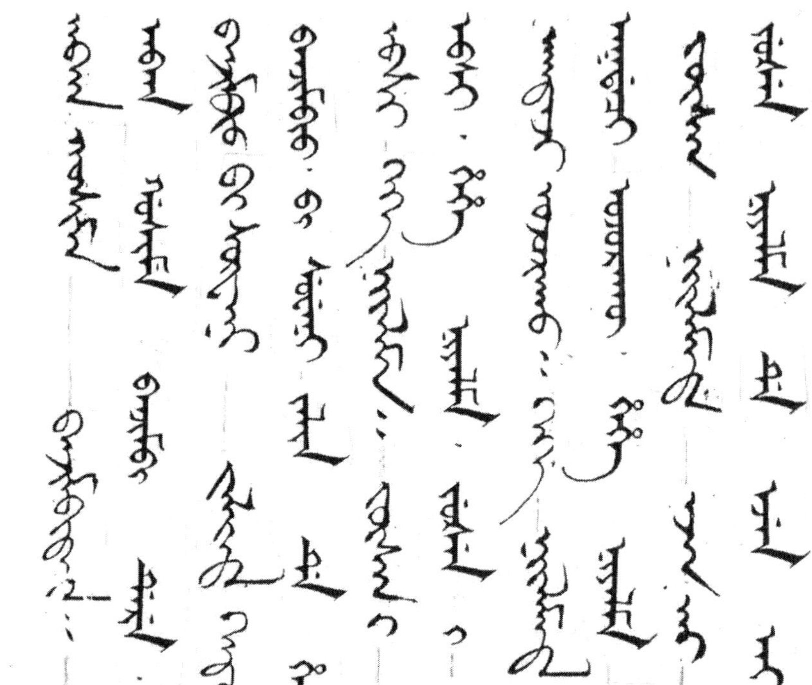

abka gosime banjimbi dere, suwende akdafi banjimbio. bi suweni jalin de hendumbi dere. julgeci ebsi, hehe niyalma, jušen i ambasai gisun de akdaci ojorakū. hehe niyalma de eigen ai joboro. jušen niyalma de ejen ai joboro. gūwa i

---

蒙天眷祐而生，豈賴爾等為生耶？此為爾等言也。自古以來，婦人及諸申眾大臣之言皆不可信。丈夫何以為婦人所苦？主子何以為諸申人所苦？

蒙天眷佑而生，岂莱尔等为生耶？此为尔等言也。自古以来，妇人及诸申众大臣之言皆不可信。丈夫何以为妇人所苦？主子何以为诸申人所苦？

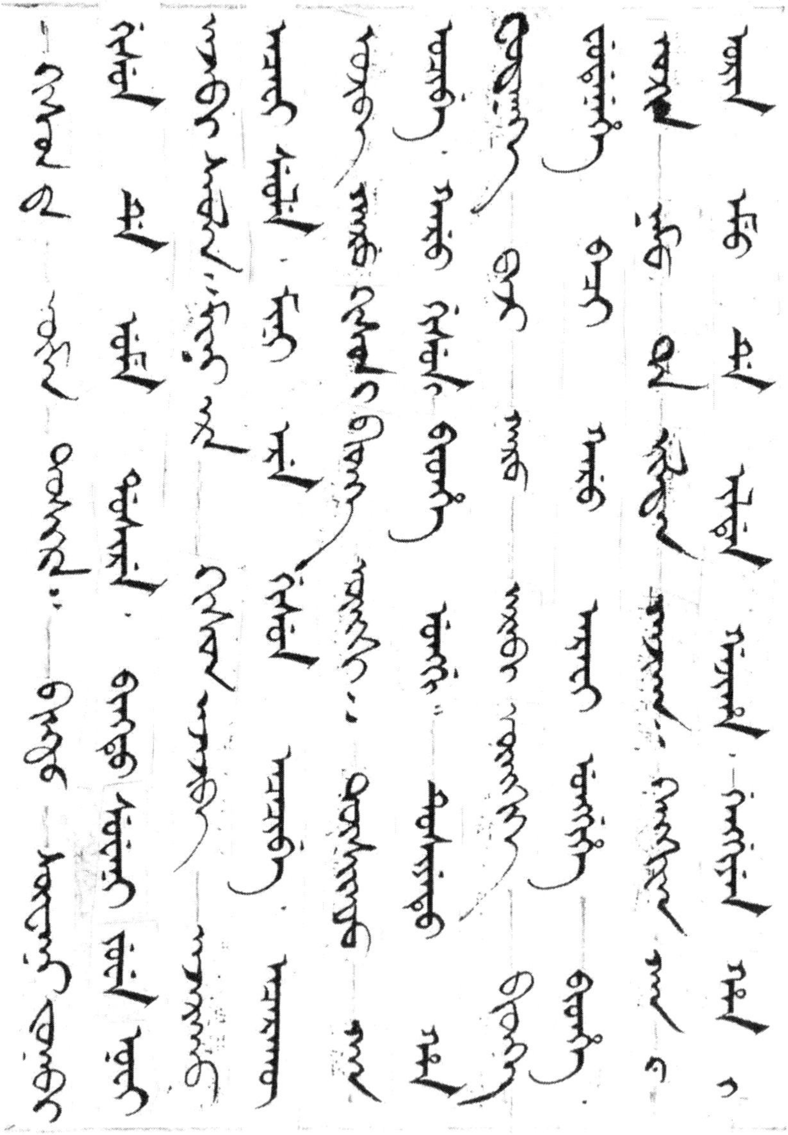

gisun de ume dosire. bingtu suweni juwe nofi acafi seole. mini ere gisun acacibe, acarakū ocibe, karu gisun i bithe unggi. tusiyetu han fudenehe baci karu arafi unggihe bithe, orin emu de ilden gajiha, genggiyen han i

---

勿聽信他人之言。冰圖爾等二人會合思之。我之此言，當或不當，致書復之。」二十一日，土謝圖汗自送行處致書回復，由伊勒登齎至。

勿听信他人之言。冰图尔等二人会合思之。我之此言，当或不当，致书复之。」二十一日，土谢图汗自送行处致书回复，由伊勒登赍至。

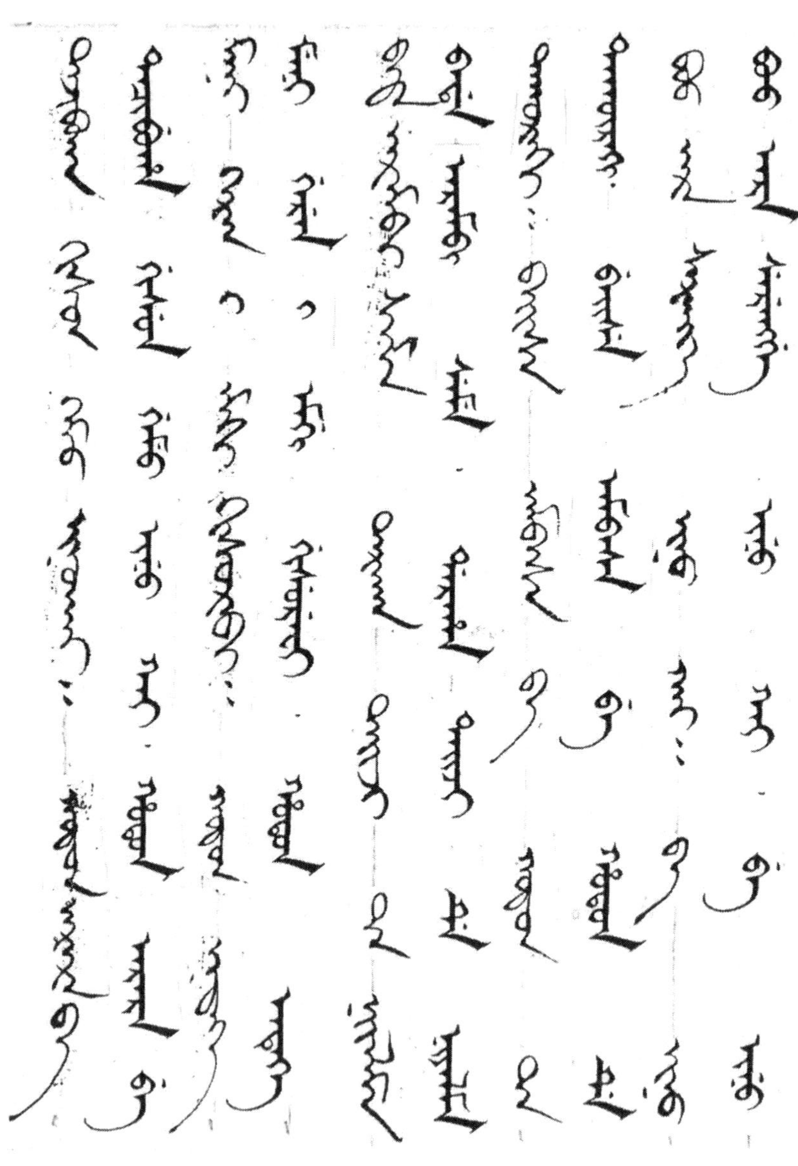

tacibuha gisun gemu inu kai. hoton arara be meni geren i emgi gisurefi, hoton enteke bade arambi seme, darhan taiji de niyalma takūraki. beise ambasa be hoton de boo ara serengge inu kai. be inu

---

書曰：「英明汗之訓言皆是也。築城之事，業經我等眾人共同商議，並遣人赴達爾漢台吉處曉以築城地點。諭令諸貝勒大臣於城內修蓋房屋者是也。

书曰：「英明汗之训言皆是也。筑城之事，业经我等众人共同商议，并遣人赴达尔汉台吉处晓以筑城地点。谕令诸贝勒大臣于城内修盖房屋者是也。

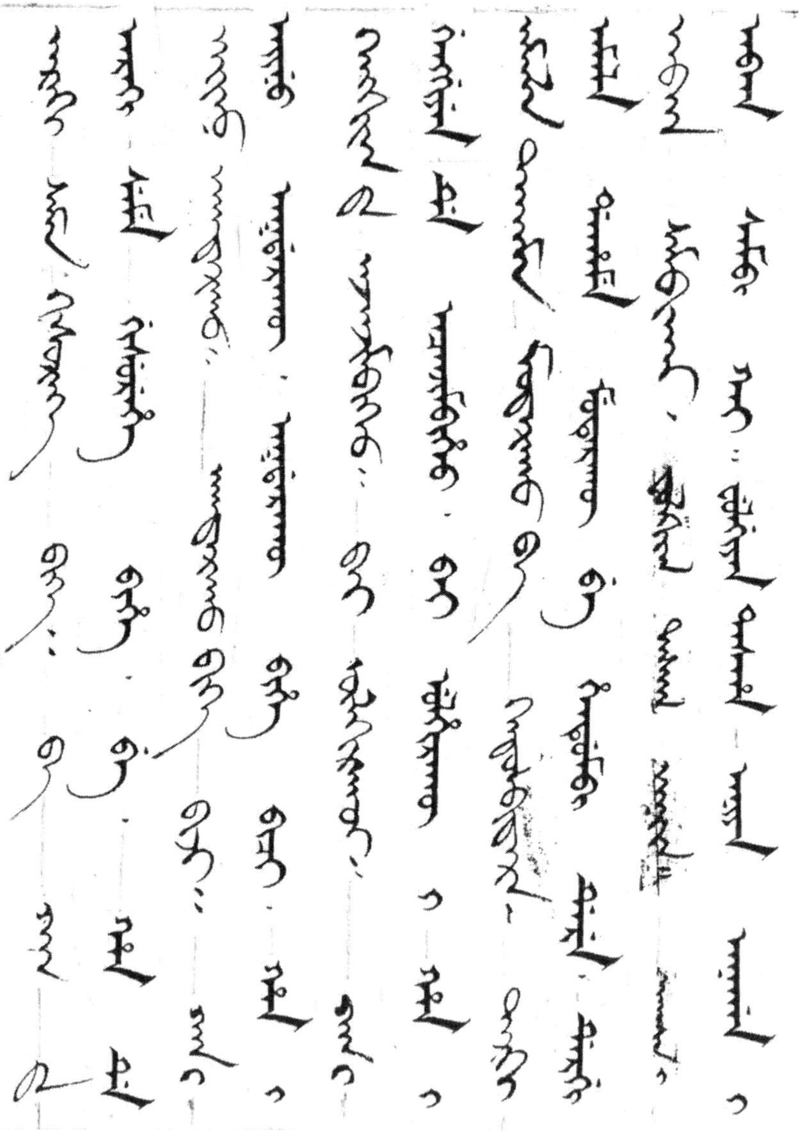

araki seme gisurehe bihe. be, han de ainu akdarakū. akdarakū bihe bici, han i genggiyen de acanjimbiheo. bai ulhirakū i han i amala dahame muterakū be hendumbi dere. dergi abka sambi kai. fulgiyan tasha aniya anagan i

---

我等亦曾議及修建，我等為何不信任汗？倘若原來就不信任，如何前來會見汗之英明？實因愚昧而未能隨從於汗之後耳，上天垂鑒也！」丙寅年

我等亦曾议及修建，我等为何不信任汗？倘若原来就不信任，如何前来会见汗之英明？实因愚昧而未能随从于汗之后耳，上天垂鉴也！」丙寅年

二十、率先廝殺

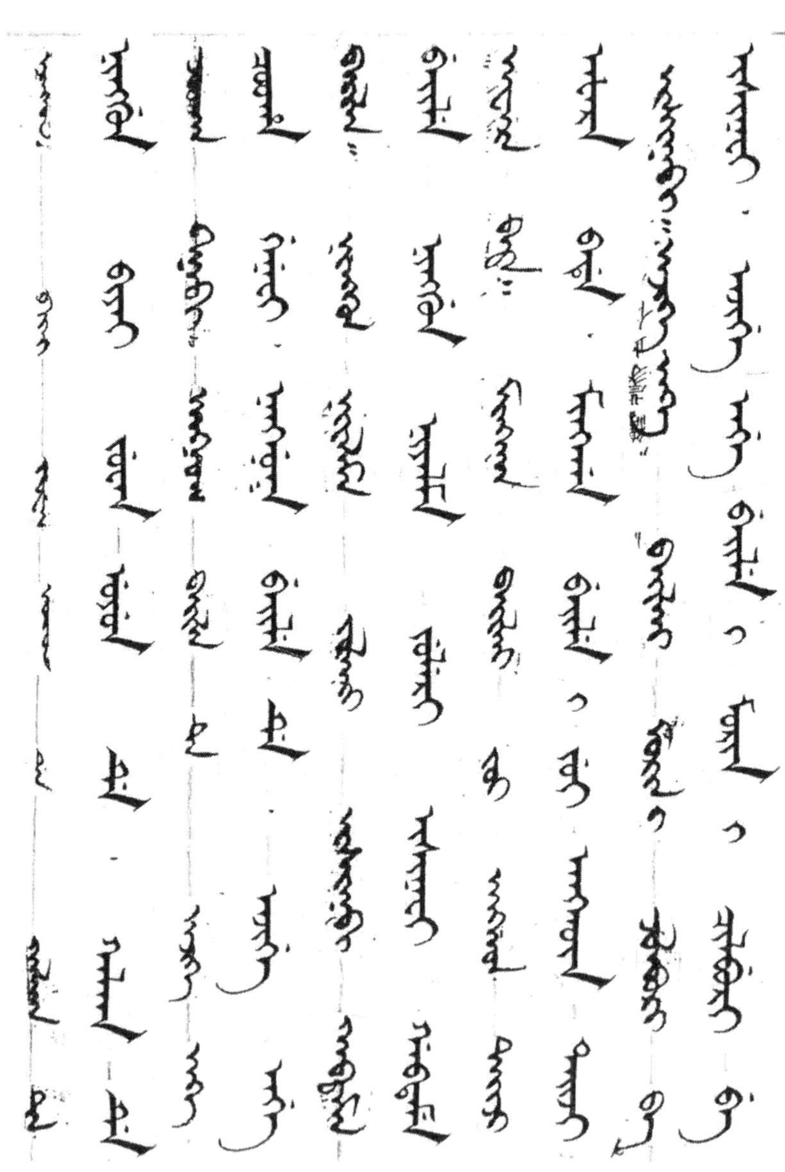

ninggun biyai juwan uyun de, kalka de cooha genefi, nangnuk beile de, ajige age beile ninggun niyalma juleri isinafi gabtame afara bade, minggan beile i jui angkūn taiji isinafi, ajige age beile i morin i cilburi be

閏六月十九日，出兵喀爾喀，阿濟格阿哥貝勒等六人，率先來至囊努克貝勒陣前射殺。明安貝勒之子昂昆台吉至，執阿濟格阿哥貝勒之馬繮[25]曰：

闰六月十九日，出兵喀尔喀，阿济格阿哥贝勒等六人，率先来至囊努克贝勒阵前射杀。明安贝勒之子昂昆台吉至，执阿济格阿哥贝勒之马缰曰：

25 馬繮，句中「繮」，《滿文原檔》寫作 “jolbori”，《滿文老檔》讀作 “cilburi”。按滿文 “cilburi”，係蒙文“čulbuɣur”借詞，意即「偏繮」。

jafafi, beile si ainu juleri afambi. sini han ama i isabuha ai cooha akū seme hendure jakade, ajige age hendume, mimbe tafulara anggala, si ainu dosirakū sere jakade, angkūn taiji uthai juleri dosifi, nangnuk

---

「貝勒爾為何在前廝殺？是爾汗父所集之兵不多乎？」阿濟格阿哥曰：「爾與其諫我，不如進兵。」昂昆台吉隨即前進，

「贝勒尔为何在前厮杀？是尔汗父所集之兵不多乎？」阿济格阿哥曰：「尔与其谏我，不如进兵。」昂昆台吉随即前进，

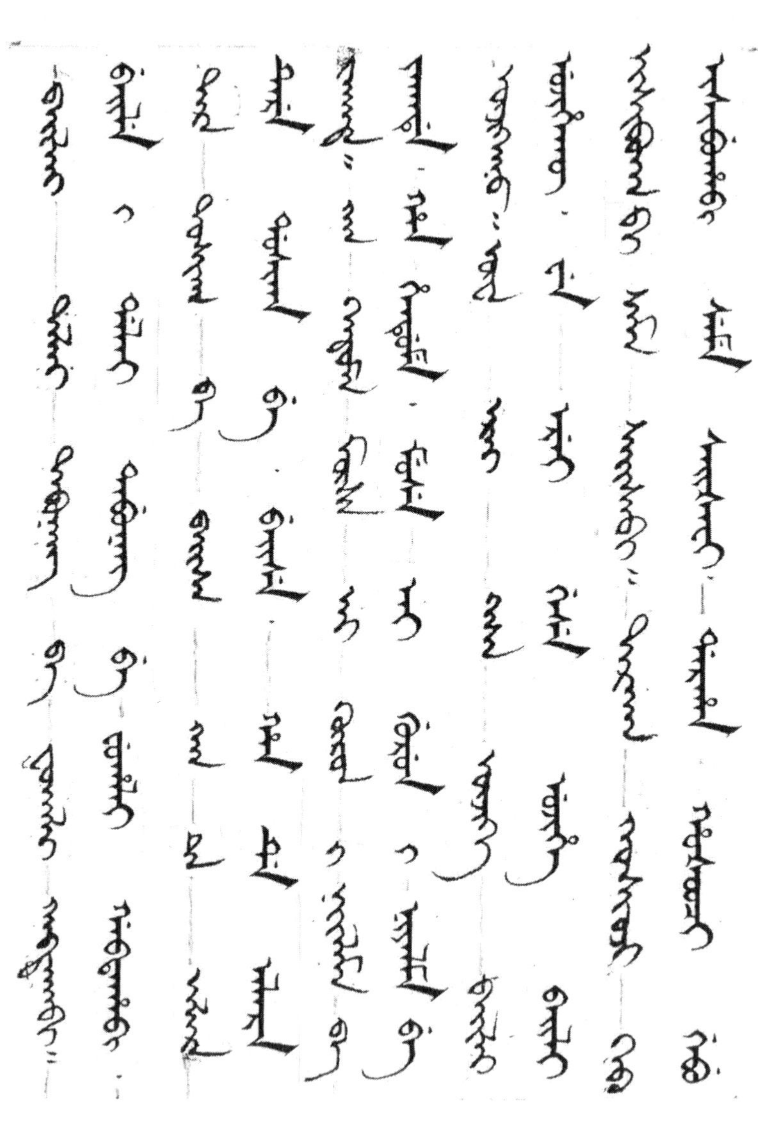

beile i dalai tabunang be fuhali gabtahabi. tere dosika be beise, han de alara jakade, han hendume, muse ai gurun i niyalma be ujihekū. we erei gese ujihe baili isibuhabi seme saišafi, darhan hošooci gebu

---

射倒囊努克貝勒之達賴塔布囊。經諸貝勒將其進攻之處告知於汗。汗曰：「何國之人我未豢養？有誰如此報効豢養之恩？」遂嘉獎之，而賜以達爾漢和碩齊[26]名號。

射倒囊努克贝勒之达赖塔布囊。经诸贝勒将其进攻之处告知于汗。汗曰：「何国之人我未豢养？有谁如此报効豢养之恩？」遂嘉奖之，而赐以达尔汉和硕齐名号。

---

[26] 和碩齊，《滿文原檔》寫作 “kosioji”，《滿文老檔》讀作 “hošooci”。按此為蒙古語稱號，蒙文讀作“qosiɣuči”，意即「先鋒」。

buhe, gucu arame yabukini seme, jakūn gūsai beile, uksin etuhe hahai boigon emte, kutule jafara hahai boigon emte, uheri juwan ninggun boigon šangname buhe. beise ci fusihūn, buya niyalma ci wesihun, angkūn taiji i da gebu be

---

結為僚友，並賞賜八固山貝勒披甲男丁各一戶、跟役男丁各一戶，共十六戶。諸貝勒以下，小人以上，若有人仍呼昂昆台吉原名時，

结为僚友，并赏赐八固山贝勒披甲男丁各一户、跟役男丁各一户，共十六户。诸贝勒以下，小人以上，若有人仍呼昂昆台吉原名时，

二十一、同仇敵愾

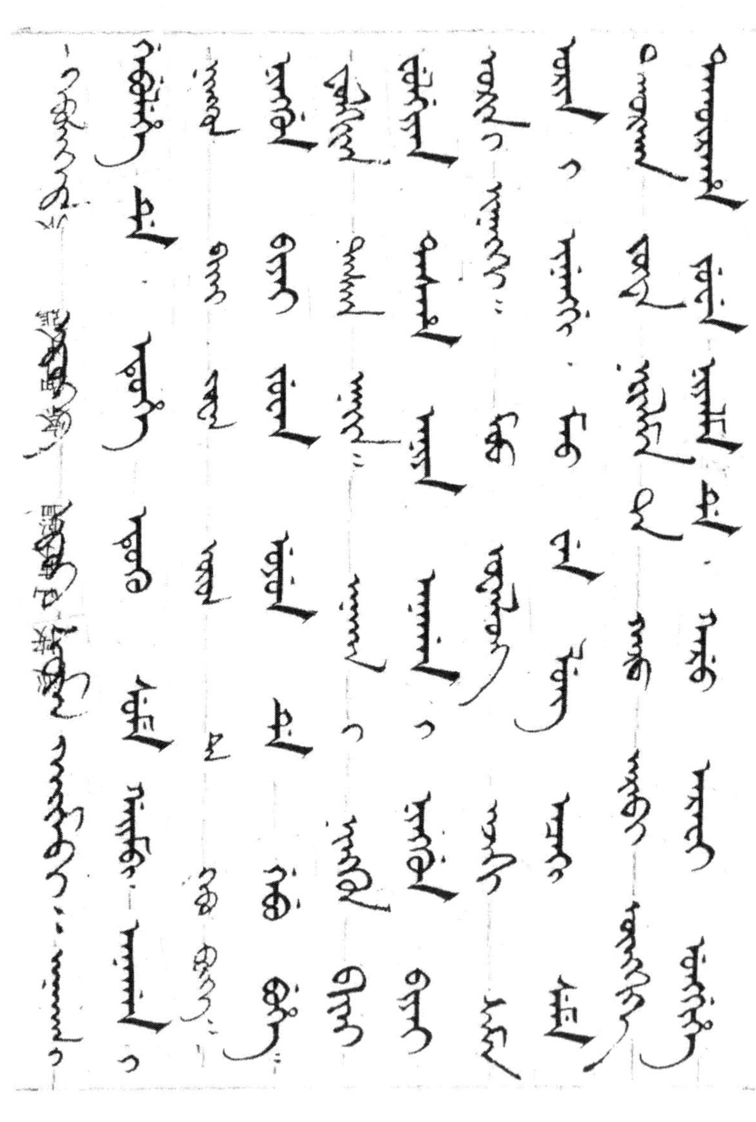

gebulehe de, etuhe etuku sume gaimbi. anagan i ninggun biyai juwan uyun de gebu buhe. fulgiyan tasha aniya anagan i ninggun biyai orin i inenggi, mao wen lung acaki seme takūraha juwe niyalma de, karu arafi unggihe

---

即解取所穿之衣服。閏六月十九日賜名。丙寅年閏六月二十日，遣返毛文龍所派議和二人，並復書曰：

即解取所穿之衣服。闰六月十九日赐名。丙寅年闰六月二十日，遣返毛文龙所派议和二人，并复书曰：

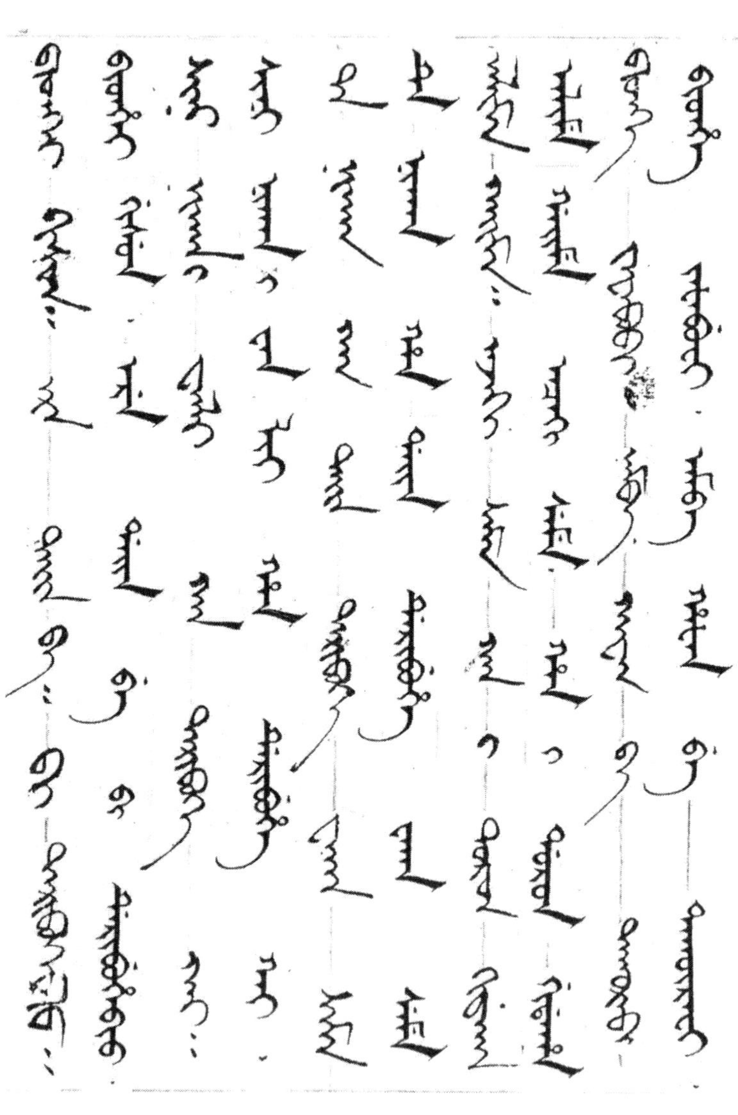

bithei gisun, ere dain be bi deribuhebio. sini nikan i wan lii han deribuhe kai. te nikan han dain deribuhe waka seme alime gaime acaki seme, han i doron gidaha bithe jafabufi, amba hafan be takūrafi,

---

「此戰役係我所興起耶？實爾明萬曆帝啟之也。今明帝如願承受興兵之過而議和，並遣大員持鈐蓋御璽之書，

「此战役系我所兴起耶？实尔明万历帝启之也。今明帝如愿承受兴兵之过而议和，并遣大员持钤盖御玺之书，

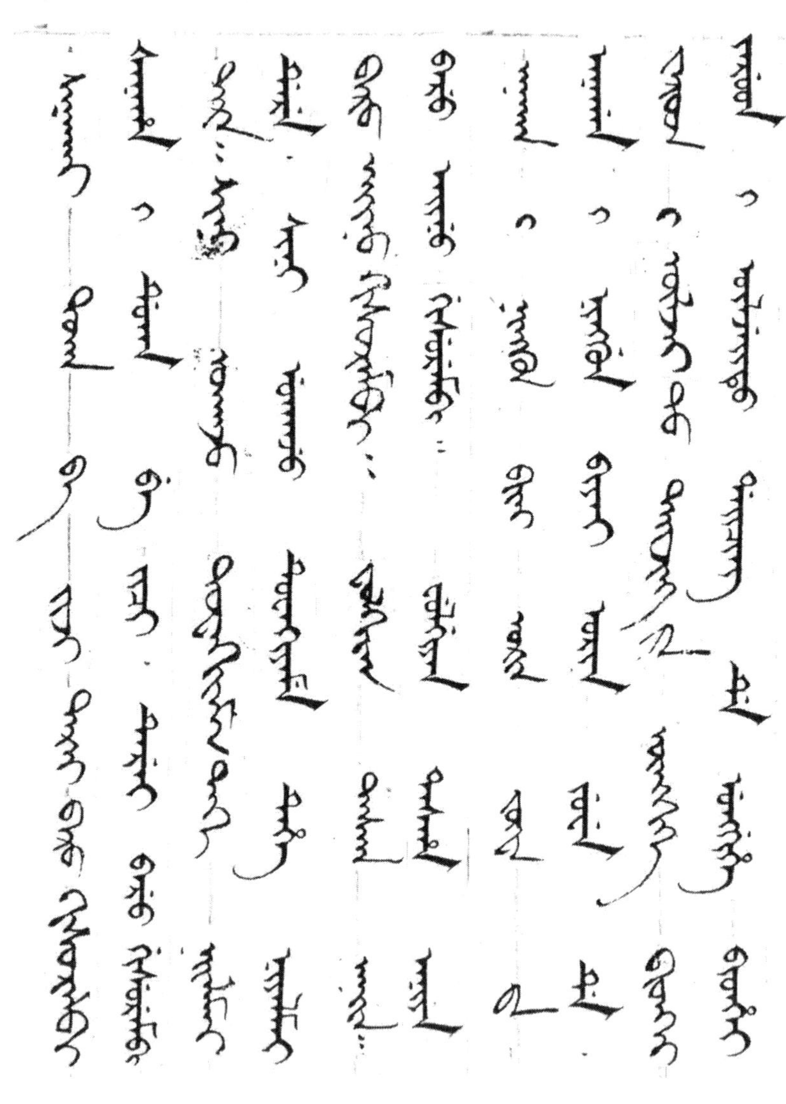

šanaha i duka be jici, terei baru gisurembi dere. sini ukanju tuwakiyame tehe niyalmai baru ainu gisurembi. fulgiyan tasha aniya anagan i ninggun biyai orin juwe de, jarut i ūljeitu daicing de unggihe bithei

---

經山海關前來，則可與彼相議耳。為何與爾看守逃犯之人議之？」丙寅年閏六月二十二日，致扎魯特厄勒哲依圖戴青書曰：

经山海关前来，则可与彼相议耳。为何与尔看守逃犯之人议之？」丙寅年闰六月二十二日，致扎鲁特厄勒哲依图戴青书曰：

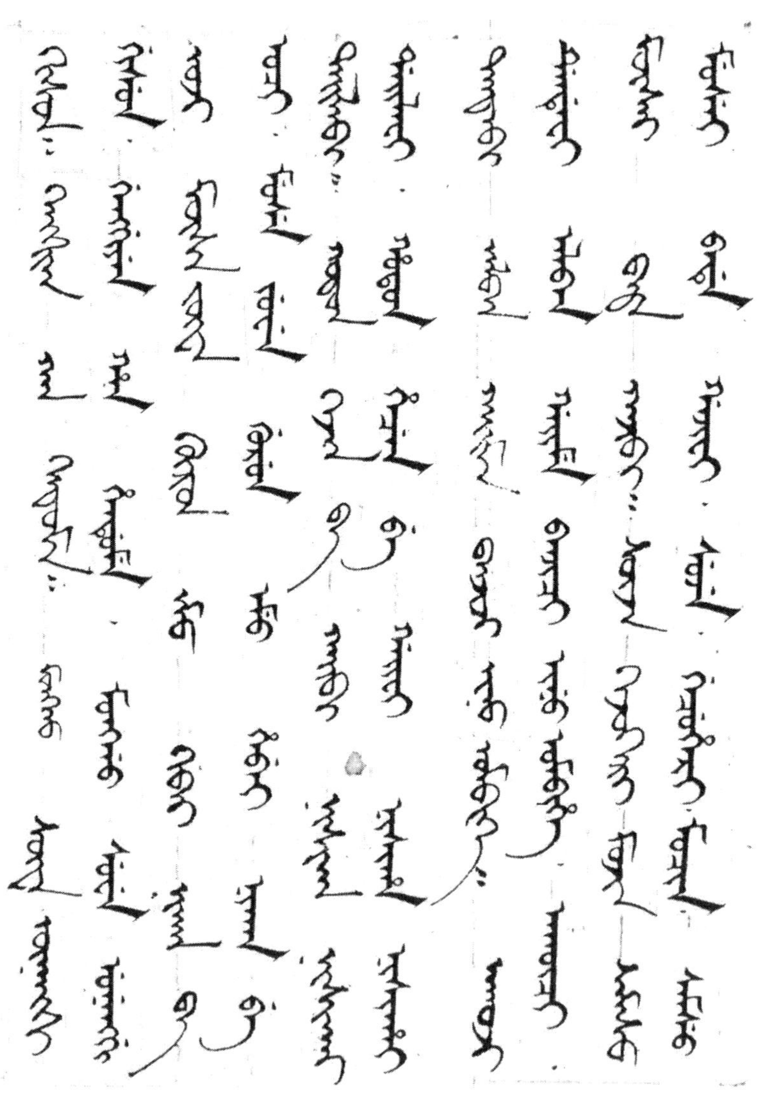

gisun, genggiyen han hendume, monggo suwe unenggi oci, muse juwe gurun emu hebei nikan be dailafi, hoton hecen be gaifi nisiha nisihai dendefi alban gaime banjici inu ombihe. akūci, musei bade gajifi, suje, gecuheri, mocin, samsu

---

「奉英明汗諭：爾等蒙古倘若真誠，則我等兩國共議征明，取其城池，一併分之，徵賦為生亦可也。不然，攜至我等地方，使織綢緞、蟒緞、毛青布、翠藍布，

「奉英明汗谕：尔等蒙古倘若真诚，则我等两国共议征明，取其城池，一并分之，征赋为生亦可也。不然，携至我等地方，使织绸缎、蟒缎、毛青布、翠蓝布，

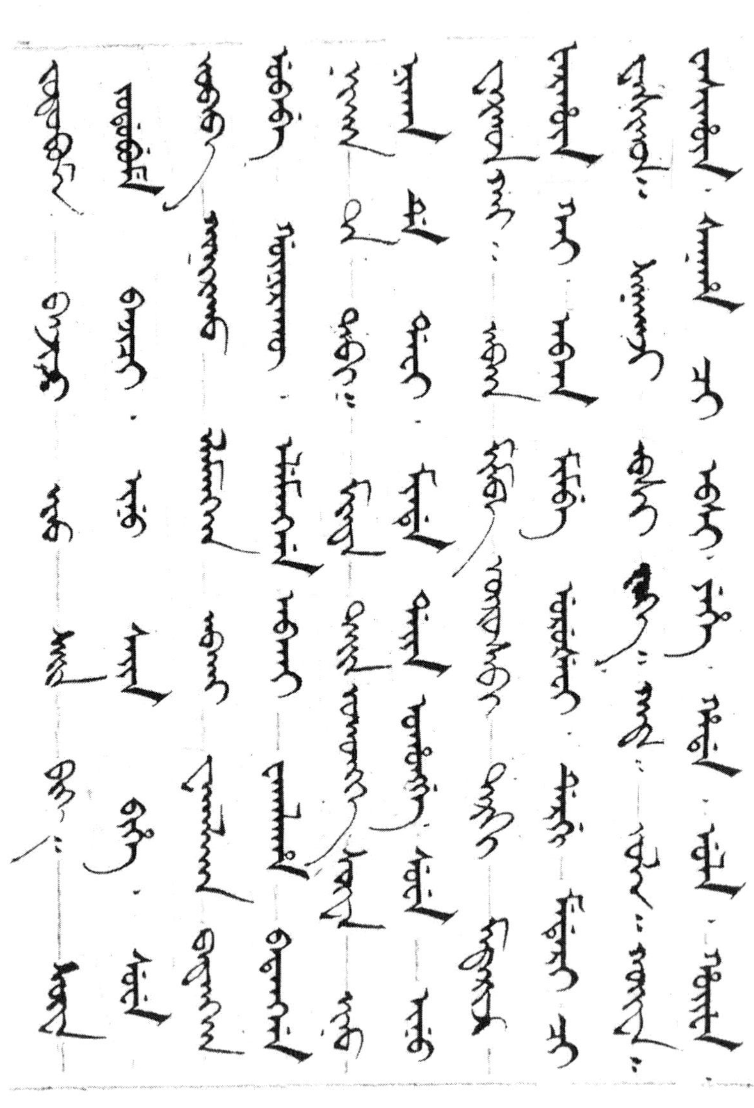

jodobume banjici, inu sain bihe. suwe ubabe gūnirakū, elemangga abkai wakalaha batangga nikan de dafi, minde dain ohongge, suwe inu farhūn kai. abka mimbe urušefi, dergi mederi ci wasihūn, šanaha ci ebsi, yehe, hada, ula, hoifa,

---

亦善也。然爾等不念及此事，反助天譴之敵明朝，與我為敵者，亦爾等之愚昧也。天以我為是，將東海以西、山海關以北之葉赫、哈達、烏拉、輝發、

亦善也。然尔等不念及此事，反助天谴之敌明朝，与我为敌者，亦尔等之愚昧也。天以我为是，将东海以西、山海关以北之叶赫、哈达、乌拉、辉发、

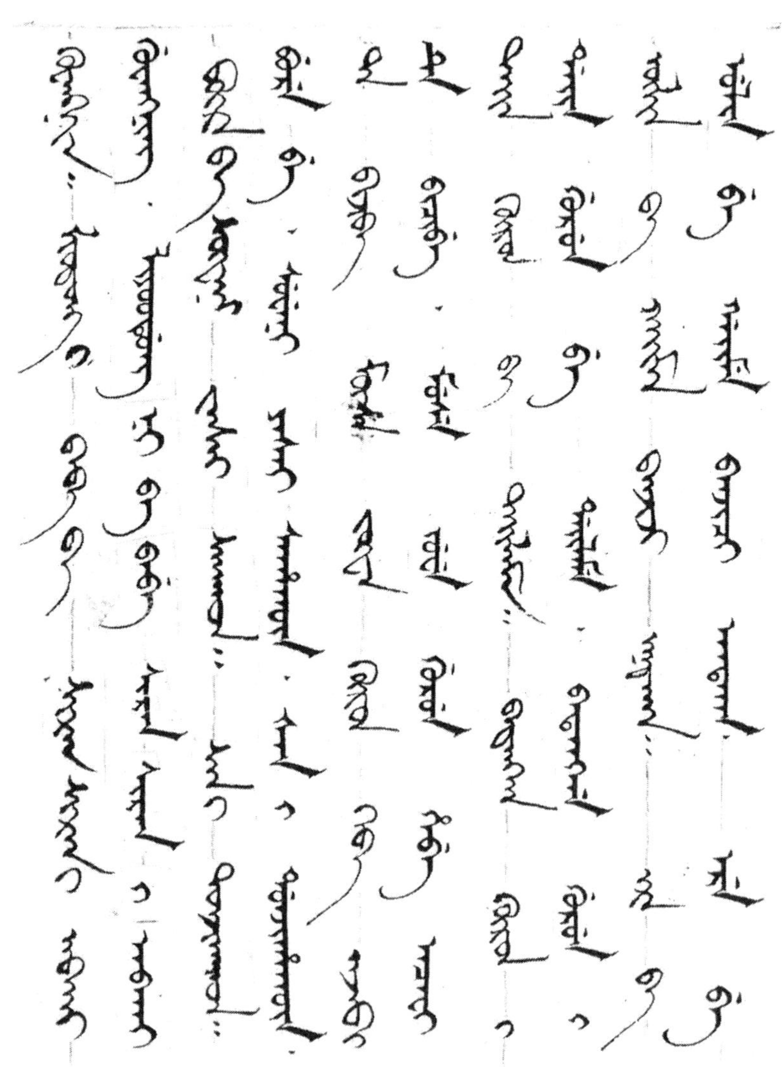

guwangning, liyoodung ni ba babe siran siran i abkai bure be, suweni yasai sahakūn. šan i donjihakūn. te bicibe, muse juwe gurun hebe acafi dain gurun be dailame, batangga gurun i ulin be gaime banjici antaka. ere be

---

廣寧、遼東等地，天相繼賜我，爾等目未視耶？耳未聞耶？如今，我等兩國同謀征伐敵國，取敵國之財帛過日子如何？

广宁、辽东等地，天相继赐我，尔等目未视耶？耳未闻耶？如今，我等两国同谋征伐敌国，取敌国之财帛过日子如何？

二十二、設像祭祀

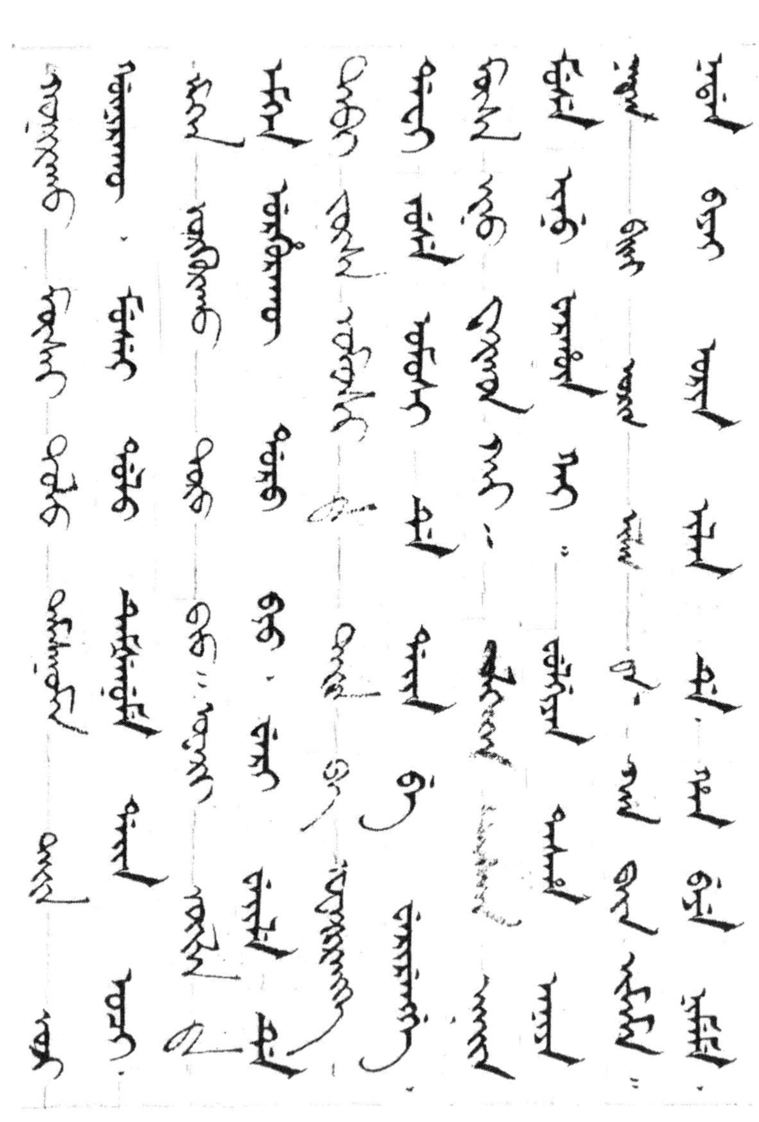

gūnirakū, musei dolo temšenume dain oci, emken urhurakū doro bio. weri weile de dafi juse omosi de dain be werirengge, muse inu farhūn kai. fulgiyan tasha aniya nadan biyai orin ilan de, han beye nimeme,

---

倘若不思及此，爾我之間爭戰，豈有不偏於一方之理耶？援助他人之事，而貽干戈於子孫者，亦我等之愚昧也。」丙寅年七月二十三日，汗體患疾，

倘若不思及此，尔我之间争战，岂有不偏于一方之理耶？援助他人之事，而贻干戈于子孙者，亦我等之愚昧也。」丙寅年七月二十三日，汗体患疾，

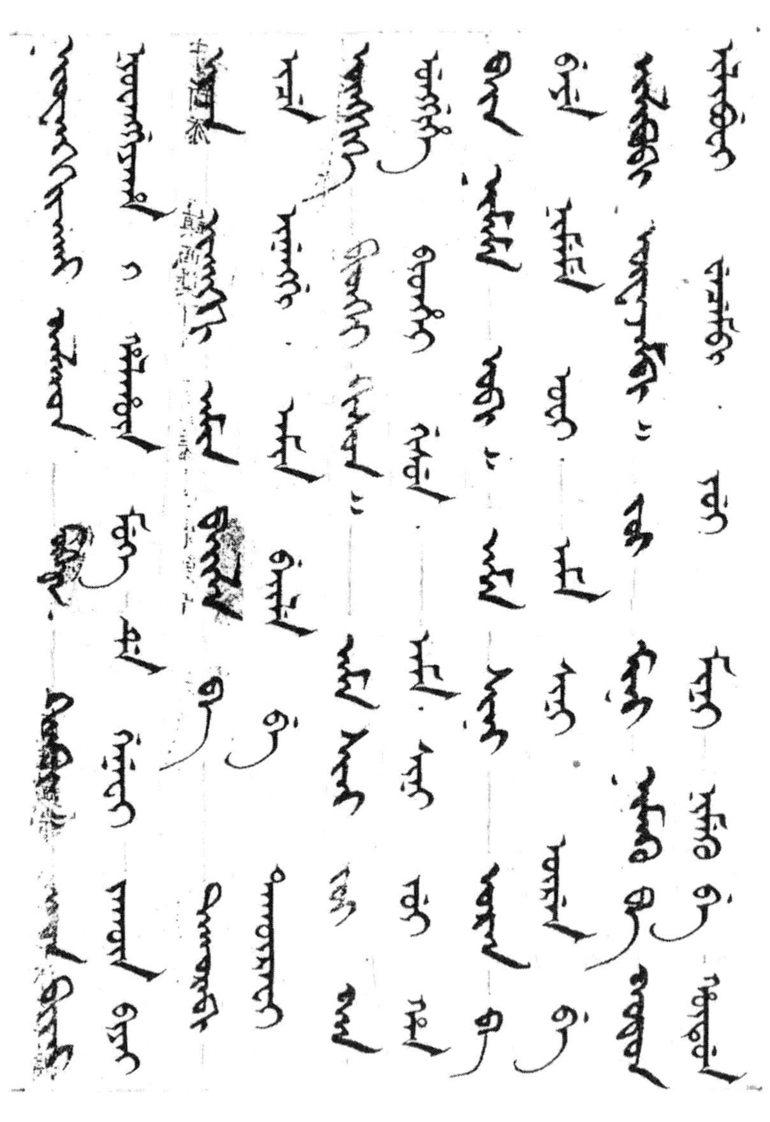

niowanggiyaha i halhūn muke de genefi, jakūn biyai ice ineneggi, amin beile be takūrafi unggihe bithei gisun, ama, sini jui han beye nimeme ofi, ama sini ūren be ilibufi wecembi, jui mini nimeku be hūdun

---

前往清河之溫泉。八月初一日，遣阿敏貝勒賚書曰：「父，因爾之子汗體患疾，故設父爾之像祭祀，乞祐兒之病速癒，

前往清河之温泉。八月初一日，遣阿敏贝勒赍书曰：「父，因尔之子汗体患疾，故设父尔之像祭祀，乞佑儿之病速愈，

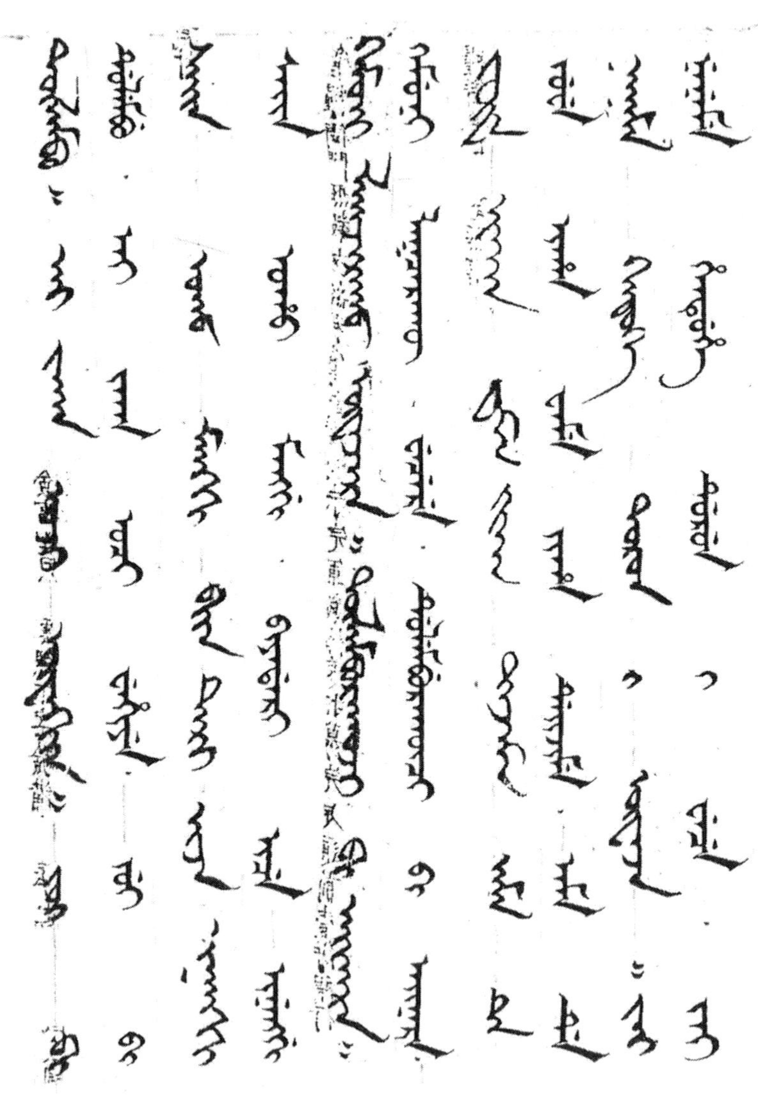

dulembu, ai jaka oci wehiye. jui bi sain oho manggi, biyadari ice inenggi kemuni lakcarakū wecere, dulemburakūci bi ainara. juwe ihan wame jiha deijime, ama de neneme henduhe durun i wece. jai

---

凡事扶祐。兒痊癒後，將於每月初一日祭祀弗替。倘若不癒，我亦無奈。」隨宰二牛，焚燒紙錢，以先前與父所言之儀式祭祀。

凡事扶佑。儿痊愈后，将于每月初一日祭祀弗替。倘若不愈，我亦无奈。」随宰二牛，焚烧纸钱，以先前与父所言之仪式祭祀。

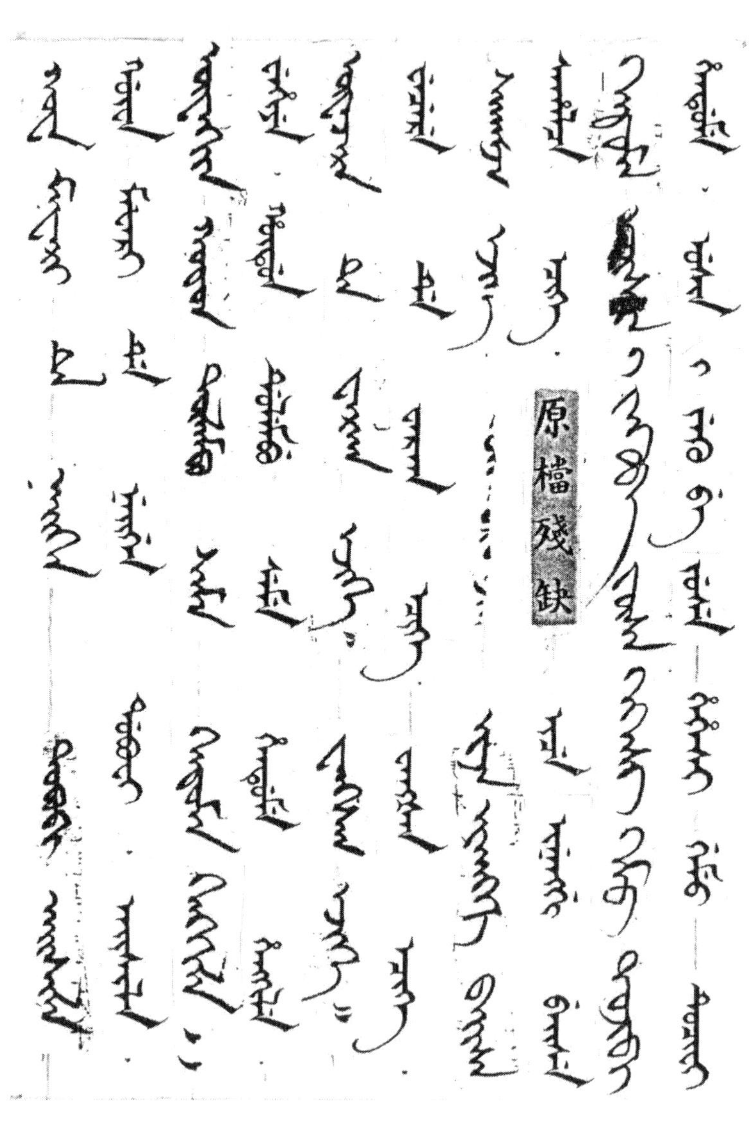
原檔殘缺

gūwa mafari de neigen dobofi, aisila, wehiye, hūdun dulembu seme hendume hengkile. wecere de warka ecike, wangšan ecike, sahalca ecike [原檔殘缺]. ice inenggi beise hendume, usin i jeku be juse hehesi gemu tucifi

---

再，其他先祖均加供奉，叩頭祈求扶助、及早痊癒。祭祀時，瓦爾喀叔父、汪善叔父、薩哈勒察叔父[原檔殘缺]。初一日，諸貝勒曰：「著婦孺皆出來

再，其它先祖均加供奉，叩头祈求扶助、及早痊愈。祭祀时，瓦尔喀叔父、汪善叔父、萨哈勒察叔父[原档残缺]。初一日，诸贝勒曰：「着妇孺皆出来

二十三、定禮守制

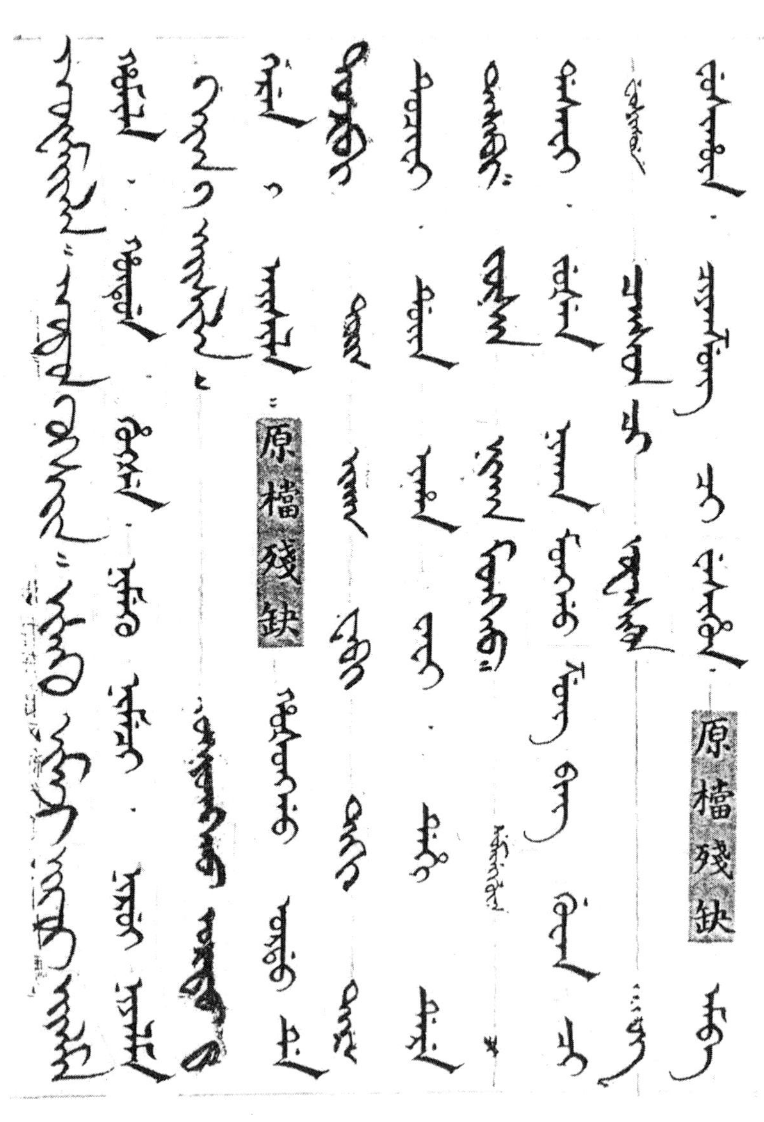
原檔殘缺
原檔殘缺

homila, hūdun hukše. nimeku nimeci, nirui niyalma geren i aisila. [原檔殘缺] hošonggo ordo de tucifi, duin ihan wafi, dehi dere dasafi, jušen, nikan, monggo dzung bing guwan ci fusihūn, ciyandzung ci wesihun, [原檔殘缺] amba

---

耘鋤田禾[27]，作速培苗。倘若患病，則令牛彔眾人助之。[原檔殘缺]御角殿，宰四牛，設四十桌。召集諸申、漢人、蒙古總兵官以下，千總以上，[原檔殘缺]，大宴之。

耘锄田禾，作速培苗。倘若患病，则令牛彔众人助之。[原档残缺]御角殿，宰四牛，设四十桌。召集诸申、汉人、蒙古总兵官以下，千总以上，[原档残缺]，大宴之。

---

[27] 耘鋤田禾，句中「耘鋤」，《滿文原檔》寫作“kowamijala”，讀作“howamiyala”，《滿文老檔》讀作“homila”。按滿文“homin”，意即「鋤頭」，其動詞原形或讀作“homilambi”；此處似可改作“yangsambi”，意即「耘草」（參見《御製五體清文鑑·農工類第二》）。

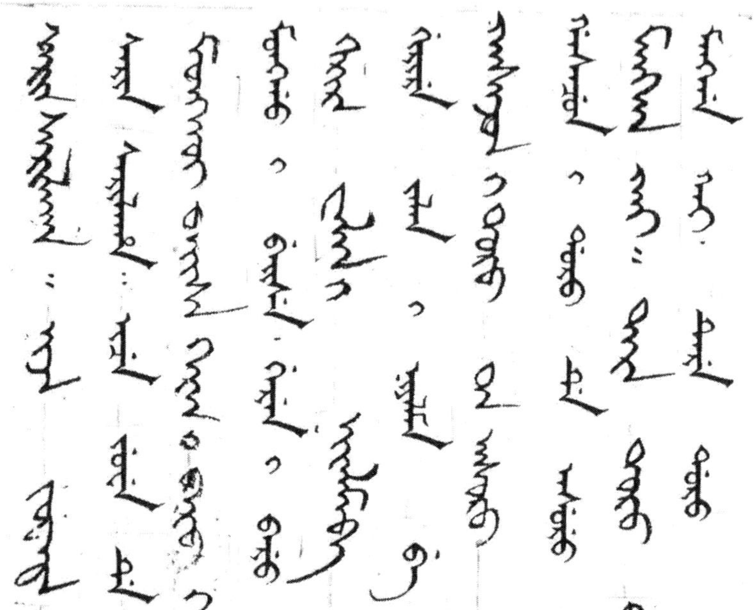

sarin sarilaha. ice juwe de, han, musei beise, monggo i beise, geren i baru hebešere gisun, fejergi girire jalan i niyalma be, asuru ambula giribure, gasacun i doro de asuru ambula, sinagalara doro mangga kai. tere doro be kemuni bici

---

初二日，汗與我等諸貝勒、蒙古諸貝勒及眾人商議曰：「若使後代守孝者齋戒過之，哀傷之禮亦過之，則守制之禮難也。其禮仍令存之，

初二日，汗与我等诸贝勒、蒙古诸贝勒及众人商议曰：「若使后代守孝者斋戒过之，哀伤之礼亦过之，则守制之礼难也。其礼仍令存之，

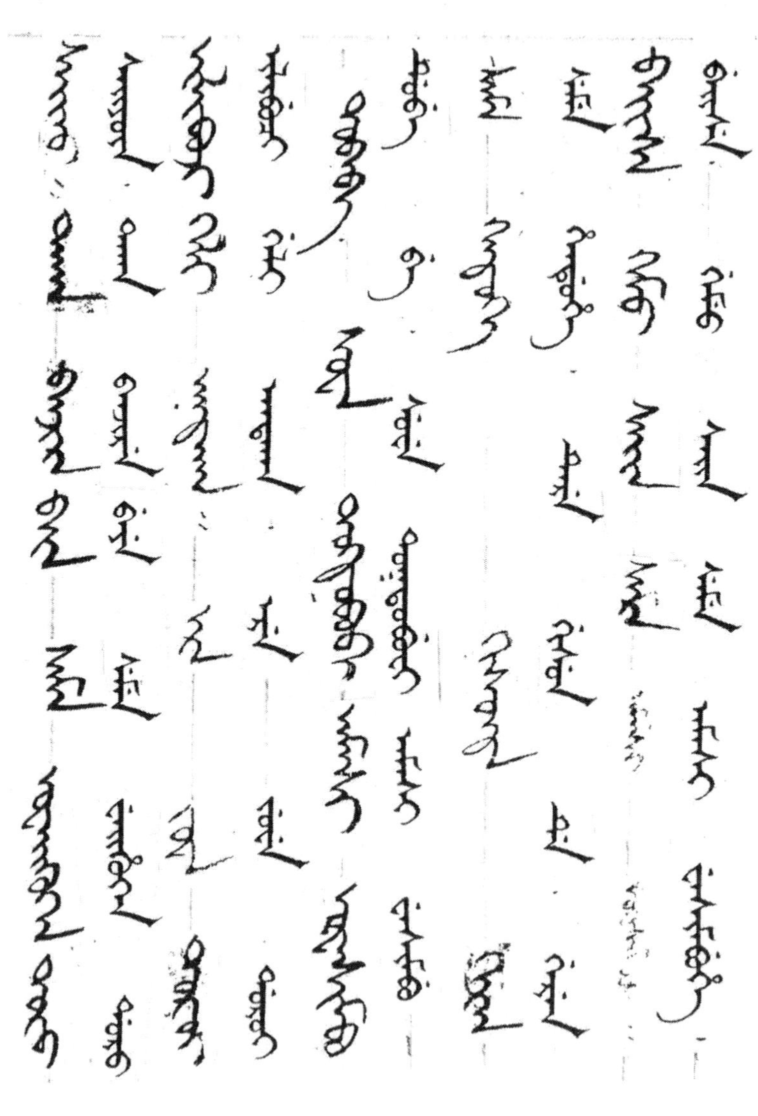

saiyūn. taka banjire beye seme weihuken doro ilibuci geli antaka. ere juwe doroi dube be, suwe toktobufi amasi wesimbu seme henduhe. tere gisun de, geren beise gemu sain seme amasi wesimbuhe.

善耶？為現存之人從輕議禮又如何？著爾等將此二禮始末[28]，定議回奏。」諸貝勒回奏稱皆善。

善耶？为现存之人从轻议礼又如何？着尔等将此二礼始末，定议回奏。」诸贝勒回奏称皆善。

---

[28] 始末，《滿文原檔》、《滿文老檔》俱讀作 “dube”，意即「末」，規範滿文讀作“da dube”，意即「始末」。

原檔残缺

han i toktobume wasimbuha bithei gisun, fejergi jalan i girire doro, manggai ambula girire niyalma oci, jugūn de gaitai acaha de, morin yaluci, morin ci ebufi niyakūrafi hengkilefi dulembu. tehe ba oci, niyakūrafi [原檔殘缺]. sarin de oci, niyakūrafi

---

汗定準頒書曰：「後代守孝之禮，若係重服之人，途中突然遇見時，若乘馬，則下馬跪叩讓過，若於坐處，則跪[原檔殘缺]，若筵宴時，

汗定准颁书曰：「后代守孝之礼，若系重服之人，途中突然遇见时，若乘马，则下马跪叩让过，若于坐处，则跪[原档残缺]，若筵宴时，

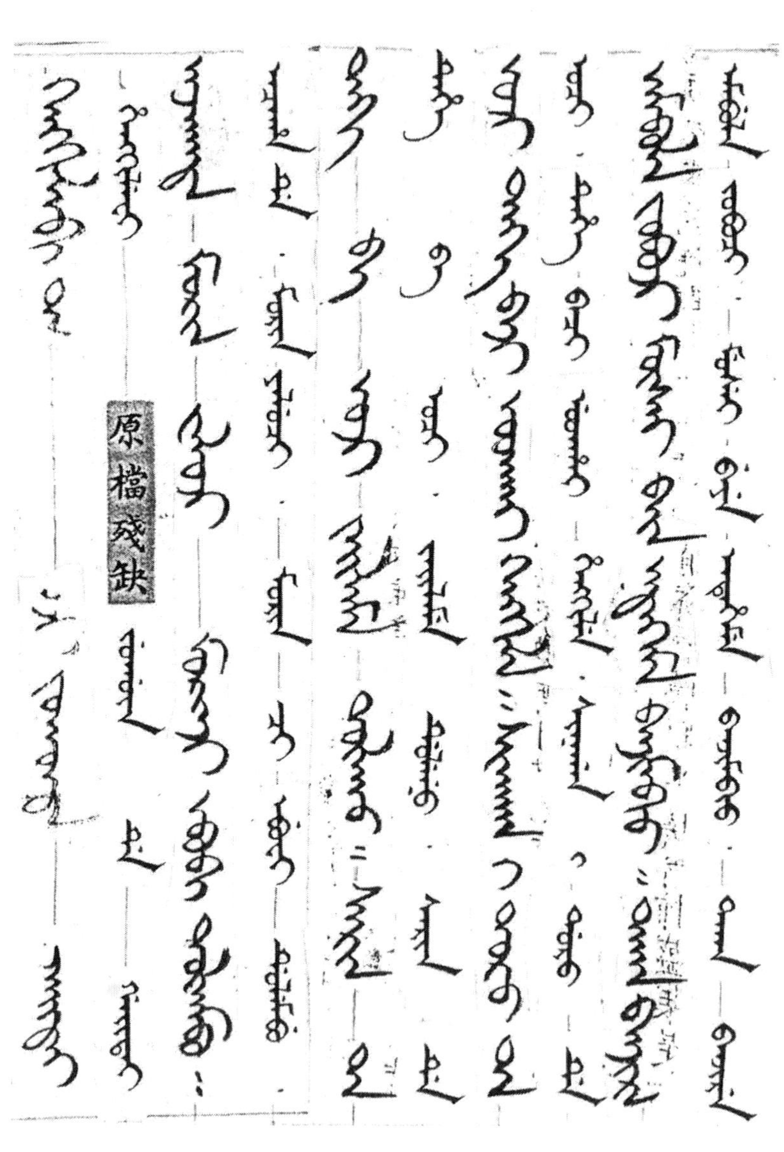
原檔殘缺

hengkilefi [原檔殘缺] jugūn de gaitai acaha de, morin yaluci, morin ci ebufi dulembu, tehe ba oci, jailame dulenu, sarin de oci, tehe baci uthai hengkile, sinagan i doro de ambula joboci, musei beye enteheme banjimbio. taka banjire

---

則跪叩 [原檔殘缺]，途中突然遇見時，若乘馬，則下馬讓過，若於坐處，則避開讓過，若於筵宴時，則自坐處叩拜。守孝之禮倘若勞苦過時，則我等為永生不老之身耶？

则跪叩 [原档残缺]，途中突然遇见时，若乘马，则下马让过，若于坐处，则避开让过，若于筵宴时，则自坐处叩拜。守孝之礼倘若劳苦过时，则我等为永生不老之身耶？

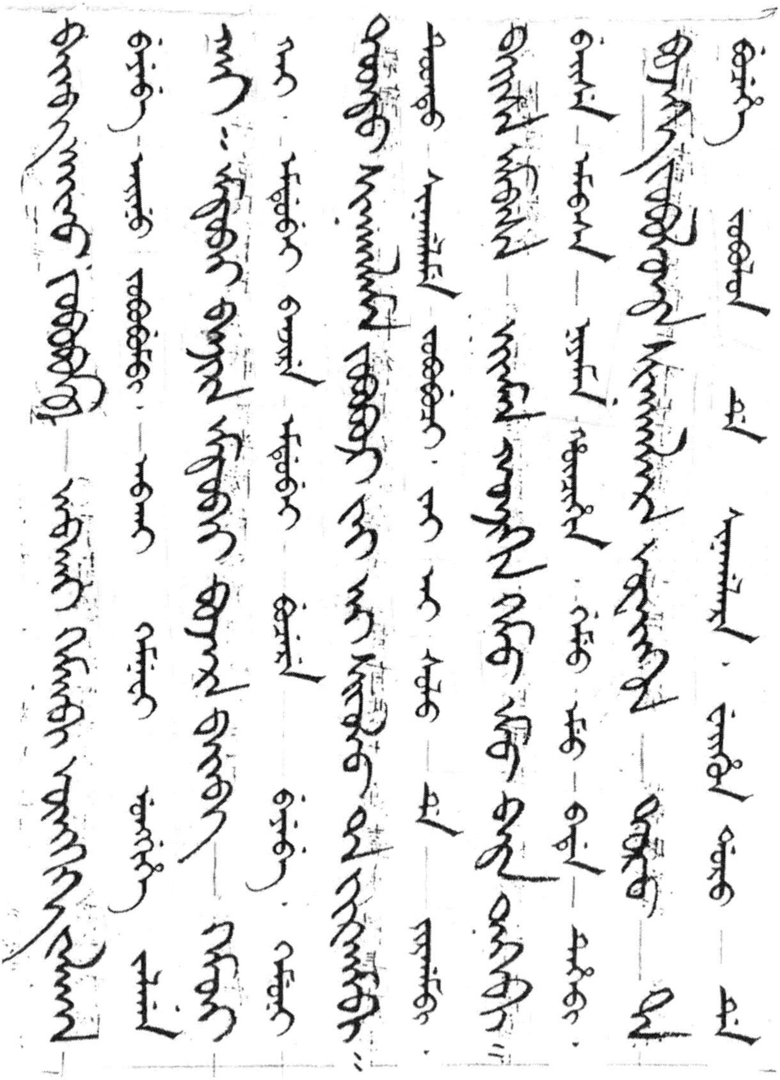

beyebe ainu jobobumbi. abkai kemnefi unggihe jalgan kai. emdubei banjire emdubei bucere beyebe, kemuni tuttu sinagalame jobobuci, jai ai šolo de jirgambi. beise ambasa niyaman hūncihin, gemu emu bade tehebi, bucehe jobolon de sinagalara, weihun doro de

---

為何勞累短暫有生之身？人之壽皆天定也，生生死死，循環往替。若仍如此勞累守制，尚有有何安逸閑暇之時耶？諸貝勒大臣之親戚皆居住一處，死喪服孝，

为何劳累短暂有生之身？人之寿皆天定也，生生死死，循环往替。若仍如此劳累守制，尚有有何安逸闲暇之时耶？诸贝勒大臣之亲戚皆居住一处，死丧服孝，

二十四、稅收制度

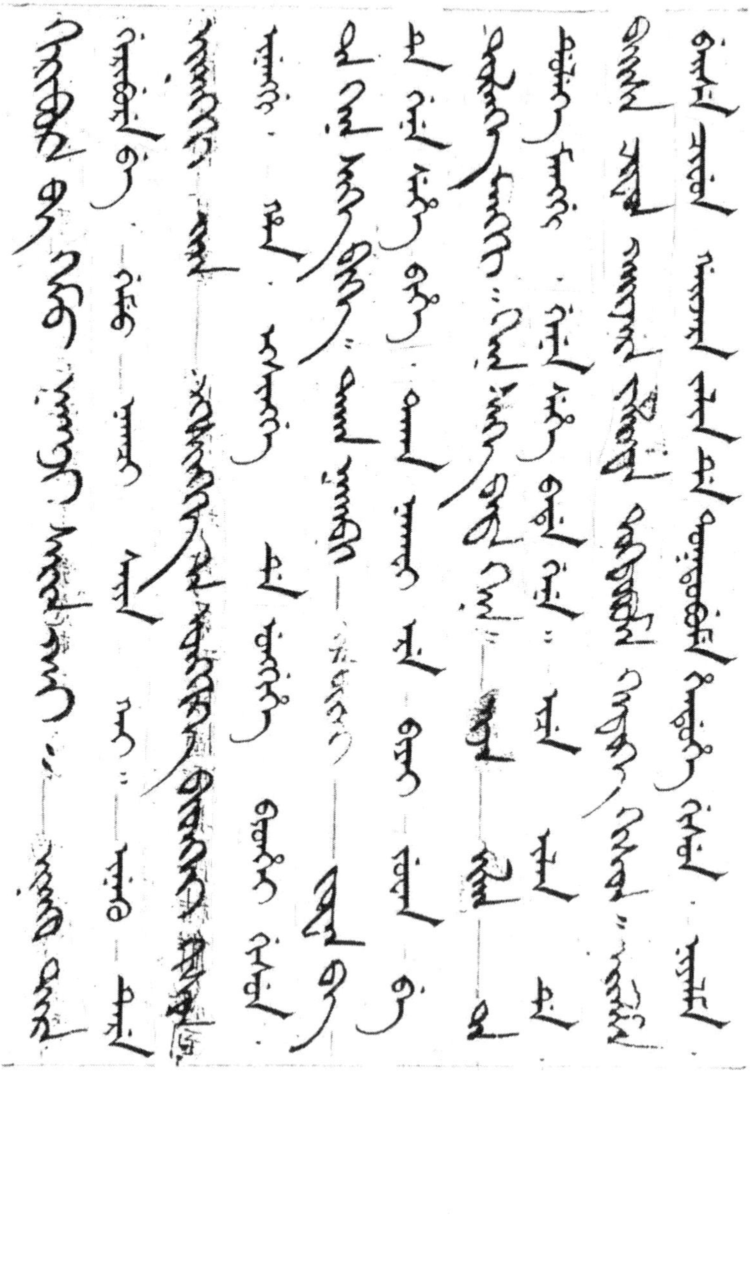

giribure be, gemu nakaci sain kai. ineku tere inenggi, han, eksingge de unggihe bithei gisun, te gene sehe bihe, taka nakafi ere biyai juwan be duleke manggi, gene sehe bade gene. ice ilan de, beise cifun gaijara jalin de toktobume henduhe gisun, niyalma,

---

生者守制，若皆免之，則為善也。」是日，汗致書額克興額曰：「原來曾言今即前往，暫且免之，俟過本月初十日後，再赴原先所指前往之處。初三日，諸貝勒為課稅定曰：「人、

生者守制，若皆免之，则为善也。」是日，汗致书额克兴额曰：「原来曾言今即前往，暂且免之，俟过本月初十日后，再赴原先所指前往之处。初三日，诸贝勒为课税定曰：「人、

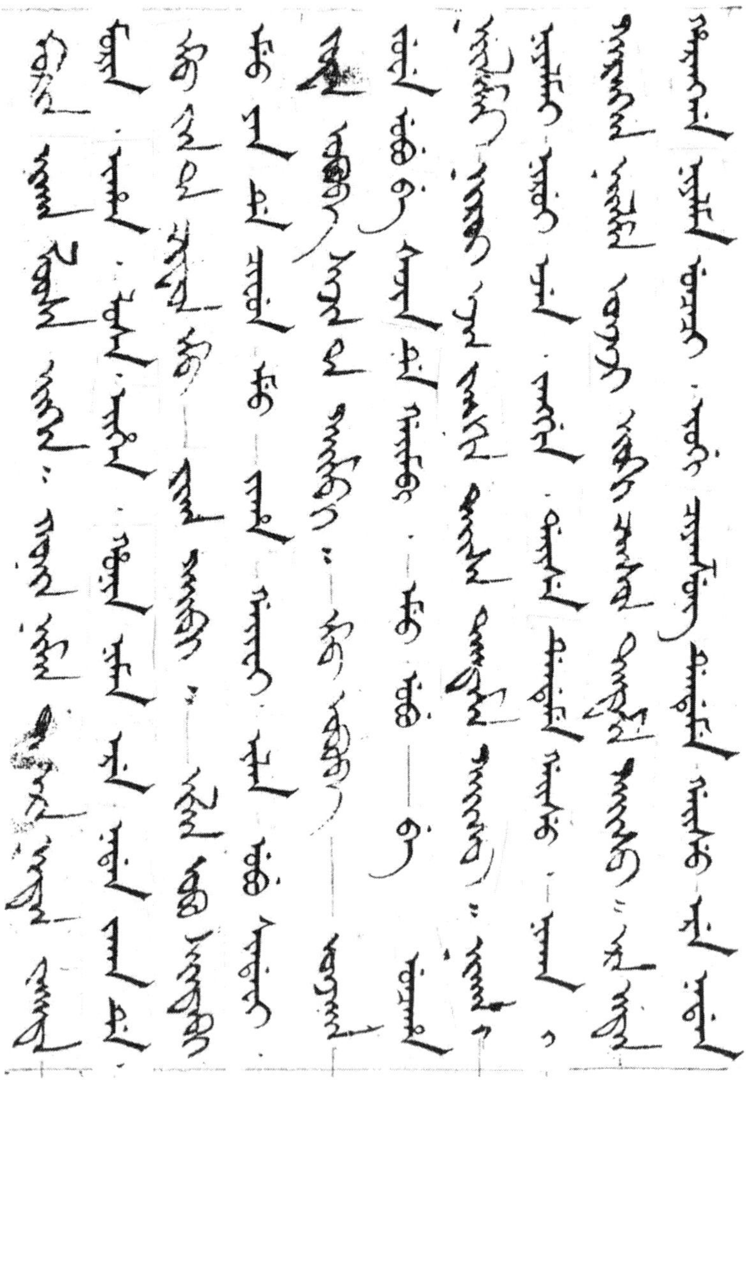

morin, ihan, losa, eihen, honin, niman, ere nadan jaka de, emu yan de cifun emu jiha gaifi, ilan ubu sindafi, juwe ubu be šajin de gaimbi, emu ubu be uncaha niyalmai nirui ejen, janggin, daise dendeme gaisu. nikan i harangga niyalma uncaci, iogi, ciyandzung dendeme gaisu. ere nadan

---

馬、牛、騾、驢、羊、山羊等七物，一兩取稅一錢，分為三份，官取二份，販售人之牛彔額真、章京、代子分取一份。若係明所屬之人販售，則由遊擊、千總分取之。

马、牛、骡、驴、羊、山羊等七物，一两取税一钱，分为三份，官取二份，贩卖人之牛彔额真、章京、代子分取一份。若系明所属之人贩卖，则由游击、千总分取之。

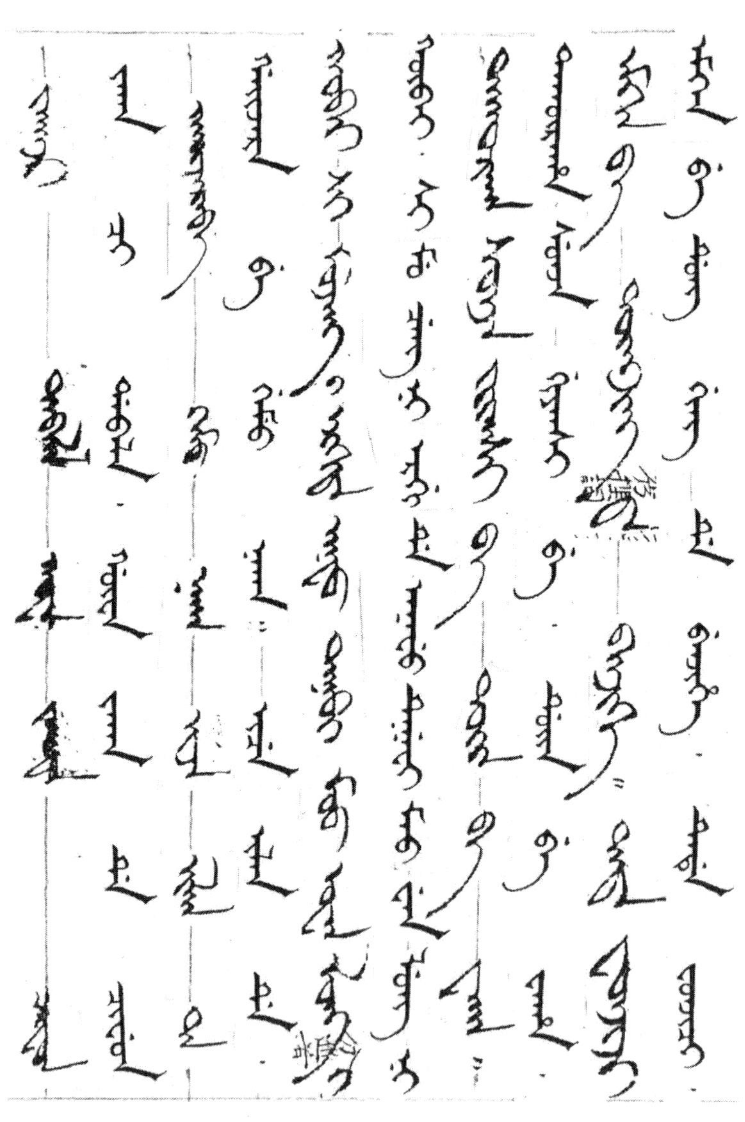

jaka ci dabala, gūwa jaka de cifun gaijara be gemu naka. ice ilan de, kūbai, si mu ceng ni ergi de anafu tenefi, mao wen lung ni takūraha sunja giyansi be, duin be waha, emken be dung ging de benjihe. tede fonjici,

---

除此七物外，其他各物皆免收稅。」初三日，庫拜往析木城戍守，將毛文龍所遣之奸細五人，殺四人，一人解送東京。訊之，

除此七物外，其它各物皆免收税。」初三日，库拜往析木城戍守，将毛文龙所遣之奸细五人，杀四人，一人解送东京。讯之，

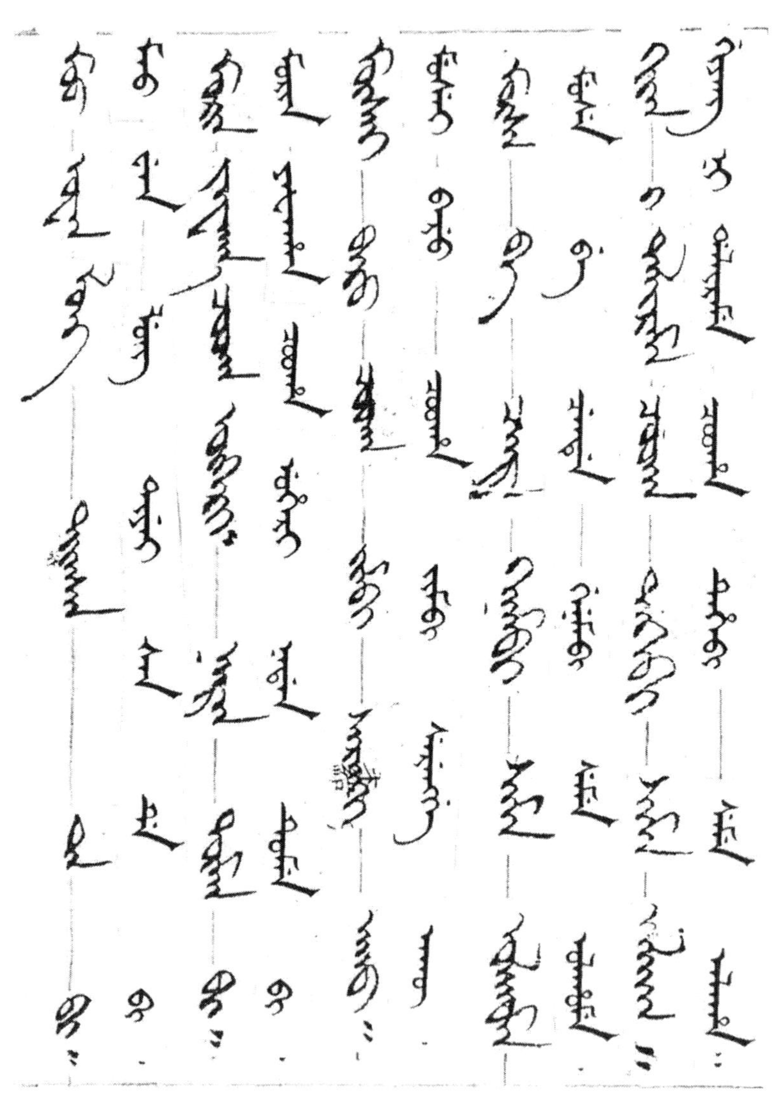

mao wen lung tiyei šan de bi, morin yafahan cooha uheri nadan tumen bi, musei baru cooha jimbi serengge akū. muse be cende genembi seme olhome, giyang ni dalirame cooha tehebi seme alaha.

據供稱：「毛文龍在鐵山，馬步兵共計七萬人，未聞向我來兵。畏懼我等前往彼處，沿江岸駐兵。」

据供称：「毛文龙在铁山，马步兵共计七万人，未闻向我来兵。畏惧我等前往彼处，沿江岸驻兵。」

二十五、追殺逃人

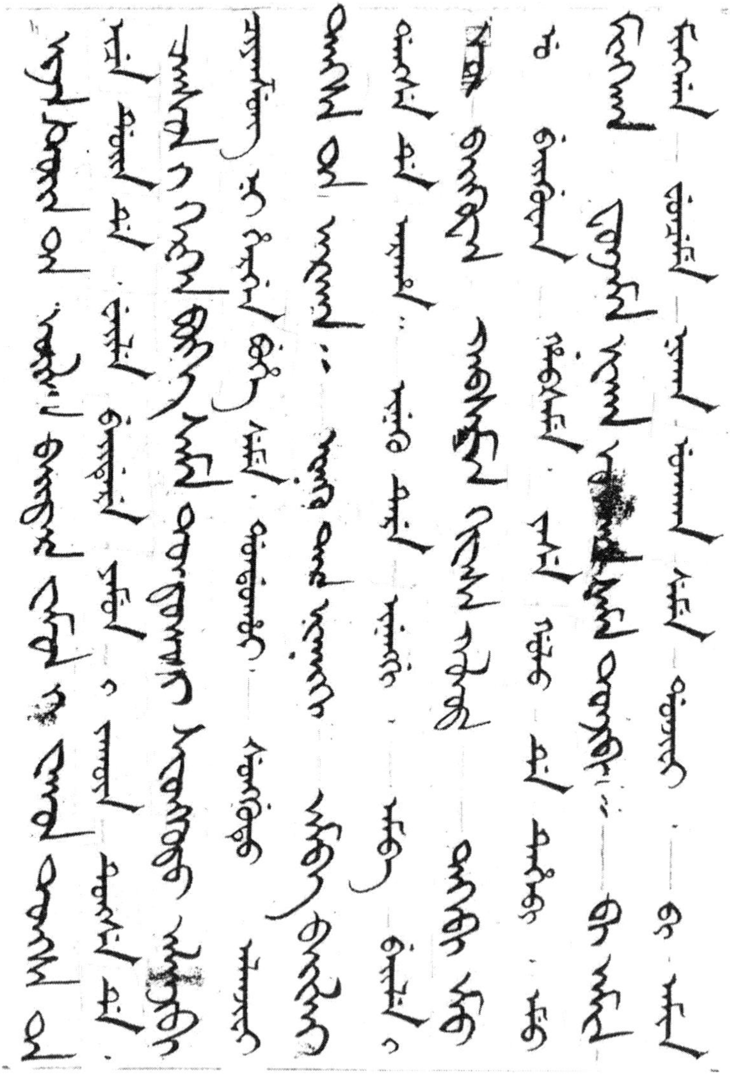

ice duin de, weile beidere yamun i jakūn tungse de, ciyandzung ni hergen buhe seme, dondohoi, šunggutu alanjifi dangse de araha. ineku tere inenggi, amba beile i u beiguwan habšame, jase golo de tehebi, emu minggan funceme nikan ukaka seme donjifi, bi amin

---

初四日，賜理刑衙門八通事千總之銜。經頓多惠、松古圖來告，記於檔子。是日，大貝勒之吳備禦官申訴：「駐守邊路，聞千餘漢人逃走，

初四日，赐理刑衙门八通事千总之衔。经顿多惠、松古图来告，记于档子。是日，大贝勒之吴备御官申诉：「驻守边路，闻千余汉人逃走，

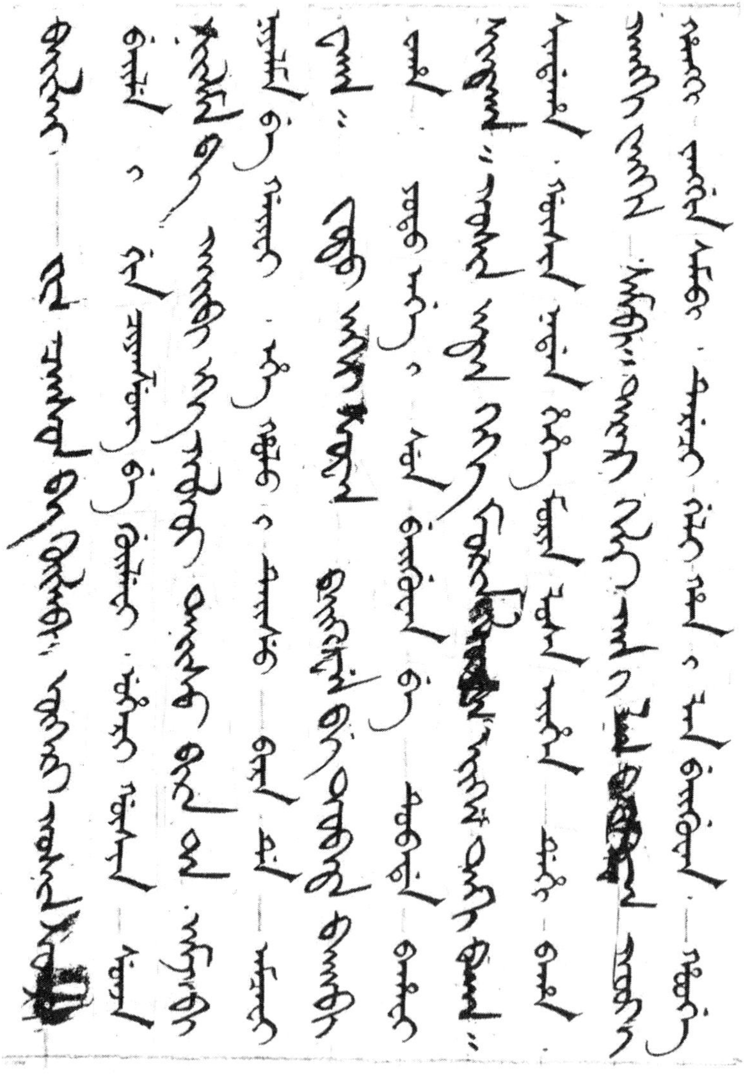

beile i gin ciyandzung be guilefi, uheri gūsin sunja niyalma be gaifi, ehe holo i teisu bira de amcafi waha. yoto age i sun beiguwan be tubade bahafi sindaha. gūsin nadan hehe, morin, losa, eihen dehi baha. hangki janggin sambi, tereci geli han i lan beiguwan, hooge

---

我會合阿敏貝勒之金千總，共率三十五人，追至額赫霍洛方向河邊殺之。於彼處獲岳托阿哥之孫備禦官而放之。獲婦女三十七人，馬、騾、驢四十匹。杭奇章京知之。隨後，又與汗之藍備禦官、

我会合阿敏贝勒之金千总，共率三十五人，追至额赫霍洛方向河边杀之。于彼处获岳托阿哥之孙备御官而放之。获妇女三十七人，马、骡、驴四十匹。杭奇章京知之。随后，又与汗之蓝备御官、

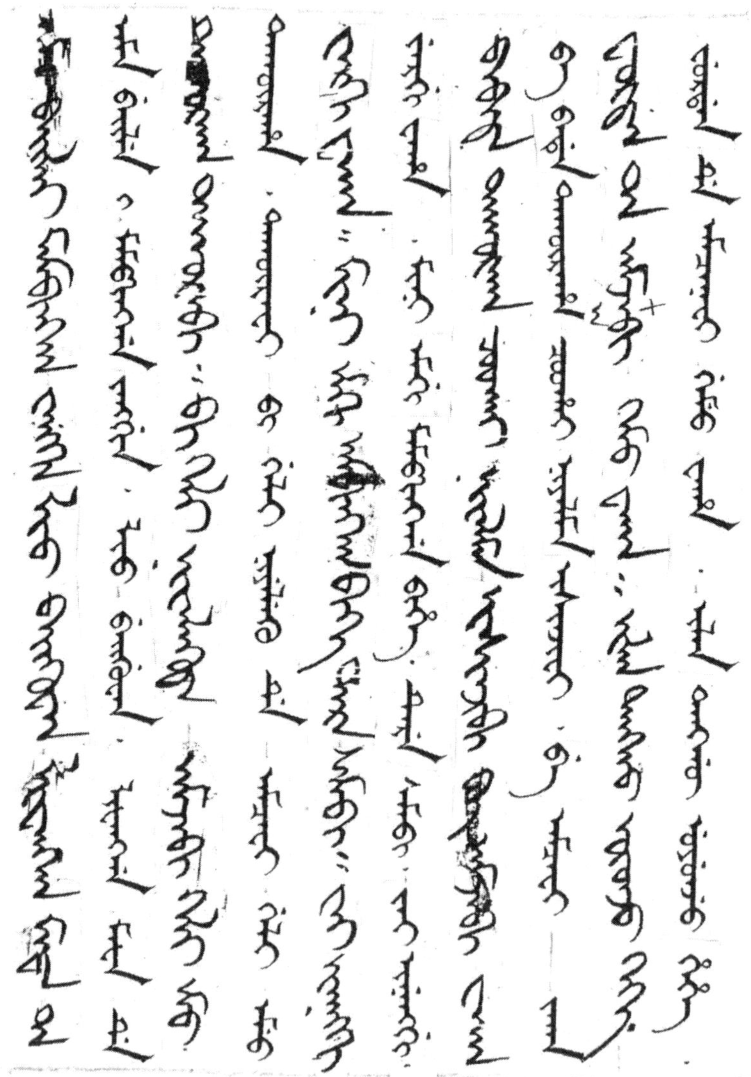

ama beile i mampingga janggin, lio beiguwan, lifangga mafa de takūraha. takūrafi bi geli niyeleku de amcafi, geli emu jergi waha, mini emgi mampingga bihe tere sambi. jai inenggi, ba bade takūraha coohai niyalma isinjifi, be amcafi jaka furdan de amcanafi gemu waha, ilan tanggū uyunju hehe,

---

豪格父貝勒之瑪木平阿章京、劉備禦官等遣往里方阿老人處。遣往後，我又追至聶勒庫，又殺一次，與我在一處之瑪木平阿章京知之。次日，遣往各處之兵丁到達後，我等追至札喀關後皆殺之，獲婦女三百九十人，

豪格父贝勒之玛木平阿章京、刘备御官等遣往里方阿老人处。遣往后，我又追至聂勒库，又杀一次，与我在一处之玛木平阿章京知之。次日，遣往各处之兵丁到达后，我等追至札喀关后皆杀之，获妇女三百九十人，

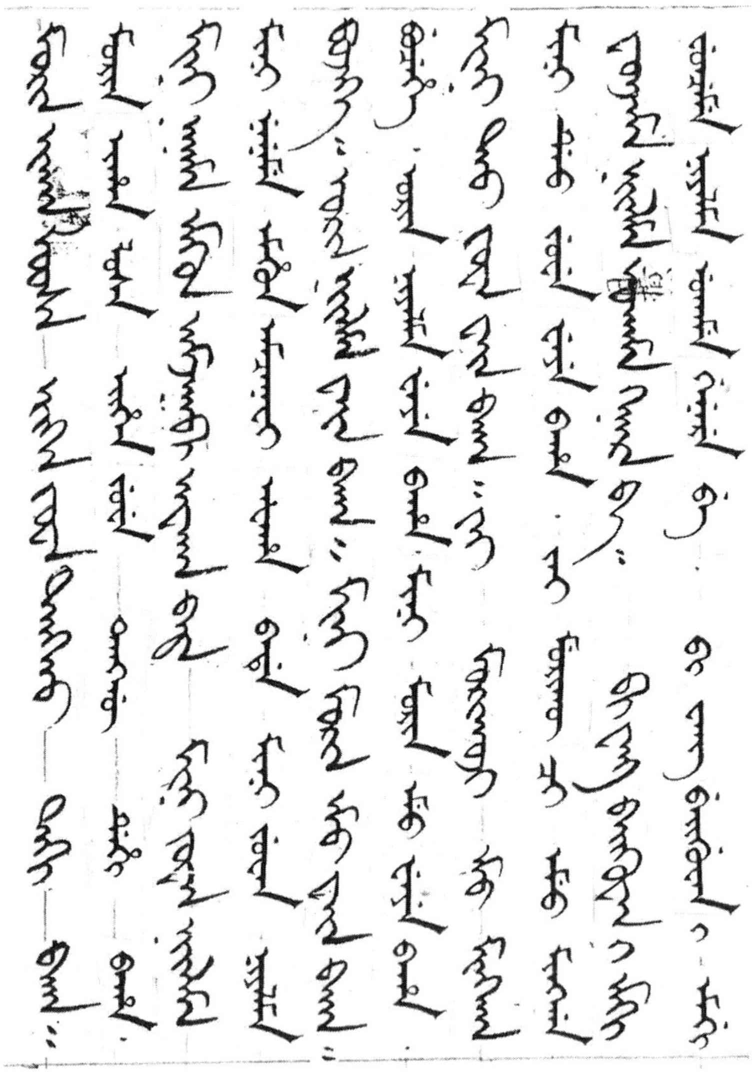

morin, ihan, losa, eihen juwe tanggū dehi baha. mini neneme emhun amcanafi afaha bade, mini juwan niyalma bucehe, orin niyalma feye baha. mini morin emu feye baha, mini deo juwe feye baha. jai murikū ci emu minggan funceme niyalma ukame genere be, bi wang beiguwan i emgi

---

馬、牛、騾、驢二百四十匹。我獨自率先追擊之處，我之十人戰死、二十人負傷。我之馬一處負傷，我之弟二處負傷。再者，由木里庫逃走之一千餘人，被我與王備禦官

马、牛、骡、驴二百四十匹。我独自率先追击之处，我之十人战死、二十人负伤。我之马一处负伤，我之弟二处负伤。再者，由木里库逃走之一千余人，被我与王备御官

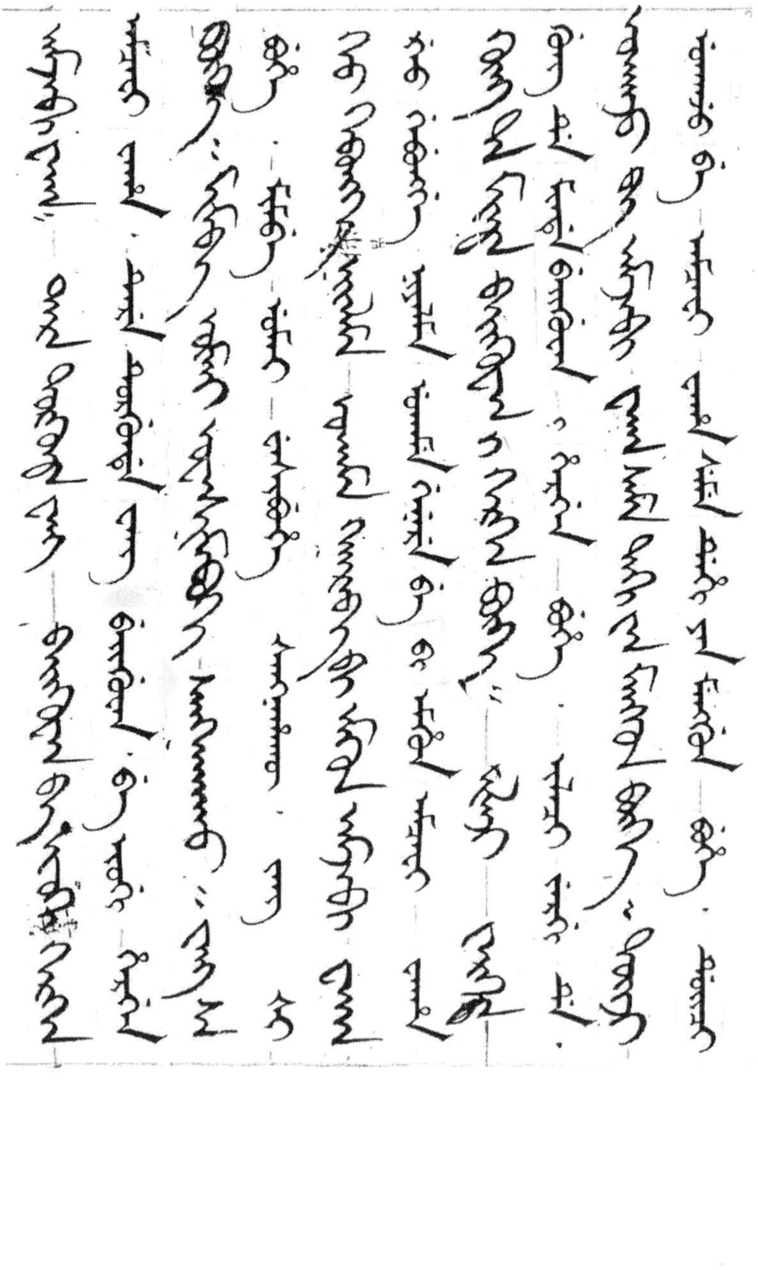

amcafi waha. tere turgunde, wang beiguwan be iogi hergen buhe, mimbe umai wesibuhe šangnahakū. jang ši g'ao gebungge niyalma ukame genere be, bi emhun amcafi waha gung de, minde beiguwan i hergen buhe. ilaci jergi de, ukanju be amcafi waha seme, dehi yan menggun buhe. duici

---

追殺。因此，賜王備禦官為遊擊之職，而我並未陞賞。我獨自追殺名張世高逋逃有功，賜我備禦官之職。第三次追殺逃人，賜銀四十兩。

追杀。因此，赐王备御官为游击之职，而我并未升赏。我独自追杀名张世高逋逃有功，赐我备御官之职。第三次追杀逃人，赐银四十两。

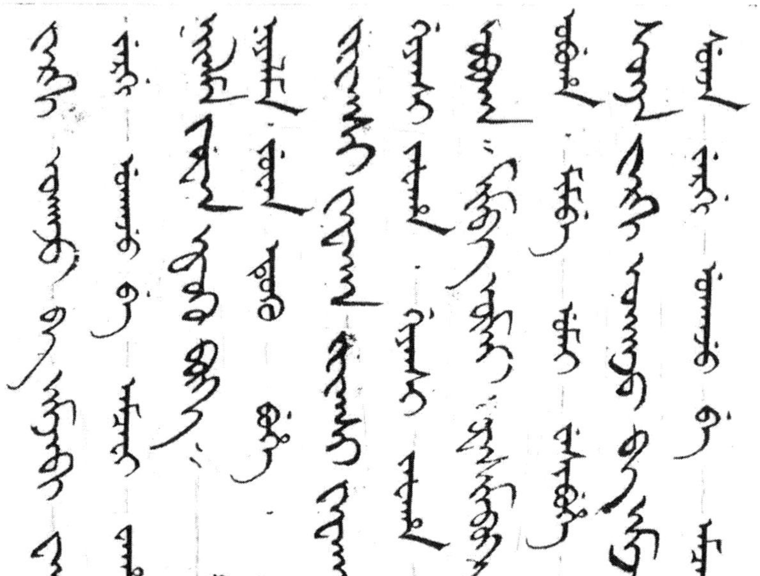

jergi ukanju be amcafi waha seme, emu morin, emu niyalma, juwan etuku buhe. bi wang iogi i emgi ilan giyansi jafaha, giyansi jafaha seme wang iogi be ts'anjiyang obuha, mimbe umai wesibuhe šangnahakū. uheri sunja jergi ukanju be amcafi waha seme habšara

---

第四次追殺逃人，賜馬一匹、人一名、衣服十件。我與王遊擊一同拏獲奸細三名，因拏獲奸細而以王遊擊為參將，我並未陞賞。共五次追殺逃人。」

第四次追杀逃人，赐马一匹、人一名、衣服十件。我与王游击一同拏获奸细三名，因拏获奸细而以王游击为参将，我并未升赏。共五次追杀逃人。」

二十六、功不可沒

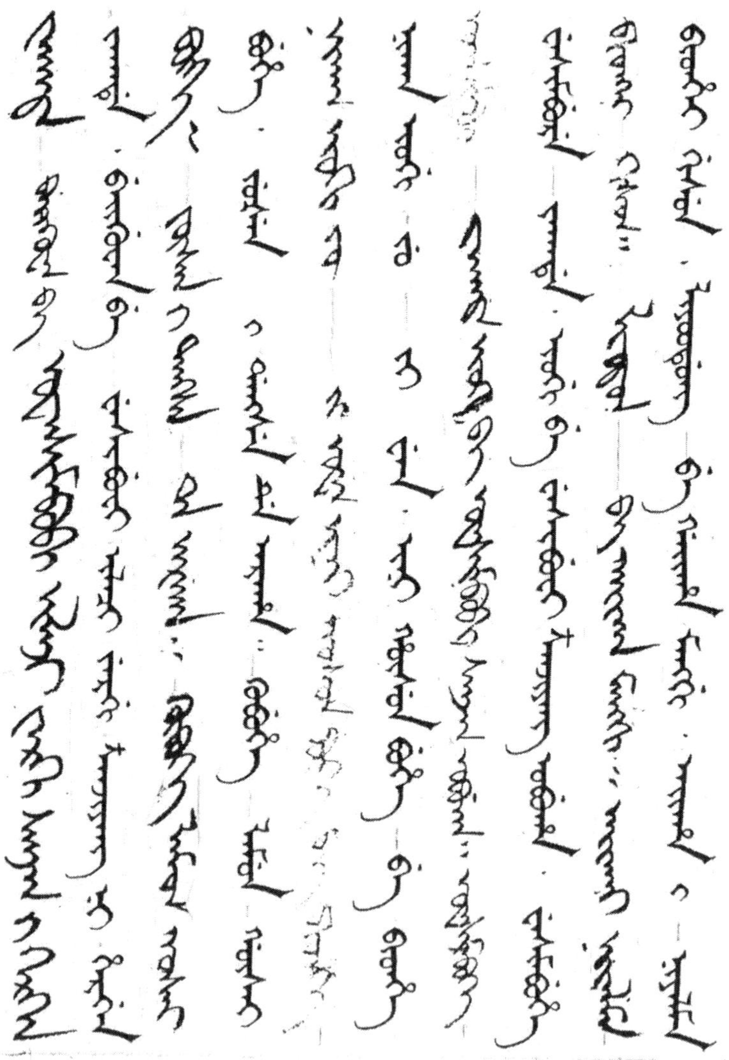

jakade, beiguwan be wesibufi ilaci jergi ts'anjiyang ni hergen buhe, jušen i dangse de araha. kubuhe lamun gūsai nikan iogi ju ji wen, ini hūsun buhe be bithe wesimbure jakade, iogi be wesibufi ts'anjiyang obuha, wesimbuhe bithei gisun, liyoodung be gaiha manggi, aiha i niyalma

因為申訴，故陞備禦官為三等參將之職，並記於諸申之檔子。鑲藍旗漢人遊擊朱繼文，因上書奏陳其効力之事，故陞遊擊為參將。其奏書曰：「取遼東後，靉河之人

因为申诉，故升备御官为三等参将之职，并记于诸申之档子。镶蓝旗汉人游击朱继文，因上书奏陈其効力之事，故升游击为参将。其奏书曰：「取辽东后，叆河之人

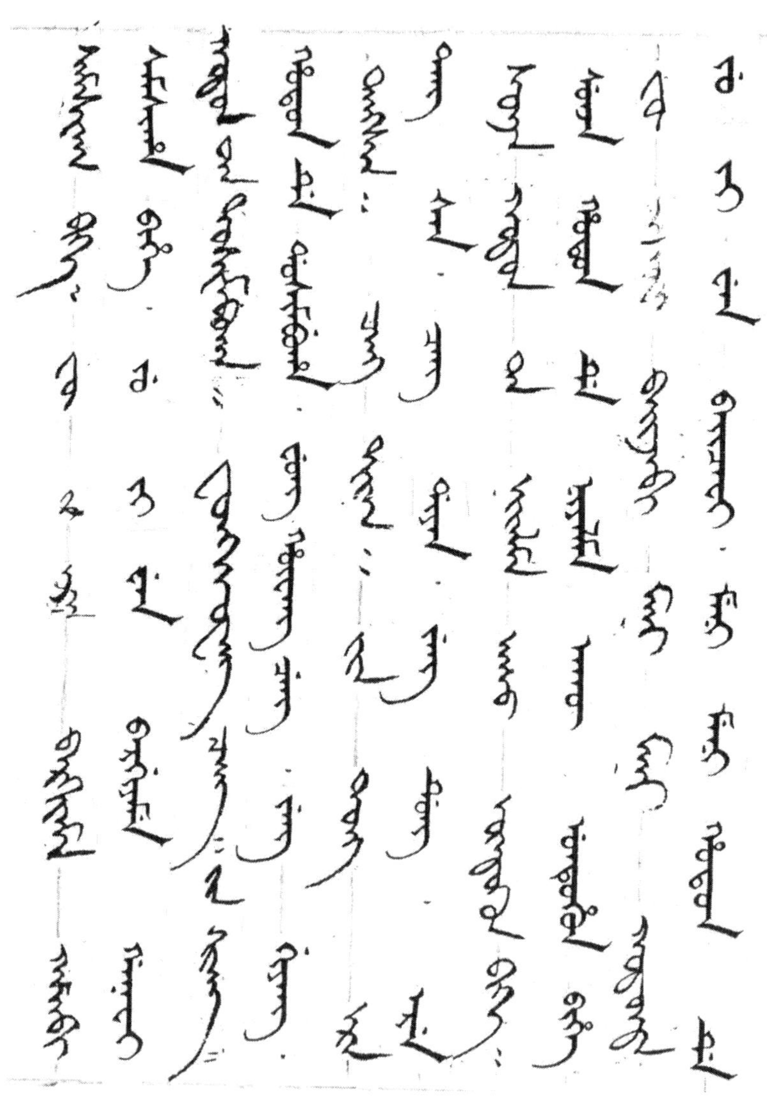

samsiha bihe, ju ji wen bargiyame ganafi hoton de dosimbuha. fung hūwang ceng, jeng giyang, tang šan, cang diyan, jeng dung ere sunja hoton de niyalma akū untuhun bihe, ju ji wen baicafi, meni meni hoton de

---

流散，朱繼文收攏入城。鳳凰城、鎮江、湯山、長甸、鎮東此五城，空曠無人，朱繼文查明後，

流散，朱继文收拢入城。凤凰城、镇江、汤山、长甸、镇东此五城，空旷无人，朱继文查明后，

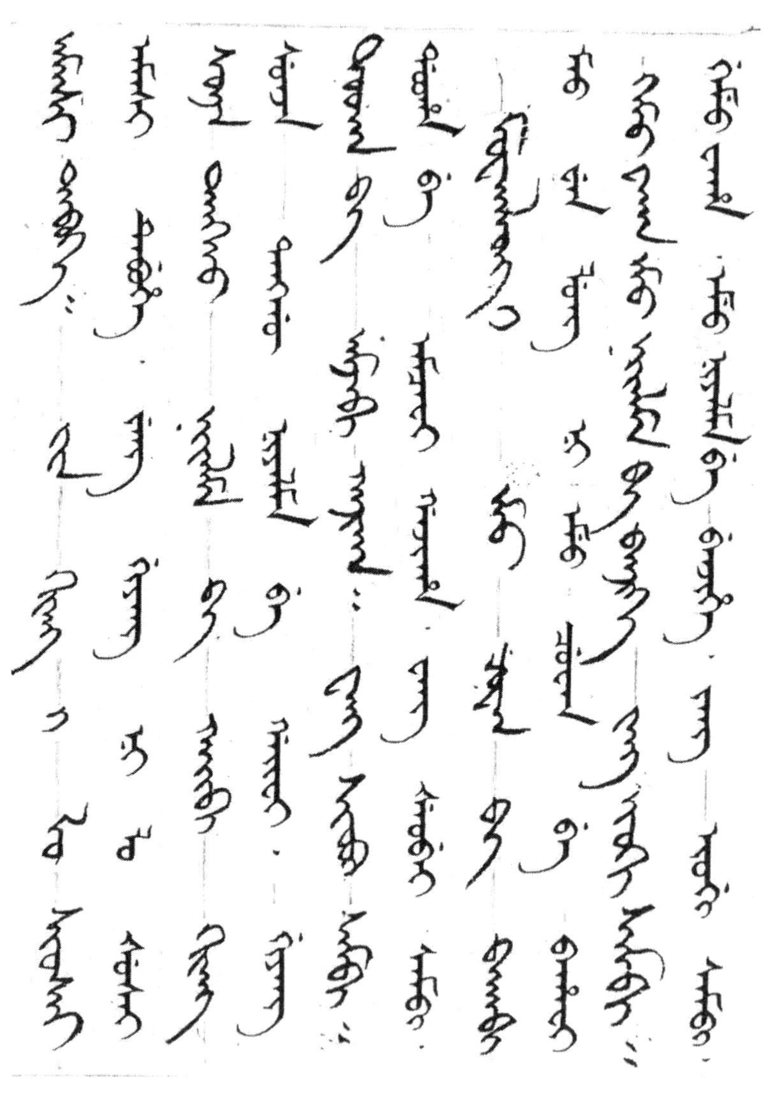

amasi tebuhe. jeng giyang ni lo šusai sunja tanggū niyalma be gaifi, giyang dooha be amcafi gajiha, wang šeobei sambi. mao wen lung ni emu cuwan be bahafi gemu waha, emu niyalma be benjihe, jang iogi sambi.

令其返回各城居住。鎮江之羅生員率五百人渡江，被追回，王守備知之。獲毛文龍之船一艘，皆殺之，解來一人，張遊擊知之。

令其返回各城居住。镇江之罗生员率五百人渡江，被追回，王守备知之。获毛文龙之船一艘，皆杀之，解来一人，张游击知之。

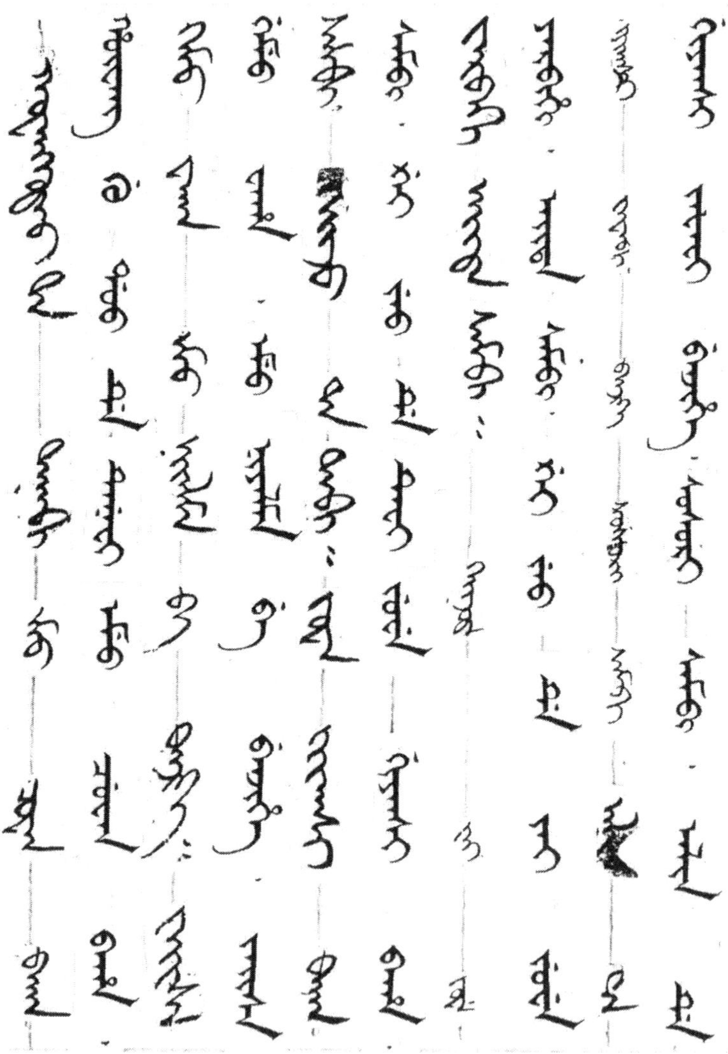

hūwang gu doo de tenefi emu cuwan baha, gemu waha, emu niyalma be benjihe, jaisa sambi. g'ai jeo de tefi juwe giyansi baha, yarbihi, aita sambi. g'ai jeo de jai juwe giyansi jafafi benjihe, sosori sambi. alin de

---

往駐黃姑島，獲船一艘，皆殺之，解來一人，齋薩知之。駐蓋州，獲奸細二人，雅爾璧喜、愛塔知之。於蓋州又拏獲奸細二人解來，索索里知之。

往驻黄姑岛，获船一艘，皆杀之，解来一人，斋萨知之。驻盖州，获奸细二人，雅尔璧喜、爱塔知之。于盖州又拏获奸细二人解来，索索里知之。

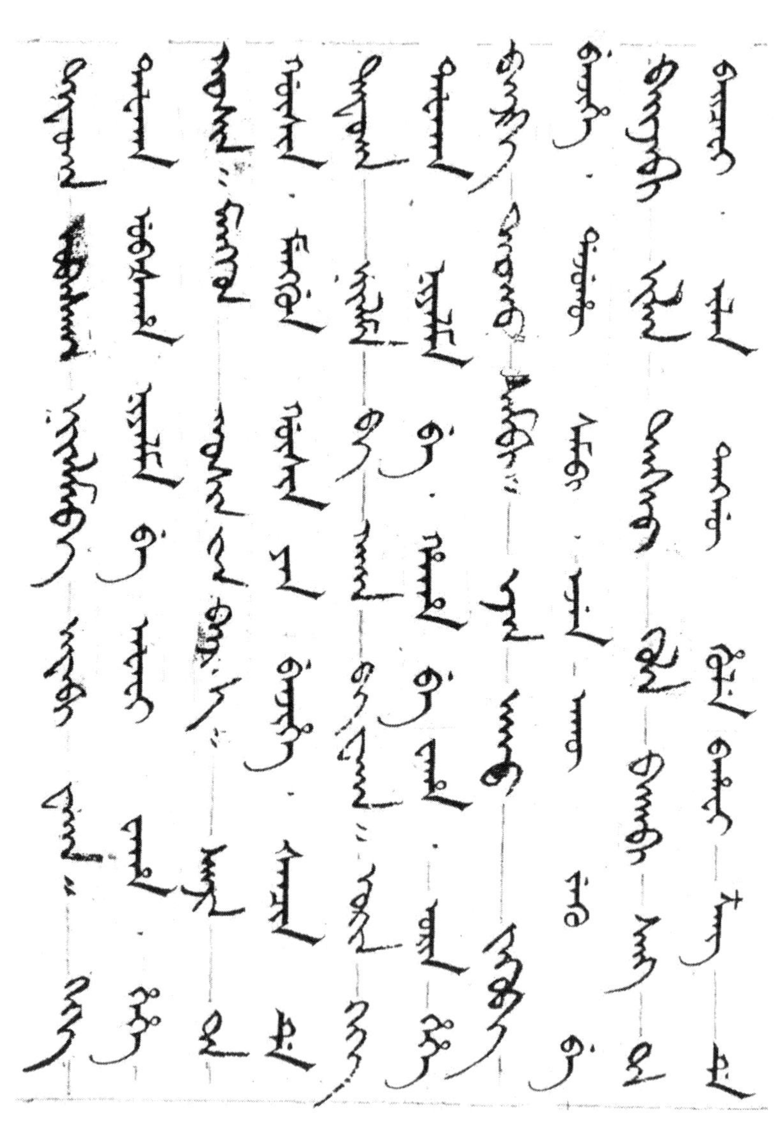

tafaka ubašaha niyalma be afafi waha, hehe gūsin, menggun gūsin yan benjihe. šancin de tafaka niyalma be, haha be waha, orin hehe benjihe, dajuhū sambi. ejen akū jeku be baicafi, ilan tanggū hule bahafi ts'ang de

---

攻殺登山叛逆之人，解來婦女三十人，銀三十兩。攻殺登山寨之人，男丁殺之，解來婦女二十人，達柱虎知之。查無主之糧，獲三百石入倉。

攻杀登山叛逆之人，解来妇女三十人，银三十两。攻杀登山寨之人，男丁杀之，解来妇女二十人，达柱虎知之。查无主之粮，获三百石入仓。

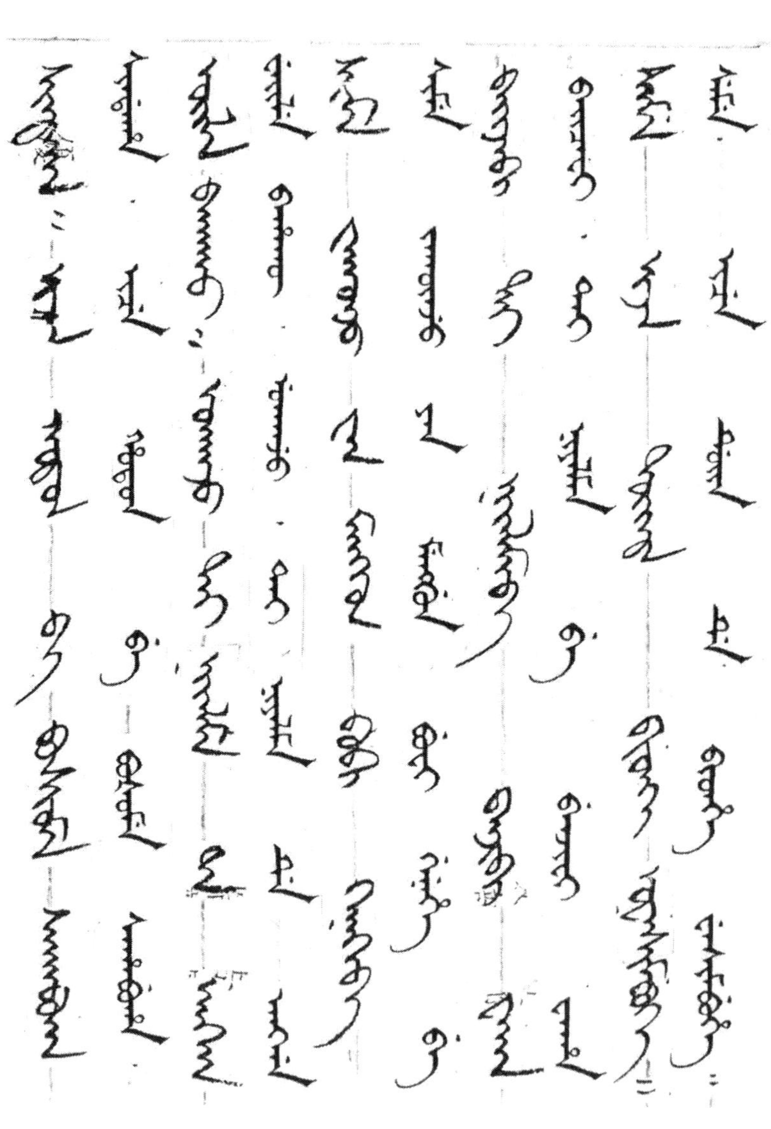

sindaha. ice hoton be bošome sahabuha, weile bahakū. ukanju, tai niyalma de angga sime jakūnju yan menggun bufi genehe be baicafi, tai niyalma be benjifi waha seme. ice duin de bithe wesimbuhe.

催築新城，未曾獲罪。逃人給銀八十兩賄台人而去，查出後，解來台人殺之。」於初四日具奏。

催筑新城，未曾获罪。逃人给银八十两贿台人而去，查出后，解来台人杀之。」于初四日具奏。

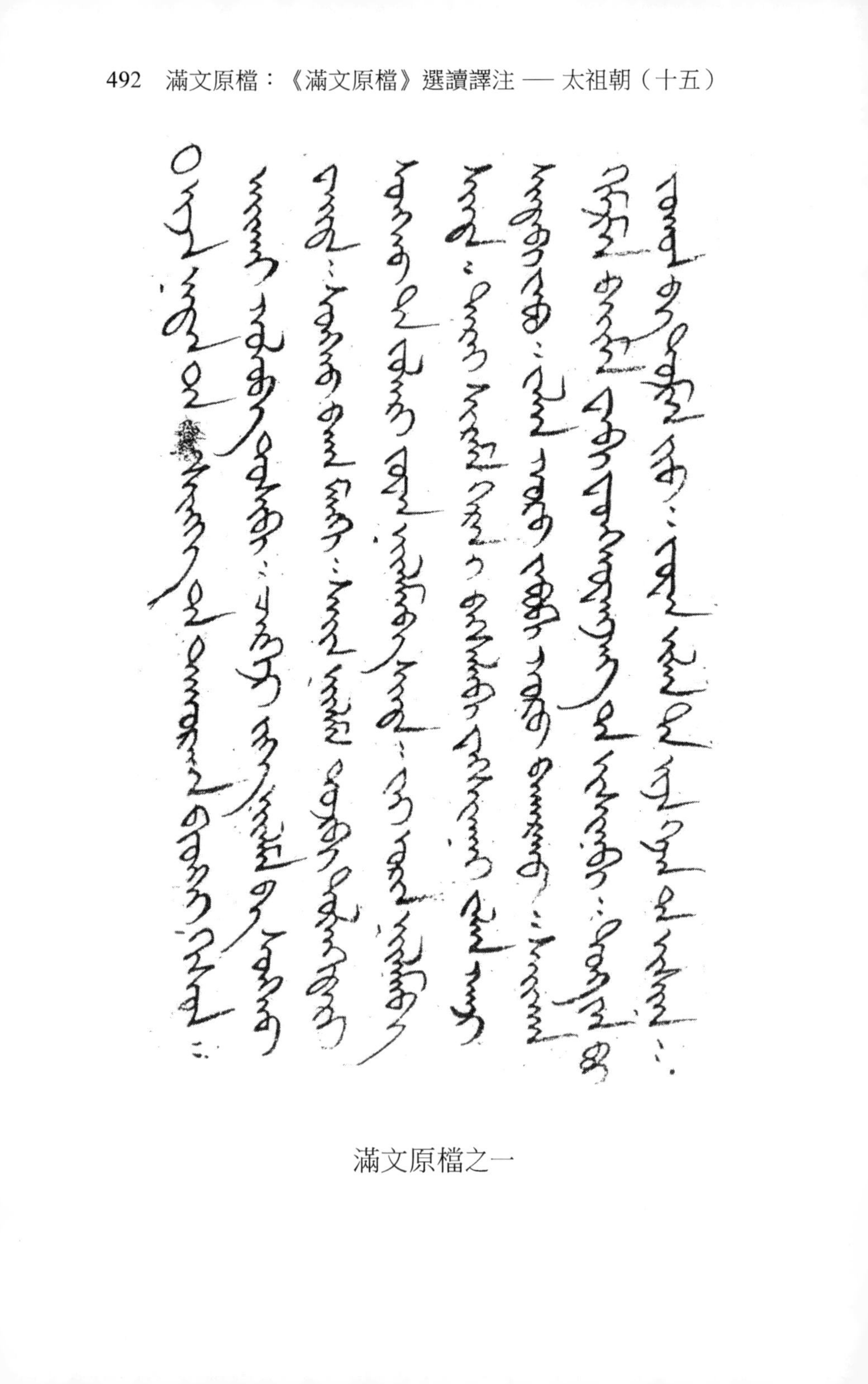

滿文原檔之一

滿文原檔之二

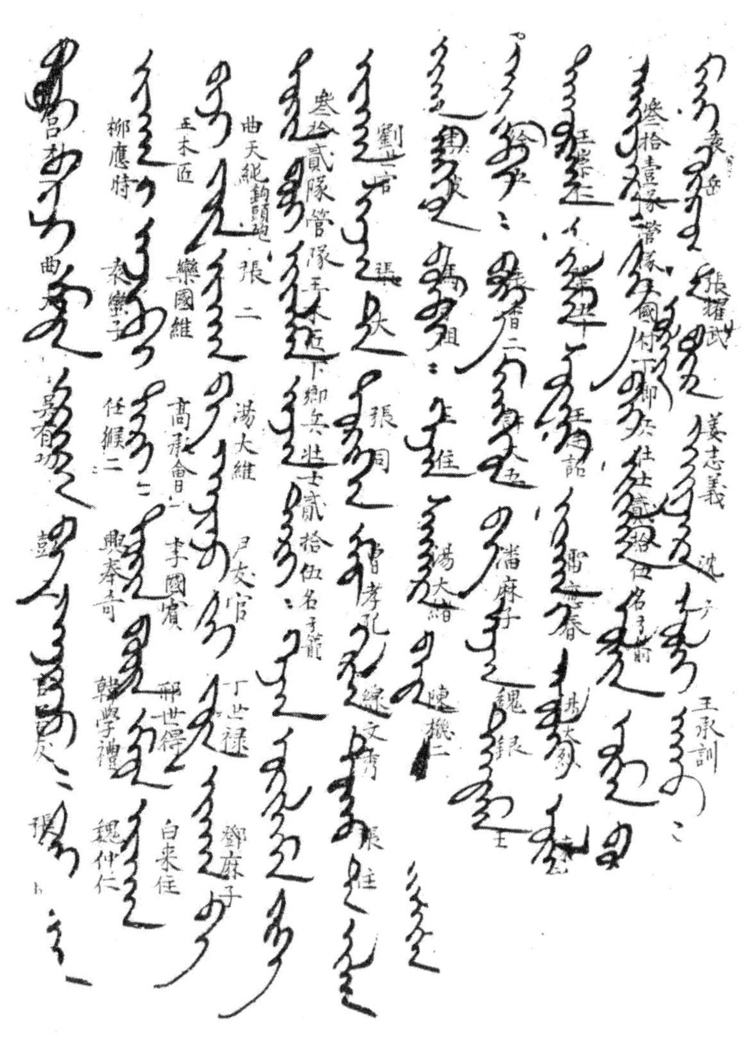

滿文原檔之三

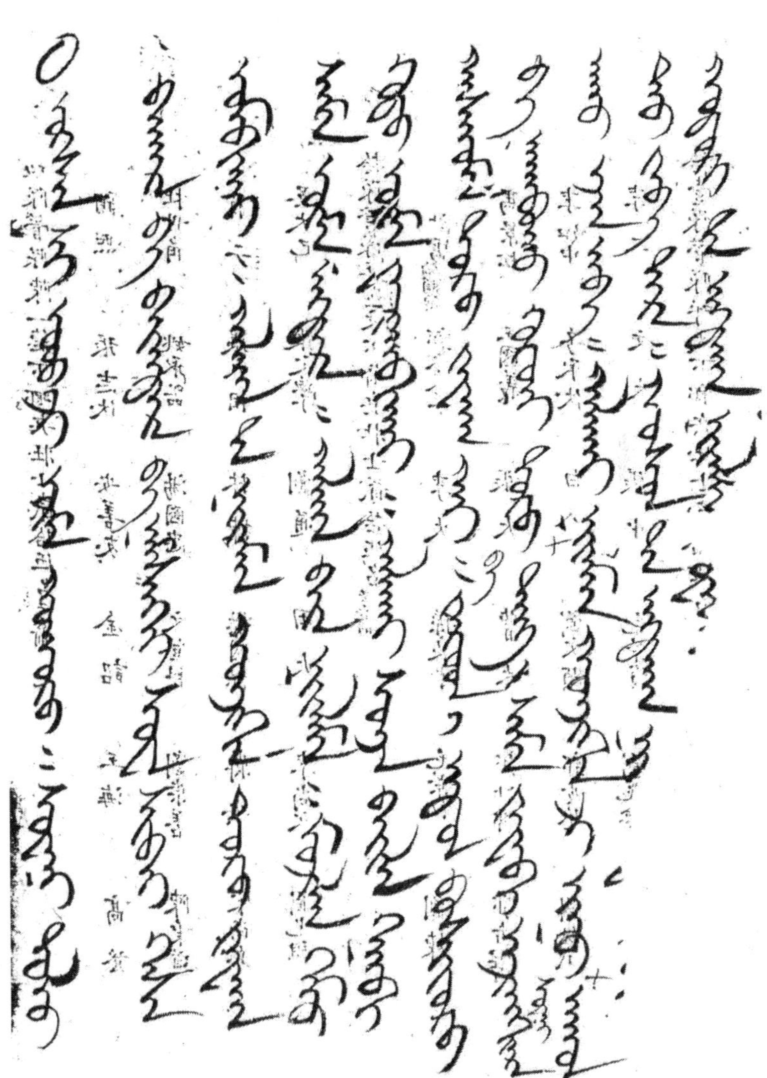

滿文原檔之四

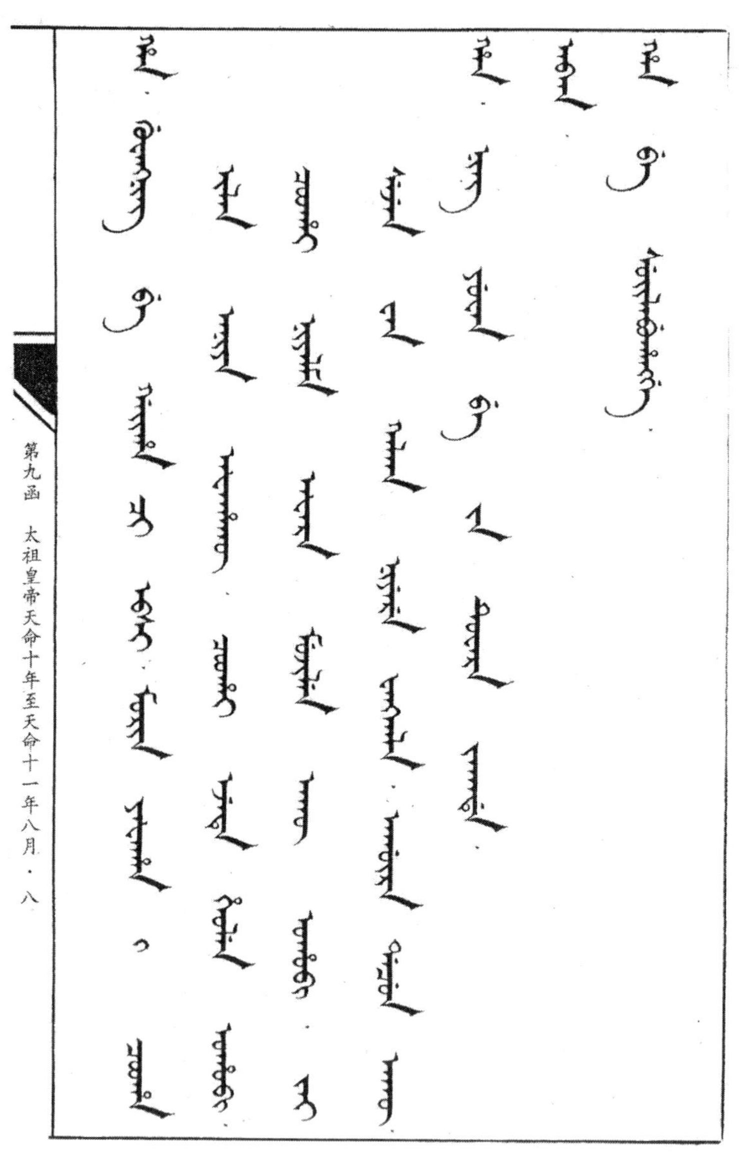

第九函 太祖皇帝天命十年至天命十一年八月・八

滿文老檔之一

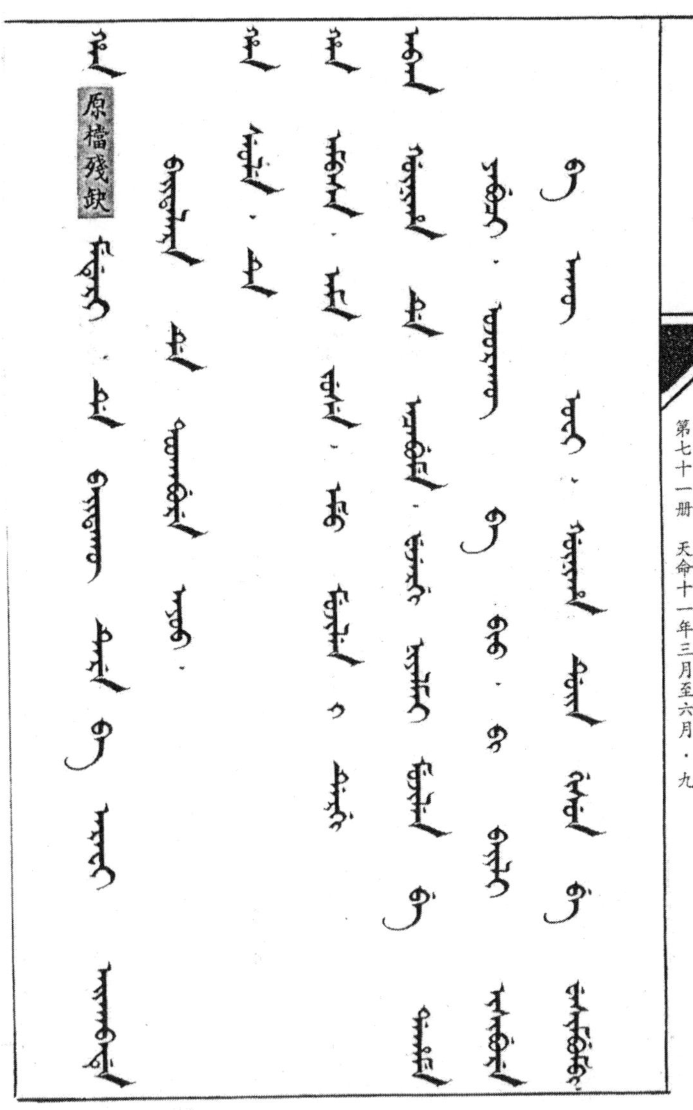
原檔殘缺

第七十一冊　天命十一年三月至六月・九

滿文老檔之二

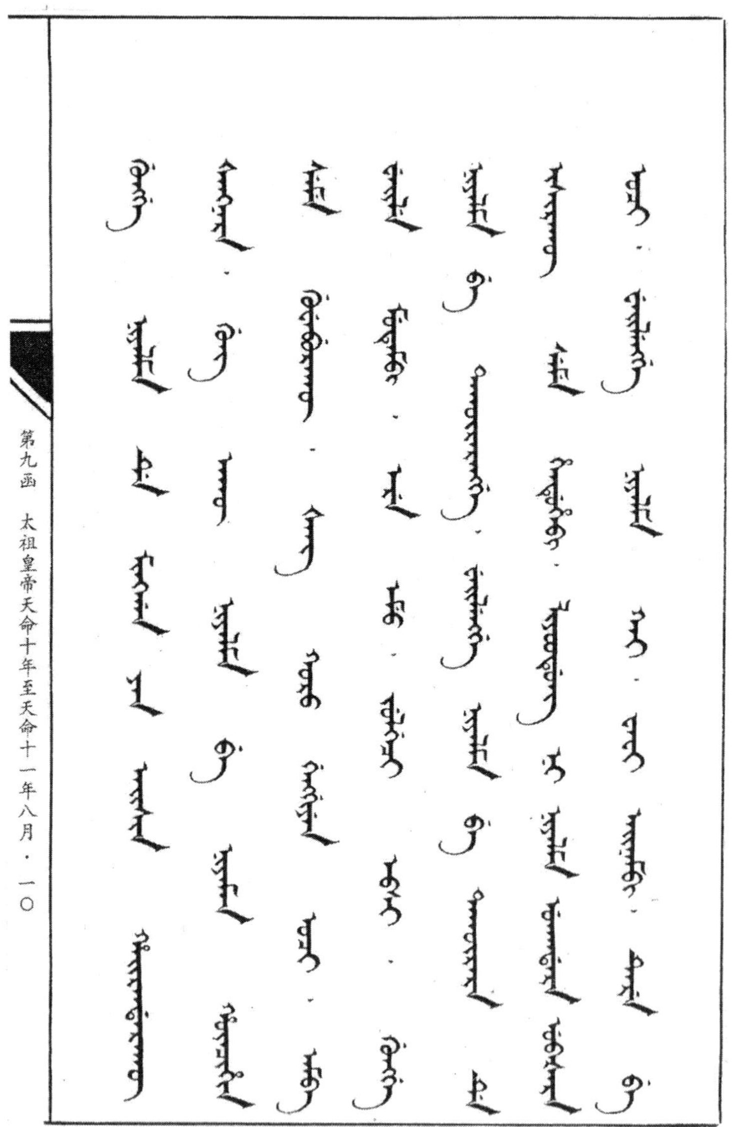

滿文老檔之三

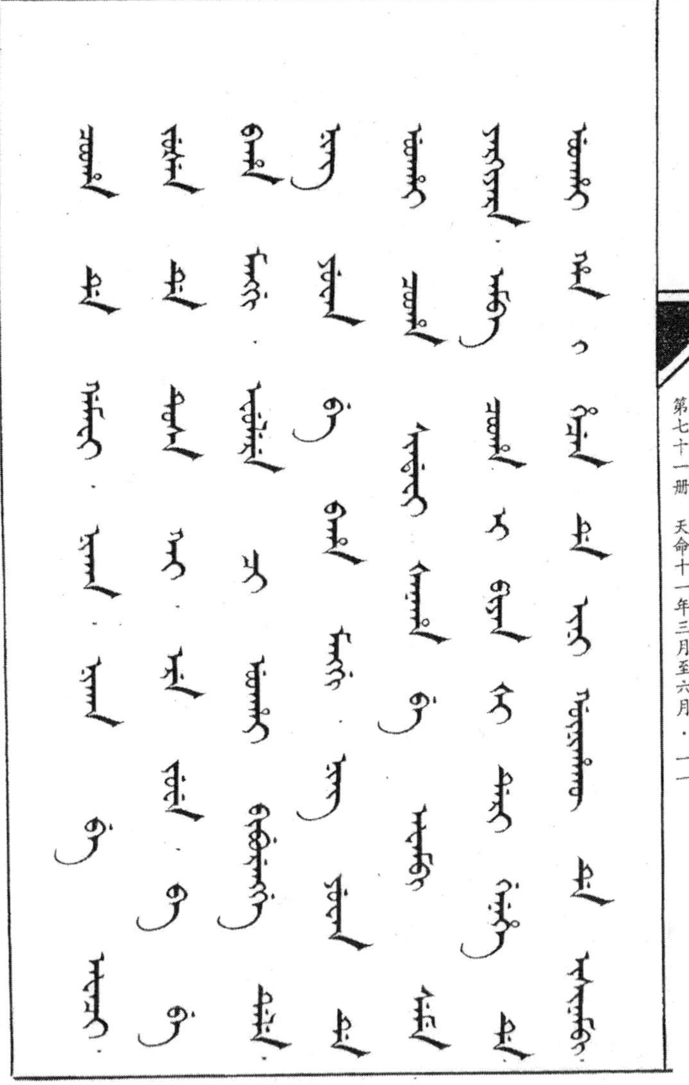

第七十一冊 天命十一年三月至六月・一一

滿文老檔之四

致　謝

本書滿文羅馬拼音及漢文，由原任駐臺北韓國代表部連寬志先生精心協助注釋與校勘。謹此致謝。